本课题研究及本书出版得到中国人民大学科学研究基金（中央高校基本科研业务费专项资金资助）项目"中国古代交通史研究"（10XNL001）支持

王子今 ○ 著

秦汉交通考古

中国社会科学出版社

图书在版编目(CIP)数据

秦汉交通考古/王子今著. —北京：中国社会科学出版社，2015.12（2019.3重印）

ISBN 978-7-5161-7453-1

Ⅰ.①秦⋯ Ⅱ.①王⋯ Ⅲ.①交通运输史—中国—秦汉时代—文集②古代交通工具—中国—秦汉时代—文集 Ⅳ.①F512.9-53 ②K875.34-53

中国版本图书馆 CIP 数据核字（2015）第 309673 号

出 版 人	赵剑英
选题策划	郭沂汶
责任编辑	郑　彤
责任校对	周　昊
责任印制	李寡寡

出　　版	中国社会科学出版社
社　　址	北京鼓楼西大街甲 158 号
邮　　编	100720
网　　址	http://www.csspw.cn
发 行 部	010-84083685
门 市 部	010-84029450
经　　销	新华书店及其他书店

印刷装订	北京君升印刷有限公司
版　　次	2015 年 12 月第 1 版
印　　次	2019 年 3 月第 2 次印刷

开　　本	710×1000　1/16
印　　张	23.5
字　　数	401 千字
定　　价	80.00 元

凡购买中国社会科学出版社图书，如有质量问题请与本社营销中心联系调换
电话：010-84083683
版权所有　侵权必究

目　录

序 …………………………………………………………… 赵瑞民(1)

武关道蓝桥河栈道形制及设计通行能力的推想 ………………（1）
　　一　武关道：联系秦楚的重要通路 ………………………（1）
　　二　蓝桥河栈道遗迹考察 …………………………………（3）
　　三　蓝桥河栈道的通行条件 ………………………………（5）
　　四　蓝桥河栈道的选线和施工：工程史视角的考察 ………（7）

"汉三颂"交通工程技术史料丛说 …………………………（9）
　　一　说"格""阁" …………………………………………（10）
　　二　说"高格""高阁""桥阁" ……………………………（12）
　　三　说"接木相连""木石相距" …………………………（13）
　　四　说"石𦼮""石道" ……………………………………（17）
　　五　说"舆""车""载乘" …………………………………（18）
　　六　说"镳烧" ……………………………………………（19）
　　七　说"刻刍" ……………………………………………（21）
　　八　说"枊致土石" ………………………………………（22）

秦汉"复道"考 ……………………………………………（24）
　　一　秦汉宫廷"复道" ……………………………………（24）
　　二　"复道"形制 …………………………………………（25）
　　三　作为军事防御设施的"复道" ………………………（28）
　　四　"复道"和"阁道" ……………………………………（29）
　　五　秦汉"复道"兴起的时代条件 ………………………（32）

秦汉"甬道"考 … (33)
    一 "甬道"形制解说 … (33)
    二 历史旁证之一：西晋"御道""两边筑土墙" … (34)
    三 历史旁证之二：唐长安的"夹城" … (34)
    四 服务于军运的"甬道" … (35)
    五 "路沟"非"甬道"辨 … (36)
    六 交通工事构筑 … (38)
    七 "甬道"衰微原因推想 … (39)

秦直道石门考察 … (41)
    一 石门遗存 … (41)
    二 "石门"与秦晋石门之战 … (43)
    三 "石阙"与"石关" … (43)
    四 秦人意识中"门"的神秘意义与"秦北门"探索 … (45)
    五 石门扶苏传说 … (47)

试说秦烽燧
——以直道军事通信系统为中心 … (49)
    一 军事通信方式与军事交通体系的建设 … (49)
    二 秦"燔燧"制度 … (50)
    三 秦直道烽燧遗址考察 … (52)
    四 直道的"亭"与相关设置 … (54)
    五 关中的"烽燧"史 … (56)
    六 烽燧信号攻守兼用的意义 … (59)

秦直道九原"度河"方式探讨 … (60)
    一 "秦直道沿途所经最大的一条河流" … (61)
    二 周穆王"沈璧于河" … (62)
    三 赵武灵王经营北河与"直南袭秦"计划 … (64)
    四 战国策士关于"秦下甲云中、九原"的设想 … (65)
    五 "河"与蒙恬九原军事建设 … (66)
    六 直道"度河"的可能形式 … (67)
    七 关于卫青"梁北河" … (70)

八　王莽"填河亭"地名 …………………………………………（71）
　　九　"宜梁"县名推想 ……………………………………………（73）

汉代拱桥考述 …………………………………………………………（75）
　　一　"𓊝"与"高梁"：先秦拱桥出现的可能性 …………………（75）
　　二　汉代的拱桥 …………………………………………………（76）
　　三　拱桥始建年代 ………………………………………………（81）
　　四　拱桥史若干误识的澄清 ……………………………………（84）
　　五　西汉拱桥建造的技术条件 …………………………………（86）

阴山岩画古车图像与早期草原交通 …………………………………（88）
　　一　阴山岩画所见古车图像 ……………………………………（88）
　　二　轩辕传说：车辆发明与上古文明的进步 …………………（93）
　　三　草原交通的历史意义 ………………………………………（94）
　　四　穆天子西行路线 ……………………………………………（96）
　　五　若干阴山"车辆岩画"的年代推定 …………………………（97）
　　六　中国北方草原地区岩画古车图像的综合考察 ……………（99）

四川汉代画像中的"担负"画面 ……………………………………（101）
　　一　"负笼土" ……………………………………………………（101）
　　二　"千里负担" …………………………………………………（102）
　　三　"担负之苦" …………………………………………………（103）
　　四　四川汉代画像"担负"史料 …………………………………（104）

秦汉驿道虎灾
　　——兼质疑几种旧题"田猎"画像的命名 ……………………（112）
　　一　秦汉虎患 ……………………………………………………（112）
　　二　危害交通的"虎暴""虎患" …………………………………（113）
　　三　"嵪、黾驿道多虎灾" ………………………………………（114）
　　四　汉代画像表现的驿路虎灾 …………………………………（116）
　　五　秦二世"梦白虎啮其左骖马"解说 …………………………（120）
　　六　"持虎"与"建虎旗" …………………………………………（121）
　　七　秦汉生存环境与"多虎"的原因 ……………………………（122）
　　八　汉墓驿路"虎灾"画像的意义 ………………………………（123）

汉代神车画像 (124)
  一 龙车 (124)
  二 鱼车 (126)
  三 虎车 (129)
  四 鸟车 (130)
  五 鹿车 (131)
  六 "斗为帝车" (134)
  七 神车画像体现的人世交通形式 (135)

放马滩秦地图与林业交通 (138)
  一 放马滩秦地图在地图史上的地位及其应用价值 (138)
  二 放马滩秦地图反映的林业开发信息 (140)
  三 放马滩秦地图交通史料的认识 (142)
  四 关于放马滩秦地图性质的推定 (145)

马王堆汉墓古地图交通史料研究 (147)
  一 交通道路图示 (148)
  二 "泠道"和"龁道" (149)
  三 "箭道"疑问 (150)
  四 乡里道路与"封""障" (152)
  五 "波"与水道 (153)
  六 关于"复道" (154)
  七 古地图文化信息与南楚交通形势 (155)

荥经何君阁道石刻再发现的意义 (159)
  一 交通建设纪事石刻的工程史料价值和交通史料价值 (159)
  二 何君阁道石刻的发现和再发现 (161)
  三 汉代西南夷交通和"南方丝绸之路"的新认识 (165)

秦"封"试探 (170)
  一 秦穆公"封殽尸"故事 (170)
  二 封界的原始意义 (171)
  三 秦直道的"石关""封峦" (173)

四　"封"与"鄂博""敖包" …………………………………（174）
　　五　秦军史和罗马军史的对读 …………………………………（176）

秦陵步兵俑的"行縢" ……………………………………………（178）
　　一　秦俑"行縢"的考古记录 ……………………………………（178）
　　二　秦俑"行縢"的考古研究 ……………………………………（179）
　　三　说"行縢"非"汉服之制" ……………………………………（181）
　　四　"行縢"使用"兵种"说及"等级"说补议 …………………（181）
　　五　关于"行縢"的形制 …………………………………………（182）
　　六　"行縢"于交通史的意义 ……………………………………（183）

汉代民间的玩具车 ………………………………………………（187）
　　一　项橐身份标志 ………………………………………………（187）
　　二　"鸠车"文物实证 ……………………………………………（191）
　　三　许阿瞿画像"鸠车"游戏 ……………………………………（193）
　　四　"泥车"等儿童玩具的交通文化分析 ………………………（195）

释里耶秦简"端行" ………………………………………………（196）
　　一　里耶"端行"简文 ……………………………………………（196）
　　二　对"端行"的不同解说 ………………………………………（197）
　　三　借助语言学的讨论："端行"即"直行" ……………………（197）

秦法"刑弃灰于道者"试解 ………………………………………（200）
　　一　关于"殷之法,弃灰于公道者断其手" ……………………（200）
　　二　商君之法,刑弃灰于道者 …………………………………（201）
　　三　"刑弃灰于道者"立法动机的分析 …………………………（203）
　　四　神秘的"灰" …………………………………………………（204）
　　五　汉武帝"止禁巫祠道中者" …………………………………（210）

秦汉时期湘江洞庭水路邮驿的初步考察
　　——以里耶秦简和张家山汉简为视窗 ………………………（213）
　　一　先秦水上航路 ………………………………………………（213）
　　二　里耶秦简水驿资料 …………………………………………（215）
　　三　张家山汉简:南郡江水以南,至索南水,廿里一邮 ………（218）

张家山汉简《二年律令·津关令》所见五关 ………………………… (221)
- 一 《津关令》中的五关 …………………………………………… (221)
- 二 五关的地位 …………………………………………………… (224)
- 三 广义的"关中" ………………………………………………… (225)
- 四 关于"扞关" …………………………………………………… (230)
- 五 五关构成的南北轴线 ………………………………………… (231)

张家山汉简《二年律令·秩律》所见巴蜀县道设置 ……………… (234)
- 一 珍贵的地方行政史料 ………………………………………… (234)
- 二 陴·阆中·符·垫江 …………………………………………… (236)
- 三 巴蜀的"道" …………………………………………………… (238)
- 四 "秩"与县道经济水准和行政难度 …………………………… (239)

关于居延"车父"简 ………………………………………………… (241)
- 一 《车父名籍》遗存 ……………………………………………… (241)
- 二 "转输"运动和"转输"人 ……………………………………… (245)
- 三 关于车序编号 ………………………………………………… (246)
- 四 "车父卒"与"车父车卒" ……………………………………… (249)
- 五 "车父"与一般"戍卒" ………………………………………… (252)
- 六 关于"卒史车父" ……………………………………………… (253)

汉简所见"就人"与"将车人" ……………………………………… (256)
- 一 "就"与"就人" ………………………………………………… (256)
- 二 "将车"人身份 ………………………………………………… (259)
- 三 车人·车子·车士 …………………………………………… (260)

汉代西北边境关于"亡人"的行政文书 …………………………… (262)
- 一 汉代西北边境简牍资料中有关"亡人"的信息 ……………… (262)
- 二 有关"亡人"的行政文书 ……………………………………… (265)
- 三 官文书资料反映的汉帝国的"亡人"政策 …………………… (268)
- 四 "客民赵闵范禽"出亡案例 …………………………………… (271)

居延简文"临淮海贼"考 ························· (274)
　　一　居延汉简所见"临淮海贼" ················ (274)
　　二　"海贼"活动与治安史、军事史、交通史 ········ (275)
　　三　西汉与新莽时期的海上反政府武装 ·········· (277)
　　四　居延"海贼"简文的年代分析 ················ (279)
　　五　"海贼"与"江贼" ························ (281)

长沙东牌楼汉简所见"津史""津卒" ··············· (283)
　　一　津史·津吏 ···························· (283)
　　二　"津卒"及"雇""直"关系 ·················· (287)
　　三　车卒·漕卒·棹卒·邮卒·驿卒 ·············· (288)
　　四　"卒"的交通生活 ························ (290)
　　五　"朝鲜津卒霍子高"故事 ·················· (290)
　　六　"关津之税"与"关卒""津卒" ·············· (291)

居延"马褖祝"简文与"马下卒"劳作 ·············· (294)
　　一　"清酒"祀"主君" ························ (294)
　　二　"马褖祝"礼俗 ·························· (296)
　　三　农牧文化交流史中的"乳" ················ (298)
　　四　禂：为马祷无疾 ························ (300)
　　五　河西的"马医" ·························· (302)
　　六　戍卒"马下"劳作 ························ (303)

中国古代交通系统的特征
　　——以秦汉文物资料为中心 ···················· (306)
　　一　交通条件的皇帝专有和皇权优先制度 ········ (306)
　　二　交通秩序维护的"贱避贵"原则 ············ (310)
　　三　交通建设的国家控制方式 ················ (313)
　　四　交通管理的军事化特征 ·················· (315)

古武关道栈道遗迹调查 ························ (320)
　　一　蓝桥河栈道遗迹 ························ (321)
　　二　流峪河栈道遗迹 ························ (323)

三　黑龙口栈道遗迹 ……………………………………（324）
　　四　武关道栈道遗迹的特点 ………………………………（324）

陕西丹凤商邑遗址调查 ………………………………………（326）
　　一　商邑遗址交通形势 ……………………………………（326）
　　二　商邑遗址出土文物 ……………………………………（327）
　　三　商邑遗址文化内涵分析 ………………………………（332）

子午道秦岭北段栈道遗迹调查 ………………………………（333）
　　一　子午道的历史作用 ……………………………………（333）
　　二　子午峪古道路遗迹 ……………………………………（334）
　　三　石砭峪古道路遗迹 ……………………………………（335）
　　四　沣峪古道路遗迹 ………………………………………（336）
　　五　关于子午道秦岭北段栈道遗迹的几点认识 …………（339）

"武候"瓦当与战国秦汉武关道交通 ………………………（342）
　　一　武关与武关道 …………………………………………（342）
　　二　武关位置异议 …………………………………………（344）
　　三　武关镇的秦汉遗存 ……………………………………（345）
　　四　"武候"瓦当发现的意义 ……………………………（347）

交通考古学的成功实践
　　——评《黄河漕运遗迹（山西段）》……………………（349）

后记 ……………………………………………………………（352）

本书内容初刊信息 ……………………………………………（354）

插图目录

图一　蓝桥河栈道遗迹 …… (4)
图二　秦始皇陵西侧出土秦始皇乘车模型 …… (6)
图三　《石门颂》"木石相距" …… (15)
图四　褒斜道栈道壁孔的排水槽 …… (16)
图五　明月峡栈道壁孔榫卯结构 …… (16)
图六　《西狭颂》"镌烧破析" …… (20)
图七　武威雷台汉墓出土陶楼 …… (26)
图八　焦作白庄汉墓出土陶楼 …… (26)
图九　马王堆汉墓出土地图所见"复道" …… (28)
图一〇　秦直道石门形势 …… (42)
图一一　石门以北的直道遗存 …… (45)
图一二　秦杜虎符 …… (51)
图一三　秦新郪虎符 …… (51)
图一四　秦直道烽燧遗址 …… (53)
图一五　包头昭君渡现代浮桥 …… (62)
图一六　"宜梁"形势（据谭其骧主编《中国历史地图集》第2册） …… (73)
图一七　嘉祥武氏祠汉画像石表现虹的画面 …… (77)
图一八　沂水韩家曲汉画像石表现虹的画面 …… (77)
图一九　新都汉画像砖梁桥 …… (78)
图二〇　溧水柘塘汉画像砖拱桥 …… (78)
图二一　邹城高庄前营汉画像石拱桥 …… (78)
图二二　邹城郭里镇高李村 M1 出土汉画像石拱桥 …… (80)
图二三　新野北安乐寨汉画像砖拱桥 …… (81)
图二四　嘉祥五老洼汉画像石拱桥 …… (82)
图二五　南阳英庄汉画像石拱桥 …… (82)

图二六　新野樊集吊窑 M36 出土汉画像砖拱桥 …………………… (83)
图二七　新野樊集吊窑 M39 出土汉画像砖拱桥 …………………… (83)
图二八　乌拉特中旗岩画古车图像一 ………………………………… (88)
图二九　乌拉特中旗岩画古车图像二 ………………………………… (89)
图三〇　乌拉特中旗岩画古车图像三 ………………………………… (89)
图三一　乌拉特中旗岩画古车图像四 ………………………………… (90)
图三二　乌拉特后旗岩画古车图像 …………………………………… (91)
图三三　托林沟东段岩画古车图像一 ………………………………… (91)
图三四　托林沟东段岩画古车图像二 ………………………………… (92)
图三五　阿贵沟岩画古车图像 ………………………………………… (92)
图三六　新都汉画像砖挑担画面 ……………………………………… (104)
图三七　成都羊子山汉画像砖收获画面挑担图 ……………………… (105)
图三八　新都汉画像砖荷担者运输酒罐画面 ………………………… (105)
图三九　彭州汉画像砖荷担者运输酒罐画面 ………………………… (106)
图四〇　荥经石棺担水画面 …………………………………………… (107)
图四一　邛崃汉画像砖盐井生产画面 ………………………………… (109)
图四二　成都羊子山汉画像砖背负画面 ……………………………… (109)
图四三　邛崃汉画像砖背负画面 ……………………………………… (110)
图四四　彭州汉画像砖"养老图" …………………………………… (111)
图四五　南阳市郊汉画像石车骑出行遇虎画面 ……………………… (116)
图四六　南阳七孔桥汉画像石车骑出行从骑射虎图 ………………… (117)
图四七　南阳七一乡王庄汉画像石车骑出行图 ……………………… (117)
图四八　唐河针织厂汉画像石车骑出行图 …………………………… (118)
图四九　滕州西户口汉画像石车骑出行图 …………………………… (119)
图五〇　滕州官桥汉画像石车骑出行图 ……………………………… (119)
图五一　滕州黄安岭汉画像石车骑出行图 …………………………… (119)
图五二　嘉祥武氏祠画像石龙车画面 ………………………………… (125)
图五三　安丘董家庄汉画像石龙车画面 ……………………………… (125)
图五四　南阳王庄汉画像石鱼车画面 ………………………………… (126)
图五五　嘉祥武氏祠画像石鱼车画面 ………………………………… (127)
图五六　唐河县针织厂汉画像石鱼车画面 …………………………… (127)
图五七　铜山汉画像石鱼车画面 ……………………………………… (128)
图五八　铜山洪楼汉画像石虎车画面 ………………………………… (129)
图五九　南阳英庄汉画像石虎车画面 ………………………………… (130)

图六〇	汉镜纹饰鸟车画面	(130)
图六一	嘉祥武氏祠画像石鸟车画面	(131)
图六二	绥德刘家沟汉画像石飞燕牵引的神车	(131)
图六三	南阳魏公桥汉画像石鹿车画面	(132)
图六四	徐州洪楼汉画像石鹿车画面	(132)
图六五	嘉祥武氏祠画像石"斗为帝车"图	(134)
图六六	南阳七一乡王庄汉画像石天神出行画面	(135)
图六七	嘉祥武氏祠画像神人挽神车图	(136)
图六八	放马滩木板地图四	(144)
图六九	放马滩木板地图二所见"关"	(145)
图七〇	马王堆汉墓古地图	(148)
图七一	荥经何君阁道石刻	(164)
图七二	旬邑石门山	(174)
图七三	秦俑行滕	(183)
图七四	嘉祥齐山汉画像石项橐画面	(188)
图七五	嘉祥宋山汉画像石项橐画面	(189)
图七六	《汉代画像全集》著录滕县汉画像石	(189)
图七七	绥德刘家沟汉画像石项橐画面	(190)
图七八	日本藤井有邻馆藏汉代铜鸠车	(192)
图七九	洛阳中州路西汉初期房屋基址中出土的陶鸠车残件	(192)
图八〇	《重修宣和博古图》"汉鸠车"	(193)
图八一	许阿瞿画像"鸠车"游戏	(194)
图八二	《二年律令·津关令》五关形势示意图	(231)
图八三	武关道蓝桥河段栈道遗存之一	(321)
图八四	武关道蓝桥河段栈道遗存之二	(322)
图八五	商邑遗址位置示意图	(327)
图八六	商邑遗址出土铜剑(1/5)	(328)
图八七	商邑遗址出土铜带钩(原大)	(329)
图八八	商邑遗址出土陶器	(329)
图八九	商邑遗址出土筒瓦(约1/4)	(330)
图九〇	商邑遗址出土瓦当(1/3)	(331)
图九一	商邑遗址出土鹿纹半瓦当(1/2)	(331)
图九二	商邑遗址出土"商"字瓦当	(331)
图九三	子午道栈道遗迹之一	(337)

图九四　子午道栈道遗迹之二 ……………………………………（338）
图九五　武关东门城墙遗存 ………………………………………（346）
图九六　"武候"瓦当 ………………………………………………（348）

序

子今教授的新作即将出版，命我写个序言。我猜想，他一定是不需要史学前沿、理论高度那样的概括，也不需要关于秦汉史研究的创获、贡献之类的颂歌，所以把这个任务交给了我。

既然如此，那就说点儿秦汉交通考古的题外话，虽然难免佛头着粪之讥，实能聊偿攀附骥尾之愿。

研究秦汉交通史是子今兄的看家本领，他在 20 世纪 80 年代初做的硕士学位论文就是这个课题，那篇论文没提交答辩的时候我就拜读过。但做交通考古更是他的门里功夫，因为他的大学本科读的就是考古专业。是故他做秦汉交通考古，自然是当行出色，这也不用朋友为他故作揄扬。而且三十多年来，他一直在做这方面的探索和研究，累积下来就是这部著作。常说十年辛苦不寻常，十年磨一剑，子今兄倒不是三十年光磨这一把剑，可三十多年的学术积累积淀在那里，"精深"二字确实是当得起的。

虽然这许多年断不了阅读子今兄关于交通史和交通考古的论著，其实我对交通史的意义、重要性始终不甚了了，以为与自己写些凑数的所谓学术论文差不多，就像工人到了生产线上，为了谋生、养家糊口，不得不尔。直到前几天在一份文摘类报纸上读了著名房地产商人王石写的一篇短文《为什么是罗马》，始有醍醐灌顶之感。

急忙到网上查了一下，原来这是王石为中信出版社新近出版的盐野七生所著《罗马人的故事》写的序文。文章不长，但有三段都是说罗马帝国的交通的。先据引如下：

> 我是从事房地产行业的，所以对书中所讲罗马帝国的城市与建筑极为关心。在第十册《条条大路通罗马》中，作者专门讲了罗马的道路建设：与其说"条条大路通罗马"，倒不如说"条条大路起罗马"。罗马是这个庞大帝国的心脏，而这些四通八达的国家公路，有如血管脉络，把政令和资源高效率地传输到帝国的每个角落。

盐野七生说，东方帝国在修建长城的时候，罗马人正在修建罗马大路。接着，她就告诉读者，2000年过去了，罗马修的大路现在还在使用。这时，你会很自然地想：中国的长城，现在除了收门票之外，还有没有用？我们现在能看到的长城，主要是明朝修建的，而且从工程的角度讲，也有很多质量问题。同样是国家主导的巨型工程，哪一个对国家和人民更有用？

当然，这些都是我的联想。为什么罗马修的路现在还能用？作者展示了一张罗马大路的剖面图，告诉我们这条路是怎么修的，为什么能连续使用上千年。这样的图示还有很多。作者很愿意从科学与技术的角度解释，罗马帝国有其与众不同的力量，而建筑在其中占有相当重要的地位，因为建筑给市民和士兵带来极大的安全感。

由此看来，酷好读书的王石对我国古代——当然包括秦汉时期的交通道路状况并不知情，因而艳羡罗马帝国。从发表于报端的题目看，似心有不甘，又无可奈何，只能叹服。

至此，方知我们对中国交通史与交通考古的研究万万不可缺少，而且需要学术界大力推动，需要从边缘走向中心，需要引起全社会的关注。否则，会使国人陷入如此的窘境。

回过头来读子今兄在1994年出版的《秦汉交通史稿》，那时他已经指出："交通事业在秦汉时期得到了空前的发展。专制主义政权始终将发展交通作为主要行政内容之一。逐步建立不断完备的交通运输系统，成为秦汉王朝存在与发展的强大支柱，为政治安定、经济繁荣、文化统一发挥出积极的作用。秦汉交通的主要形式为以后两千年交通事业的发展奠定了基本格局。"

秦汉时期的交通状况，已经说得很明白。若嫌不够具体，他还说了："考察秦汉时期交通发展的状况，我们看到，在这一时期，沟通黄河流域、长江流域、珠江流域各主要经济区的交通网已经基本形成；舟车等运输工具的制作已达到相当高的水平；运输动力也得到空前规模的开发；交通运输的组织管理方式也逐步走向完善；连通域外的主要交通线已经开通。"

如果还想进一步了解交通网的情况，书中专门有对"三川东海道""南阳南郡道""邯郸广阳道""陇西西北道""汉中巴蜀道""直道""北边道""并海道"的考论。

此书出版接近20年了，但国人对中国古代进入帝国时期的交通建设似乎闻所未闻，看来还是遭到冷落的缘故。此书当年出版时，只印了1000册，我印象中这大概是一个底线的印数了；所幸今年又出了增订本，流传的情况可能有好转，也未可知，这次印了多少册，新式的版权页没有这一项，也就无从知晓了。再者，基础研究一般人是不读的，还需要有人创作普及性的读物，这方面也不乐观，几十年来没怎么见到普及历史的好读物，要有王石称道的《罗马人的故事》那样的书才好。

不过，基础研究一定得走在前面，做好，那才能出现好的普及读物。子今兄的《秦汉交通考古》出版很及时，有此书配合《秦汉交通史稿》的再版，一定会有助于改变国人对国史茫茫然的局面。书中对直道、驰道、阁道、栈道、复道、甬道等的考释和实地勘察、发掘，把道路建筑的细节一一呈现，这就给有心人提供了可靠的素材，为写作秦汉帝国的故事打下了坚实的基础。

最想看到的前景是，有很多学人积极参与研究交通史和交通考古，使这方面的研究引起大众的关注，进而能涌现出好的历史故事书籍，让国人知道，秦始皇五次巡游，他坐的马车，是行进在沟通全国的大道上。秦始皇虽然暴虐，但他的帝国绝不仅仅是用长城圈在一起的，交通网络的连接畅达才是命脉所在，至关紧要。如果能够把秦汉帝国交通道路的殊胜之处表述得引人入胜，那就更可喜了。是为至祷。

赵瑞民
草于山西大学寓所
2013年4月8日

武关道蓝桥河栈道形制及设计通行能力的推想

武关道是利用丹江谷道联系关中平原和南阳盆地，以实现与江汉平原交通的重要道路，战国秦汉时期，它曾经在军事史和经济史上发挥过重要的作用。

武关道蓝桥河段发现的栈道遗迹，形制与子午道、傥骆道、褒斜道等秦岭古道路不同。蓝桥河栈道以其提供了可以满足车辆通行的必要宽度的特点，显现出形制上的优越。战国时期，秦军的战车队列可能曾经由此向东南进发，很可能经这条栈道实现过大规模的兵运和粮运。而秦始皇出巡记录中所谓"上自南郡由武关归"等，也说明这段栈道具备通行皇帝乘舆的条件。

武关道蓝桥河栈道遗迹的考察，为栈道历史的认识充实了新的信息。根据遗迹现象推想蓝桥河栈道的形制、设计和通行能力，可以深化对战国秦汉时期交通史的理解，而交通工程建设史的研究，也可以因此得到新的知识。

一 武关道：联系秦楚的重要通路

武关道曾经是秦国和楚国之间交往的主要通路。

楚怀王与秦国的外交失败，最终客死于秦的悲剧，许多场面发生在武关道上。《史记》卷五《秦本纪》："（秦昭襄王）十年，楚怀王入朝秦，秦留之。薛文以金受免。""十一年……楚怀王走之赵，赵不受，还之秦，即死，归葬。"卷四〇《楚世家》："二十九年，秦复攻楚，大破楚，楚军死者二万，杀我将军景缺。怀王恐，乃使太子为质于齐以求平。三十年，秦复伐楚，取八城。秦昭王遗楚王书曰：'始寡人与王约为弟兄，盟于黄棘，太子为质，至欢也。太子陵杀寡人之重臣，不谢而亡去，寡人诚不胜怒，使兵侵君王之边。今闻君王乃令太子质于齐以求平。寡人与楚接境壤界，故为婚姻……所从相亲久矣。而今秦楚不欢，则无以令诸侯。寡人愿与君王会武关，面相约，结盟而去，寡人之愿也。敢以闻下执事。'楚怀王见秦王书，患之。欲往，恐见欺；无往，恐秦怒。昭雎曰：'王毋行，而发兵自守耳。秦虎狼，不可信，有并诸侯之心。'王子子兰劝王行，曰：'奈何绝秦之欢心！'于是往会秦昭王。昭王诈令一将军伏兵武关，号为秦王。楚王至，则闭武关，遂与西至咸阳……朝章台，如蕃臣，不与亢礼。楚怀王大怒，悔不用昭子言。秦因留楚王，要以割巫、黔中之郡。楚王欲盟，秦欲先得地。楚王怒曰：'秦诈我而又强要我以地！'不复许秦。秦因留之。""顷襄王横元年，秦要怀王不可得地，楚立王以应秦，秦昭王怒，发兵出武关攻楚，大败楚军，斩首五万，取析十五城而去。二年，楚怀王亡逃归，秦觉之，遮楚道，怀王恐，乃从间道走赵以求归。赵主父在代，其子惠王初立，行王事，恐，不敢入楚王。楚王欲走魏，秦追至，遂与秦使复之秦。怀王遂发病。顷襄王三年，怀王卒于秦，秦归其丧于楚。"

秦始皇出巡曾经行经武关道。《史记》卷六《秦始皇本纪》："（秦始皇）二十八年……上自南郡由武关归。"睡虎地秦简《编年记》："【二十八】年，今过安陆。"正是此次出巡的记录。① 又《史记》卷六《秦始皇本纪》："三十七年十月癸丑，始皇出游。……十一月，行至云梦，望祀虞舜于九疑山。"也很可能经行武关道。

刘邦由此入关，结束了秦王朝的统治。《史记》卷八《高祖本纪》："乃以宛守为殷侯……引兵西，无不下者。至丹水，高武侯鳃、襄侯王陵降西陵。还攻胡阳，遇番君别将梅鋗，与皆，降析、郦。""及赵高已杀二世，使人来，欲约分王关中。沛公以为诈，乃用张良计，使郦生、陆贾往说秦将，啖以利，因袭攻武关，破之。又与秦军战于蓝田南，益张疑兵旗帜，诸所过毋得掠卤，秦人憙，秦军解，因大破之。又战其北，大破之。乘胜，遂破之。""汉元年十月，沛公兵遂先诸侯至霸上。秦王子婴素车白马，系颈以组，封皇帝玺符节，降枳道旁。"

周亚夫平定吴楚七国之乱，经武关道出其不意，直抵洛阳，奠定了胜局的基础。《汉书》卷四〇《周亚夫传》："亚夫既发，至霸上，赵涉遮说

---

① 睡虎地秦墓竹简整理小组：《睡虎地秦墓竹简》，文物出版社1978年11月版，第7、13页。

亚夫曰：'将军东诛吴楚，胜则宗庙安，不胜则天下危，能用臣之言乎？'亚夫下车，礼而问之。涉曰：'吴王素富，怀辑死士久矣。此知将军且行，必置间人于殽黾陿隘之间。且兵事上神密，将军何不从此右去，走蓝田，出武关，抵雒阳，间不过差一二日，直入武库，击鸣鼓。诸侯闻之，以为将军从天而下也。'太尉如其计。至雒阳，使吏搜殽黾间，果得吴伏兵。乃请涉为护军。"

二　蓝桥河栈道遗迹考察

1984年4月，王子今在撰写硕士学位论文《秦汉时期的陆路运输》时，对武关道进行了实地考察。考察路线为西安—蓝田—蓝关—牧护关—商县—丹凤—竹林关—商南—梳妆楼—荆紫关—淅川—西峡—武关—商南—商县—黑龙口—蓝田—西安。在蓝桥河段和流域河段，发现两处比较集中的栈道遗迹。

蓝桥河栈道遗迹，发现于由蓝田沿蓝桥河登越秦岭，前往牧护关的行程中。栈道遗迹沿蓝桥河分布，与山区简易公路走向大体一致。

1984年10月，王子今、焦南峰再次对这处栈道遗迹进行了考察。最典型的路段，是蓝桥河Ⅲ段。调查简报写道：

Ⅲ段　蓝桥河北向而流，在此向东北偏折。遗迹分布地段长达81米。两端之间，河水落差3.5米，在叠峙的巨石间穿过，冲积成面积约为200平方米的深潭。栈道遗迹并不随水势呈急落的陡坡。在遗迹分布地段的南端，栈道底孔有一部分没入水中。北端的栈道壁孔连线竟在积潭1984年4月水面7米以上。整个地段分布底孔113个。壁孔往往在高峻的山崖上，不能一一准确察勘，已发现的有29个。这处栈道遗迹的突出特点是底孔高度密集，与一个壁孔相对，或可凿有十数个底孔。底孔多为圆形，直径不一，多为15—30厘米，应说明所插立木柱的材料规格不同。个别的底孔也有方形的。壁孔多为长方形，亦有少量圆形壁孔。石孔的形制并不一致，似可说明栈道开通之后，又历经多次维修。值得重视的是底孔并不绝对作直线，从壁孔到最下层的底孔，有的地方纵列7个底孔，并依山势由上而下从一排而增加到二排。这是与栈道远山一侧更需加强强度的要求相适应的。最下层的底孔有一种特殊的排列形式，即两两并列，应该是为了使这最长而承重最大的立柱直立不偏，在道上交行重车时亦不致折毁。从遗迹分布的形式分析，当时栈道的宽度，可达 5 米左右（图一）。①

图一　蓝桥河栈道遗迹

2001 年 5 月，王子今、焦南峰、张在明又考察了蓝桥河栈道以及唐代诗人多有记述的七盘岭—蓝关道路。蓝桥河中的Ⅲ段栈道遗迹，因为 312 国道的修筑，已经难以寻觅。然而考察者又发现了一段栈道遗迹，可称之为Ⅲ—2 段。1984 年考察时定名为Ⅲ段者，可以改称Ⅲ—1 段。

Ⅲ—2 段　栈道遗迹最主要的特点，是设计路面宽度相当可观。据实地勘察，栈道遗迹多为立柱柱孔，最外端立柱距崖面一侧横梁起点距离约 3 米。最密集之处，横梁下侧竟然有 6 重立柱。可以推知当时栈道路面的宽度，应当在 3 米以上。

与我们曾经进行现场考察的栈道遗迹比较，蓝桥河栈道与四川广元明月峡栈道有所不同，亦与陕西长安子午道栈道、陕西周至灙骆道栈道、陕西太白留坝褒斜道栈道等同样通过秦岭的栈道遗迹有所不同。它与黄河栈道、三峡栈道亦不同。

蓝桥河栈道的形制表现出独自的特点，显示出某种工程个性。

可以推知蓝桥河栈道当时施工的设计要求，是能够适应车辆通行的需要的。

---

①　王子今、焦南峰：《古武关道栈道遗迹调查简报》，《考古与文物》1986 年第 2 期。

三　蓝桥河栈道的通行条件

《史记》卷六六《伍子胥列传》记载,伍子胥攻破楚都,"申包胥走秦告急,求救于秦。秦不许。包胥立于秦廷,昼夜哭,七日七夜不绝其声。秦哀公怜之,曰:'楚虽无道,有臣若是,可无存乎!'乃遣车五百乘救楚击吴。六月,败吴兵于稷"。

据《史记》卷五《秦本纪》,在楚怀王死于秦地的第二年,"(秦昭襄王)十二年……予楚粟五万石"。以汉代运输车辆的装载规格一车二十五石计算①,"五万石"需用运车2000辆。

《史记》卷六《秦始皇本纪》记载:"(秦王政)二十三年,秦王复召王翦,强起之,使将击荆。取陈以南至平舆,虏荆王。秦王游至郢陈。荆将项燕立昌平君为荆王,反秦于淮南。二十四年,王翦、蒙武攻荆,破荆军,昌平君死,项燕遂自杀。"关于"复召王翦,强起之"的细节,《史记》卷七三《白起王翦列传》有更具体的记述:"秦始皇既灭三晋,走燕王,而数破荆师。秦将李信者,年少壮勇,尝以兵数千逐燕太子丹至于衍水中,卒破得丹,始皇以为贤勇。于是始皇问李信:'吾欲攻取荆,于将军度用几何人而足?'李信曰:'不过用二十万人。'始皇问王翦,王翦曰:'非六十万人不可。'始皇曰:'王将军老矣,何怯也!李将军果势壮勇,其言是也。'遂使李信及蒙恬将二十万南伐荆。王翦言不用,因谢病,归老于频阳。李信攻平与,蒙恬攻寝,大破荆军。信又攻鄢郢,破之,于是引兵而西,与蒙恬会城父。荆人因随之,三日三夜不顿舍,大破李信军,入两壁,杀七都尉,秦军走。始皇闻之,大怒,自驰如频阳,见谢王翦曰:'寡人以不用将军计,李信果辱秦军。今闻荆兵日进而西,将军虽病,独忍弃寡人乎!'王翦谢曰:'老臣罢病悖乱,唯大王更择贤将。'始皇谢曰:'已矣,将军勿复言!'王翦曰:'大王必不得已用臣,非六十万人不可。'始皇曰:'为听将军计耳。'于是王翦将兵六十万人,始皇自送至灞上。王翦行,请美田宅园池甚众。始皇曰:'将军行矣,何忧贫乎?'王翦曰:'为大王将,有功终不得封侯,故及大王之向臣,臣

---

① 《九章算术·均输》:"一车载二十五斛。"裘锡圭指出:"居延简里有很多关于用车运粮的数据,每车所载粮食一般为二十五石。""雇佣的僦人和服役的将车者输送粮食的时候,大概一般比较严格地遵守二十五石一车的常规。"《汉简零拾》,《文史》第12辑,中华书局1981年9月版。

亦及时以请园池为子孙业耳。'始皇大笑。王翦既至关，使使还请善田者五辈。或曰：'将军之乞贷，亦已甚矣。'王翦曰：'不然。夫秦王怛而不信人。今空秦国甲士而专委于我，我不多请田宅为子孙业以自坚，顾令秦王坐而疑我邪？'"秦军出动的兵力达60万，以秦时通例折算，每天士卒口粮就多达66667石左右。若无法由当地征集，以车载25石计，则需2667辆粮运车转送，如若运程超过四日，则每日军粮都需万辆以上的辎重车队承运。这一数字尚不包括军马的食料刍藁。然而，楚地战事持续长达"岁余"，军运数额之巨大可以想见。

"王翦既至关，使使还请善田者五辈"的所谓"关"，是函谷关还是武关？我们目前尚不能确知。然而思考这一问题似不应忽略《史记》卷七八《春申君列传》中所见春申君客"观津人朱英谓春申君曰"对于"秦二十年而不攻楚"的原因的分析："秦逾黾隘之塞而攻楚，不便；假道于两周，背韩、魏而攻楚，不可。"秦与楚之间最便捷的交通路线是武关道。至少因申包胥求救"遣车五百乘救楚击吴"以及秦昭襄王十二年"予楚粟五万石"，都是不大可能选择"假道于两周，背韩、魏"的路线的。

秦始皇出行所使用车辆的形制，我们通过秦始皇陵出土铜车马可以推知。"上自南郡由武关归"，自然不会步行（图二）。武关道栈道的设计和施工，显然应当满足帝王乘舆通行的需要。而周亚夫经武关道抵洛阳，史称"乘六乘传"行。《史记》卷一〇六《吴王濞列传》："条侯将乘六乘传，会兵荥阳。至雒阳，见剧孟，喜曰：'七国反，吾乘传至此，不自意全。又以为诸侯已得剧孟，剧孟今无动。吾据荥阳，以东无足忧者。'"《史记》卷九《吕太后本纪》：代王刘恒"乘六乘传"至长安。裴骃《集解》："张晏曰：'备汉朝有变，欲驰还也。或曰传车六乘。'""六乘传"

图二　秦始皇陵西侧出土秦始皇乘车模型

或指高速轻车，或指"传车六乘"组成的车队。周亚夫"乘六乘传"事迹，也反映了这条道路的通行条件。

四 蓝桥河栈道的选线和施工：工程史视角的考察

蓝桥河栈道以其提供了可以满足车辆通行的必要宽度的特点，显现出形制的优越。从交通工程史的角度考察，应当注意到以下几方面的情形：

1. 蓝桥河栈道的设计与开通，应当在秦国势空前强盛的历史时期。

2. 秦人进取精神和军事强势在战略方向上的体现，就是已经对淮水上游和江汉平原的楚地予以空前的关注，这就是《史记》卷七八《春申君列传》中朱英所谓"见秦、楚之日斗也"的形势。

3. 武关道面对的是广阔的平原地方，最艰险的路程其实只是翻越秦岭的蓝桥河区段。这与子午道、灙骆道、褒斜道、故道等秦岭道路通行前程连续的艰险条件明显不同。

4. 蓝桥河栈道的选线，充分利用了秦岭山势较为平缓的地形条件。而子午道、灙骆道、褒斜道、故道穿越秦岭之处均面对隆高险峻山势，是不可能采用蓝桥河栈道的形制的。

最后一种因素其实是相当重要的。诸葛亮北伐，六出祁山，否定了魏延由子午道奇袭关中的建议。《三国志》卷四〇《蜀书·魏延传》裴松之注引《魏略》："夏侯楙为安西将军，镇长安，亮于南郑与群下计议，延曰：'闻夏侯楙少，主婿也，怯而无谋。今假延精兵五千，负粮五千，直从褒中出，循秦岭而东，当子午而北，不过十日可到长安。楙闻延奄至，必乘船逃走。长安中惟有御史、京兆太守耳，横门邸阁与散民之谷足周食也。比东方相合聚，尚二十许日，而公从斜谷来，必足以达。如此，则一举而咸阳以西可定矣。'亮以为此县危，不如安从坦道，可以平取陇右，十全必克而无虞，故不用延计。"

历来人们多从"亮以为此县危"的角度分析。《朱子语类》卷一三六："忠武侯天资高，所为一出于公。若其规模，并写《申子》之类，则其学只是伯。程先生云：'孔明有王佐之心，然其道则未尽。'其论极当。魏延请从间道出关中，侯不听。侯意中原已是我底物事，何必如此，故不从。不知先主当时只从孔明，不知孔明如何取荆取蜀。若更从魏延间道出关中，所守者只是庸人，从此一出，是甚声势！如拉朽然。侯竟不肯为之。""看史策自有该载不尽处，如后人多说武侯不过子午谷路，往往那时节必有重兵守这处,不可过。今只见子午谷易过而武侯自不过。史只载魏延之计,以为夏侯楙是曹操婿,怯而无谋,守长安甚不足畏。这般所在,只是该载不尽。亮以为此危计,不如安从坦道。又扬声由斜谷,又使人据箕谷,此可见未易过。"其实他特意迂回陇南,除了利用这一麦作基地的粮产以充实军需而外,应当也有便利军粮运输的考虑。所谓"安从坦道",可以直接从交通条件理解。"木牛流马"的创制,也只能适用于坡度有限的山路。而魏延建议出子午道:所谓"精兵五千,负粮五千",说明军运使用人力竟然和作战兵员相当。而运输方式是"负",显然是不可以利用车辆的。《三国志》卷二七《魏书·王基传》:"昔子午之役,兵行数百里而值霖雨,桥阁破坏,后粮腐败,前军县乏。"也说到子午道栈道运输条件的艰苦。

"汉三颂"交通工程技术史料丛说

在金石学取得突出进展的宋代，著名学者范成大曾经就摩崖石刻以"颂"为题的内容风格赋诗批评。① 其实，可能继承《诗经》中《周颂》《鲁颂》《商颂》"颂"的文体，以赞美"成功"为主题②，而写刻于石壁的方式，在汉代已然兴起，最著名的就是"汉三颂"。

汉代石刻文字遗存中多有交通工程纪事的内容。以"颂"为共同文体的《石门颂》《西狭颂》和《郙阁颂》作为记录交通建设的汉代石刻的宝贵遗存，不仅被看作书法精品，也是重要的历史资料，富含文化信息。其中有关当时交通工程的历史资料，尤其珍贵。考察相关内容，可以深化对当时交通建设情况的理解，若干交通道路修造技术的方式，也更为明朗。当时交通工程的组织和管理形式，也可以通过与其他资料的比照，获得有以说明的条件。

汉代是中国古代交通史进程中的重要的历史时期。汉代的交通规划和交通经营，为后来中国交通事业的进步奠定了基本的格局。③ 通过秦巴山区的栈道，成为交通史上的奇迹。《战国策·秦策三》已见"栈道千里，通于蜀汉"语。④ 据《史记》卷八《高祖本纪》，刘邦至汉中，"从杜南入蚀中。去辄烧绝栈道，以备诸侯盗兵袭之，亦示项

---

① 范成大《书浯溪中兴碑后并序》："乾道癸巳春三月，余自西掖出守桂林。九日渡湘江，游浯溪。摩挲中兴石刻，泊唐元和至今，游客所题，窃谓四诗各有定体，'颂'者美盛德之形容，以其成功告于神明者也。商、周、鲁之遗篇可以概见。今元子乃以鲁史笔法，婉辞含讥，盖之而章，后来词人复发明呈露之。则夫磨崖之碑，乃一罪案，何颂之有。窃以为未安，题五十六字刻之石傍，与来者共商略之。此诗之出，必有相诟病者，谓不合题破次山碑，此亦习俗固陋，不能越拘挛之见耳。余义正词直，不暇恤也。"其诗云："三颂遗音和者希，丰容宁有刺讥辞。绝怜元子《春秋》法，都寓唐家清庙诗。歌咏当谐琴搏拊，策书自管璧瑕疵。纷纷健笔刚题破，从此磨崖不是碑。"《石湖诗集》卷一三。
② 《周颂谱》："《周颂》者，周室成功致太平德洽之诗。"
③ 王子今：《秦汉交通史稿》，中共中央党校出版社1994年7月版，第6页。
④ 亦见《史记》卷七九《范雎蔡泽列传》。

羽无东意"①。可见秦岭栈道的战略意义。《史记》卷一二九《货殖列传》说关中形势，"然四塞，栈道千里，无所不通，唯褒斜绾毂其口，以所多易所鲜"。则指出了秦岭栈道在经济生活中的地位。汉代秦岭栈道修建又有新的历史性创造。经历险厄山路的异常艰巨的栈道工程在当时的交通体系中表现出重要的作用，又成为后世交通建设的典范。为这一工程史上的伟大创造保留了珍贵记录的"汉三颂"，就交通建设工程史料而言，其价值不宜轻视。

一 说"格""阁"

《石门颂》关于栈道工程，说到"或解高格，下就平易"。其中"高格"所反映的栈道形制，可以通过《西狭颂》关于栈道与周围地貌形势之关系所谓"缘崖俾阁，两山壁立，隆崇造云，下有不测之溪，厄笮促迫"增进理解。"格"，就是"阁"。

《史记》卷八《高祖本纪》：汉王之国，"从杜南入蚀中，去辄烧绝栈道"。司马贞《索隐》："栈道，阁道也。""崔浩云：'险绝之处，傍凿山岩，而施版梁为阁。'"《后汉书》卷一三《隗嚣传》："（刘秀）诏嚣当从天水伐蜀，因此欲以溃其心腹。嚣复上言：'白水险阻，栈阁绝败。'"李贤注："白水县有关属广汉郡。栈阁者，山路悬险，栈木为阁道。"《后汉纪》卷五："是时公孙述遣兵出江关，败南郡。上因欲从天水伐蜀，从褒斜、江关，路远而多阻，莫若从西州，因便以举则兵强财富。嚣虽遣子入侍而心怀两端，常思王元之言，欲据一方，不欲早定。乃复上书，盛言蜀道危险，栈阁败绝，丈尺之地，骑不得通。"所谓"白水险阻""蜀道危险"，说的是一条路径。白水即今白龙江，经甘肃舟曲、武都东南流向四川广元。又白水关在西汉水即今嘉陵江上。② 隗嚣所言，或与《西狭颂》《郙阁颂》所记录的形势存在某种关联。"栈

---

① 《汉书》卷五一《邹阳传》以"高皇帝烧栈道"肯定其政治智慧。而"烧绝所过栈道，示天下无还心，以固项王意"，是听从了张良的建议。据《史记》卷五五《留侯世家》，果然"项王以此无西忧汉心"。反映栈道军事意义的资料，又有《三国志》卷九《魏书·曹真传》："真以八月发长安，从子午道南入。司马宣王溯汉水，当会南郑。诸军或从斜谷道，或从武威入。会大霖雨三十余日，或栈道断绝，诏真还军。"

② 谭其骧主编：《中国历史地图集》，中国地图出版社1982年10月版，第2册，第53—54页。

阁绝败"或"栈阁败绝"情形，指栈道断坏。如此则自然"丈尺之地，骑不得通"。

又"栈阁"的说法，可知"栈道""阁道"，其实形同名异。"栈道"又称为"阁道"的实例相当多，例如：

《华阳国志·蜀志》："（唐蒙）斩石为阁道。"

《三国志》卷三一《蜀书·刘二牧传》："（张鲁）住汉中，断绝谷阁，杀害汉使。"

《三国志》卷一七《魏书·徐晃传》："（刘备）遣陈式等十余营绝马鸣阁道。晃别征破之，贼自投山谷，多死者。太祖闻，甚喜，假晃节，令曰：'此阁道，汉中之险要咽喉也。刘备欲断绝外内，以取汉中。将军一举，克夺贼计，善之善者也。'"

《初学记》卷八引《华阳国志》："诸葛亮相蜀，凿石架空，为飞梁阁道，以通蜀、汉。"

《水经注·沔水》："诸葛亮《与兄瑾书》云：'前赵子龙退军，烧坏赤崖以北阁道。'"

《三国志》卷四〇《蜀书·魏延传》："（魏延）率所领径先南归，所过烧绝阁道。"

《三国志》卷二八《魏书·邓艾传》："自阴平道无行人之地七百余里，凿山通道，造作桥阁。山高谷深，至为艰险。"

《隶释》卷四《蜀郡太守何君阁道碑》、《隶释》卷一六《刘让阁道题字》、《隶续》卷一五《汉安长陈君阁道碑》等，都说明"阁道"曾经是这种交通道路形式的通行称谓。"阁道"有时又简称为"阁"。《郙阁颂》的"郙阁"就是一例。又如前引张鲁"断绝谷阁"，以及《华阳国志·刘后主志》："丞相亮治斜谷阁，运粮谷口。"《华阳国志·汉中志》：汉德县"有剑阁道三十里，至险，有阁尉"。《水经注·漾水》："西去大剑三十里，连山绝险，飞阁通衢，故谓之剑阁也。"汉代石刻资料又有《隶释》卷四《蜀郡太守何君阁道碑》：

> 蜀郡太守平陵何君遣掾临邛舒鲔将徒治道，造尊楗阁，袤五十五丈，用功千一百九十八日。建武中元二年六月就，道史任云陈春主。

洪适说："栈路谓之阁道，非楼阁之阁也。"①《史记》卷六《秦始皇本纪》：阿房宫"周驰为阁道，自殿下直抵南山"。《三辅黄图》卷一："离宫别馆，弥山跨谷，辇道相属，阁道通骊山八十余里。"《汉书》卷九八《元后传》：王凤"大治第室，起土山渐台，洞门高廊阁道，连属弥望"。阁道，一般以为是仿楼阁的架空通道，或说"阁道也就是复道"，是"上有屋顶"的"天桥"。②说"阁道也就是复道"，有一定的道理。《续汉书·百官志四》说，"中宫署令"属下有"丞、复道丞各一人"。"本注曰：宦者。复道丞主中阁道。"又《后汉书》卷六九《何进传》，张让、段珪等劫太后、天子及陈留王，"从复道走北宫。尚书卢植执戈于阁道窗下，仰数段珪。段珪等惧，乃释太后。太后投阁得免"。"复道"是可以实现立体交行的高架道路。③"阁道"的这一特征，使得有人在理解其形制时与"天桥"相联系。或说"阁道本是古代天文学上的术语"，"古人称宫际天桥为阁道，含有将人间帝王居处比成天上宫阙之意"。④其实，"阁道"体现的人文和天文相印合的关系可能恰好相反。天际星象所谓"阁道"⑤，可能是人间现象的反映。

二 说"高格""高阁""桥阁"

《石门颂》"高格"，《郙阁颂》写作"高阁"。所谓"隆崇造云，下

---

① 关于所谓《何君阁道碑》，洪迈《容斋四笔》卷六"建武中元续书"条："袁君所言荥经崖壁之记，盖是此耳。"似乎已经注意到原本为摩崖石刻，不宜称作"碑"。对于"摩崖总非碑碣"，冯岁平亦有论说（《被误读已久的汉代摩崖——以汉〈石门颂〉为例》，载《石门—汉中文化遗产研究（2009）》，三秦出版社2010年5月版）。这一石刻2004年重新发现。参见李国康《"蜀郡太守何君阁道碑"现身荥经》，《四川日报》2004年3月24日；魏启鹏《跋〈何君阁道铭〉再发现》，《四川文物》2004年第6期；王子今《荥经何君阁道石刻再发现的意义》，《四川省における南方シルクロード（南伝仏教の道）の研究》（シルクロード学研究24）（シルクロード学研究センター 2005年3月版）、《中国古代文明研究与学术史：李学勤教授佾俪七十寿庆纪念文集》，河北大学出版社2006年11月版。
② 《桥梁史话》编写组：《桥梁史话》，上海科学技术出版社1979年8月版，第27页。
③ 王子今、马振智：《秦汉"复道"考》，《文博》1984年第3期。
④ 《桥梁史话》编写组：《桥梁史话》，第27页。
⑤ 《史记》卷六《秦始皇本纪》："（阿房宫）周驰为阁道，自殿下直抵南山。表南山之颠以为阙。为复道，自阿房渡渭，属之咸阳，以象天极阁道绝汉抵营室也。"《史记》卷二七《天官书》："（紫宫）后六星绝汉抵营室，曰阁道。"司马贞《索隐》："案：《乐汁图》云'阁道，北斗辅'。石氏云'阁道六星，神所乘也'。"张守节《正义》："阁道六星在王良北，飞阁之道，天子欲游别宫之道。"

有不测之溪",体现了"高"的形势。这种形制确实与"桥"有相似处,于是《石门颂》在谈到秦岭几条栈道通阻的历史变化时,说"桥梁断绝,子午复循"①,褒斜道断坏,主要通路不得不重新改行子午道。前引《华阳国志》"凿石架空,为飞梁阁道",《三国志》卷二八《魏书·邓艾传》"凿山通道,造作桥阁",所谓"飞梁阁道"和"桥阁"称谓,都有益于理解《石门颂》"桥梁断绝"之说。

关于秦汉栈道的具体形制,《水经注·沔水上》有如下记述:

> 汉水又东合褒水,水西北出衙岭山,东南径大石门,历故栈道下谷,俗谓千梁无柱也。诸葛亮《与兄瑾书》云:前赵子龙退军,烧坏赤崖以北阁道。缘谷百余里,其阁梁一头入山腹,其一头立柱于水中。今水大而急,不得安柱,此其穷极不可强也。又云:顷大水暴出,赤崖以南桥阁悉坏,时赵子龙与邓伯苗,一戍赤崖屯田,一戍赤崖口,但得缘崖,与伯苗相闻而已。后诸葛亮死于五丈原,魏延先退而焚之,谓是道也。自后案旧修路者,悉无复水中柱,迳涉者,浮梁振动,无不摇心眩目也。

《郙阁颂》所谓"缘崖凿石,处隐定柱,临深长渊,三百余丈,接木相连,号为万柱",应当就是这种"其阁梁一头入山腹,其一头立柱于水中"的形式。在原先路面较宽的地段,立柱往往多至数排。

三 说"接木相连""木石相距"

《石门颂》:"或解高格,下就平易。"使用"格"字,很可能是因为当时栈道许多路段的主体结构使用木材,《郙阁颂》所谓"接木相连,号为万柱",也反映了这一事实。正因为如此,刘邦才可能"烧绝栈道"。前引诸葛亮《与兄瑾书》"赵子龙退军,烧坏赤崖以北阁道",《三国志》卷四〇《蜀书·魏延传》"所过烧绝阁道",也都可以说明这一情形。

---

① 《石门颂》:"余谷之川,其泽南隆,八方所达,益域为充。高祖受命,兴于汉中,道由子午,出散入秦。建定帝位,以汉诋焉。后以子午,涂路涩难,更随围谷,复通堂光。凡此四道,垓鬲(隔)尤艰。至于永平,其有四年,诏书开余,凿通石门。中遭元二,西夷虐残,桥梁断绝,子午复循。"

《战国策·齐策六》：田单"为栈道木阁而迎王与后于城阳山中"，也说明，这种道路建筑主要使用木材。"栈"字从木。《说文·木部》："栈，棚也。""棚，栈也。"段玉裁注："《通俗文》曰：'板阁曰栈，连阁曰棚。'析言之也。许云：'棚，栈也。'浑言之也。今人谓架上以蔽下者皆曰'棚'。"

除了"格""栈"是木部字之外，栈道主要结构"梁""柱"，字皆从木，也都可以说明早期栈道以木结构为主。

《石门颂》："木石相距，利磨确磬。"高文说："距，《说文》：'鸡距也。'"又引段注："此距与止部之拒异义，他家多以'距'为'拒'。"高文认为，"碑正假'距'为'拒'。《说文》：'拒，止也。一曰枪也。'许书无'拒'，'距'即'拒'也。此与彼相抵为拒。木石相距者，谓版阁残坏，但余梁柱抵枪岩石之上而已。利，《说文》：'铦也。'磨，《说文》作䃺，石硙也。借为'摩'。利摩犹言锐利"。对于"确"，高文引《说文》："磐石也。铉等曰：今俗作'碻'，非是。"高文以为："按磐，坚也。'磬'即'磐'字。《广韵》：'磐，大石。'确磐者，谓石坚且大也。"① 高说对"利磨确磬"的解释大体可以赞同。而以为"木石相距""谓版阁残坏，但余梁柱抵枪岩石之上而已"的理解，似未可从。所引《说文》"磐石也。铉等曰：今俗作'碻'，非是。"其中"铉等曰：今俗作'碻'"是段玉裁注文，不应当杂入《说文》正文。"非是"则不知由来。

《石门颂》以下这段文字："上则县峻，屈曲流颠。下则人寞，顾写输渊。平阿泉泥，常荫鲜晏。木石相距，利磨确磬。临危枪砀，履尾心寒。空舆轻骑，滞导弗前。恶虫蒂狩，蛇蛭毒蟃。未秋截霜，稼苗夭残。终年不登，匮馁之患。卑者楚恶，尊者弗安。愁苦之难，焉可具言。"完全是行旅之人在栈道行进时所感受的真切形容。《抱朴子内篇·登涉》写道："入山而无术，必有患害。或被疾病及伤刺，及惊怖不安；或见光影，或闻异声；或令大木不风而自摧折，岩石无故而自堕落，打击煞人；或令人迷惑狂走，堕落坑谷；或令人遭虎狼毒虫犯人，不可轻入山也。"江绍原《中国古代旅行之研究》中写道："言语风尚族类异于我，故对我必怀有异心的人们而外，虫蛇虎豹，草木森林，深山幽谷，大河急流，暴风狂雨，烈日严霜，社坛丘墓，神鬼妖魔，亦莫不欺我远人，在僻静处，在黑暗时，伺隙而动，以捉弄我，恐吓我，伤害我，或致我于死地为莫上

---

① 高文：《汉碑集释》，河南大学出版社 1997 年 11 月版，第 97 页。

之乐。""木折、石落、伤刺、堕谷等，都是行旅生活中威胁安全的常见的险情，而在陌生的环境中'或见光影，或闻异声'引起的所谓'惊怖不安'，'迷惑狂走'，可能也是颇为常见的情形。"所谓"木石相距"，有可能是和"大木不风而自摧折，岩石无故而自堕落，打击煞人"类似的危险，也有可能是栈道木结构与山石共同造成的行旅者环境感觉的逼仄和局促。这一解释或可成立，可以参考《西狭颂》所谓"厄笮促迫"。高文注："《说文》：'笮，迫也。'段注：'《说文》无窄字，笮窄古今字也，屋笮者本义，引申为逼笮字。'"① 总之，结合上下文意，"木石相距"无论如何难以理解为"谓版阁残坏，但余梁柱抵枪岩石之上而已"（图三）。

褒斜道残留安插横梁的石壁栈孔可见在下侧特意留出排水小槽的做法，应是考虑木结构防腐的设计（图四）。木石结合的结构，可能是许多路段栈道的普通形制。四川广元明月峡等处的栈道遗迹，发现在横梁基孔的底部另外凿出小方孔，估计是特意加工的榫孔，用以固定栈道横梁，以防止其脱落（图五）。② 这种极巧妙且简便而可靠的方式，体

图三　《石门颂》"木石相距"

---

① 《汉碑集释》，第360页。
② 陆敬严：《古代栈道横梁安装方法初探》，《自然科学史研究》第3卷第4期，1984。

现出秦汉栈道设计与施工人员的非凡的巧思。这应当是木石结合修造栈道技术方式的精彩创造。

图四　褒斜道栈道壁孔的排水槽

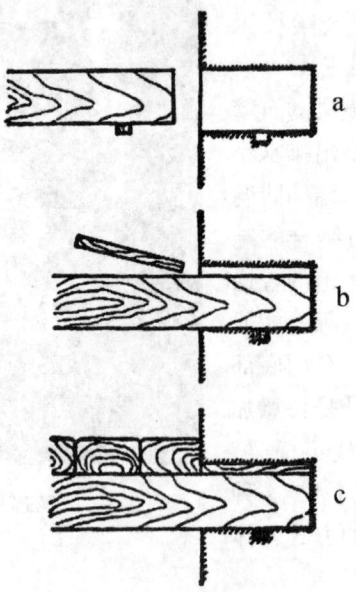

图五　明月峡栈道壁孔榫卯结构

四　说"石䂨""石道"

关于栈道工程,《石门颂》有这样的说法:"遣赵诵字公梁,案察中曹卓行造作石䂨,万世之基。或解高格,下就平易,行者欣然焉。"关于"石䂨",高文的理解是:"以'䂨'为'积'。《诗·大雅·公刘》:'乃积乃仓'笺云:'有委积及仓也。'《周礼·天官·小宰》:'掌其牢礼委积。'郑注:'委积,谓牢米薪刍,给宾客道用也。'石积盖是石仓。"① "石䂨"就是"石仓"的意见,说服力不强。虽然《石门颂》可见"终年不登,匮餧之患"文字,虽然《周礼》郑注有"给宾客道用"的说法,将"石䂨"强释为"石仓",仍显生硬。就现有资料分析,"造作石䂨"与下文"或解高格,下就平易"连读,还应当是说直接的道路建设。

"石䂨"很可能是指将石材迭累起来修筑的路段。或许即如人言康熙年间修治褒斜道栈道所谓"叠石为桥"者。②

《石门颂》"造作石䂨,万世之基"与"或解高格,下就平易"连说,后句似是说废弃"高格",改道行较低的"平易"路面。《西狭颂》:"减高就埤,平夷正曲","鐉山浚渎,路以平直",也说到线路的调整,不排除由高而下的可能。《郙阁颂》则明确说:"减西□□高阁,就安宁之石道。"指出由"高"而"下",以求"安宁"的变化。道路修治进行线路变更,以改进通行条件,主要注重改变坡度过大和曲线半径较小的情形,即所谓"平夷正曲"。

"高格"或"高阁"的设计,主要出发点之一是对水害的防备。《郙阁颂》所谓"涉秋霖漉,盆溢□涌,涛波滂沛,激扬绝道",《三国志》卷九《魏书·曹真传》记载曹真南下,"会大霖雨三十余日,或栈道断绝",不得不"还军",都是确定的实例。水资源作为重要的环境因素,其变化会影响到交通条件。褒斜道一线西汉时就发生过相关的故事。③ "汉三颂"的时代栈道"或解高格,下就平易",或许也可以作为分析当

---

① 《汉碑集释》,第103—104页。
② [日]竹添井井《栈云峡雨稿》:"康熙中贾中丞汉复修栈道,凡山肩石嘴可煅鎚之者,施工通路,名曰碥路。其层峦拱峙,中夹巨流,山断崖悬者,则缘溪架木,或叠石为桥,名曰碥桥。后人立碑岭上,以颂其功。"冯岁平点校,三秦出版社2006年11月版,第93页。
③ 王子今:《两汉漕运经营与水资源形势》,《陕西历史博物馆馆刊》第13辑,三秦出版社2006年6月版。

时水资源形式变化的一项参照。

　　交通条件的改进特别表现于"或解高格，下就平易"，"减西□□高阁，就安宁之石道"的形式，体现出木结构部分的削减。人们意识到，石结构更为坚固，堪称"万世之基"。栈道结构由木结构为主到石结构为主的变化，是人们共同的知识。但是"汉三颂"中的工程史料提示我们，在东汉就已经开始发生这种变化，是我们以往没有注意到的。

五　说"舆""车""载乘"

　　关于交通条件艰险恶劣，《石门颂》说："空舆轻骑，滞导弗前。"《西狭颂》说："厄笮促迫，财容车骑，进不得济，息不得驻，数有颠覆霣隧之害。"又《郙阁颂》："过者栗栗，载乘为下。常车迎布，岁数千两，遭遇陨纳，人物具陊。沈没洪渊，酷烈为祸。自古迄今，莫不创楚。"① 都说栈道可以通行车辆。

　　所谓"厄笮促迫，财容车骑"，指出道路宽度仅容车骑勉强通过，"进不得济，息不得驻"者，说在当时道路通行条件的限制下，车骑不能超越，也不允许停驻以致阻碍后续通行者行进。而交通事故导致"岁数千两，遭遇陨纳，人物具陊"的情形，间接告知我们，秦岭古栈道每年通过车辆的总数是相当可观的。

　　通过对武关道蓝桥河栈道遗迹分布形式的分析可知，这处栈道的宽度，可达 5 米左右。② 与我们曾经进行现场考察的栈道遗迹比较，蓝桥河栈道与四川广元明月峡栈道有所不同，亦与陕西长安子午道栈道、陕西周至灙骆道栈道、陕西太白留坝褒斜道栈道等同样通过秦岭的栈道遗迹有所

---

　　① 高文注："《录释》云：'按碑言阁道危殆，车乘往还，人物俱堕，则陨纳谓坠渊也。'《广川书跋》云：'至谓遭遇陨纳，则以倾陨地坏自纳于渊，汉人文陋无足道。'余按，此颂文采甚佳。陨《说文》：'下队也。''纳'假为'队'，'纳''队'古音相同。《左闵二年传》：'虢公败犬戎于渭汭。'服本汭作队。《周礼·锺师》：'纳夏。'故书作'内'。《左庄四年传》：'汉汭。'注：'内也。'经传多以纳为内。（《礼记·月令》：'无不务内。'注：'谓收敛之也。'《周礼·职内》注：'主入也。'《史记·范蔡传》：'恶内诸侯客。'）'纳''汭'皆从'内'声。'纳'假为'队'，犹'队'假为'汭'也。且'遭遇陨纳''陨纳'二字连文，显然可见。董迫昧于文字通假之理，而讥汉人文陋无足道，武断甚矣。"又说："'陊'即'隋'之隶变。此借为'堕'。"《说文》："……篆文作'𡐦'，'败城阜曰𡐦'。字亦作'𡐦'。《汉书·匈奴传》注：'𡐦，落也。'"《汉碑集释》，第 382 页。

　　② 王子今、焦南峰：《古武关道栈道遗迹调查简报》，《考古与文物》1986 年第 2 期。

不同。与黄河栈道、三峡栈道亦有差异。蓝桥河栈道的形制表现出独自的特点，显示出某种工程个性。可以推知蓝桥河栈道当时施工的设计要求，是能够适应车辆通行的需要的。①

秦始皇曾经亲自经行武关道。秦始皇出行所使用车辆的形制，我们通过秦始皇陵出土铜车马可以推知。"上自南郡由武关归"②，自然不会步行。武关道栈道的设计和施工，显然应当满足帝王乘舆通行的需要。③ 现在看来，尽管《石门颂》《西狭颂》《郙阁颂》记录的栈道未必具备帝王乘舆通行的规模，但是依然可以行驶"舆""车""载乘"，而且通行流量相当可观。这是我们应当予以充分认识的。

有学者说，"是车子直接促成了栈道的产生，栈道从这一点上说就是车子的专用道路"。这样的认识可能还有必要商榷。论者又指出，"褒斜道及连云栈的通车历史只有汉代至隋代，唐代以后就没有通车了"④。李之勤则以为此说"立论稍偏，与历史实际不合"，提出若干唐宋明清时代的"连云栈道行车资料"。⑤ 然而，我们也可以看到栈道不便行车的资料。如魏延建议以"精兵五千，负粮五千，直从褒中出，循秦岭而东，当子午而北"，直袭长安。⑥ 看来，对于秦岭古栈道通行车辆的年代和区段，以及具体的通行条件，有必要继续进行细致的考察。

六 说"鑺烧"

栈道修建的工程技术形式，前引汉代石刻资料可见"斩石""凿石"

---

① 王子今：《武关道蓝桥河栈道形制及设计通行能力的推想》，《栈道历史研究与3S技术应用国际学术研讨会论文集》，陕西人民教育出版社2008年8月版。
② 《史记》卷六《秦始皇本纪》。
③ 周亚夫经武关道抵洛阳，史称"乘六乘传"行。《史记》卷一〇六《吴王濞列传》："条侯将乘六乘传，会兵荥阳。至雒阳，见剧孟，喜曰：'七国反，吾乘传至此，不自意全。又以为诸侯已得剧孟，剧孟今无动。吾据荥阳，以东无足忧者。'"《史记》卷九《吕太后本纪》：代王刘恒"乘六乘传"至长安。裴骃《集解》："张晏曰：'备汉朝有变，欲驰还也。或曰传车六乘。'""六乘传"或指高速轻车，或指"传车六乘"组成的车队。周亚夫"乘六乘传"事迹，也反映了武关道蓝桥河栈道的通行条件。
④ 李烨：《褒斜道及连云栈之通车问题初探》，《石门—汉中文化遗产研究（2006）》，三秦出版社2006年10月版。
⑤ 李之勤：《秦岭古道历史资料辑校12则》，《栈道历史研究与3S技术应用国际学术研讨会论文集》，陕西人民教育出版社2008年8月版。
⑥ 《三国志》卷四〇《蜀书·魏延传》裴松之注引《魏略》。

"凿山通道"等说法。

《西狭颂》则有"鐉烧破析,刻㕙确崾","鐉山浚渎,路以安直"的记述(图六)。关于"鐉烧破析",高文解释说:"'鐉'与'镌'同。《说文》:'镌,琢石也。'《淮南·本经》:'镌山石。'注:'镌,犹凿也。'鐉烧破析,谓烧凿山石破析之也。下文云:'鐉山浚渎。'其义相同。镌可从巽者,《说文》䐪或作撰,是隽巽声同,得互用也。"①

今按:"鐉"亦可理解为钻,即钻凿。清人黄生《义府》卷下《隶释》解释《西狭颂》"鐉烧破析"句,以为:"字书:'鐉'此缘切,门钩也。一曰治门户器。然此句本言烧凿山石,令为坦途,与本训殊远,愚意当是钻燧钻字。汉碑用字,多从假借,或以'鐉'为'钻',亦未可知。"这样的推想是有道理的。著录此石刻者,宋洪适《隶释》卷四《武都太守李翕西狭颂》或作"鐉烧火石",黄震《黄氏日抄》卷六三《读文集五》同。宋曾巩《元丰类藁》卷五〇《金石录跋尾·汉武都太守汉阳阿阳李翕西狭颂》作"鐉烧大石",顾蔼吉《隶辨》卷七《碑考上》同。"大石"之说正合"破析"文字。而"火""烧"之前,钻凿以求有利于"破析"并控制"破析"的方向,是必要的。李樯释"鐉"为"借作'镌'",但全句解读亦作"凿破烧开,使山石破碎""凿烧大石使其破碎"。②

以"烧"作为道路施工技术,较早

图六 《西狭颂》"鐉烧破析"

---

① 《汉碑集释》,第360—361页。
② 李樯:《秦汉刻石选译》,文物出版社2009年4月版,第314、316页。

见于《后汉书》。《后汉书》卷五八《虞诩传》:"先是运道艰险,舟车不通,驴马负载,僦五致一。诩乃自将吏士,案行川谷,自沮至下辩数十里中,皆烧石剪木,开漕船道,以人僦直雇借佣者,于是水运通利,岁省四千余万。"《水经注·漾水》:"《续汉书》曰:虞诩为武都太守,下辩东三十余里有峡,峡中白水生大石,障塞水流,春夏辄潰溢,败坏城郭。诩使人烧石,以醯灌之。石皆碎裂,因镌去焉。遂无泛溢之害。"①《新唐书》卷五三《食货志三》:"陕郡太守李齐物凿砥柱为门以通漕,开其山巅为挽路,烧石沃醯而凿之。然弃石入河,激水益湍怒,舟不能入新门,候其水涨,以人挽舟而上。"明方以智《物理小识》卷七《金石类》"烧石易凿法"写道:"万安张振山开河,梦神与之方曰:以桐油石灰与黑豆末之,烧石,则凿之甚易。因用之验。智按:以硫烧之,其石亦易碎。"

以上皆言先烧后凿,而《朝野佥载》卷二可见"凿山烧石"事,似说先凿后烧:"陕州三门凿山烧石,岩侧施栈道牵船,河流湍急,所顾夫并未与价直。苟牵绳一断,栈梁一绝,则扑杀数十人。"

七 说"刻臽"

"刻臽",高文说:"犹言削减。《庄子·刻意》:'刻意尚行。'司马注:'刻,削也。''臽',假借为'陷'。《说文》:'陷,一曰陊也。'"②今按:《说文·穴部》:"窨,坎中小坎也。从穴,从臽,臽亦声。《易》曰:'入于坎窨。'一曰旁入也。"

看来,当时插置木梁和立置木柱的石孔,是有可能统称作"臽"或"窨"的。《说文·臼部》:"臽,小阱也。从人在臼上。"段玉裁注:"阱者,陷也。臽谓阱之小者。""古者掘地为臼,故从人臼会意。臼,犹坑也。"安放木柱的基槽,就是这种"臽"。而横插木梁者,正需"旁入"。

"刻臽"之"臽",言求其深。《广雅·释水》:"窨,坑也。"王念孙

---

① 《艺文类聚》卷六引《续汉书》曰:"虞诩为武都太守,下辩东三十里有峡,中有大石,郭塞水流,春夏辄潰溢,败坏城郭。诩使人烧石,以水灌之,石皆鳞裂,因镌去。遂无沈溺之害。"《太平御览》卷五三引《水经注》:"《续汉书》云:虞诩为武都太守,下辩东三十余里有峡,峡中旧生大石,郭塞水流,春夏辄潰溢,败坏城郭。诩使人烧石,以醋灌之,石皆碎裂,因镌去焉。遂无泛溺之患。"
② 《汉碑集释》,第361页。

《疏证》：解释说"窞之言深也。"我们通常称作栈孔者，确实要保证一定的深度以追求牢固。"刻卪碻嵬"，可以理解为在山势"碻嵬"的高高崖壁上，进行"刻卪"的施工。

对于《说文》所谓"窞，坎中小坎也"，徐锴《系传》理解为："坎中复有坎也。"《易·坎》："入于坎窞。"虞翻注："坎中小穴曰'窞'。"前说四川广元明月峡等处栈道横梁基孔的底部另外凿出榫孔，用来防止横梁脱落的方式，或许可以看作"窞"。

八　说"枊致土石"

《西狭颂》在"镬烧破析，刻卪碻嵬"句后，可见所谓"减高就埤，平夷正曲，枊致土石，坚固广大"。所谓"枊致土石"，高文解释说，"以'枊'为'匞'。《汉书·平帝纪》：'义陵寝神衣在枊中。'注：'枊，匮也'。致，《说文》：'送诣也。'"①《九章算术·商功》有这样的算题：

> 今有盘池，上广六丈，袤八丈，下广四丈，袤六丈，深二丈。问积几何。
> 答曰：七万六百六十六尺太半尺。
> 负土往来七十步，其二十步上下棚除。棚除二当平道五，踟蹰之间十加一，载输之间三十步，定一返一百四十步。土笼积一尺六寸，秋程人功行五十九里半。问人到积尺，及用徒各几何。
> 答曰：
> 人到二百四尺。
> 用徒三百.四十六人一百五十三分人之六十二。
> 术曰：以一笼积尺乘程行步数为实。往来上下，棚除二当平道五。棚阁除斜道有上下之难，故使二当五也。

由此可知，"负土往来"时，"盛土"的容器是"笼""土笼"。《孟子·滕文公上》所谓"蒉梩"，"蒉"通常认为是"土笼"，"梩"或解释为"臿"。宋儒张栻《孟子说》卷三则说："蒉梩，盛土之器。"真德秀《孟子集编》卷五："蒉，土笼也。梩，土举也。"蔡模《孟子集

---

① 《汉碑集释》，第361页。

疏》卷五写道："虆，土笼也。梩，土䇡也。"① 不知道《西狭颂》"枊致土石"的"枊"是否是"梩"的缺笔。即使作"枊"不误，也可以得到接近于"土笼"的解说。"盛土之器"有"箕""筐"等。《王氏农书》卷一五所见"筐"，形制就是方形。又有所谓"谷匣"，作为盛谷器用，也是方形。《西狭颂》"枊致土石"的"枊"，或许也是方形的运送"土石"的器具。可能是以木材制作，有可能是为了运送碎石时不至于很快损坏。如果是以运致"石"为主，或许允许器壁存在间隙。《说文·木部》："槛，栊也。""栊，槛也。""枊，槛也。"段玉裁注："引伸为凡检枊之称。"

"枊"作为"致土石"之器，似乎不宜于用来作"负土"劳作的"负"，或许方便于两人抬行。其形制也可能要比"积一尺六寸"的"土笼"大一些。当然，在资料尚不充备的情况下，这些想法仅仅只是推测。

---

① （宋）赵顺孙《孟子纂疏》卷五，（宋）孙奭《孟子音义》卷上，也都取"虆，土笼也；梩，土䇡也"之说。

秦汉"复道"考

秦汉史籍多处说到特殊的交通道路结构形式"复道"。"复道"的形制体现了交通建设的重要发明，也是建筑史学者应当关注的对象。

一 秦汉宫廷"复道"

据《史记》卷六《秦始皇本纪》，秦始皇三十五年（前212）开始经营以阿房宫为主体的"渭南"宫殿区建设，宫室结构形式有所谓"复道"：

> 始皇以为咸阳人多，先王之宫廷小，吾闻周文王都丰，武王都镐，丰镐之间，帝王之都也。乃营作朝宫渭南上林苑中。先作前殿阿房，东西五百步，南北五十丈，上可以坐万人，下可以建五丈旗。周驰为阁道，自殿下直抵南山。表南山之颠以为阙。为复道，自阿房渡渭，属之咸阳，以象天极阁道绝汉抵营室也。

"复道"的形式，实现了"渡"与"绝"的作用。秦始皇又因卢生的建议，出于"毋令人知"的隐秘性的追求，在宫殿区构筑"复道"：

> 卢生说始皇曰："臣等求芝奇药仙者常弗遇，类物有害之者。方中，人主时为微行以辟恶鬼，恶鬼辟，真人至。人主所居而人臣知之，则害于神。真人者，入水不濡，入火不爇，陵云气，与天地久长。今上治天下，未能恬惔。愿上所居宫毋令人知，然后不死之药殆可得也。"于是始皇曰："吾慕真人，自谓'真人'，不称'朕'。"乃令咸阳之旁二百里内宫观二百七十复道甬道相连，帷帐钟鼓美人充之，各案署不移徙。行所幸，有言其处者，罪死。

所谓"咸阳之旁二百里内宫观二百七十复道甬道相连",体现"复道"成为"宫观"之间相互联系的路径。

《史记》卷五五《留侯世家》记述如下史事,涉及汉初权利分配问题,说到洛阳南宫的"复道":

> (汉六年)上已封大功臣二十余人,其余日夜争功不决,未得行封。上在雒阳南宫,从复道望见诸将往往相与坐沙中语。上曰:"此何语?"留侯曰:"陛下不知乎?此谋反耳。"

刘邦于是重视功臣的不满,从张良计,先封"平生所憎"之雍齿以示群臣,又催促"定功行封",平息了不安定情绪。这里所说的"复道",裴骃《集解》引如淳曰:"上下有道,故谓之复道。"看来,复道是类似陆上高架桥式的空中道路,因而刘邦可以居高临下望见诸将偶语。这里说到的"雒阳南宫""复道",应当也是秦代宫廷建筑。

《艺文类聚》卷六四引《三辅故事》说,西汉长安"桂宫周匝十里,内有复道,横北渡,西至神明台"。是为西汉长安宫殿区的"复道"。据《汉书》卷八一《孔光传》,"北宫有紫房复道通未央宫",汉哀帝祖母傅太后居北宫,"从复道朝夕至帝所",由于往来方便,以致经常干扰最高行政事务,"使上不得直道行"。

"复道"这种特殊的交通道路,可能实现相当遥远地方的联系。前引《史记》卷六《秦始皇本纪》可见所谓"咸阳之旁二百里内宫观二百七十复道甬道相连",又有《史记》卷五八《梁孝王世家》记载梁孝王的事迹,"大治宫室,为复道,自宫连属于平台三十余里"。

二 "复道"形制

秦汉时代宫禁甚严,省中事不得外泄。据《汉书》卷八一《孔光传》,汉成帝时,孔光为尚书,"沐日归休,兄弟妻子燕语,终不及朝省政事。或问光:'温室省中树皆何木也?'光嘿不应,更答以它语"。因省中事迹"不泄"的规范,作为宫廷设施的复道的具体情况记载有限,形制难以确知。但是我们将文献中的片断记载结合秦汉文物材料进行分析,也可以探索其大概。

江苏徐州汉画像石上,有表现人似乎循屋顶行走于两座楼阁之间的画面①,大概可以说明复道的作用。这种复道,形式殊为简陋。甘肃武威雷台汉墓出土的陶楼,四隅角楼与门楼之间有道凌空相通,这种建筑形式,或称"飞桥""天桥"②,其实提供了复道的实体模型(图七)。焦作白庄东汉墓出土陶楼,两座楼体以复道相连(图八)。③ 有建筑史论著因其形制特殊予以重视,"为一建于庭院内之陶楼与建于院外之另一独立陶楼相组合者,其间并联有覆顶之阁道,比例及造型俱极优美",认为"为已知出土汉代陶楼中之罕例"④。甘肃敦煌第 148 窟壁画所表现的唐代佛教寺院建筑中,可以看到复道形象,不相毗连的高层阁楼因此互相沟通。从山西大同华严寺薄伽教藏殿壁藏西面立面可以看到,两组藏经的壁橱间"做成天宫楼阁五间,飞越窗上,以园桥与左右壁橱相连接"⑤。秦汉宫殿区繁绮华贵的复道形式,亦当与此近似。

图七 武威雷台汉墓出土陶楼　　**图八 焦作白庄汉墓出土陶楼**

① 江苏省文物管理委员会:《江苏徐州汉画像石》,科学出版社 1959 年 8 月版。
② 甘博文:《甘肃武威雷台东汉墓清理简报》:"院墙四角,各有一方形望楼,望楼之间以飞桥相连,桥身两侧皆有障墙,成悬槽之式,以防外面敌人之射袭。"《文物》1972 年第 2 期。甘肃省博物馆:《武威雷台汉墓》:"院墙四隅上建角楼,高二层,各角楼之间和门楼,均架设有栏杆的天桥相通。"《考古学报》1974 年第 2 期。
③ 索金星:《河南焦作白庄 6 号东汉墓》,《考古》1995 年第 5 期。
④ 刘叙杰主编:《中国古代建筑史》第一卷,中国建筑工业出版社 2003 年 7 月版,第 494 页。
⑤ 刘敦桢主编:《中国古代建筑史》,中国建筑工业出版社 1980 年 10 月版,第 179 页。

"复"字，甲骨文作𠆢①，金文作㝣②，金文与《说文·𩫖部》𩫖字有相近处。《说文·𩫖部》："𩫖，度也，民所度居也，从回，象城郭之重，两亭相对也。"复道，正是相对的亭楼之间相与连通的空中道路。

汉文帝行中渭桥，曾有人"从桥下走出"，惊乘舆马。③ 王莽时期，霸桥失火被焚毁，据说火灾起因是寄居桥下的贫民取暖用火不慎。④ 看来，秦汉桥梁建筑已包括平阔滩地上长长的引桥。复道之出现，无异于引桥在陆上的延长。有的学者称这种建筑形式为"飞桥"或"天桥"，似乎注意到这种复道设计的最初起由是受到桥梁建筑的启发。而关于秦始皇"为复道，自阿房渡渭"⑤ 以及西汉桂宫"有复道横北渡"⑥ 等记载所见"渡"字，可以印证这一推论。

或说复道即上下有道，尊贵者行复道上，有利于保证安全，然而，这样的理解仍不足以完整地说明复道的作用。应当看到，复道凌空而行，并不必与下边的道路方向一致。因此，在行人车马繁错拥杂的地段，复道的出现，应可以立体交叉形式起到便利交通的作用。

《史记》卷九九《刘敬叔孙通列传》说到汉惠帝在长安城中筑作"复道"的情形：

> 孝惠帝为东朝长乐宫，及间往，数跸烦人，乃作复道，方筑武库南。叔孙生奏事，因请间曰："陛下何自筑复道？高寝衣冠月出游高庙，高庙，汉太祖，奈何令后世子孙乘宗庙道上行哉？"孝惠帝大惧，曰："急坏之。"叔孙生曰："人主无过举。今已作，百姓皆知之，今坏此，则示有过举。愿陛下为原庙渭北，衣冠月出游之，益广多宗庙，大孝之本也。"上乃诏有司立原庙。原庙起，以复道故。

---

① 郭沫若：《殷契粹编》（考古学专刊甲种第12号），第1058，科学出版社1965年1月版。
② 《磐从盨》。
③ 《史记》卷一〇二《张释之冯唐列传》："上行出中渭桥，有一人从桥下走出，乘舆马惊。于是使骑捕，属之廷尉。释之治问。曰：'县人来，闻跸，匿桥下。久之，以为行已过，即出，见乘舆车骑，即走耳。'廷尉奏当，一人犯跸，当罚金。"
④ 《汉书》卷九九下《王莽传下》："（地皇三年）二月，霸桥灾，数千人以水沃救，不灭。……甲午之辰，火烧霸桥，从东方西行，至甲午夕，桥尽火灭。大司空行视考问，或云寒民舍居桥下，疑以火自燎，为此灾也。"
⑤ 《史记》卷六《秦始皇本纪》。
⑥ 《艺文类聚》卷六四引《三辅故事》。

这一段"复道",用于"东朝长乐宫",可避免"数跸烦人",不必动辄清道戒严,影响正常交通,应当采用了立体交叉形式。讨论秦汉时代的复道,当然不能忽视这种交通设施作为我国早期立体交叉道路的意义。

三 作为军事防御设施的"复道"

复道并不仅仅是宫室建筑形式。也曾作为军事防御系统中的有效组成结构。《墨子·号令》:"守宫三杂(匝),外环,隅为之楼。内环为楼,楼入葆宫丈五尺,为复道。"《墨子·杂守》:"阁能守舍,相错穿室;治复道,为筑墉,墉善其上。"这种复道应如所规定的"守楼"的形式,"令下无见上,上见下,下无知上有人无人",以利于军事防御。

湖南长沙马王堆三号汉墓出土帛书《驻军图》中,标识"箭道"二字的城堡上可看到有道路蜿蜒折下,道路旁标有"复道"二字(图九)。① 说明汉代城防工事中包括复道形式,以俯视、控制周围地面,并以此与城外其他防务设施相联系。《驻军图》中三角形城堡设置"复道"

图九 马王堆汉墓出土地图所见"复道"

---

① 马王堆汉墓帛书整理小组编:《古地图·马王堆汉墓帛书》,文物出版社1977年3月版。

的一面与其他两面比较，正缺少崛起的亭楼，"复道"本身应可作为补充。"复道"中段的四边形符号当为墩台，"复道"伸向河边，用意可能在于控制渡口，以与对岸的"周都尉军"接应。

四 "复道"和"阁道"

东汉时，高台建筑逐渐减少，随着建筑工艺的进步，多层楼阁大量增加，"复道"这种建筑形式更兴盛一时。东汉宫殿中，"复道"建筑得到空前发展。

《后汉书》卷一上《光武帝纪上》："车驾入洛阳，幸南宫却非殿，遂定都焉。"李贤注引蔡质《汉典职仪》说：

> 南宫至北宫，中央作大屋，复道，三道行，天子从中道，从官夹左右，十步一卫，两宫相去七里。

是南北宫间有划分三条分行带的复道长达七里。《后汉书》卷六九《窦宪传》记载，王甫与郑飒"共劫太后，夺玺书，令中谒者守南宫，闭门，绝复道"，控制了南宫出入通路。《续汉书·百官志四》说，宫中甚至专门设置称为"复道丞"的职官：

> 中宫署令一人，六百石，本注曰：宦者。主中宫清署天子数。女骑六人，丞、复道丞各一人。本注曰：宦者。复道丞主中阁道。

所谓"复道丞主中阁道"，也体现了"复道"和"阁道"的关系。

前引《史记》卷六《秦始皇本纪》："周驰为阁道，自殿下直抵南山。表南山之颠以为阙。为复道，自阿房渡渭，属之咸阳，以象天极阁道绝汉抵营室也。"由此可知"复道"和"阁道"的关联。《史记》卷五五《留侯世家》裴骃《集解》引韦昭注，释"复道"曰"阁道"。"阁道"或许也可以说是"复道"的一种变化形式，即上有顶，侧有壁的空中楼廊。

阁道可能是东汉宫中复道的常见形式。《后汉书》卷六九《何进传》记载了宦官斩大将军何进之后发生的故事：

进部曲将吴匡、张璋,素所亲幸,在外闻进被害,欲将兵入宫,宫阁闭。袁术与匡共斫攻之,中黄门持兵守阁。会日暮,术因烧南宫九龙门及东西宫,欲以胁出让等。让等入白太后,言大将军兵反,烧宫,攻尚书闼,因将太后、天子及陈留王,又劫省内官属,从复道走北宫。尚书卢植执戈于阁道窗下,仰数段珪。段珪等惧,乃释太后。太后投阁得免。

宦官首领张让等挟太后、天子及陈留王"从复道走北宫",尚书卢植执戈于阁道窗下以言语谴责段珪,于是"释太后,太后投阁得免"。

又《东观汉记》卷一三《冯鲂传》记载:

帝东巡郡国,留鲂宿卫南宫,敕鲂车驾发后,将缇骑宿玄武门复道上,领南宫吏士。南宫复道多恶风寒,老人居之且病痹。若向南者,多取帷帐,东西完塞,诸牖望令致密。

汉明帝东巡郡国时,留冯鲂宿卫南宫。"将缇骑宿玄武门复道上"的安排,其实也有"致密"之意。"复道"有窗,当为"阁道"。从窗有南向及东西向者,知此"复道"走向曲折。

阁道也有规模相当大的,如秦阿房宫"周驰为阁道,自殿下直抵南山",又有记载说,秦咸阳宫"南临渭,自雍门以东至泾、渭,殿屋复道周阁相属"。《三辅黄图》卷一《宫》写道:

始皇广其宫,规恢三百余里,离宫别馆,弥山跨谷,辇道相属,阁道通骊山八十余里。

遗憾的是,遗存至今的秦汉画像资料中,看不到明确表现阁道的画面。徐州汉代画像所见楼廊可能接近阁道的形式。我们还可以通过后世一些楼殿桥、亭桥、廊桥的形制,大致了解"阁道"的概貌。

汉时奢侈之风竟下,豪门权贵争相仿效宫廷生活。《汉书》卷六八《霍禹传》记载:

盛饰祠室,辇阁通属永巷,而幽良人婢妾守之。

颜师古注:"晋灼曰:阁道乃通属至永巷中也。师古曰:此亦其家上

作辇阁之道及永巷也,非谓掖庭之永巷也。"可知"辇阁"是与"阁道"相关的道路形式。又《汉书》卷九八《元后传》说王凤事迹:

> 大治第室,起土山渐台,洞门高廊阁道,连属弥望。

所言"阁道",应当形制类似。《后汉书》卷三四《梁冀传》说:

> 冀乃大起第舍,而(孙)寿亦对街为宅,殚极土木,互相夸竞。堂寝皆有阴阳奥室,连房洞户。柱壁雕镂,加以铜漆;窗牖皆有绮疏青琐,图以云气仙灵。台阁周通,更相临望;飞梁石蹬,陵跨水道。

李贤注:"架虚为桥若飞也。"可见,"复道"逐渐成为贵族高官富户宅院相当普及的建筑形式。

《淮南子·本经》批评当时浮侈世风,以为"乱之所由生者"。说到建筑形式:"大构驾,兴宫室,延楼栈道,鸡栖井榦,标枺欂栌,以相支持。""崇台榭之隆,侈苑囿之大,以穷要妙之望,魏阙之高,上际青云,大厦曾加,拟于昆仑,修为墙垣,甬道相连,残高增下,积土为山。"所谓"栈道""甬道",高诱注皆以为"复道。""甬道"一般以为两侧有壁的夹道,或以此以为高注误。其实,亦有"甬道"形式的"复道"。如武威雷台汉墓出土陶楼角楼间的"复道",两边就有障墙,以保证在敌对武装人员弓弩射程内行走者的安全。

有的学者曾经提出复道是"在地下行车"的看法,后来又附从传统解说,修订了这一认识。① 其实,甲骨文中复字作夏,其中㐭,一般认为是地室象形,商代陵墓中"中"字形墓,平面即近似㐭形,两端突出部分正为墓道。因而实际上不能排除这种可能,即早期"复道"曾以地道通行方式解决立体交叉问题。这在今天依然是通行的立交方式之一。先秦与秦汉重要建筑遗址中,确实可以看到地下道路的遗迹。现代立体交叉道路也有利用跨线桥或深槽地道两种形式,古代当亦如此。不过在秦汉时代,由于楼阁建筑的发达,大约主要取跨线桥的形式。

---

① 严秀:《二世而亡乎?一世而亡乎?》,《时代的报告》1983年第2期;《一点原则性的修订和补充》,《时代的报告》1983年第4期。

五　秦汉"复道"兴起的时代条件

分析秦汉复道兴盛的特定的时代背景，不仅应看到建筑业的发展推动了多层楼阁的空前增加，其中还有意识形态方面的因素。

《史记》卷二八《封禅书》记载，由于汉武帝求仙心切，方士公孙卿的引导影响了宫廷建筑风格：

> 公孙卿曰："仙人可见，而上往常遽，以故不见。今陛下可为观，如缑城，置脯枣，神人宜可致也。且僊人好楼居。"于是上令长安则作蜚廉桂观，甘泉则作益延寿观，使卿持节设具而候神人。乃作通天茎台，置祠具其下，将招来仙神人之属。于是甘泉更置前殿，始广诸宫室。

关于"作益延寿"，司马贞《索隐》引录不同的说法："案：《汉武故事》云'作延寿观，高三十丈'。"《封禅书》还记载：

> 初，天子封泰山，泰山东北址古时有明堂处，处险不敞。上欲治明堂奉高旁，未晓其制度。济南人公玉带上黄帝时明堂图。明堂图中有一殿，四面无壁，以茅盖，通水，圜宫垣为复道，上有楼，从西南入，命曰昆仑，天子从之入，以拜祠上帝焉。于是上令奉高作明堂汶上，如带图。

司马贞《索隐》："王带明堂图中为复道，有楼从西南入，名其道曰昆仑。言其似昆仑山之五城十二楼，故名之也。"根据王莽时代的汉长安城南郊礼制建筑遗址所做的建筑复原图，可以形象地显示这种"圜宫垣为复道"的形式。

自两晋南北朝起，建筑风格发生演变，据说"高大的台榭建筑已经很少"。① 高大楼阁群簇的建筑区已不复时兴，高层木建结构集中体现于寺塔的建筑上。以致"复道"这种建筑形式趋于没落，甚至使后代的人们难以判明其本来面目了。

---

① 刘敦桢主编：《中国古代建筑史》，中国建筑工业出版社1980年10月版，第100页。

秦汉"甬道"考

秦汉时期，是交通事业取得突出进步且为后世交通发展奠定了基本格局的重要历史阶段。秦汉帝国对于交通道路的经营为交通运输的空前发展提供了良好的运输条件。当时除著名的宽广通达的驰道和由关中直达北边的直道而外，又有"阁道""复道""甬道"等特种道路形式得到发展。其中"甬道"形制特别，值得研究者重视。

一 "甬道"形制解说

"甬道"一称，多见诸秦汉史籍。《史记》卷六《秦始皇本纪》说到秦都咸阳宫廷建设"筑甬道"事：

> （秦始皇二十七年）作信宫渭南，已更命信宫为极庙，象天极。自极庙道通郦山，作甘泉前殿。筑甬道，自咸阳属之。

所谓"甬道"，裴骃《集解》："应劭曰：'筑垣墙如街巷。'"张守节《正义》："应劭云：'谓于驰道外筑墙，天子于中行，外人不见。'"

秦始皇三十五年（前212），卢生说秦始皇曰："人主所居而人臣知之，则害于神。""愿上所居宫毋令人知，然后不死之药殆可得也。"于是始皇"乃令咸阳之旁二百里内宫观二百七十复道甬道相连，帷帐钟鼓美人充之，各案署不移徙。行所幸，有言其处者，罪死。"作为秦汉宫室建筑内容之一的"复道"，是常用以连通亭阁楼台的空中道路，往往与地面道路作立体交叉。[①]"甬道"同样作为欲禁秘宫事，以令"外人不见"的特殊道路，如《风俗通义·正失》所谓"通甬道，隐形体"，其形式可能确实为"筑垣墙如街巷"。

---

① 王子今、马振智：《秦汉"复道"考》，《文博》1984年第3期。

《文选》卷二二南朝徐敬业《古意酬到长史溉登琅邪城》："登陴起遐望，回首见长安。金沟朝灞浐，甬道入鸳鸾。"李善注："甬道，阁道也。《淮南子》曰：'甬道相连'。潘岳《关中记》曰：'未央殿东有鸳鸾殿。'"李周翰注："甬道，起土为道。"《淮南子·本经》说宫殿建筑之豪华靡丽：

> 大构驾，兴宫室，延楼栈道①，鸡栖井幹。……魏阙之高，上际青云。大厦会加，拟于昆仑。修为墙垣，甬道相连②。

高诱注以为"栈道""甬道"皆为"复道"。这样的解说虽然与其他学者的意见有所不同，其实是有一定道理的。我们看到，"复道"中确有形式类似"甬道"者。武威雷台汉墓出土陶楼，垣上四角楼间连通的"复道"，两侧有障墙③，以保证行走者的通行安全。

二 历史旁证之一：西晋"御道""两边筑土墙"

《太平御览》卷一九五引陆机《洛阳记》说到"两边筑土墙"的"御道"的形制：

> 宫门及城中大道皆分作三，中央御道，两边筑土墙，高四尺余，外分之。唯公卿、尚书、章服道从中道，凡人皆行左右，左入右出，夹道种榆槐树，此三道四通五达也。

这种御道两侧的土墙，不足以遮挡车马旌旗，以"毋令人知"，主要作用在于严格分割路面，不使两侧超逾，保证中央御道的畅通。然而道侧筑墙方式，当自"甬道"演化而来。

三 历史旁证之二：唐长安的"夹城"

后世与秦汉宫殿区的"甬道"极其类似的建筑形式，有唐代都城长

---

① 高诱注："栈道，飞间复道相通。"
② 高诱注："甬道，飞阁复道也。"
③ 甘肃省博物馆：《武威雷台汉墓》，《考古学报》1974 年第 2 期。

安的所谓"夹城"。

唐长安城的"夹城",是紧傍城东墙又另筑一墙,与城东墙之间仅留一路,路宽 10—23 米。修筑目的,是为保证皇帝安全潜行于大明宫、兴庆宫和曲江风景区之间。走向与城墙平行,全长 7970 米,墙宽与东城墙相同。其修筑年代,当在唐玄宗开元时期。①《资治通鉴》卷七"秦始皇二十七年"胡三省注:"甬道,唐夹城之类也。"由唐代长安城所谓"夹城"的有关资料,可以推想秦汉宫殿区"甬道"的形式。

《汉书》卷五一《邹阳传》记载,梁孝王曾经设想自筑甬道以方便亲近太后:"(梁孝王)尝上书,愿赐容车之地径至长乐宫,自使梁国士众筑作甬道朝太后。"王先谦《汉书补注》:"自王邸至太后宫门,筑甬道通往来。"此事因"爰盎等皆建以为不可",于是"天子不许",终于未遂。梁孝王竟因此"怒,令人刺杀盎"。推想"天子不许"的原因,可能在于梁王专用"甬道"构筑于长安城中,作为天下之尊的皇帝的权威受到损害。推想各地诸侯王所居可能也都存在"甬道"建筑。"甬道",是交通特权的标志。

四 服务于军运的"甬道"

秦汉时代还有专门作为军事运输道路形式的"甬道"。

秦末,反秦武装与秦军主力章邯部在钜鹿决战。《史记》卷七《项羽本纪》记载:

> 章邯令王离、涉间围钜鹿,章邯军其南,筑甬道而输之粟。

裴骃《集解》:"应劭曰:'恐敌抄辎重,故筑墙垣如街巷也。'"

项羽军破釜沉舟,"与秦军遇,九战,绝其甬道,大破之。"看来破坏或阻断其"甬道",是取胜关键。《史记》卷二九《张耳陈余列传》也说,章邯军队利用了"甬道":"筑甬道属河,饷王离。王离兵食多,急攻钜鹿。""项羽兵数绝章邯甬道,王离军乏食,项羽悉引兵渡河,遂破章邯。"

楚汉战争期间,项羽、刘邦两军曾数次于荥阳、成皋一带对峙。《史记》卷八《高祖本纪》:

---

① 段鹏琦:《隋唐两京的发掘》,《新中国的考古发现和研究》,文物出版社 1984 年 5 月版。

> 汉王军荥阳南，筑甬道属之河，从取敖仓，与项羽相距岁余。项羽数侵夺汉甬道，汉军乏食，遂围汉王。汉王请和，割荥阳以西者为汉。

关于"甬道"，张守节《正义》：

> 韦昭云："起土筑墙，中间为道。"

《史记》卷七《项羽本纪》记载：

> 汉军荥阳，筑甬道属之河，以取敖仓粟。汉之三年，项王数侵夺汉甬道，汉王食乏，恐，请和，割荥阳以西为汉。

"甬道"之争夺，又成为胜负的关键。

不唯刘邦军曾于荥阳修筑甬道，转运军粮，项羽军亦然。《史记》卷一八《高祖功臣侯者年表》：

> （博阳侯陈濞）击项羽荥阳，绝甬道。
> （蒯成侯周继）击项羽军荥阳，绝甬道。

是刘、项军各有输粮"甬道"，其位置、走向当各不同。刘邦取粮于敖仓。《史记》卷九八《傅靳蒯成列传》谓周继"东绝甬道"，可知项羽军粮当输自东方。

汉代战争中的"甬道"，还有其他形式。《三国志》卷一《魏书·武帝纪》记载，曹操西进潼关，击马超、韩遂，渡蒲阪津后，"循河为甬道而南"。曹操取胜后自述，言"连车树栅，为甬道而南"。裴松之注："臣松之案：汉高祖二年，与楚战荥阳京、索之间，筑甬道属河以取敖仓粟。应劭曰：'恐敌钞辎重，故筑垣墙如街巷也。'今魏武不筑垣墙，但连车树栅以扞两面。"

五 "路沟"非"甬道"辨

荆三林教授等曾于今河南荥阳西北进行实地调查，探索古敖仓遗迹，作文《敖仓故址考》，刊于《中原文物》1984年第1期。他认为被当地人称为"四十五里皇殿街""四十五里皇道沟"的深8米、宽10米的"路沟"，即楚汉战争时代的"汉筑甬道"。

《吕氏春秋·仲春纪》："同度量，钧衡石、角斗桶，正权概。"《仲秋纪》作"齐斗甬"。《礼记·月令》仲春之月、仲秋之月均作"角斗甬"。《史记》卷六八《商君列传》谓"平斗桶权衡丈尺"，是"甬"与"桶"通，均指筒状量器，其原盖为"筒"，即截竹所作直筒容器。又"钟柄"亦名"甬"，其状亦为中空的圆柱。清人黄生《义府》卷上"甬"：

> 甬谓钟至肩处，有级而稍高也，"甬道"之义取此。①

"甬道"取此义，以指直长而侧边严密隔闭的通道。由此出发，则以"路沟"为甬道似亦可成立。然而，史籍所见"甬道"，皆谓"筑"成。低凹如谷的"路沟"，其形制难以与此衔合。而"甬道"之修筑，主要目的在于"恐敌抄辎重"，阻隔敌军冲扰，保证运输安全。"路沟"低于两侧的形势，也与此功能不相适应。沿路"樊铺头、段铺头、刘铺头、陈铺头、秦铺头"等地名虽标志古道路的走向，然而秦汉时代道路中转站未见称"铺头"者。而且所谓"敖仓故址"地点附近，历代多设置大型转运粮仓，例如隋唐洛口仓、虎牢仓等都大致在这一带。以现有资料推定这条道路即为"甬道"，论据似嫌不足。何况刘、项同时各筑"甬道"，更无从判定其何以为"汉筑甬道"。

荆三林等《敖仓故址考》说："汉军败退荥阳，后军势复振，韩信又和项羽大战一场，反败为胜。败楚后，汉军驻在荥阳，韩信命令军士沿着河滨筑起甬道，以取敖仓粮食。"按韩信并未参与荥阳会战，韩信筑"甬道"说不能成立。此外，史籍"筑甬道属之河"，荆文释作"沿着河滨筑起甬道"，亦不确。其实，"属"者，意为通达、连接。《尚书·禹贡》："泾属渭汭。"孔颖达疏："属谓相连属，故训为逮，逮及也。言水相及。"《战国策·西周策》："除道属之于河。"姚宏本注："属，犹至也，通也。"《汉书》卷三二《陈余传》："章邯军钜鹿南棘原，筑甬道属河，馈王离。"颜师古注："属，联及也。"道属之于河，即道路通达至河岸，一

---

① 杨树达《积微居小学述林》卷二《释甬》以为"甬象钟形，乃钟字之初文也"，"后人用字变迁，缩小其义为钟柄"。

般直抵渡口。《史记》卷八《高祖本纪》:"汉王军荥阳南,筑甬道属之河,以取敖仓。"张守节《正义》:"孟康云:敖,地名,在荥阳西北,山上临河有大仓。"汉筑甬道至河滨,为取敖仓粮食。如此可知,"甬道属之河",绝无"沿着河滨"之义。《三国志》卷一《魏书·武帝纪》记载,建安十六年(211),曹操与马超、韩遂大战河潼地区,曾"循河为甬道而南",方是沿河以"甬道"掩护辎重转移。曹操事后说,这一举动的目的,是"既为不可胜,且以示弱",掩饰准备全面总攻的意图。一般军用"甬道",形式则并非如此。

六　交通工事构筑

"甬道"的基本形式是在道路两侧筑壁。今人多以为工程浩巨,不可思议。然而这种特殊的道路形式,正如恩格斯所指出,是历史上曾存在的"形式比较奇特,而且现在已经过时的工事"。恩格斯还指出,"野战筑城工事具有和军队同样悠久的历史。在野战筑城法方面,古代军队甚至比现代军队掌握得还要好得多。罗马军团在敌人附近扎营时,每夜都要在营地构筑工事"。①营地四周有围墙、壕沟和土堤,"所有这些工事都由兵士自己构筑,他们使用丁字镐和铲子像使用剑和矛一样灵巧"②。回顾中国古代军事史,在先秦和秦汉时代,军队兵种编制中没有独立的工程兵,工事构筑(包括壁垒障塞等)、道路开通、桥梁架设等任务都由直接作战的车、步、骑兵兼而承担。西方古代军队修筑工事往往采取木石结合的建筑形式,而我国古代往往因地制宜,常以夯土建筑为主要形式。《左传·宣公十一年》:"称畚筑。"孔颖达疏:"《正义》曰:畚者盛土之器,筑者筑土之杵。《司马法》:'辇车所载二筑'是也。"《周礼·乡师》郑玄注引《司马法》:"夏后氏谓辇曰余车,殷曰胡奴车,周曰辎辇。辇一斧一斤一凿一梩一锄,周辇加二版二筑。"周代军队辎重车辆已配备筑墙工具"板筑。"《史记》卷九一《黥布列传》:

　　项王伐齐,身负板筑,以为士卒先。

---

① 恩格斯:《筑城》,《马克思恩格斯全集》第14卷,人民出版社1964年8月版,第351、352页。
② 恩格斯:《野营》,《马克思恩格斯全集》第14卷,第279页。

裴骃《集解》：

> 李奇曰："板，墙板也。筑，杵也。"

可知担任攻击任务的野战部队也有"板筑"一类工具作为必备的军用器材，士兵需承担构造壁垒等土方工程任务。"野战工事可使兵力较弱的军队成功地抵抗优势的敌人。"[①] 当时，在必要的情况下，可以在往复通过的交通线两侧构筑土壁，形成"甬道"，以隐匿运输车队，或阻遏敌军兵车骑队的冲击，以使运行迟缓的辎重车取得躲避转移的时机，从而保证军需物资运输的安全。

"甬道"这种特殊道路，在军事上的应用年代并不很长。通过西汉末至东汉初的居延汉简可以看到，当时有关军用车辆配备的各种工具中，已不见夯土作业所使用的板、筑、畚等，其中与土方工程有关的工具舌[②]，可能也仅限于平整道路所用。这一现象也可能与车队的性质和河西建筑的一般特点有关。然而曹操在河潼大战中应用的"甬道"，其形式确实已发生重要变化。即所谓"连车树栅，为甬道而南"。裴松之注："今魏武不筑垣墙，但连车树栅扞两面。"

七 "甬道"衰微原因推想

曹操"连车树栅，为甬道"，其实已经与原先"筑垣墙"的"甬道"明显不同。"甬道"这一道路形式的衰微，可能主要由于野战部队的机动性加强了，战争中长期对垒的情形已渐少见。而运输车队的车速加快，运输效率显著提高，可能也是促成这一演变的重要原因之一。

后世已少见"甬道"之称，而军运任务只凭借一般交通道路已经可以完成了。直至后来，"甬道"一称竟转用以指居家庭院中的道路。

"甬道"或作为宫殿之间的通行线路，或作为战时军运通道，都因形制奇特，应用范围有限，不对社会经济的发展产生重要影响，秦汉军运

---

① 恩格斯：《野营》，《马克思恩格斯全集》第 14 卷，第 352 页。
② 简文作"锸"（85.23）或"（梠）"（47.4，47.5，88.4），《居延汉简甲乙编》或误释为"木""椿"，据裘锡圭《居延汉简甲乙编释义商榷》（《人文杂志》1982 年第 2 期至 1983 年第 4 期）订正。

"甬道"的历史尤为短暂。然而"甬道"的出现，作为一种历史文化现象，毕竟不应忽视。分析其特点及其演变，对于交通史、军事史、建筑史的研究也有不可否定的意义。

秦直道石门考察

《史记》卷一五《六国年表》：秦始皇帝三十五年（前212）"为直道，道九原，通甘泉"。《史记》卷八八《蒙恬列传》："始皇欲游天下，道九原，直抵甘泉，乃使蒙恬通道，自九原抵甘泉，堑山堙谷，千八百里。"直道作为贯通南北的交通干线，成为秦王朝全国交通网的主纲之一。

自史念海1975年以历史文献记载与实地勘察成功地结合，发表《秦始皇直道遗迹的探索》① 一文之后，探寻秦直道的经由和走向，讨论秦直道工程的历史作用和技术水平，成为许多历史学家和考古学家瞩目的课题。据报道，后来又有靳之林等沿直道进行考察。② 王开、孙相武、姬乃军等调查的成果也相继发表。③

研究者虽然已经进行了多年的工作，可是对于秦直道的大致走向仍然存在不同的意见。④ 尽管歧义纷呈，然而大家对于秦直道由甘泉宫北上，循子午岭主脉而行，经石门、雕岭关、艾蒿店至兴隆关（沮源关）这一路段，认识大体是一致的。

一　石门遗存

我们在1990年夏季参加陕西省考古研究所秦汉研究室组织的对秦直

---

① 《陕西师范大学学报》1975年第3期，随即又为《文物》1975年第10期转载。
② 《光明日报》1984年8月19日。
③ 王开：《"秦直道"新探》，《西北史地》1987年第2期；王开、贺清海：《毛乌素沙漠中秦汉"直道"遗迹探寻》，《西北史地》1988年第4期；延安地区文物普查队（姬乃军执笔）：《延安境内秦直道调查报告之一》，《考古与文物》1989年第1期。
④ 史念海：《直道和甘泉宫遗迹质疑》，《中国历史地理论丛》1988年第3期；吕卓民：《秦直道歧义辨析》，《中国历史地理论丛》1990年第1期。

道南段的实地考察时,一路多有发现。在秦直道交通系统中承担重要作用的石门,交通形势和建筑遗存都值得重视。

石门在今陕西省旬邑县境内,地当甘泉宫遗址正北。石门山海拔1855米,南坡稍缓,临北则山势峻拔、崴嵬陡立(图一〇)。《元和郡县图志·关内道三》说:石门山在三水县东五十里,"峰岩相对,望之似门"。康熙贾汉复修《陕西通志·山川》说:石门山一名"石阙","相传为秦太子扶苏赐死处"。传说原有碑刻,久已不可考。《三水县志》记载,石门山汉时名"石阙","高峻插天,对峙如门,汉武时于此立关"。乾隆《淳化县志》则说唐时方于此置关:"石门山在县北六十里,亦称石门关,相传始皇公子扶苏赐死处。今俗以扶苏为石门神,立庙。唐初置石门县,初筑关。"

图一〇　秦直道石门形势

现在来到石门,仰望两侧,山崖壁立,肖然如铁城,中缺如门,直通南北的秦直道即由此经过。有人曾著文记述,曾经在"石门天然'凹'形崖口""发现有水波纹、菱形[纹]秦汉瓦当"①。然而我们经过认真的实地勘察搜检,发现这里堆积的瓦砾年代均在隋唐以后,推想应是后世祭祀所谓"石门神"的庙宇的遗迹。现在当地居民仍然敬称"石门神"为"石门爷",并传说"石门爷"就是秦始皇长子公子扶苏。

在石门以北约1公里处石门村附近的平缓地带,发现含有大量砖瓦残

---

① 孙相武:《秦直道调查记》,《文博》1988年第4期。

件等遗存的秦汉建筑遗址。估计可能是汉时所谓"石关观"遗址或秦直道上传舍所在地。

二 "石门"与秦晋石门之战

《史记》卷五《秦本纪》记载，秦献公二十一年（前364），"与晋战于石门，斩首六万，天子贺以黼黻"①。《史记》卷一五《六国年表》：秦献公二十一年，"章蛟与晋战石门，斩首六万，天子贺"。《史记》卷五《秦本纪》张守节《正义》引《括地志》云：

> 尧门山俗名石门，在雍州三原县西北三十三里，上有路，其状若门。故老云尧凿山为门，因名之。武德年中于此山南置石门县，贞观年中改为云阳县。

《资治通鉴》卷二"周显王五年"："秦献公败三晋之师于石门。"胡三省注也引用《括地志》这段话。许多地方志编纂者亦沿袭此说，以为秦晋石门之战即发生在秦直道石门。其实，秦晋之界不当远至秦中心地区西部，晋军也未曾深入至此。所谓"与晋战于石门"的"石门"，当即今山西运城与芮城之间的石门山。②其地处河汾之间，因而这一战役得以震动周王室，于是秦人有"天子贺"事可以炫耀。秦献公因此称为"伯"，显示出国力的上升。③

当然，以为"秦献公败三晋之师于石门"战事发生于直道石门的误解的产生，也与此石门战略地位之重要有关。

三 "石阙"与"石关"

秦直道石门初名"石阙"。《说文·门部》："阙，门观也。"《释名·

---

① 裴骃《集解》："骃案：《周礼》曰：白与黑谓之黼，黑与青谓之黻。"
② 林剑鸣曾经指出，石门"其地有两种说法，一说在三原县西北，一说在山西运城西南。查此次战役，秦国斩首六万，同年赵曾出兵至石门救魏，当以山西之石门说为是"。见《秦史稿》，上海人民出版社1981年2月版，第201页。
③ 《史记》卷四《周本纪》。

释宫室》：" 阙，阙也。在门两旁，中央阙然为道也。"据《史记》卷八《高祖本纪》，汉帝国定都长安初，"萧丞相营作未央宫，立东阙、北阙"，因"宫阙壮甚"曾经令刘邦不安。《三辅黄图》卷二说到未央宫有"玄武、苍龙二阙"。又可见所谓"长乐宫东阙"。建章宫则有"建章凤阙"，亦称"凤凰阙""另凤阙""折风阙""嶕峣阙"。《太平御览》卷一七九引《关中记》："建章宫圆阙临北道，阙临北道，凤在上，故号曰'凤阙'也。阊阖门内东出有'折风阙'，一名'别风'。"可见阙往往立于宫门，临于大道。《汉书》卷二五下《郊祀志下》说，建章宫"其东侧凤阙，高二十余丈"。班固《西都赋》："树中天之华阙""设璧门之凤阙。"张衡《西京赋》"表峣阙于阊阖"，"圜阙竦以造天，若双碣之相望"云云，也都赞美汉宫门阙"干云雾而上达，状亭亭以苕苕"的雄伟气势。《水经注·谷水》引《汉官典职》还说到，洛阳朱雀阙"其上郁然与天连，是明峻极矣"。

阙，也是宫庙陵墓前夹道而立，以示尊贵庄重的特殊建筑形式。《白虎通》："门必有阙者何？所以饰门别尊卑也。"崔豹《古今注》卷上："阙，观也，于前所以标表宫门也。"汉时称作"石阙"的石门，当时已经是属于甘泉宫殿区的重要名胜。扬雄《甘泉赋》："迺迺离宫般以相烛兮，封峦石阙施靡乎延属。"

刘歆《甘泉宫赋》也有"缘石阙之天梯"的文句。《三辅黄图》卷五引王褒《云阳宫记》说甘泉宫形势："宫东北有石门山，冈峦纠纷，干霄秀出，有石岩容数百人，上起甘泉观。"而"阙，观也"，石门即石阙，是规模宏大的"前燀阙而后应门，""闶阆阆其寥廓兮，似紫宫之峥嵘"①的甘泉宫的北阙。

石阙，《汉书》卷八七上《扬雄传上》所载《甘泉赋》又作"石关"。《饶歌十八曲·上之回》："上之回，所中冀。夏将至，行将北。以承甘泉宫，寒暑德，游石关。望诸国，月氏臣，匈奴服。令从百官疾驱驰，千秋万岁乐无极。"所以，临"石关"可以"望诸国"，面对"月氏""匈奴"。

经"石关"可以北行。又司马相如《子虚赋》："道尽涂殚，回车而还。消摇乎襄羊，降集乎北纮。② 率乎直指，掩乎反乡，蹶石关，历封

---

① 扬雄《甘泉赋》。"阆阆阆"形容门阙之高伟。
② 《汉书》卷五七上《司马相如传上》颜师古注："张揖曰：《淮南子》云：九州之外曰八泽，八泽之外乃有八纮，北方之纮曰委羽。"

峦，过雄鹊，望露寒，下棠梨，息宜春。"① 扬雄《甘泉赋》也有语意相近的内容："于是事毕功弘，回车而归，度三峦兮谒棠梨②，天阃决兮地垠开。"

石门，以其天然神造之雄峻地势，被看作"天阃"之"决"和"地垠"之"开"，既被作为甘泉宫的北阙，又被作为秦直道最南端的雄关。经过石门北上，可以行直道而"疾驱驰"，"率乎直指"，通于北边（图一一）。

图一一　石门以北的直道遗存

我们从甘肃正宁刘家店林场秦直道遗迹左近的瞭望台以及黑马湾林业站秦直道东侧的秦烽火台南望，能够清晰地看到相距二三十公里之遥与秦直道正对的雄奇状伟的石门山，由此似乎可以意会秦直道选线与石门位置的关系。

四　秦人意识中"门"的神秘意义与"秦北门"探索

先秦时人对于与交通活动直接有关，即行归之始终必须通过的建筑形

---

① "雄鹊""露寒"等，《史记》卷一一七《司马相如列传》裴骃《集解》引《汉书音义》："皆甘泉宫左右观名也。"《汉书》卷八七上《扬雄传上》："甘泉本因秦离宫，既奢泰，而武帝复增通天、高光、迎风，宫外近则洪涯、旁皇、储胥、弩陆，远则石关、封峦、枝鹊、露寒、棠梨、师得，游观屈奇瑰玮。"《汉书》卷五七上《司马相如传上》，"际鹊"作"雄鹊"，颜师古注引张揖曰："此四观武帝建元中作，在云阳甘泉宫外。"
② 《文选》卷七《甘泉赋》李善注："三峦，即封峦观也。"

式"门",通常明显怀有含神秘主义意味的复杂心理。而有关秦人意识史的资料中似乎有更突出的表现。《史记》卷五《秦本纪》:"德公元年,初居雍城在郑宫。""二年,初伏,以狗御蛊。"张守节《正义》:"以狗张磔于郭四门,禳却热毒气也。"《十二诸侯年表》也明确记载,秦德公二年(前676)"初作伏,祠社,磔狗邑四门"①。

湖北云梦睡虎地出土秦简《日书》中也有标题为"门"的内容。② "直(置)室门"③题下又有标示出22座门的平面图,或显示城郭或聚落。其中东西南北正门的地位最为重要,图下简文有这样的文句:

  南门将军门,贱人弗敢居。(一一六正贰)
  北门利为邦门,贱人弗敢居。(一二六正贰)
  东门是胃(谓)邦君门,贱人弗敢居,居之凶。(一一九正叁)

西方中央之门即正对"东门"者为"失行门":"失行门,大凶。"(一二一正贰)④

《史记》卷三二《齐太公世家》:"惠公二年,长翟来,王子城父攻杀之,埋之于北门。"卷三三《鲁周公世家》:"齐惠公二年,鄋瞒伐齐,齐王子城获其弟荣如,埋其首于周首之北门。"看来,北门在东西南北四门正门之中,又居于更为特殊的地位。

《史记》卷六《秦始皇本纪》记载,秦王政二十六年(前221)实现一统,确定皇帝制度,推行郡县制。"南临渭,自雍门⑤以东至泾、渭,殿屋复道周阁相属。所得诸侯美人钟鼓,以充入之。"张守节《正义》:"《三辅旧事》云:'始皇表河以为秦东门,表汧以为秦西门,表中外殿观百四十五,后宫列女万余人,气上冲于天。'"秦始皇三十五年(前212)大规模经营咸阳宫殿区建设,"表南山之巅以为阙。为复道,自阿房渡渭,属之咸阳,以象天极阁道绝汉抵营室也"。是"南山"以为南阙。

---

① 王子今:《秦德公"磔狗邑四门"宗教文化意义试说》,《中国文化》总第12期;《周秦文化研究》,陕西人民出版社1998年11月版;《陇右文化论丛》第2辑,甘肃人民出版社2005年12月版。
② 简第843页至第855页,简第753页(反面)到第752页(反面)。此外,简第800页(反面)至第875页(反面)也有关于"门"的内容。
③ 一一四正壹至一一五正壹。
④ 睡虎地秦墓竹简整理小组编:《睡虎地秦墓竹简》,文物出版社1990年9月版,释文第198—199页。
⑤ 裴骃《集解》:"徐广曰:'在高陵县。'"张守节《正义》:"今岐州雍县东。"

"关中计宫三百,关外四百余。于是立石东海上朐界中,以为秦东门。""雍门"和"秦西门"的关系我们还不清楚。但是"秦东门"所在曾经有所变化,也许值得注意。而"石阙""石关"是否与秦史文献中并不十分明确的"秦北门"有关,也许是值得探索的学术命题。①

五 石门扶苏传说

可能正是与石门位于直道南端起点有关,相当于甘泉宫北阙的石门附近多流传关于公子扶苏的故事。

除相传始皇子扶苏赐死于此,于是为其立庙,表达对这位悲剧人物的同情与追念而外,当地还长期流行着扶苏神话的传说。乾隆《淳化县志》录文倬天《石门旧关》诗云:

> 怪石森天辟一门,谁提十万作兵屯。秦储湫浚蛟龙窟,唐帝关开虎豹垣。

所谓"秦储",就是在当地民间被尊为所谓"石门神"的公子扶苏。据《三水县志》,"扶苏庙下有湫,祈雨虔诚则应"。

由石门向北,秦直道沿"封子梁"下马栏河川道。所谓"封子梁",疑与汉代文献中"封峦"有关。"封子梁"一称,与邻近亦为秦直道经行的所谓"按子哇""撵子院""猜子岭"等地名相类,似应与公子扶苏被秦皇猜忌,派遣北上监蒙恬军的故事存在某种联系。

而"封子梁"东侧之马栏河支流,至今仍称"王子河"。由石门向北又有地名称"两女砦"。据《三水县志》记载:"两女砦山在县东北七十里,地势高耸,南望平衍,其麓有两冢。相传为秦扶苏二女葬处。"

公子扶苏是生前曾活动于秦直道沿线的著名历史人物,文献记载死于上郡。石门附近地区民间的扶苏崇拜,除了说明秦直道作为信息传递系统的效能而外,还使人推想石门似乎具有"贱人弗敢居"的"邦门"亦即"国门"的地位,因而得有"为人仁"且"刚毅而武勇,信人而奋士"②

---

① 曾磊:《直道建设与秦北门规划》,《2012·中国"秦汉时期的九原"学术论坛专家论文集》,内蒙古人民出版社2012年6月版。
② 《史记》卷八七《李斯列传》评说公子扶苏语。

的神话人物护卫。

古代交通结构的布局未必单纯考虑实用需要与经济合理,以神秘主义为基点的观念因素也一定起到相当大的作用。在这一认识基点上理解经石门北上的秦直道选线时的出发点,或许可以得到新的启发。至于秦直道走向与秦人传统方位意识中的神秘主义因素的具体关系,可以另文讨论。

试说秦烽燧

——以直道军事通信系统为中心

秦直道交通系统包括烽燧设置。秦烽燧的考察和研究，有益于深化对秦交通史和秦军事史的认识。

一 军事通信方式与军事交通体系的建设

克劳塞维茨在《战争论》中指出，军队和它的基地必须看成一个整体，"交通线是这个整体的一个组成部分，它们构成基地和军队之间的联系，应该看作是军队的生命线"。交通线的构成因素颇多，其中包括"沿线"的"邮局和信差"。"只有那些有专门设施的道路才构成真正的交通线体系。只有设有仓库、医院、兵站和邮局，指定有警备长，派有宪兵队和守备部队的道路，才是真正的交通线。"① "邮局和信差"的作用在交通线中受到重视，说明军事通信系统在军事交通体系中的特殊作用。

中国古代兵学重视对敌情及时准确的了解，称之为"形人"②。传诸葛亮所著《便宜十六策》第三即为《视听》，其中所说"务于多闻"，"察微形，听细声"，包含关注多方面信息的意思，自然也包括军事情报的收集。《孙子·军争》写道："《军政》曰：'言不相闻，故为金鼓；视不相见，故为旌旗。'夫金鼓旌旗者，所以一人之耳目也。"杜佑注："听其音声，以为耳候。瞻其指挥，以为目候。"所谓"耳候""目候"，体现了军中信息传递及时准确，意义同样重要。《说文·人部》："候，伺望

---

① 克劳塞维茨：《战争论》，中国人民解放军军事科学院译，解放军出版社 1964 年 2 月版，第 2 卷，第 622—623 页。
② 《孙子·虚实》。

也。"银雀山汉简《孙膑兵法·陈忌问垒》："去守五里置候。"《后汉书》卷一下《光武帝纪下》："遣骠骑大将军杜茂将众郡弛刑屯北边，筑亭候，修烽燧。"李贤注："亭候，伺候望敌之所。""《前书音义》曰：'边方备警急，作高土台，台上作桔皋，桔皋头有兜零，以薪草置其中，常低之，有寇即燃火举之，以相告，曰烽。又多积薪，寇至即燔之，望其烟，曰燧。昼则燔燧，夜乃举烽。'"《杜茂传》："因发边卒筑亭候，修烽火。"《南匈奴列传》："增缘边兵郡数千人，大筑亭候，修烽火。"都说"亭候"作为"伺候望敌之所"，使用"烽燧""烽火"传递信息。

二　秦"燔燧"制度

《墨子·号令》曾经说到军事情报信息传递的特殊方式："出候无过十里，居高便所树表，表三人守之，比至城者三表，与城上烽燧相望，昼则举烽，夜则举火。"又《墨子·杂守》："寇烽、惊烽、乱烽，传火以次应之，至主国止，其事急者引而上下之。烽火以举，辄五鼓传，又以火属之，言寇所从来者少多，旦弇还，去来属次烽勿罢。望见寇，举一烽；入境，举二烽；射妻，举三烽一蓝；郭会，举四烽二蓝；城会，举五烽五蓝；夜以火，如此数。守烽者事急。"秦人对于《墨子》学说多有采用。推想秦防卫体系中"烽燧"建设及"举烽""举火"实践可能与《墨子》设计有一定关联，应当是有合理性的。

战国时期使用烽燧备边的史例，有《史记》卷八一《廉颇蔺相如列传》："李牧者，赵之北边良将也。常居代雁门，备匈奴。""习射骑，谨烽火……匈奴每入，烽火谨，辄入收保，不敢战。如是数岁，亦不亡失。"和燕赵同样"筑长城""以拒胡"[①]的秦人，无疑也在防务制度中设置了"烽火"系统。

秦国调兵所用虎符铭文中，可以看到"燔燧"字样。如杜虎符（图一二）：

> 兵甲之符，右在君，左在杜。凡用兵兴士被甲五十人以上，必会君符，乃敢行之。燔燧之事，虽毋会符，行殹。

---

① 《史记》卷一一〇《匈奴列传》。

又如新郪虎符（图一三）：

> 甲兵之符，右在君，左在新郪。凡用兵兴士被甲五十人以上，必会君符，乃敢行之。燔燧之事，虽毋会符，行殴。

图一二 秦杜虎符

两件虎符都说通常调兵 50 人以上，"必会君符，乃敢行之"，然而"燔燧之事，虽毋会符，行殴（也）"，可见"燔燧"的意义。据陈直考证，这两件"秦兵甲之符""当为始皇八年以前之物"[1]。可见，秦以"燔燧"传递军事情报的制度早已成熟。

图一三 秦新郪虎符

---

[1] 陈直：《秦兵甲之符考》，《文史考古论丛》，天津古籍出版社 1988 年 10 月版，第 310 页。

三　秦直道烽燧遗址考察

史念海1975年发表了对秦始皇直道进行考察的收获。[①] 此后，多有学者进行秦直道的调查和研究[②]，虽然论点尚有分歧[③]，这一工作的意义依然是应当肯定的。

考古工作者沿秦直道或于秦直道左近地方发现了密集的烽燧遗址。这些遗址构成了体系完备的传送军事情报和战争信息的通信设施。这种通信建设大体也属于秦直道交通系统，可以在北部边疆和最高指挥中心之间迅速传递情报信息。

笔者1990年参与陕西省考古研究所组织的秦直道考察，同行有焦南峰研究员、张在明研究员、周苏平教授。我们在子午岭上的刘家店林场看到，有一座主要用以监测林区火情的瞭望台修建在秦汉烽燧遗址上，四坡及附近的地面有明显的秦汉建筑材料残件分布。从刘家店到雕岭关的路段，道路两侧依地势每隔相当距离就有一烽燧遗址存在（图一四）。史念海当年考察时虽然没有专门就烽燧遗址发表调查记录，但是他在论文中写道："登上子午岭主脉路旁的制高点，极目远望，但见群峰起伏，如条条游龙分趋各方，苍翠松柏与云霞相映。"[④] 实际上已经明确说到了登临烽燧遗址时的感受。

站在古烽燧当时所据制高点上，可以看到子午岭纵贯南北，形势雄壮，左右两侧，百山纵会，深谷之间，川流如绘。依据这样的地形优势，烽火传递可以取得良好的视觉效应，从而增益军情上达和军令下传的效率。

在子午岭上，沿直道利用自然高地修筑的烽燧遗址形成了相次传递军事消息的通信系统。据文物工作者记录，黑马湾林业站附近的烽燧遗址，

[①] 史念海：《秦始皇直道遗迹的探索》，《陕西师范大学学报》1975年第3期，《文物》1975年第10期，收入《河山集》第四集，陕西师范大学出版社1991年12月版。

[②] 《画家靳之林徒步三千里考察秦始皇直道》，《光明日报》1984年8月19日；王开：《"秦直道"新探》，《西北史地》1987年第2期；贺清海、王开：《毛乌素沙漠中秦汉"直道"遗迹探寻》，《西北史地》1988年第2期；孙相武：《秦直道调查记》，《文博》1988年第4期；延安地区文物普查队：《延安境内秦直道调查报告之一》，《考古与文物》1989年第1期。《陕西交通史志通讯》1986年第5期还曾刊出《秦直道实地考察专辑》。

[③] 吕卓民：《秦直道歧义辨析》，《中国历史地理论丛》1990年第1辑。

[④] 史念海：《秦始皇直道遗迹的探索》，《陕西师范大学学报》1975年第3期，《文物》1975年第10期，收入《河山集》第四集，陕西师范大学出版社1991年12月版。

图一四　秦直道烽燧遗址

"位于秦直道东侧的子午岭山梁上,夯筑圆台,底径8米,残高4米,夯层厚7—9厘米。附近散布绳纹砖、瓦及陶器残片"①。考察者在烽燧遗址之外,还发现了当时的居住遗址。

这样的烽燧遗址相隔一定距离就有一处,形制大致相同,有同样规模的夯土台,以及散落在附近的秦砖汉瓦。据陕西文物工作者总结,直道在陕西境内遗迹总长498公里,沿途发现秦汉时期的行宫、城址、兵站、关隘、烽燧等遗址及墓葬一共有近60处。②《中国文物地图集·陕西分册》著录的旬邑石门关遗址、两女寨遗址、黑麻湾烽燧遗址、雕灵关遗址、转角烽燧遗址、土窑烽燧遗址;黄陵艾蒿店烽燧遗址、五里墩烽燧遗址、五里墩东烽燧遗址、五里墩西烽燧遗址、老芦堡烽燧遗址、桂花烽燧遗址、兴隆关烽燧遗址;富县寨子山烽燧遗址、五里铺烽燧遗址;志丹白杨树湾烽燧遗址、白草湾烽燧遗址、柠条湾烽燧遗址、杨崖根烽燧遗址;安塞堡山烽燧遗址、东里畔烽燧遗址、贺庄烽燧遗址、阳山梁烽燧遗址、高山峁烽燧遗址、新庄烽燧遗址、宋家㚎烽燧遗址等③,都保留有显著的痕迹。

据甘肃省文物工作者考察,"在甘肃庆阳地区境内长达290公里的秦直道沿线上,保存着大量的烽燧,经徒步认真调查,至今尚留有126座。

---

① 张在明主编:《中国文物地图集·陕西分册》下册,西安地图出版社1998年12月版,第415页。
② 张在明主编:《中国文物地图集·陕西分册》上册,第116页。
③ 张在明主编:《中国文物地图集·陕西分册》下册,第415、894、906、934、789页。

这些烽燧多数建在直道沿线两侧的群山之巅，视野开阔；也有的建在直道大转弯的山峁上和垭口两端，互相对应，遥相瞭望。由此可知，古人修建烽燧时，对其所在地理位置是经过周密勘察的，每烽选址都是严谨审慎的"。秦直道烽燧与汉代和明代长城烽燧有明显的区别：1. 均以黄土夯筑而成，不用土坯垒筑，也不夹植物骨胎；2. 造型全部为圆形；3. 烽顶未发现女墙或掩体设置，守护士兵住宿处另建他处。4. 未见积薪。烽燧遗址现存高度为 11 米者 1 处，即黄蒿地畔烽燧；9 米者有 3 处，即洞水坡岭障城、林沟障城、南湾四号烽燧。另外白马嶐崄烽燧记录高度 25 米，底周 30 米①，疑数据有误。这里说到的 126 座直道烽燧，由于对直道线路走向的认识存在分析，有些可能不能为多数学者认可。

有的研究者总结直道附近所见烽燧遗址，称之为"五里一墩"。据说从黄毛塔下到沈家园子一段，每隔 2.5 公里左右就有一处烽燧遗址。其中尤以李家塔北 5 公里处的烽燧遗址最为完整，其高 9 米，底周长 24 米。②对于这些烽燧遗址，史念海认为："如果不是出于后世之手，可能还是有来历的。战国末年，秦昭襄王为了防御匈奴，曾在陇西、北地、上郡筑长城。""事实上，横山山脉上的与秦昭襄王长城有关的烽火台还不限于这几处，其他地方也还是有所发现。""如果这几处烽火台确非后世的建筑，其始建年代当在秦昭襄王之时。"③ 如果事实确如史念海所说，"这几处烽火台确非后世的建筑，其始建年代当在秦昭襄王之时"，则同样与本文讨论的主题相关。

四　直道的"亭"与相关设置

直道其他有关遗迹时有发现。有调查者考察发现，"现存古代窑洞近百孔"，而且"地面遗存大量粗、细绳纹板、筒瓦残片"，于是又推测道："这里可能是当年军营及辎重仓库，或为过往军旅驿站。"④ 有的调查者则称之为"兵站"⑤。

---

① 甘肃省文物局：《秦直道考察》，兰州大学出版社 1996 年 2 月版，第 64—75 页。
② 孙相武：《秦直道调查记》，《文博》1988 年第 4 期。
③ 史念海：《直道和甘泉宫遗迹质疑》，《中国历史地理论丛》1988 年第 3 辑，收入《河山集》第四集，陕西师范大学出版社 1991 年 12 月版。
④ 甘肃省文物局：《秦直道考察》，兰州大学出版社 1996 年 2 月版，第 10 页。
⑤ 孙相武：《秦直道调查记》，《文博》1988 年第 4 期。

司马迁关于直道有这样的文字记录：

> 吾适北边，自直道归，行观蒙恬所为秦筑长城亭障，堑山堙谷，通直道，固轻百姓力矣。①

直道的这种军事建筑遗址，其总体结构中，是不是也是包括当时的"亭障"呢？

我们可以参考汉代"长城亭障"的形制，理解秦直道沿线的军事建筑遗存。

汉代西北边塞工程多有"亭障"。这种"亭障"，当与前说"亭候"有关，既是防卫系统，也是军事通信系统。

《史记》卷一二三《大宛列传》司马贞《索隐》"述赞"说到西域的开发："大宛之迹，元因博望。始究河源，旋窥海上。条枝西入，天马内向。葱岭无尘，盐池息浪。旷哉绝域，往往亭障。"而司马迁的记述是："敦煌置酒泉都尉；西至盐水，往往有亭。而仑头有田卒数百人，因置使者护田积粟，以给使外国者。"《汉书》卷九六下《西域传下》也说："益垦溉田，稍筑列亭，连城而西，以威西国。"这里所说的"亭"，虽然有军事意义，但是主要作用不是防卫，而是交通通信服务。《史记》卷三〇《平准书》曾经记载，汉武帝有新秦中之行，"北出萧关，从数万骑，猎新秦中，以勒边兵而归。新秦中或千里无亭徼，于是诛北地太守以下"。关于所谓"无亭徼"，裴骃《集解》引瓒曰："既无亭候，又不徼循，无卫边之备也。"

所谓"新秦中或千里无亭徼"，是说整个地区防卫系统和通信系统未能完备。这里所说的通信系统，其中包括军事通信，也包括一般行政通信。这一地区因人口稀少，通信效能较为低下是势所必然的。张家山汉简《田律》说"上郡地恶"，体现了总体自然形势和人文形势的落后。张家山汉简《行书律》又可见有关置邮的内容。据整理小组释文：

> 十里置一邮。南郡江水以南，至索（？）南水，廿里一邮。（二六四）
> ……北地、上、陇西，卅里一邮；地险陕不可邮者，（二六六）得进退就便处。……（二六七）

---

① 《史记》卷八八《蒙恬列传》。

通常"十里置一邮","廿里一邮",而北地郡、上郡、陇西郡,则"卅里一邮"。"邮"设置的密度,或许反映了常规驿行方式如步递、水驿以及使用传马的不同,然而也很自然地使人联想到,这一情形很可能也与人口的密度有密切关系。上郡"卅里一邮",且颇有"地险陕不可邮者",居民的稀少和交通的"险陕",也可以看作"上郡地恶"说的注脚。①

在这样的认识基点上,我们对直道沿线的军事通信系统的重要性,或许可以有更为准确切实的理解。

有关边地通信系统和防卫系统的关系,《汉书》卷九四上《匈奴传上》的记载可能更为明确:"汉使光禄徐自为出五原塞数百里,远者千里,筑城障列亭至卢朐。""障"和"亭"可能属于不同的系统,有不同的作用。"亭"或许更侧重于交通通信。

五 关中的"烽燧"史

汉代西北边防的重要军事通信方式之一,是以烽火传递警备信号。专职传递这一信号的机构,是烽燧。敦煌汉简有"敦煌郡蓬火品约",居延汉简有"塞上蓬火品约",都规定了相应的发布军事警报的方式。汉代烽火示警的方式,据学者研究,大约有蓬、表、烟、苣火、积薪五类。每一类又可以区分为不同的型式。蓬,是草编或木框架上蒙覆布帛的笼形物,表是布帛制作的旗帜,烟是烟灶高囱所生烟柱,这些都是白昼使用的信号方式。夜间使用苣火,即举燃苇束火把。积薪为巨大的草垛,白昼点燃,以其浓烟发布信息,夜间则以大火示警。

据说烽燧间还使用鼓声传递警报。② 这种军事通信形式,很可能继承了秦时制度。

虽然有关古代烽燧制度的资料大多集中于北边特别是河西地区。但是

---

① 王子今:《说"上郡地恶"——张家山汉简〈二年律令〉研读札记》,《陕西历史博物馆馆刊》第10辑,三秦出版社2003年10月版。

② 罗振玉、王国维:《流沙坠简》,中华书局1993年9月版,第139页;陈梦家:《汉代烽燧制度》,《汉简缀述》,中华书局1980年12月版,第174页;劳榦:《居延汉简考释》,中央研究院历史语言研究所1943年6月版,第347、345页;吴礽骧:《汉代蓬火制度探索》,《汉简研究文集》,甘肃人民出版社1984年8月版,第242页;徐苹芳:《居延、敦煌发现的〈塞上蓬火品约〉——兼谈汉代的蓬火制度》,《考古》1979年第5期;初师宾:《居延烽火考述——兼论古代烽号的演变》,《汉简研究文集》,甘肃人民出版社1984年8月版,第355—356页。

关中地方很早就曾经使用这一制度。

《史记》卷四《周本纪》记载了周王朝"为燧燧大鼓"的军事通信方式:

> 褒姒不好笑,幽王欲其笑万方,故不笑。幽王为燧燧大鼓,有寇至则举烽火。诸侯悉至,至而无寇,褒姒乃大笑。幽王说之,为数举烽火。其后不信,诸侯益亦不至。

这就是著名的"烽火戏诸侯"的故事。对于这一记载,张守节《正义》的解释是:"峰遂二音。昼日燃燧以望火烟,夜举燧以望火光也。燧,土鲁也。燧,炬火也。皆山上安之,有寇举之。"所谓"皆山上安之",正与秦直道烽燧设置的情形相合。而前引秦兵甲之符所见"燔燧"事,也是战国时期秦地实行同样制度的实例。

秦时关中地区使用烽火的例证,还有《史记》卷二八《封禅书》记载的史例:

> 秦以冬十月为岁首,故常以十月上宿郊见,通权火。

裴骃《集解》:

> 张晏曰:"权火,烽火也,状若井絜皋矣。其法类称,故谓之权。欲令光明远照通祀所也。汉祠五畤于雍,五里一烽火。"

"权火"就是"烽火",其举火形式类似井上桔槔。正如前引资料所说"台上作桔皋,桔皋头有兜零,以薪草置其中,常低之,有寇即燃火举之,以相告"。所谓"五里一烽火",大致和秦直道烽燧设置的情形相当。

根据对古代道路的考古调查收获,"在永寿—彬县—长武一线,遗有烽燧10座,属秦汉时期关中通往西北干线上的通讯设施"。研究者还告诉我们,"直道东侧的子长和直道起点以南的淳化南部、泾阳等地,也发现了可连成一线的道路遗迹、烽燧及故城,应是直道的支线所在"①。这一发现也值得特别注意。

---

① 张在明主编:《中国文物地图集·陕西分册》,西安地图出版社1998年12月版,上册第116—117页。

如果进行认真的考察，秦直道沿线的烽燧遗址，还可以提供反映这一制度历史源流的其他比较具体的考古资料。

分析古代烽火传送系统的结构，往往和长城呈垂直交叉的形势。例如《中国文物地图集·陕西分册》体现的明代长城和烽火台的普查结果，就说明了这一事实。秦直道和秦长城的位置关系，恰恰正是这样的形势。前引史念海所说烽燧遗址与秦昭襄王长城的关系，也是值得我们重视的意见。

唐人李白《塞下曲》写道："烽火动沙漠，连照甘泉云。汉皇按剑起，还召李将军。兵气天上合，鼓声陇底闻。横行负勇气，一战净妖氛。"这里所说的"烽火动沙漠，连照甘泉云"，典出《史记》卷一一〇《匈奴列传》，司马迁记述：

> 军臣单于立四岁，匈奴复绝和亲，大入上郡、云中各三万骑，所杀略甚众而去。于是汉使三将军军屯北地，代屯句注，赵屯飞狐口，缘边亦各坚守以备胡寇。又置三将军，军长安西细柳、渭北棘门、霸上以备胡。胡骑入代句注边，烽火通于甘泉、长安。

事在汉文帝时代。所谓"烽火通于甘泉、长安"，应当就是利用了直道的军事通信系统，将匈奴入侵的信息传递到了直道南端的甘泉宫，再进而使都城长安得到警报。《后汉书》卷八九《南匈奴列传》论曰："候列郊甸，火通甘泉。"李贤注："列置候兵于近郊畿，天子在甘泉宫，而烽火时到甘泉宫也。"也说烽火传递军事信息至于甘泉宫事。所谓"火通甘泉"，自然也是经由直道军事通信系统。

看来，直道沿线烽燧设置的完备，使得直到汉文帝时代，依然能够使军情传递维持较高的效率。

《汉书》卷五二《韩安国传》说，秦时蒙恬开拓北边，"辟数千里，以河为竟，累石为城，树榆为塞，匈奴不敢饮马于河，置烽燧然后敢牧马"。可见匈奴也实行烽燧制度。[①] 如果我们推测匈奴"置烽燧"是借鉴

---

① 《史记》卷一一〇《匈奴列传》："汉孝文皇帝十四年，匈奴单于十四万骑入朝那、萧关，杀北地都尉卬，虏人民畜产甚多，遂至彭阳。使奇兵入烧回中宫，候骑至雍甘泉。"司马贞《索隐》："崔浩云：'候，逻骑。'"匈奴"候骑至雍甘泉"，很可能部分利用了直道的交通条件。"候骑"作为与"烽燧"不同的另一种信息传递形式，汉地军队也有应用。如《后汉书》卷一上《光武帝纪上》关于昆阳之战情形，有"会候骑还，言大兵且至城北，军陈数百里，不见其后"的记述。又《三国志》卷三二《蜀书·先主传》裴松之注引《魏书》："备自谓公与大敌连，不得东，而候骑卒至，言曹公自来。"居延汉简也可见"肩水斥候骑士"（303.23，303.31）简文。

于蒙恬健全长城防务时设立的烽燧通信制度，或许是符合历史真实的。

六 烽燧信号攻守兼用的意义

烽燧系统不仅用于防御，在战争中也可以为调动部队指示攻击目标发挥积极的作用。《艺文类聚》卷二七引刘歆《遂初赋》写道："望亭燧之皦皦，飞旗帜之翩翩。"此所谓"旗帜"，是亭上之表。司马相如《喻告巴蜀民檄》："夫边郡之士，闻烽举燧燔，皆摄弓而驰，荷兵而走，流汗相属，唯恐居后，触白刃，冒流矢，义不反顾，计不旋踵，人怀怒心，如报私仇。"① 烽燧不仅警报敌情，也可以激励士气，以信息传递之急疾，迅速调动军民进入紧急状态。《续汉书·百官志五》刘昭《注补》引《汉官仪》："边郡太守各将万骑，行鄣塞烽火追虏。"说明烽燧信号可用来指示敌情，也可以调动部队。秦时直道军事通信系统，也应当具备这样的功能。

---

① 《史记》卷一一七《司马相如列传》。

秦直道九原"度河"方式探讨

《史记》卷六《秦始皇本纪》写道："三十五年，除道，道九原抵云阳，堑山堙谷，直通之。"《史记》卷一五《六国年表》记载："（秦始皇）三十五年，为直道，道九原，通甘泉。""三十七年十月，帝之会稽、琅邪，还至沙丘崩。子胡亥立，为二世皇帝。杀蒙恬。道九原入。"司马迁在《史记》卷八八《蒙恬列传》中写道："吾适北边，自直道归，行观蒙恬所为秦筑长城亭障，堑山堙谷，通直道，固轻百姓力矣。"在中国早期交通建设的历史记录中，秦直道是首屈一指的重要工程。其规划、选线、设计和施工，显示出空前的技术水准和组织效率。秦直道的开通和应用，在中国古代交通史上具有极其重要的地位。对于军事交通的发展历程而言，秦直道也表现出里程碑式的意义。这条重要陆路干线"道九原抵云阳"而"直通之"的交通功能和文化意义，已经受到历史地理学者和交通史学者的重视。① 然而直道的形制和作用，还有诸多问题等待研究和说明。例如于九原地方"度河"的方式，就需要认真探讨。

秦直道通过黄河的方式，尚缺乏直接的资料可以说明。以交通史的视角考察秦的桥梁建造技术，可以推知当时应当已经有黄河浮桥沟通南北，而使得九原与云阳实现高效率的交通连接。汉武帝诏称卫青"梁北河"，这一记录在交通史上有重要的意义。可以说明当时北边因军事需要"度河"，已经有常设的梁桥以为便捷的条件。即使卫青"梁北河"如一些学者判断，确实在朔方地区，那么，有理由推想，九原服务于直道的河桥营造，应体现更典型的国家级交通设施的标准。王莽时代更改地名，五原郡五原县改称"填河亭"，也有可能与"度河"方式有关。汉五原郡"宜

---

① 关于直道研究，可参看史念海《秦始皇直道遗迹的探索》，《陕西师范大学学报》1975年第3期，《文物》1975年第10期，收入《河山集》四集，陕西师范大学出版社1991年12月版；王子今：《秦直道的历史文化观照》，《人文杂志》2005年第5期；辛德勇：《秦汉直道研究与直道遗迹的历史价值》，《中国历史地理论丛》2006年第1辑，收入《秦汉政区与边界地理研究》，中华书局2009年9月版。

梁"县名的意义,也值得关注。

一 "秦直道沿途所经最大的一条河流"

作为《中国考古学》(九卷本)中的一卷,《中国考古学·秦汉卷》是一部成功地总结秦汉考古成就和考古方法的论著。其工作的目的,论者明确地指出,是使得"秦汉考古""在秦汉社会历史和秦汉文明的全面揭示和深入研究中作出应有的贡献"(第17页)。全书贯彻这一宗旨,体现出秦汉考古研究与秦汉史研究相结合的学术成功。在许多方面有所创新,推进了对秦汉历史文化的认识。例如,直道是秦始皇时代为加强北边防务,抵御匈奴南犯而开筑的连通长城防线上军事重镇九原与行政中心甘泉的交通大道。秦代经营的交通大道多利用战国原有道路,只有直道是在秦统一后规划施工,开拓出可以体现秦帝国行政效率的南北大通道。对于秦直道的走向,学界认识未能完全一致,讨论的热烈,表现出学术空气的活跃,也为更接近历史真实的论点的推出,准备了必要的条件。《中国考古学·秦汉卷》对于秦直道的重视,超过了以往同类著作。撰写者对争议各方的意见分别有所介绍,而最终的取舍,倾向多数考古学者基于文物资料的判断。[①] 这种尊重一线考古工作成果的态度,是正确的。在这部书定稿之后的考古发掘,使得这一认识的学术基础更为坚实可靠。

由于对秦汉考古进行全面论说涉及面广阔,工作难度非常大,又因集体操作,协调不易,难免千虑一失,《中国考古学·秦汉卷》亦存在微瑕。如"秦直道"一节关于"秦直道的修筑技术",撰写者提出了这样的问题:"乌兰木伦河是秦直道沿途所经最大的一条河流,河床宽达100米,深20米,秦直道在此唯一的通过方式是架桥,当时是用什么方式、什么材料来架桥的?这些问题都有待于今后的考古工作来解答。"[②] 提出秦直道通过河流的方式这样的问题有重要意义,不过,上文已经写道:"(秦直道)北至九原(今内蒙古包头市西)""直道大致在黄河南岸昭君坟附近过河,终止于秦九原郡治所在地,即今包头市西南麻池古城。"[③] 此处所谓"过河"自然是过黄河(图一五)。

---

① 中国社会科学院考古研究所编著:《中国考古学·秦汉卷》,刘庆柱、白云翔主编,中国社会科学出版社2010年7月版,第72页。
② 同上书,第75页。
③ 同上书,第70—71页。

图一五　包头昭君渡现代浮桥

事实上,"秦直道沿途所经最大的一条河流"是黄河,而并非"乌兰木伦河"。秦直道过黄河的方式,值得研究者关注。

陕西考古学者对于秦直道调查和发掘的收获,提供了直道通过洛河(陕西甘泉)和葫芦河(陕西富县)方式的信息,对于我们认识直道通行条件和工程质量有重要的意义。相关信息也有益于研究直道通过黄河的方式时参考。

二　周穆王"沈璧于河"

对于直道线路经过黄河的河段,其实很早就为政治家、军事家注意。《穆天子传》记载周穆王率领有关官员和七萃之士,驾乘八骏,由最出色的驭手造父等御车,由伯夭担任向导,从处于河洛之地的宗周出发,经由河宗、阳纡之山、西夏氏、河首、群玉山等地,西行来到西王母的邦国,与西王母互致友好之辞,宴饮唱和,并一同登山刻石纪念,又继续向西北行进,在大旷原围猎,然后千里驰行,返回宗周的事迹。许多研究者认为,周穆王西巡行程的终极,按照这部书的记述,大致已经到达中亚吉尔吉斯斯坦的草原地区。有的学者甚至认为,穆天子西行可能已经在欧洲中部留下了足迹。① 现在看来，把《穆天子传》看作"最早记录中原与西域交往的史诗"② 的观点，大致是可以成立的。

关于《穆天子传》的性质，历来存在不同的认识。有人把它归入"起居注类"，有人则把它列为"别史类"或者"传记类"。大致一般都将其看作史书。然而清人编纂的《四库全书》却又将其改隶"小说家类"。并陈述其根据："案《穆天子传》旧皆入'起居注类'，徒以编年纪月，叙述西游之事，体近乎起居注耳。实则恍惚无征，又非《逸周书》之比。以为古书而存之可也，以为信史而录之，则史体杂、史例破矣。今退置于'小说家'，义求其当，无庸以变古为嫌也。"③ 不过，许多学者注意到《穆天子传》中记录的名物制度一般都与古代礼书的内容大致相合，其中记事记言，形式颇"与后世皇帝之《起居注》及《实录》相当"，因此认为"此等记录，殆无可疑"④。可能正是出于这样的考虑，《四部丛刊》和《四部备要》仍然把《穆天子传》归入"史部"之中。有的学者不仅不把它看作小说，甚至视其为一部"其叙简而法，其谣雅而风，其事侈而核"⑤ 的历史典籍。事实上，周穆王西行事迹，在其他史学经典中是有踪迹可察的。《左传·昭公十二年》说到周穆王"周行天下"的事迹。与《穆天子传》同出于汲冢的《竹书纪年》，也有周穆王西征的明确记载。⑥ 司马迁在《史记》卷五《秦本纪》和卷四三《赵世家》中，也记述了造父为周穆王驾车西行巡狩，见西王母，乐而忘归的故事。⑦

《穆天子传》卷一记述周穆王与河宗柏夭相会的情形，又有祭祀行为："天子授河宗璧。河宗柏夭受璧，西向沈璧于河，再拜稽首。祝沈马牛豕羊。"周穆王在河宗柏夭配合下"沈璧于河"的所在，正是在今内蒙古包头地方。《史记》卷四三《赵世家》："奄有河宗。"张守节《正义》：

---

① 顾实：《穆天子传西征讲疏》："六师毕至于旷原，即至于西北大旷原也。况西王母之邦在今波斯西北。更欲自西王母之邦至于旷原之野，则非自今波斯而北至欧洲大平原也，将焉至哉！故推定旷原者，包有今南俄大平原，及更北而欧洲大平原亦在内，万无可疑矣。"所谓"羽陵""当在今波兰 Poland 华沙 Warsaw 之间乎？"中国书店 1990 年 8 月版，第 174—175 页。

② 鲁南：《最早记录中原与西域交往的史诗〈穆天子传〉》，《新疆日报》1982 年 10 月 9 日。

③ 《四库全书总目》卷一四二《子部五十二·小说家类三》。

④ [日] 小川琢治：《〈穆天子传〉考》，《先秦经籍考》，江侠庵编译，商务印书馆 1931 年 2 月版，下册，第 93—242 页。

⑤ （明）胡应麟：《少室山房笔丛·三坟补逸》。

⑥ 王子今：《20 世纪中国历史文献研究》，清华大学出版社 2002 年 10 月版，第 343—348 页。

⑦ 王子今：《穆天子神话和早期中西交通》，《学习时报》2001 年 6 月 11 日。

"《穆天子传》云：'河宗之子孙䣙柏絮。'按：盖在龙门河之上流，岚、胜二州之地也。"《穆天子传》卷一会河宗之前"于䣙邦之南""行于阳纡之山"。或以为与"阳山"有关。又引《水经注》曰："高阙以东，夹山带河，阳山以往，皆北假也。"①《汉书》卷九四上《匈奴传》曾经说到九原、直道与"阳山北假"的关系："后秦灭六国，而始皇帝使蒙恬将数十万之众北击胡，悉收河南地。因河为塞，筑四十四县城临河，徙适戍以充之。而通直道，自九原至云阳，因边山险，堑溪谷，可缮者缮之，起临洮至辽东万余里。又度河据阳山北假中。"《汉书》卷九九中《王莽传中》记载：始建国三年（11），"遣尚书大夫赵并使劳北边，还言五原北假膏壤殖谷，异时常置田官。乃以并为田禾将军，发戍卒屯田北假，以助军粮。"也说明了同样的事实。

周穆王西行并没有在"河宗氏"地方渡河。但是对这一地区的特殊关注，对这里黄河河道的倾心崇敬，值得我们注意。

对于《穆天子传》的成书年代，不少学者推定为文化空前活跃的战国时期。顾颉刚则认为，"《穆天子传》的著作背景即是赵武灵王的西北略地"②。

三 赵武灵王经营北河与"直南袭秦"计划

据《战国策·赵策二》记载，赵武灵王与臣下肥义商议国事，表示了继承先祖事业的决心，最初提出了"胡服"的设想。随后，"王北略中山之地，至于房子，遂之代，北至无穷，西至河，登黄华之上"。赵武灵王"胡服骑射"这一具有"革政"意义的变法运动的成功，使得赵国强盛一时，"攘地北至燕、代，西至云中、九原"。《史记》卷四三《赵世家》还记载："武灵王自号为主父。主父欲令子主治国，而身胡服将士大夫西北略胡地，而欲从云中、九原直南袭秦，于是诈自为使者入秦。秦昭王不知，已而怪其状甚伟，非人臣之度，使人逐之，而主父驰已脱关矣。审问之，乃主父也。秦人大惊。主父所以入秦者，欲自略地形，因观秦王之为人也。"

刘师培《九盦集》卷五《秦四十郡考》"附秦郡建置沿革考"说，

---

① 顾实：《穆天子传西征讲疏》，第23页。
② 顾颉刚：《〈穆天子传〉及其著作时代》，《文史哲》第1卷第2期，1951年7月。

九原郡"秦得之赵"①。史念海指出,九原本来是赵国旧有边郡。② 这一意见有学者支持。③ 辛德勇指出:"史氏所说,信而有征,可以信从。九原是赵国西北角上的边郡。"④ 又说,据《史记》卷四三《赵世家》,"'云中'与'九原'并列,依此,似乎应该把'九原'理解成为与'云中'同一等级的郡名,即赵武灵王时战国已经设立九原郡"。"秦九原郡应当是直接承袭战国赵九原郡而来。既然如此,赵国的西北边境,就很有可能与秦朝一样,抵达狼山山脉一带。"⑤ 这样的分析给予我们有意义的启示。考古学者对阴山南麓赵长城的考察,证实了《水经注·河水三》的记录:"芒干水又西南径白道南谷口,有城在右,萦带长城……顾瞻左右,山椒之上,有垣若颓基焉。沿溪亘岭,东西无极,疑赵武灵王之所筑也。"⑥ 也就是说,赵武灵王时代已经将势力扩展到北河地区,其九原行政,既享有"河"之水利对农耕发展的恩惠,同时也不得不面对"河"之天险对交通进步的阻障。

赵武灵王曾经亲自来到九原地区,又有"欲从云中、九原直南袭秦"的战略谋划。赵武灵王从九原南向袭击秦国的路线和所谓"诈自为使者入秦"的路线,应当与后来的秦直道走向大体一致。赵武灵王"诈自为使者入秦"的特殊行为,应当有南渡黄河的实践经历。而他"欲从云中、九原直南袭秦"的预想,也必然有关于远征军渡河方式的设计。

四 战国策士关于"秦下甲云中、九原"的设想

与赵武灵王"欲从云中、九原直南袭秦"的思路相同,秦人似乎也有"直北"利用九原战略地位的设想。⑦ 而这样的军事行动,同样需要经

---

① 《刘师培全集》,中共中央党校出版社1997年6月版,第3册,第60页。
② 史念海:《论秦九原郡始置的年代》,《河山集》第七集,陕西师范大学出版社1999年1月版,第376—384页。
③ 陈仓:《战国赵九原郡补说》,《中国历史地理论丛》1994年第2辑。
④ 辛德勇:《张家山汉简所示汉初西北隅边境解析——附论秦昭襄王长城走向与九原云中两郡战略地位》,《历史研究》2006年第1期;收入《秦汉政区与边界地理研究》,第267页。
⑤ 辛德勇:《阴山高阙与阳山高阙辨析》,《文史》2005年第3期;收入《秦汉政区与边界地理研究》,第187页。
⑥ 盖山林、陆思贤:《阴山南麓的赵长城》,《中国长城遗迹调查报告集》,文物出版社1981年2月版,第21—24页。
⑦ 由赵武灵王"直南袭秦"战略和有关秦军相反方向运动即"直北"的设想,或可推想"直道"定名"直"与这种空间意识有关的可能。

历在九原"度河"的行动。

《战国策·燕策一》记载:"苏秦将为从,北说燕文侯曰:'燕东有朝鲜、辽东,北有林胡、楼烦,西有云中、九原,南有呼沱、易水。地方二千余里,带甲数十万,车七百乘,骑六千匹,粟支十年。南有碣石、雁门之饶,北有枣粟之利,民虽不由田作,枣粟之实,足食于民矣。此所谓天府也。'"燕国"西有云中、九原",应主要是指黄河以北地区。苏秦又有秦军控制"云中、九原"继续东进的假想:"秦之攻燕也,踰云中、九原,过代、上谷,弥坐踵道数千里。"秦"攻燕"远征军"踰云中、九原",当有渡河行动。

而"张仪为秦破从连横",威胁燕王,也有"大王不事秦,秦下甲云中、九原,驱赵而攻燕,则易水、长城非王之有也"的恐吓。这样的威胁果然奏效,据说,"燕王曰:'寡人蛮夷辟处,虽大男子,栽如婴儿,言不足以求正,谋不足以决事。今大客幸而教之,请奉社稷西面而事秦,献常山之尾五城。'"看来,张仪"秦下甲云中、九原"之说,并不是全无根据的虚言。而秦人用兵云中、九原,必定需要在九原渡河。

五 "河"与蒙恬九原军事建设

《史记》卷八八《蒙恬列传》说蒙恬经营北边:"秦已并天下,乃使蒙恬将三十万众北逐戎狄,收河南。筑长城,因地形,用制险塞,起临洮,至辽东,延袤万余里。于是渡河,据阳山,逶蛇而北。"其中"渡河"的记录值得特别注意。《汉书》卷九四上《匈奴传》记载:"后秦灭六国,而始皇帝使蒙恬将数十万之众北击胡,悉收河南地。因河为塞,筑四十四县城临河,徙适戍以充之。而通直道,自九原至云阳,因边山险,堑溪谷,可缮者缮之,起临洮至辽东万余里。又度河据阳山北假中。"所谓"因河为塞"与"临河""渡河""度河"的记录,体现蒙恬对北边的辛苦经营,对于"河"可以阻遏敌骑,同时又对自己的军事行动亦不免有所限制的作用,是予以重视的。

辛德勇指出,"就在秦始皇三十三年建构起黄河—阴山防线的当年,始皇帝嬴政便把寻求垦殖基地的目光,投向河套地区[①],指令蒙恬,'渡

---

① 原注:《史记》卷一一二《平津侯主父列传》。

河,据阳山'①,并在山上'筑亭障以逐戎人'②。阳山即今狼山山脉,其西段正围绕着河套平原的西部和北部。早在20世纪70年代,唐晓峰即以考察探明,在今狼山山脉及其迤西的乌拉后山北坡,残存有明显的秦长城"③。"这道阳山长城的作用,主要是防护河套垦区不受匈奴的侵害。"④ 有学者考论秦代政区地理,以为"秦九原郡置县可证者有武都、河阴、九原、南舆、曼柏、莫黑、西安阳、稒阳,共8县"。又说,"其中秦九原郡所属县武都、河阴、九原、南舆、曼柏、莫黑、西安阳、稒阳等县,传统文献多认为是西汉所设县,现在考证可知均为秦县,同时将这些地方设县的时间上推之秦,甚至战国时,可补史料之缺轶"。按照论者的意见,武都"故址大致在托克托县县西,具体地望无考"、河阴"故址在今包头市西"、九原故址即"内蒙古包头市南郊麻池古城"、南舆"故址帝王在今内蒙古自治区准格尔旗东南"、曼柏"故址地望在今内蒙古自治区东胜市东北"、莫黑"地望无考"、西安阳"故址在今内蒙古自治区五原县东南"、稒阳"即今内蒙古自治区固阳县"⑤。关于秦九原郡辖县故址的推定多论证不足,而当时九原郡下的一些县应非"西汉所设县"的意见可以参考。

显然,秦九原郡是跨河而治的特殊的行政区域。这一情形,一如西汉时期的西河郡。⑥ 这种比较少见的行政区域划分形式,必然是以方便的渡河方式为重要条件的。

六 直道"度河"的可能形式

《史记》卷六《秦始皇本纪》记载:"三十五年,除道,道九原抵云阳,堑山堙谷,直通之。"《史记》卷一五《六国年表》也写道:"(秦始皇)三十五年,为直道,道九原,通甘泉。""三十七年十月,帝之会稽、琅邪,还至沙丘崩。子胡亥立,为二世皇帝。杀蒙恬。道九原入。"九原

---

① 原注:《史记》卷八八《蒙恬列传》。
② 原注:《史记》卷六《秦始皇本纪》。
③ 原注:唐晓峰《内蒙古西北部秦汉长城调查记》,《文物》1977年第5期;李逸友《中国北方长城考述》,《内蒙古文物考古》2004年第1期。
④ 辛德勇:《张家山汉简所示汉初西北隅边境解析——附论秦昭襄王长城走向与九原云中两郡战略地位》,《历史研究》2006年第1期;收入《秦汉政区与边界地理研究》,第263页。
⑤ 后晓荣:《秦代政区地理》,社会科学文献出版社2009年1月版,第180—182页。
⑥ 王子今:《西河郡建置与汉代山陕交通》,《晋阳学刊》1990年第6期。

作为直道的北端,是明确无疑的。而直道的畅通,必然有便捷的渡河形式。

秦代明确的高等级的渡河记录,如《史记》卷六《秦始皇本纪》关于秦始皇二十八年(前219)"渡淮水"及著名的至湘山祠"几不得渡"的故事:"始皇还,过彭城……乃西南渡淮水,之衡山、南郡。浮江,至湘山祠。逢大风,几不得渡。上问博士曰:'湘君何神?'博士对曰:'闻之,尧女,舜之妻,而葬此。'于是始皇大怒,使刑徒三千人皆伐湘山树,赭其山。上自南郡由武关归。"又秦始皇三十七年(前210),"十一月,行至云梦,望祀虞舜于九疑山。浮江下,观籍柯,渡海渚。过丹阳,至钱唐。临浙江,水波恶,乃西百二十里从狭中渡"。这些关于秦始皇车队"渡"的记载,应当都是利用舟船的济渡。

秦穆公时代,在崤之战惨败后伐晋复仇,是秦史中著名的战事,《左传·文公三年》:"秦伯伐晋,济河焚舟,取王官,及郊。晋人不出,遂自茅津济,封殽尸而还。"秦军进入晋地,两次"济河",使用的是舟船。"济河焚舟",《史记》卷五《秦本纪》作"渡河焚船":"(秦穆公)三十六年,缪公复益厚孟明等,使将兵伐晋,渡河焚船,大败晋人,取王官及鄗,以报殽之役。晋人皆城守不敢出。于是缪公乃自茅津渡河,封殽中尸,为发丧,哭之三日。"所谓"济河焚舟"故事,发生在被看作英雄主义典范的项羽破釜沉舟事416年之前。① 而我们更为注意的,是秦人征战中通常的"济河""渡河"方式是使用舟船。

然而当时以架设浮桥作为渡河的交通方式,已经有比较成熟的技术保证。殷商时代已经有架设浮桥记录。卜辞可见⿰舟⿱⺊月、⿰舟⿱⺊⺋等字,郭沫若《金文丛考》均释为"造",即一出舟船并靠连接构成浮桥。卜辞可见"⿰舟⿱⺊月川于之(兹)"(《人》2146),即谓于此地造设舟桥以济川。《诗·大雅·大明》记述大约发生于公元前12世纪的周文王娶亲史事,有"文定厥祥,亲迎于渭;造舟为梁,不显其光"语。毛亨《传》:"其受命之宜王基乃始于是也。天子造舟,诸侯维舟,大夫方舟,士特舟。造舟,然后可以显其光辉。"《说文·辵部》:"造,就也。从辵,告声。""艁,古文造,从舟。"陆德明《经典释文》卷七《毛诗音义下》对"造"的解释说:"《广雅》音'艁',音同。"朱骏声《说文通训定声》卷六则释为"又为

---

① 《史记》卷七《项羽本纪》:"项羽已杀卿子冠军,威震楚国,名闻诸侯。乃遣当阳君、蒲将军将卒二万渡河,救钜鹿。战少利,陈余复请兵。项羽乃悉引兵渡河,皆沈船,破釜甑,烧庐舍,持三日粮,以示士卒必死,无一还心。"

'桥'",是"造"字假借之义之一。《说文·非部》:"靠,相韦也。从非,告声。"段玉裁注作这样的解释:"相韦者,相背也。故从非。今俗谓相依曰靠,古人谓相背曰靠,其义一也。犹分之合之皆曰离。"实际上,"造舟"之"造"以及"艁",都可以从"靠"字发现其原始之义。所谓"造舟"或"艁舟",其实就是以舟船比靠联并构成浮桥。《方言》卷九:"艁舟,谓之浮梁。"郭璞注:"即今浮桥。"张衡《东京赋》:"造舟清池,惟水泱泱。"薛综也解释说:"造舟,以舟相比次为桥也。"①《尔雅·释水》郭璞注:造舟,"比舩为桥"。邢昺疏:"言造舟者,比舩于水,加版于上,即今之浮桥。"

秦直道渡河,会不会采用利用浮桥的形式呢?根据我们对秦人交通开发的积极性和交通技术的成熟程度,可以推想,这一可能性是相当大的。

秦人有重视交通的传统。秦国所以能够实现统一,与交通方面的优势有重要关系。② 回顾秦交通史,可以看到,春秋时期,秦晋之间的黄河水面曾架设临时的浮桥。秦后子鍼"享晋侯,造舟于河,十里舍车,自雍及绛。归取酬币,终事八反"。事载《左传·昭公元年》。《史记》卷五《秦本纪》:秦景公三十六年(前541)"景公母弟后子鍼有宠,景公母弟富,或谮之,恐诛,乃奔晋,车重千乘"。所谓"车重千乘",可能是"造舟于河",架设浮桥的原因。据《元和郡县图志·关内道二》:"(朝邑县)河桥,本秦后子奔晋,造舟于河,通秦、晋之道。"黄河历史上第一座常设的浮桥,也是秦国修建,即《史记》卷五《秦本纪》所见秦昭襄王五十年(前257)"初作河桥"。张守节《正义》:"此桥在同州临晋县东,渡河至蒲州,今蒲津桥也。"③

秦人建造这两座黄河浮桥的年代与蒙恬经营北河时比较,秦昭襄王"初作河桥"事在36年前④,后子鍼"造舟于河"事则在320年前。蒙恬时代的桥梁建造技术应当更为成熟。而包头河段的黄河水量远逊于大荔、华阴、潼关与永济间河段。秦人在九原"造舟于河",不应有太大的困难。考虑到直道的战略地位和通行等级,渡河方式或许已经有常设的浮桥

---

① 王子今:《"造舟为梁"及早期浮桥史探考》,《文博》1998年第4期。
② 王子今:《秦国交通的发展与秦的统一》,《史林》1989年第4期;《秦统一原因的技术层面考察》,《社会科学战线》2009年第9期。
③ (明)丘濬:《大学衍义补》卷九九《治国平天下之要·备规制·道涂之备》:"《史记》:秦昭襄王五十年十二月,初作河桥。盖桥作于河也。然是时秦未有孟津之地,而所作之桥不在此尔。"
④ 《艺文类聚》卷九引《史记》:"秦昭王四十九年,初作河桥。"(宋)祝穆《古今事文类聚》续集卷一〇《居处部·桥》引文同。则又更早一年。

即秦昭襄王"初作河桥"的"河桥"。

七 关于卫青"梁北河"

汉武帝元朔二年（前127）回击匈奴对辽西、渔阳的侵犯，组织了向匈奴的全面进攻，取得空前的胜利。《史记》卷一一一《卫将军骠骑列传》记载："汉令将军李息击之，出代；令车骑将军青出云中以西至高阙。遂略河南地，至于陇西，捕首虏数千，畜数十万，走白羊、楼烦王。遂以河南地为朔方郡。以三千八百户封青为长平侯。青校尉苏建有功，以千一百户封建为平陵侯。使建筑朔方城。青校尉张次公有功，封为岸头侯。"汉武帝宣布了对卫青的奖励："今车骑将军青度西河至高阙，获首虏二千三百级，车辎畜产毕收为卤，已封为列侯，遂西定河南地，按榆溪旧塞，绝梓领，梁北河，讨蒲泥，破符离，斩轻锐之卒，捕伏听者三千七十一级，执讯获丑，驱马牛羊百有余万，全甲兵而还，益封青三千户。"所谓"梁北河"，用以表彰卫青的突出功绩。曹丕《汉武帝论》写道："自元光以迄征和四十五载之间，征匈奴四十余举。踰广漠，绝梓岭，封狼居胥，禅姑峰，梁北河，观兵瀚海。刈单于之旗，剿阏氏之首，探符离之窟，扫五王之庭，纳休屠昆邪之附，获祭天金人之宝。斩名王以十数，馘首虏以万计。既穷追其败亡，又摧破其积聚。"①"梁北河"成为赞美汉武帝武功的颂辞。

所谓"梁北河"，裴骃《集解》引录如淳的解释："为北河作桥梁。"《汉书》卷五五《卫青传》颜师古注引如淳曰："为北河作桥梁也。"这里所说的"为北河作桥梁"，很可能是常设的浮桥，亦不排除架构梁桥的可能。

《史记》卷一一一《卫将军骠骑列传》张守节《正义》："'梁北河'，在灵州界也。"《太平寰宇记》卷三六《关西道·灵州》："《水经》云：河西溢于窳浑泽。《汉书》卫青'绝梓岭，梁北河'，谓此处也。"按照《水经注·河水三》的记述，则"梁北河"的方位大概还要偏东一些："河水又屈而东流，为北河。汉武帝元朔二年，大将军卫青'绝梓岭，梁北河'是也。东径高阙南。《史记》：赵武灵王既袭胡服，自代并阴山下，

---

① （明）张溥辑：《汉魏六朝百三家集》卷二四《魏文帝集·论》，文渊阁四库全书本。《艺文类聚》卷一二及《太平御览》卷八八引《典论》均作"斩名王以千数"。

至高阙为塞。山下有长城,长城之际,连山刺天,其山中断,两岸双阙,善能云举,望若阙焉。即状表目,故有'高阙'之名也。自阙北出荒中,阙口有城,跨山结局,谓之'高阙戍'。自古迄今,常置重捍,以防塞道。汉元朔四年,卫青将十万人败右贤王于高阙。即此处也。"

卫青于朔方"梁北河",分析道路规划的可能走向的,很可能是对应高阙的交通建设。其实,直道渡河,应当有更高等级的桥梁。辛德勇在分析"九原、云中两郡在西汉政治与军事地理格局中的地位"时强调:"云中、九原两郡南部的东流黄河河段,流速舒缓,岸线平坦,是展开大规模渡河军事行动的理想地点,九原、云中两郡,便是控制这一战略要津的桥头堡。"又说:"这两个郡……其位居交通要津,控制着东出'关东'以及北出塞外的渡口……九原、云中一带,一向是朝廷重兵所在的地方","九原和云中,具有非同寻常的军事地理地位,特别是九原,不仅控制着黄河渡口,同时还控制着重要的战略通道直道,地位尤其重要"①。显然,对于北边军事道路渡河的交通规划来说,九原自有最重要的战略地位和最优越的总体条件。难以想象当时思考对匈奴战略的军事家,会考虑在九原以外的其他地方组织最高等级的渡河工程的建设。即使卫青"梁北河"如一些学者判断,确实在朔方地区,那么,有理由推想,九原服务于直道的河桥营造,应体现更典型的国家级交通设施的标准。

八 王莽"填河亭"地名

《汉书》卷二八下《地理志下》关于五原郡行政建置的文字,县名"河阴""河目"之定义或许与"河"有某种关系:

> 五原郡,秦九原郡,武帝元朔二年更名。东部都尉治稒阳。莽曰获降。属并州。户三万九千三百二十二,口二十三万一千三百二十八。县十六:九原,莽曰成平。固陵,莽曰固调。五原,莽曰填河亭。临沃,莽曰振武。文国,莽曰繁聚。河阴,蒱泽,属国都尉治。南兴,莽曰南利。武都,莽曰桓都。宜梁,曼柏,莽曰延柏。成宜,

---

① 辛德勇:《张家山汉简所示汉初西北隅边境解析——附论秦昭襄王长城走向与九原云中两郡战略地位》,《历史研究》2006年第1期,收入《秦汉政区与边界地理研究》,第278、281页。

中部都尉治原高，西部都尉治田辟。有盐官。莽曰艾虏。稒阳，北出石门障得光禄城，又西北得支就城，又西北得头曼城，又西北得虖河城，又西得宿虏城。莽曰固阴。莫𪏱，西安阳，莽曰鄣安。河目。

特别是其中的"五原"县，王莽改称"填河亭"。"填河"可以理解为"镇河"，即维护水文条件的稳定以避免水害。王莽使用的这一新地名，看来有可能与渡河地点有关。不过，谭其骧主编《中国历史地图集》标示远在"九原"县西北的"五原"县位置，与"河"之间的直线距离大约在10公里以上。①

《水经注》卷三《河水三》："（河水）又东径九原县故城南，秦始皇置九原郡，治此。汉武帝元朔二年，更名五原也。王莽之获降郡、成平县矣。西北接对一城，盖五原县之故城也，王莽之填河亭也。《竹书纪年》，魏襄王十七年，邯郸命吏大夫奴迁于九原，又命将军大夫适子戍吏，皆貉服矣。其城南面长河，北背连山。秦始皇逐匈奴，并河以东，属之阴山，筑亭障为河上塞。徐广《史记音义》曰：阴山在五原北。即此山也。始皇三十三年，起自临洮，东暨辽海，西并阴山，筑长城及开南越地，昼警夜作，民劳怨苦。故杨泉《物理论》曰：秦始皇使蒙恬筑长城，死者相属。民歌曰：生男慎勿举，生女哺用𫗦，不见长城下，尸骸相支拄。其冤痛如此矣。蒙恬临死曰：夫起临洮，属辽东，城堑万余里，不能不绝地脉，此固当死也。"说"五原县之故城也，王莽之填河亭也"，"其城南面长河，北背连山"，在此意义上理解"填河"，应即"筑亭障为河上塞"。然而雍正《陕西通志》卷三《建置第二》"汉朔方郡·五原"条引《水经注》："九原县西北接对一城，盖五原县故城，王莽填河亭也。其城南面长河，北背连山。"然而又写道："按：五原在神木北河北岸。"则似可看作仍以为五原县即"填河亭"临河。

"填河"的另一种理解，是"河"上"成桥"。《白孔六帖》卷九五《鹊》"填河"条："《淮南子》：乌鹊填河成桥，渡织女。"牛郎织女传说在汉代已经普遍流行。鹊桥神话如果确实出自《淮南子》，应是最早的线索。然而今本《淮南子》已不见此文。《四库全书总目》卷一一七《淮南子》："晁公武《读书志》称《崇文总目》亡三篇。李淑《邯郸图书志》亡二篇。其家本惟存十七篇，亡其四篇。高似孙《子略》称读《淮南》

---

① 谭其骧主编：《中国历史地图集》，中国地图出版社1982年10月版，第2册，第17—18页。

二十篇。是在宋已鲜完本。惟洪迈《容斋随笔》称今所存者二十一卷，与今本同。然白居易《六帖》引乌鹊填河事，云出《淮南子》而今本无之，则尚有脱文也。"① 人们似乎还相信"乌鹊填河事"确实出自《淮南子》。宋人王观国《学林》卷四"牛女"条写道："世传织女嫁牵牛渡河相会。观国案：《史记》汉晋《天文书》，河鼓星随织女星、牵牛星之间。世俗因傅会为渡河之说。渫渎上象，无所根据。惟《淮南子》云乌鹊填河成桥而渡女，其说怪诞不足信。"虽指出俗说"怪诞"，却相信事出《淮南子》。将"填河"理解为"成桥"，也是相当普遍的认识。《古今注》卷下"鹊"条："俗云七月填河成桥。"《山堂肆考》卷二《天文》"鹊桥"条："《淮南子》曰：乌鹊七月七夕填河而度织女。"卷二一四《羽虫》"填河"条："《淮南子》曰：乌鹊填河成桥而渡织女。"如果以"成桥"理解"填河"，则王莽"填河亭"之五原命名，自然可以作为我们讨论直道在这一地方渡河方式的参考信息。

九 "宜梁"县名推想

《汉书》卷二八下《地理志下》"五原郡""县十六"中，在九原、固陵、五原临沃、文国、河阴、蒲泽、南兴、武都之后，列"宜梁"县（图一六）。

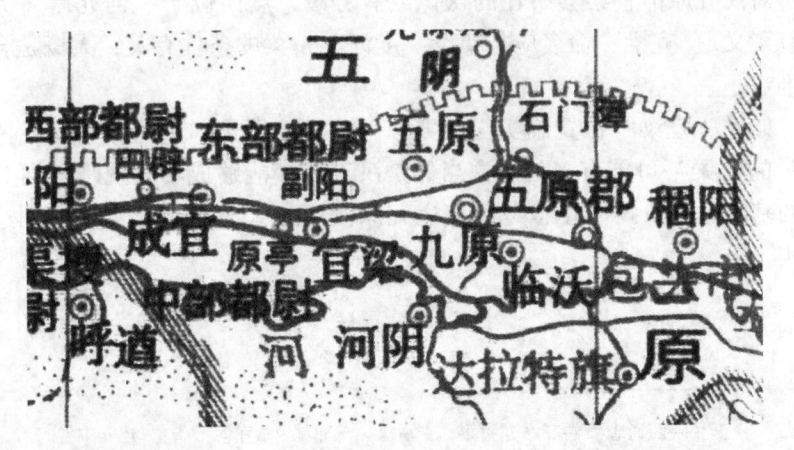

图一六 "宜梁"形势（据谭其骧主编《中国历史地图集》第 2 册）

---

① （清）永瑢等：《四库全书总目》，中华书局 1965 年 6 月版，上册，第 1009 页。

《水经注·河水三》："河水又东径宜梁县之故城南。阚骃曰：五原西南六十里，今世谓之石崖城。"胡渭《禹贡锥指》卷一三上："今在废丰州东。"雍正《陕西通志》卷三《建置第二·汉·五原郡》"宜梁"条："按：宜梁在榆林府北河北岸。"同卷《建置第二·后汉·五原郡》"宜梁"条据《水经注》，谓"宜梁在五原西南六十里"。按语称："宜梁在榆林府西北河北岸。"同书卷一三《山川六·边外·黄河》："宜梁县在五原西南六十里废丰州东，今榆林府北。"《嘉庆重修一统志》卷四〇八《乌喇忒·古迹》："宜梁故城，在故九原城西。汉置，属五原郡，后汉末省。"①

对于汉"宜梁"县地望，雍正《陕西通志》或云"榆林府北"，或云"榆林府西北"，方位并不一致。则或以为在九原附近，或以为偏西。《嘉庆重修一统志》所谓"宜梁故城，在故九原城西"，以"故九原城"作为说明"宜梁故城"位置的坐标，相互距离应当不会太远。《水经注》引阚骃"五原西南六十里"之说，则显然偏西。然而阚骃又说："今世谓之石崖城。""石崖城"或与"石崖山"有某种关联。嘉靖《陕西通志》卷一〇《土地十·河套山川》："石崖山山文有战马之状。"② 似可理解为岩画史料。而相应方位乌拉山岩画发现，西在今乌拉特前旗有哈拉盖山口岩画③，东在今包头九原西南"昭君渡"正北有包尔汉图岩画④，后者特别引起我们的注意。然而以"石崖山山文"作为判定"石崖城"及"宜梁"县位置的参考，也依然不能提出确证。

对汉五原郡宜梁县所在的认识或有分歧，然而位于"河北岸"大致没有疑义。"宜梁"命名应与架设"度河"桥梁的条件有关，大概是合理的推定。

如果"宜梁"位置确实与"九原"有一定距离，则可说明汉代"北河"的"梁"可能有多处。这当然是汉五原郡能够成功实现跨"河"治理的基本条件。我们在思考秦直道九原渡河方式时，也应当注意到这一史实。

---

① 雍正《陕西通志》卷三《建置第二·后汉·五原郡》"宜梁"条："建安中省。"
② 嘉靖《陕西通志》，三秦出版社2006年6月版，第470页。
③ 国家文物局主编：《中国文物地图集·内蒙古自治区分册》，西安地图出版社2003年11月版，上册，第270—271页。
④ 同上书，第126—127页。

汉代拱桥考述

两汉时代，是中华民族文明史上创获空前丰富的阶段。汉代社会文化形态对后来若干世代有深远的历史影响。这一时期科学技术的进步，也有重要的历史意义。拱桥的出现和普及，就是突出的例证之一。

一 "⺈"与"高梁"：先秦拱桥出现的可能性

拱桥的形式，是在墩台之间以拱形结构承重，以增大跨度，增加荷载，同时实现了建材的合理利用。拱下形成较大空间，也有利于水上航运的发展。拱桥的发明，体现出设计者结构力学知识的成熟。拱桥的施工，也反映了当时建筑工艺水平的高超。

李亚农曾经提出拱桥创始于殷代的见解，他说，殷人建筑技术"已发展为建筑艺术"，宫室亭榭的建筑可以作为例证，"至于上下倒虹的石拱桥的创造更是惊人。这种桥梁是兼备着美术价值与实用价值的。虽然有人主张石拱桥是外来的或后世的发明，古代的殷人不可能有这样高度的技术和力学知识，但甲骨文⺈（桥）字的存在，不容许我们怀疑殷人已经创造了石拱桥的铁的事实。"[1] 然而以"桥"释"⺈"的意见，并没有得到学术界的普遍赞同。于省吾释"⺈"为"虹"。《甲骨文编》从于说。[2]

综合考察其他材料，确实尚未见到先秦时代曾经出现拱桥的明确证据。成书于战国晚期的《韩非子·喻老》中可见所谓"高梁"：

> 智伯兼范、中行而攻赵不已，韩、魏反之，军败晋阳，身死高梁

---

[1] 李亚农：《殷代社会生活》，《李亚农史论集》，上海人民出版社 1962 年 9 月版，第 551 页。

[2] 中国科学院考古研究所编辑：《甲骨文编》，中华书局 1965 年 9 月版，卷一三·三，第 1571 页。

之东。

作为晋国地名的"高梁",另见《左传·僖公元年》《左传·僖公十五年》《左传·僖公二十四年》及《国语·晋语四》。而所谓"高梁",又确实曾经用以指一种桥梁。例如《韩非子·外储说右上》:

> 兹郑子引辇上高梁而不能支。兹郑踞辕而歌,前者止,后者趋,辇乃上。
> 使兹郑无术以致人,则身虽绝力至死,辇犹不能上也。

《韩非子》中所说到的这种"高梁",很可能是指为增大桥下净空所修造的较高的梁桥。

二　汉代的拱桥

反映拱桥出现的比较可靠的资料最早见于汉代。

班固《西都赋》描述长安宏伟富丽的宫室建筑,有"因瑰材而究奇,抗应龙之虹梁"的文句。李善注:"应龙虹梁,梁形似龙,而曲如虹也。"通过山东嘉祥武氏祠汉画像石(图一七)① 和沂水韩家曲汉画像石中的有关画面(图一八)②,可以大致了解汉代人意识中龙与虹的关系。③ 班固所谓"抗应龙之虹梁",显然是指形式如"虹",以"曲"为主要特征的拱桥。

四川新都出土的汉画像砖有表现车马从桥上通行的画面。桥为三孔木梁柱桥,桥面呈弧形(图一九)④。以往曾经有人认为这种弧形木梁桥的出现始于唐代,新都汉画像砖的发现,可以将这种桥型的最初年代提前到汉代。人们很自然地会联想到,这种扩大桥下净空以便利通航的方式,应

---

① 《金石索·石索》卷三。
② 山东省博物馆、山东省文物考古研究所编:《山东汉画像石选集》,齐鲁书社1982年3月版,图四四八。
③ 王子今:《共工神话与远古虹崇拜》,《民间文学论坛》1988年第5、6期;《龙与远古虹崇拜》,《文物天地》1989年第4期。
④ 刘志远、余德章、刘文杰:《四川汉代画像砖与汉代社会》,文物出版社1983年12月版,第68页。

图一七　嘉祥武氏祠汉画像石表现虹的画面

图一八　沂水韩家曲汉画像石表现虹的画面

当会对拱桥的出现具有重要的启示作用。江苏溧水柘塘出土汉画像砖的画面所表现的拱桥，桥下有立柱支撑（图二〇），很可能体现了汉代拱桥的一种早期形式。其特征与四川新都汉画像砖所见梁桥的关系，是显而易见的。山东邹城高庄前营出土汉画像石所见拱桥，可能已经是砖拱桥（图二一）。[1]

---

[1]　山东省博物馆、山东省文物考古研究所编：《山东汉画像石选集》，齐鲁书社1982年3月版，图一三一。

图一九　新都汉画像砖梁桥

图二〇　溧水柘塘汉画像砖拱桥

图二一　邹城高庄前营汉画像石拱桥

陈桥驿曾经研究《水经注》记载的桥梁，说到"全注记载的各种桥梁，注文明确的共达九十二座"。这些记载的桥梁，可以查明种类的五十座，其中石桥最多，计二十四座。值得注意的是，记载最为集中的是卷十六《谷水注》，所列石桥竟多达七座，即皋门桥、制城石桥、建春门石桥、马市石桥、阊阖门石桥、东阳门石桥、旅人桥，占石桥总数的29.17%。其中横跨七里涧的旅人桥尤为引人注目，被看作"工程浩大，建筑宏伟，造型美观的石拱桥"，"确实不愧为我国古代石拱桥建筑中的杰作"①。郦道元是这样记述的：

(七里)涧有石梁，即旅人桥也。

昔孙登不欲久居洛阳，知杨氏荣不保终，思欲遁迹林乡。隐沦妄死，杨骏埋之于此桥之东。骏后寻亡矣。《搜神记》曰：太康末，京、洛始为折杨之歌，有兵革辛苦之辞。骏后被诛，太后幽死，折柳之应也。

凡是数桥，皆累石为之，亦高壮矣，制作甚佳，虽以时往损工，而不废行旅。朱超石《与兄书》云：桥去洛阳宫六七里，悉用大石，下圆以通水，可受大舫过也。题其上云：太康三年十一月初就工，日用七万五千人，至四月末止。此桥经破落，复更修补，今无复文字。

所谓"累石为之""下圆以通水"，形势"高壮""可受大舫过"，显然是石拱桥。②

多有学者据此以为，有关旅人桥的文句，"是对石拱桥的首次记录"③"公元282年（今注：即旅人桥题记'太康三年'）洛阳的石拱桥"，是"目前能查得较早的，且比较能确定其为圆拱的""中国石拱桥的历史记录"④。

其实，对这一见解，似乎还可以讨论。

对于郦道元所谓"凡是数桥，皆累石为之，亦高壮矣，制作甚佳"，陈桥驿解释为："旅人桥，其实是横跨七里涧的数座桥梁的总称"。然而"埋之于此桥之东"语，应当理解为"此桥"是一座有确定方位地址的

---

① 陈桥驿：《水经注研究》，天津古籍出版社1985年5月版，第198页。
② 罗英、唐寰澄在《中国石拱桥研究》写道："桥在古代一般都尚称梁，但'下圆以通水'宜是石拱桥。"人民交通出版社1993年6月版，第4页。
③ 茅以升主编：《中国古桥技术史》，北京出版社1986年5月版，第63页。
④ 罗英、唐寰澄：《中国石拱桥研究》，人民交通出版社1993年6月版，第4页。

桥。推想"凡是数桥"云云，当包括在旅人桥之前记述的几座石桥，即东阳门石桥、阊阖门石桥、马市石桥、建春门石桥、制城石桥、皋门桥等。

《水经注·谷水》记载的洛阳另一处有明确纪年的桥梁工程是建春门石桥。这座桥的"右柱铭"说到其建成年代为汉顺帝阳嘉四年（135）：

> 桥首建两石柱，桥之右柱铭云：阳嘉四年乙酉壬申，诏书以城下漕渠，东通河济，南引江淮，方贡委输，所由而至，使中谒者魏郡清渊马宪监作石桥梁柱，敕敕工匠，尽要妙之巧，攒立重石，累高周距，桥工路博，流通万里云云。河南尹邳崇崐，丞渤海重合双福，水曹掾中牟任防，史王荫，史赵兴，将作吏睢阳申翔，道桥掾成皋卑国，洛阳令江双，丞平阳降监掾王腾之，主石作右北平山仲，三月起作，八月毕成。

如果以上关于郦道元"凡是数桥"一语的理解不误，则这座东汉石桥应是目前文字记录所见的年代更早的石拱桥。而所谓"尽要妙之巧，攒立重石，累高周距"诸语，也正与拱桥的形制相合。"攒"本来就有拱曲之意。

东汉其他建筑形式之所谓"攒顶"或"攒尖顶"，也有助于我们理解其形式。

山东邹城郭里镇高李村 M1 出土汉画像石所见画面，似乎已经体现了石拱结构（图二二）。①

图二二 邹城郭里镇高李村 M1 出土汉画像石拱桥

---

① 胡新立：《邹城汉画像石》，文物出版社 2008 年 2 月版，图三六、图三七，图版说明第 12 页。

三 拱桥始建年代

罗英、唐寰澄在《中国石拱桥研究》一书中写道:"中国石拱桥的最早图像是解放后河南新野出土的一批画像砖(东汉,公元25—220年)上刻有一座裸拱桥。"① 新野出土这件汉画像砖的年代,有的学者推定为东汉后期(图二三)。②

图二三　新野北安乐寨汉画像砖拱桥

关于拱桥出现的具体年代,影响较大的桥梁史论著中,有的推定"我国至迟在东汉晚期已有了拱桥"③,有的则断言"我国的拱桥始建于东汉中后期"④。据出土文物资料分析,这样的认识似乎偏于保守。

山东长清孝堂山汉画像石和山东嘉祥五老洼汉画像石都有反映当时拱桥形制的画面(图二四)。从雕刻技法和画像风格看,都属于早期作品。长清孝堂山汉画像石据说年代在汉顺帝永建四年(129)以前⑤;嘉祥五老洼汉画像石的年代,据判断,"属于孺子婴及汉明帝时期的可能性比较大"⑥;此外,河南南阳英庄汉墓出土画像石的画面上,可见同一河流相

---

① 罗英、唐寰澄:《中国石拱桥研究》,人民交通出版社1993年6月版,第4页。
② 周到、吕品、汤文兴编:《河南汉代画像砖》,上海人民美术出版社1985年4月版,图二二六。
③ 茅以升主编:《中国古桥技术史》,北京出版社1986年5月版,第61页。
④ 潘洪萱:《古代桥梁史话》,中华书局1982年12月版,第26页。
⑤ 山东省博物馆、山东省文物考古研究所编:《山东汉画像石选集》,齐鲁书社1982年3月版,第2页。
⑥ 朱锡禄:《嘉祥五老洼发现一批汉画像石》,《文物》1982年第5期。

距不远并列两座拱桥（图二五），由此可以说明这种桥在当时的普及程度。发掘者认为，这一墓葬的年代"不早于王莽时期，不晚于东汉初年"①。根据这些资料，我们大体可以知道，大约在两汉之际，至迟在东汉初期，我国已经出现了拱桥。

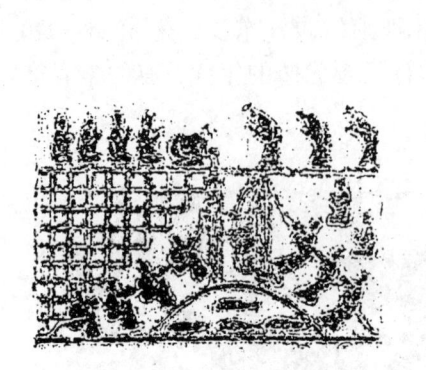

图二四　嘉祥五老洼汉画像石拱桥

图二五　南阳英庄汉画像石拱桥

河南南阳是汉代画像发现比较集中的地区。学界已经大致形成这样的共识，以为"南阳地区汉画像石墓的出现时间，大致不晚于西汉晚期"②。南阳汉墓出土的表现拱桥画面的画像砖，也可以使我们对于拱桥出现的年代得到更明确的认识。新野樊集吊窑 M24、M36、M39 都出土以拱桥作为画面主体的画像砖（图二六、图二七）。对于樊集吊窑汉墓的相对年代，发掘者将 M24、M39 列为 II 型，M36 列为 IV 型。发掘者认为，II 型墓

---

① 南阳地区文物工作队、南阳县文化馆：《河南南阳县英庄汉画像石墓》，《文物》1984年第3期。
② 高炜：《汉代的画像石墓》，《新中国的考古发现和研究》，文物出版社1984年5月版，第454页。

"建造于单身葬仍有较多保留而夫妻合葬已开始流行的时代",而根据洛阳的汉墓发掘资料,"夫妻同穴合葬开始于武帝时,而在宣帝前后成为主要的葬式"。这类墓葬的墓顶建造结构,"见于1957年和1976年先后在洛阳发现的壁画墓""这两座墓大约是西汉元帝到成帝时期的"。Ⅱ型墓中"有9座墓出土五铢钱,计170枚,没有发现王莽新朝和东汉的货币"。发掘者根据诸种因素分析,判定Ⅱ型墓的年代"上限当不会早于武帝时,其下限当不会晚于王莽新朝"。据分析,Ⅳ型墓因为"画像砖的内容、位置、使用方法及随葬器物等"与Ⅱ型墓"无大差异",说明应当"属于同一时期"[1]。在发掘者的其他论著中,Ⅱ型墓被称为A型墓,Ⅳ型墓被称为C型墓,但是关于其相对年代的研究结论是一致的。[2]

图二六　新野樊集吊窑M36出土汉画像砖拱桥

图二七　新野樊集吊窑M39出土汉画像砖拱桥

---

[1] 南阳文物研究所:《南阳汉代画像砖》,文物出版社1990年5月版,第30页。
[2] 河南省南阳地区文物研究所:《新野樊集汉画像砖墓》,《考古学报》1990年第4期。

由此可以推知，在汉武帝时代到新莽时代这一历史阶段，拱桥已经在交通实践中得到应用。因而，以往认为拱桥出现于东汉时期的认识，应当予以修正。

四　拱桥史若干误识的澄清

罗伯特·坦普尔在《中国：发现与发明的国度》一书中，曾经介绍了中国的 100 个"世界第一"。在其中"弓形拱桥"一节写道："当中国匠师最先认识到拱并不一定是半圆时，就发生了一项概念上的突破，建造一座桥可以不以传统的半圆拱为基础，而以弓形拱为基础。""按这种方式建造的桥，比按半圆拱建造的桥花费材料少而强度大。这项进步发生在公元 7 世纪的中国。它是天才匠师李春的杰作。"① 尽管作者是在赞扬中国历史上的重要发明，但是其论点的偏误仍然应当指出。作者关于所谓"弓形拱桥"出现的意义的评价是正确的，然而以隋代工匠李春设计建造的河北赵县安济桥作为最早的"弓形拱桥"，则是不符合历史事实的。

茅以升主编的《中国古桥技术史》中指出："我国圆弧拱的建造年代当在隋代以前，因为赵州桥（安济桥）已是大跨度的圆弧拱。"② 实际上，河南新野北安乐寨东汉墓出土画像砖上拱桥的图形，已经表现出典型的"弓形拱"或"圆弧拱"的特征。③ 这座桥的拱矢（两拱脚连接线到拱顶的高度）和跨度之间的"矢跨比"不到 1∶4.24，是所谓"坦拱桥"。是为东汉拱桥例证。而前文说到的新野樊集吊窑的 3 座西汉墓 M24、M36、M39 出土的画像砖，所见拱桥的"矢跨比"，分别为 1∶4.86，1∶7.56，1∶5.09。可见，所谓"弓形拱桥"的出现，实际上至少应当理解为西汉人的文化创造之一。"矢跨比"越小，则拱的推力越大。圆弧拱桥或弓形拱桥可以在不加高路面的情况下，加大拱跨，在汉代车辆尚不具备制动装置的情况下，限制桥高，无疑也有利于车辆上下通行。

对于车辆通过桥面的情形，《中国古桥技术史》的作者在分析新野北安乐寨东汉画像砖拱桥画面时写道："为了保障车辆安全过桥，车上桥时

---

① ［美］罗伯特·K. G. 坦普尔：《中国：发明与发现的国度——中国的 100 个世界第一》，陈养正等译，21 世纪出版社 1995 年 12 月版。
② 茅以升主编：《中国古桥技术史》，北京出版社 1986 年 5 月版，第 71 页。
③ 吕品、周到：《河南新野新出土的汉代画像砖》，《考古》1965 年第 1 期；南阳文物研究所：《南阳汉代画像砖》，文物出版社 1990 年 5 月版，图一三九至图一四〇。

有三个力士用绳索在车前挽拽，下桥时又有三个力士在车后牵制，说明这不是想象，而是具体生活的生动的写照。"① 然而此说不确。画面上所见六名力士牵挽绳索，其实并不是"在车前挽拽""在车后牵制"，而是在起吊沉入水中的鼎，所描绘的是汉代画像中常见的"泗水求鼎"故事。其事见于司马迁的记述。《史记》卷二八《封禅书》说："秦灭周，周之九鼎入于秦。或曰宋太丘社亡，而鼎没于泗水彭城下。""周德衰，宋之社亡，鼎乃沦没，伏而不见。"《史记》卷六《秦始皇本纪》："始皇还，过彭城，斋戒祷祠，欲出周鼎泗水。使千人没水求之，弗得。"汉代画像中多见反映"出周鼎泗水"的画面，又往往表现鼎中出龙，咬断绳索。于是秦始皇追求周鼎，"求之"而"弗得"的故事，被涂染上浓重的神话色彩。在这里，不仅体现出汉代人的宝鼎迷信，也体现出汉代人对于"桥"的某种具有神秘主义意味的观念。②

关于拱桥的起源，有学者注意到墓葬的拱形结构的出现。从墓葬结构中可以看到拱形结构的发展。目前出土年代最早的墓拱是在洛阳发现的东周末年（约前250）韩君墓，墓门为石拱。再如内蒙古自治区和宁夏回族自治区之间乌兰布和沙漠麻弥图庙一号墓，乃公元前127年（汉武帝元朔二年）所建砖拱墓葬，用楔形砖砌筑。从西汉到东汉，墓室结构有梁式的空心砖，拱券顶和穹隆顶。这些砖拱墓由折边拱发展到半圆拱，由简单而趋于完备。③ 墓拱和桥拱之间被明确地联系起来。"西汉初期，大量砖室墓出现，同时也就出现了砖拱。""自东汉起，则筒券、穹顶都有进展，拱已届成熟的阶段，于是出现了拱桥。"④

---

① 茅以升主编：《中国古桥技术史》，北京出版社1986年5月版，第61页。
② 《史记》卷五五《留侯世家》记载："（张）良尝闲从容步游下邳圯上，有一老父，衣褐，至良所，直堕其履圯下，顾谓良曰：'孺子，下取履！'良鄂然，欲殴之。为其老，强忍，下取履。父曰：'履我！'良业为取履，因长跪履之。父以足受，笑而去。良殊大惊，随目之。父去里所，复还，曰：'孺子可教矣。后五日平明，与我会此。'良因怪之，跪曰：'诺。'五日平明，良往。父已先在，怒曰：'与老人期，后，何也？'去，曰：'后五日早会。'五日鸡鸣，良往。父又先在，复怒曰：'后，何也？'去，曰：'后五日复早来。'五日，良夜未半往。有顷，父亦来，喜曰：'当如是。'出一编书，曰：'读此则为王者师矣。后十年兴。十三年孺子见我济北，谷城山下黄石即我矣。'遂去，无他言，不复见。旦日视其书，乃《太公兵法》也。良因异之，常习诵读之。"后来张良果然在刘邦建立帝业的实践中"常有功力"。司马迁感叹道："学者多言无鬼神，然言有物。至如留侯所见老父予书，亦可怪矣！"在黄石公圯上授书的神话中，"桥"，似乎有沟通神人的奇妙作用。汉代画像中多见表现"桥"的画面，或许也可以理解为对于"桥"的崇拜意识的反映。
③ 罗英、唐寰澄：《中国石拱桥研究》，人民交通出版社1993年6月版，第3页。
④ 茅以升主编：《中国古桥技术史》，北京出版社1986年5月版，第61页。

墓拱的"成熟"和"完备"导致了桥拱的出现，这一认识是拱桥发生于东汉时期的逻辑基础。其实，对于这一认识，也有重新检讨的必要。

且不说墓拱的最初出现，年代相当早。墓葬拱形结构一定早于桥梁拱形结构的观点，也并不是不可动摇的定论。比如，我们前面说到的新野樊集吊窑M24和M39的墓室，均为斜撑板梁顶结构，M36为斜撑板梁顶与纵连拱券顶相结合的结构，都不是达到了"成熟"和"完备"的拱券顶墓。而墓中画像砖所表现的拱桥，结构形式则确已"成熟"和"完备"。

这一现象，或许可以说明汉代人营建墓葬时设计思想的稳慎和郑重，而当时交通事业受到特殊重视，因而交通建设中应用新技术所表现出的前卫性，也可以从一个侧面得到体现。

五 西汉拱桥建造的技术条件

促成汉代拱桥出现和普及的最主要的因素是社会的需要。汉代陆路交通的空前发展，要求桥梁延长使用期限，提高通行效率。于是，可以充分发挥石材坚致耐压特点的桥型受到重视。此外，水路交通的发展促使各种类型的运船出现，大、中型高桅航船通行桥下的需要，也促进了桥身较高的拱桥的发展。

拱桥的建造，是桥梁史上一项具有重要意义的创举。正是以汉代的拱桥为基点，后来发展衍演出在世界桥梁史上久负盛誉的我国古桥艺术中最为多姿多彩的不同风格的拱桥造型。

战国至于秦代，桥梁修造技术得到显著的进步。秦昭襄王五十年（前257）"初作河桥"[①]，架设起历史上第一座常设的黄河浮桥。《燕丹子》卷上记述：

> 燕太子丹质于秦，秦王遇之无礼，不得意，欲求归。……秦王不得已而遣之，为机发之桥，欲陷丹。丹过之，桥为不发。

所谓"机发之桥"的传说得以产生，也可以从一个侧面反映当时桥梁建造技术的成熟。《水经注·濡水》引《三齐略记》说，秦始皇曾经"于海中作石桥，海神为之竖柱"。这样的神话似乎也告诉人们，当时的

---

① 《史记》卷六《秦始皇本纪》。

技术水平，已经能够在深水中立柱，建造规模较大的石桥。

或许今后的考古发现，可以使我们看到比南阳汉代画像年代更早的有关拱桥建筑的资料。就目前掌握的资料，我们应当说，西汉中晚期拱桥的出现，表现出科学技术进步和社会经济发展大致同步的历史趋势。正是当时所谓"天下无兵革之事，号为安乐""天下户口最盛""府库百官之富，天下晏然"[1]的繁荣局面，为早期拱桥奠立了坚固的基石。而年代较早的拱桥资料多集中于今河南等地区的情形[2]，也是和当时经济重心开始东移的形势相一致的。

---

[1] 《汉书》卷二四上《食货志上》。
[2] 关中地区相同时期的拱桥资料，仅见班固《西都赋》"抗应龙之虹梁"一例。

阴山岩画古车图像与早期草原交通

阴山岩画的现有考察资料中，多有反映车辆应用于交通的画面。阴山岩画的古车图像，为我们认识和说明古代草原交通的形式和意义，提供了重要的历史文化信息。考察中国交通发展的早期形态，不可以忽略这些信息。

一 阴山岩画所见古车图像

阴山岩画有表现车辆形象的画面。例如：

乌拉特中旗几公海勒斯太及其附近岩画：

1. 第 3 地点第 2 组画面表现射猎场面，又有人物舞蹈形象。画面正中为一群动物。下方有车辆。据盖山林记述："画面下方，有一侧视的毡车图形，车轮辐条有十五根，车厢上方用竖木棍支撑着毛毡，人坐其内，可避风雨。这个车辆图形，有明显的用金属工具刻划痕迹，与其他岩画相

图二八　乌拉特中旗岩画古车图像一

比，不论其作画方法和画风都判然有别。"（图二八）①

2. 第 4 地点第 14 组。"画面的左方有两个车轮，前方刻画着两个简单的动物，整个画应表示由两匹马曳拉着一辆双轮车。车的辐条多寡不一，右轮有四根，左轮有八根，看来并不真正代表车辐的真实数字，仅示意而已。"（图二九）②

3. 第 17 地点第 2 组。据盖山林说："在巴音乌拉前山沟南山顶长城的南侧，是一幅车辆岩画。车双轮，无辐条，一舆，一轴，单辕。辕两侧各套一马，右边那匹马的一侧，似另有一匹小马跟随着。"（图三〇）③

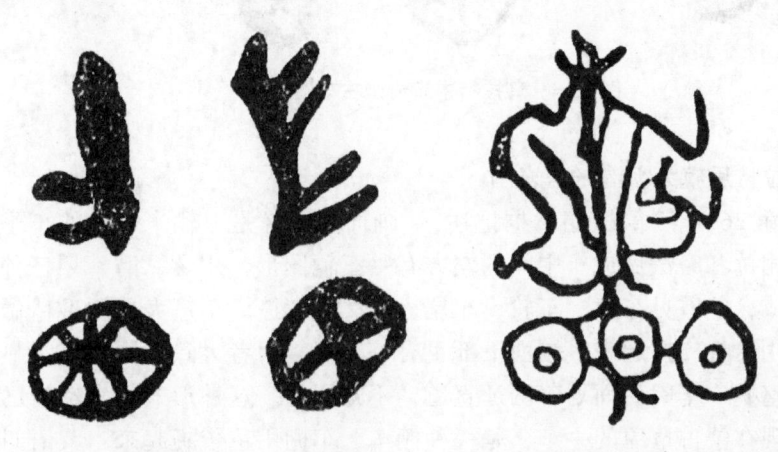

图二九　乌拉特中旗岩画古车图像二　图三〇　乌拉特中旗岩画古车图像三

乌拉特中旗韩乌拉山峰一带岩画：

4. 第 19 地点第 5 组。"中间有两辆未套牲畜的空车，一前一后排列。前车，有双轮，右轮有七根辐条，左轮有四根辐条，圆舆，双辕，辕前一衡。从画面两轮辐条不一致的情况分析，恐仅是示意而已，故双辕似应为单辕。后车，双轮，每轮五根辐条，方舆，单辕。画面下方，有系尾饰的猎人，正在射击一只动物。"（图三一）④ 下方画面是否射猎似乎还可以商榷。车辆旁侧有未系驾的牲畜，是值得注意的。作为牵引动力的牲畜，前车一，后车二。从这一迹象分析，前车应是双辕车。

---

① 盖山林：《阴山岩画》，文物出版社 1986 年 12 月版，第 12 页，第 14 页图 19，题"舞者、狩猎、车辆"。
② 同上书，第 29 页，第 30 页图 70，题"车辆"。
③ 同上书，第 66 页，第 69 页图 227，题"双马车"。
④ 同上书，第 123 页，第 124 页图 485，题"车辆和狩猎"，图版二一—2，题"车辆"。

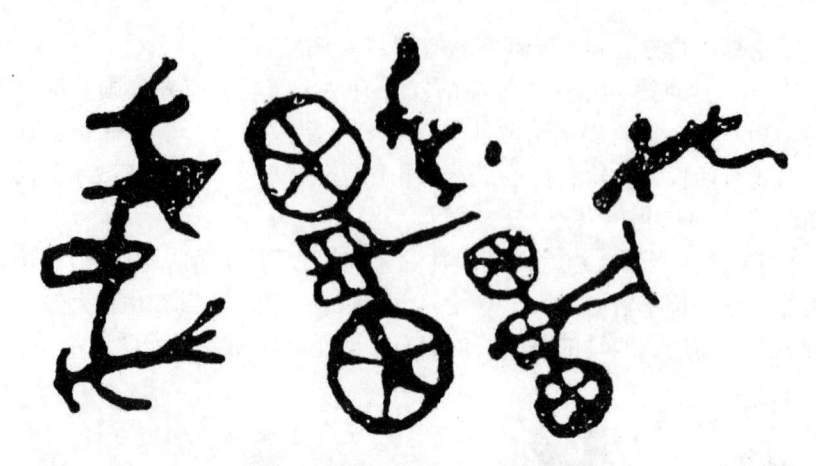

图三一　乌拉特中旗岩画古车图像四

乌拉特后旗大坝沟一带岩画：

5. 第26地点第15组。据记述，"画面上方像是一辆未完成的车子作品，用琢和磨法做成。中间的左方有一车辆图形，用琢、磨、划三种方法制成，能看见车辕、车轮、车尾、车舆和车篷。车篷大概用毛毡做成，并用木棍支撑起来，画面下部也有一辆车，两者大致相同，只是显得更规整些。车舆后面划着两道直道，不知用意。这种形式的车辆，已接近于现在蒙古草原的牛车，是一种棚车，车棚用毡子裹起来，蒙语叫作哈木特日格，是当地牧民的交通工具。过去蒙古草原上流行一种马拉轿车，也是这个样子，可见流行于蒙古牧区中车的样式是源远流长的。唐代回鹘人有一种毡车，《资治通鉴》卷二百四十七胡三省注有'毡车以毡车为屋。'回鹘人的毡车，大概与这里的毡车样式相似"（图三二）。① 今按：《资治通鉴》卷二四七"唐武宗会昌三年"："（石）雄至振武，登城望回鹘之众寡，见毡车数十乘……"胡三省注："毡车，以毡为车屋。"

磴口县和乌拉特后旗交界一带托林沟东段岩画：

6. 第12地点第5组。似为分解的车辆。"左上方可能是一个车厢，右下方有两个车轮。右边可能是一匹拉车的马。"（图三三）② 如果这样的判断成立，则画面所描绘的，应当是一辆双辕车。

---

①　盖山林：《阴山岩画》，文物出版社1986年12月版，第178页，第179页图712，题"车辆和山羊"。

②　同上书，第253页，第255页图1027，题"车轮"。

7. 第 26 地点第 19 组。"下方凿刻了一辆车，车由辕、轮、舆、轴构成，轮辐清楚。两轮轮辐稍有差异，右轮辐条八根，左轮九根。舆作圆

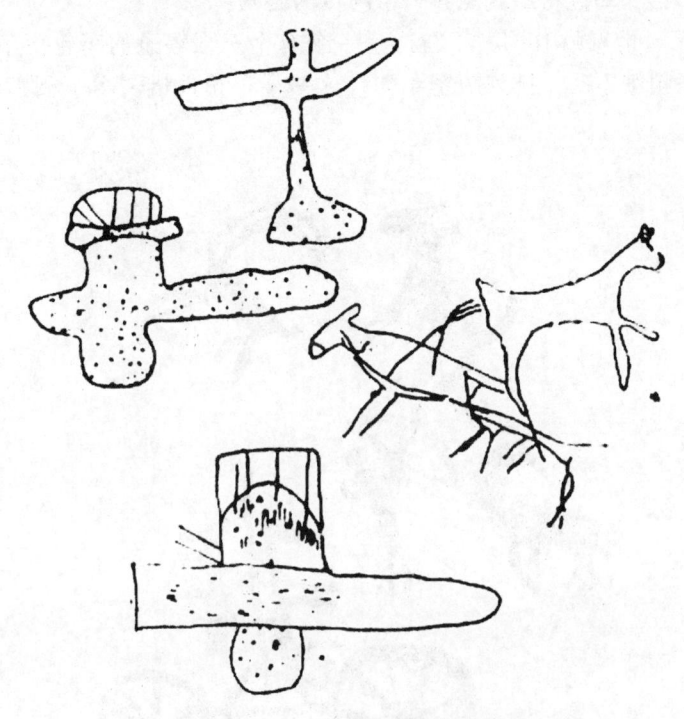

图三二　乌拉特后旗岩画古车图像

图三三　托林沟东段岩画古车图像一

形，其前有单辕，辕左、右各有一匹马。左上方有一个身略后倾的猎人，手执长弓。""马车可能与行猎有关，作为运载猎获物之用。"（图三四）①

磴口县和乌拉特后旗交界一带阿贵沟岩画：

8. 第 5 地点第 16 组。"右边是一个有十三根辐条的车轮，车轮不太圆，辐条粗细不一，排列疏密不匀。这一个车轮大概表示一辆车。"（图三五）②

图三四　托林沟东段岩画古车图像二

图三五　阿贵沟岩画古车图像

---

① 盖山林：《阴山岩画》，文物出版社 1986 年 12 月版，第 269 页，第 273 页图 1096，题"车辆和狩猎"，图版四二—2，题"车辆和狩猎"。

② 同上书，第 282 页，第 283 页图 1143，题"车轮和北山羊"。

二 轩辕传说：车辆发明与上古文明的进步

传说黄帝以"轩辕氏"为名号。《史记》卷一《五帝本纪》："黄帝者，少典之子，姓公孙，名曰轩辕。"所谓"轩辕"得名，一说"居轩辕之丘，因以为名，又以为号"①。一说"作轩冕之服，故曰轩辕"②。

"轩辕"，其实原义是指高上的车辕。《说文·车部》："辕，辀也。""辀，辕也。""轩，曲辀藩车也。"段玉裁《说文解字注》："谓曲辀而有藩蔽之车也。""小车谓之辀，大车谓之辕。""于藩车上必云曲辀者，以辀穹曲而上，而后得言轩。凡轩举之义，引申于此。曲辀所谓轩辕也。"

"轩辕氏"以及所谓"轩皇""轩帝"被用来作为中华民族始祖的著名帝王黄帝的名号，暗示他在交通方面的创制，很可能是这位传说时代的部族领袖诸多功业之中最突出的内容之一。《文选》卷一班固《东都赋》写道："分州土，立市朝，作舟舆，造器械，斯乃轩辕氏之所以开帝功也。""舟舆"等交通工具的创造，被看作"轩辕氏之所以开帝功"的重要条件。交通事业的成就，也被理解为帝业的基础。李善注引《周易》曰："黄帝、尧、舜氏刳木为舟，剡木为楫。"也将交通工具的发明权归于黄帝等先古圣王。

传屈原所作《楚辞·远游》中，可见"轩辕不可攀援兮"句，王逸在注文中也有比较明确的解释："轩辕，黄帝号也。始作车服，天下号之，为轩辕氏也。"可见，"作舟舆"，"作车服"很可能是黄帝得名"轩辕氏"的主要缘由。

黄帝传说往往与"雷"的神话有关。例如，所谓"黄帝以雷精起"③"轩辕，主雷雨之神也"④，"轩辕十七星在七星北，如龙之体，主雷雨之神"⑤ 等说法，也反映了这样的事实。《淮南子·览冥》说，先古圣王"乘雷车"。《淮南子·原道》又说："雷以为车轮"，雷声，正是宏大车

---

① 司马贞：《索隐》引皇甫谧云。
② 泷川资言：《史记会注考证》："博士家本《史记异字》引邹诞生音云：'作轩冕之服，故曰轩辕。'"
③ 《艺文类聚》卷二引《河图帝纪通》。
④ 《太平御览》卷五引《春秋合诚图》。
⑤ 《太平御览》卷六引《大象列星图》。《史记》卷二七《天官书》："轩辕，黄龙体。"张守节《正义》："轩辕十七星，在七星北。黄龙之体，主雷雨之神。"

队隆隆轮声的象征。司马相如《上林赋》："车骑雷起，殷天动地"，又张衡《天象赋》："车府息雷毂之声"，以及《汉书》卷八七上《扬雄传上》和班固《封燕然山铭》所谓"雷辐"，焦赣《易林》所谓"雷车"等，同样也可以看作例证。①

关于车的发明，还有一种传说。《淮南子·说山》："见飞蓬转而知为车。"《艺文类聚》卷七一引《淮南子》："见飞蓬转而为车，以类取之也。"《太平御览》卷七七三引《淮南子》："见飞蓬转而知为车，以类取之也。"《说文·艸部》："蓬，蒿也。"而所谓"飞蓬"者，似乎与"蒿"无关。《诗·卫风·伯兮》："首如飞蓬。"朱熹集传："蓬，草名，其华似柳絮，聚而飞，如乱发也。"《诗·召南·驺虞》："彼茁者蓬。"陈奂传疏："蓬，春生，至秋则老而飞蓬。"《荀子·劝学》："蓬生麻中，不扶自直。"这里所谓"蓬"也不应当是"蒿"，因为"蒿"是本身就大体可以"自直"的，不必"生麻中"。"飞蓬"可能与蒲公英的成熟果实类似。据《辞海·生物分册》："蒲公英（Taraxacum mongolicum）别称'黄花地丁'。菊科。多年生草本……冬末春初抽花茎，顶端生一头状花序舌状花。果实成熟时形似一白色绒球，有毛的果实可随风飞散。本种为我国华东、华北、东北等地极为常见的野生植物。"② 关于其生长地域，或说"广布于东北、华北、西北、华东、华中及西南"③。

车的发明受到飞蓬逐风旋转的启示，或许暗示着草原生活环境和草原生活经历对于车轮创制的意义。

三　草原交通的历史意义

在远古文化交往和文化传播过程中，草原交通曾经发挥过重要的作用。

汤因比在《历史研究》中曾经专门就"海洋和草原是传播语言的工具"有所讨论。他写道："在我们开始讨论游牧生活的时候，我们曾注意到草原像'未经耕种的海洋'一样，它虽然不能为定居的人类提供居住条件，但是却比开垦了的土地为旅行和运输提供更大的方便。"汤因比

---

① 王子今：《轩辕传说与早期交通的发展》，《炎黄文化研究》第 8 期（炎黄春秋增刊，2001 年 9 月版），收入《黄陵文典·黄帝研究卷》，陕西人民出版社 2008 年 3 月版。
② 《辞海·生物分册》，上海辞书出版社 1975 年 12 月版，第 334—335 页。
③ 高明乾主编：《植物古汉名图考》，大象出版社 2006 年 6 月版，第 395 页。

说:"海洋和草原的这种相似之处可以从它们作为传播语言的工具的职能来说明。大家都知道航海的人民很容易把他们的语言传播到他们所居住的海洋周围的四岸上去。古代的希腊航海家们曾经一度把希腊语变成地中海全部沿岸地区的流行语言。马来亚的勇敢的航海家们把他们的马来语传播到西至马达加斯加东至菲律宾的广大地方。在太平洋上,从斐济群岛到复活节岛,从新西兰到夏威夷,几乎到处都使用一样的波利尼西亚语言,虽然自从波利尼西亚人的独木舟在隔离这些岛屿的广大洋面上定期航行的时候到现在已经过去了许多世代了。此外,由于'英国人统治了海洋',在近年来英语也就变成世界流行的语言了。"汤因比指出:"在草原的周围,也有散布着同样语言的现象。由于草原上游牧民族的传布,在今天还有四种这类的语言:柏伯尔语、阿拉伯语、土耳其语和印欧语。"就便利交通的作用而言,草原和海洋有同样的意义。草原为交通提供了极大的方便。草原这种"大片无水的海洋"成了不同民族"彼此之间交通的天然媒介"①。

草原作为便利往来的交通通道,已经为考古学调查、地理学调查和民族学调查的诸多收获所证实。例如对中国西部康巴草原的民族考古考察,就有相关的学术收获。②

盖山林在分析阴山岩画的画面形式与文化内涵时指出,"居住在蒙古草原上的游牧人,很可能是东西商业贸易的中介者,长途贩运大量的、沉重的货物,不仅需要大群马、驼、牛、驴来担任运输,车辆也是不可缺少的"③。这样的认识,可以帮助我们理解阴山岩画中车辆画面的意义。

---

① [英]汤因比:《历史研究》,曹未风等译,上海人民出版社1964年3月版,上册第234—235页。1972年版《历史研究》缩略本对于草原和海洋对于交通的作用是这样表述的:"草原的表面与海洋的表面有一个共同点,就是人类只能以朝圣者或暂居者的身份才能接近它们。除了海岛和绿洲,它们那广袤的空间未能赋予人类任何可供其歇息、落脚和定居的场所。二者都为旅行和运输明显提供了更多的便利条件,这是地球上那些有利于人类社会永久居住的地区所不及的。""在草原上逐水草为生的牧民和在海洋里搜寻鱼群的船民之间,确实存在着相似之处。在去大洋彼岸交换产品的商船队和到草原那一边交换产品的骆驼商队之间也具有类似这之点。"又《历史研究》(修订插图本),刘北成、郭小凌译,上海人民出版社2000年9月版,第113页。

② 王子今:《康巴民族考古与交通史的新认识》,《中国文物报》2005年10月5日;王子今、王遂川:《康巴草原通路的考古学调查与民族史探索》,《四川文物》2006年第3期;王子今、高大伦:《说"鲜水":康巴草原民族交通考古札记》,《中华文化论坛》2006年第4期,收入《康巴地区民族考古综合考察》,天地出版社2008年1月版,另收入《巴蜀文化研究集刊》第4卷,巴蜀书社2008年3月版。

③ 盖山林:《阴山岩画》,文物出版社1986年12月版,第382页。

四　穆天子西行路线

　　《穆天子传》记载，周穆王率领有关官员和七萃之士，驾乘八骏，由最出色的驭手造父等御车，由伯夭担任向导，从处于河洛之地的宗周出发，经由河宗、阳纡之山、西夏氏、河首、群玉山等地，西行来到西王母的邦国，与西王母互致友好之辞，宴饮唱和，并一同登山刻石纪念，又继续向西北行进，在大旷原围猎，然后千里驰行，返回宗周的事迹。许多研究者认为，周穆王西巡行程的终极，按照这部书的记述，大致已经到达中亚吉尔吉斯斯坦的草原地区。有的学者甚至认为，穆天子西行可能已经在欧洲中部留下了足迹。穆天子西行所至"旷原之野"，有的学者推定"包有今南俄大平原，及更北而欧洲大平原亦在内"[①]。

　　《穆天子传》所记述的内容富有神话色彩，因而长期蒙被神秘疑云。陶渊明《读〈山海经〉诗》写道："泛览《周王传》，流观《山海图》。俯仰终宇宙，不乐复何如？"所谓《周王传》，应当就是《穆天子传》。可见《穆天子传》一书很早就已经产生了广泛的文化影响。《大业拾遗记》说，隋炀帝时的大型表演"水饰"七十二势中，有所谓"穆天子奏《钧天乐》于玄池""猎于操津，获玄貂白狐""觞西王母于瑶池之上"三势，都是直接从《穆天子传》取材以为艺术原型的。唐人李商隐的《瑶池》诗："瑶池阿母绮窗开，黄竹歌声动地哀。八骏日行三万里，穆王何事不重来？"更为人们所熟知。

　　关于《穆天子传》的性质，历来存在不同的认识。有人曾经把它归入"起居注类"，有人则将其列入"别史类"或者"传记类"之中。大致都看作历史记载。然而清人编纂的《四库全书》却又将其改隶"小说家类"。不过许多学者注意到，《穆天子传》中记录的名物制度一般都与古代礼书的内容大致相合，因此认为内容基本可信。可能正是出于这样的考虑，《四部丛刊》和《四部备要》仍然把《穆天子传》归入"史部"之中。事实上，周穆王西行事迹，在其他史学经典中是有踪迹可察的。《左传·昭公十二年》说到周穆王"周行天下"的事迹。与《穆天子传》同出于汲冢的《竹书纪年》也有周穆王西征的明确记载。司马迁在《史记》卷五《秦本纪》和卷四三《赵世家》中，也记述了造父为周穆王驾

[①] 顾实：《穆天子传西征讲疏》，中国书店 1990 年 8 月版，第 174 页。

车西行巡狩，见西王母，乐而忘归的故事。有的学者又认为，把这部书归于"小说家"一类固然不符合实际，但是如果把它完全看成记录周穆王实际行程的信史，似乎也不妥当。对于《穆天子传》的成书年代，不少学者推定为文化空前活跃的战国时期。

阴山岩画考察与研究的先行者盖山林指出，"据《穆天子传》记载，当年穆王自洛阳西巡，是先向北，涉漳水，越钘而至河套以北的蒙古草原。这些事实，暗示了蒙古草原游牧地区可能有一条中西交通的通道。[①] 在阴山地区和整个蒙古草原上，这一时期车辆岩画发现特多，大约跟这一历史背景有关"[②]。这一判断，应当是接近历史真实的。

对于《穆天子传》卷一"戊寅，天子西征，鹜行至于阳纡之山，河伯无夷之所都居，是惟河宗氏"的文句，顾实解释说："阳纡之山，当即绥远乌喇特旗河套北岸诸山之总名。"[③]《穆天子传西征讲疏》所附《河宗氏图》，指示了穆天子经行河套地区和阴山山脉的路线。

五 若干阴山"车辆岩画"的年代推定

我们注意到，前引图三〇所见车辆岩画，"在巴音乌拉前山沟南山顶长城的南侧"。图三一所见车辆画面所在的地点，"位于离庙沟水库东北约3公里的布日格斯太沟南畔三个山头上。布日格斯太沟是韩沟的东支沟，秦汉长城适在这里通过"[④]。

长城作为军事防御设施也必然要以交通道路作为辅助结构。自春秋晚期起，车战作为主要作战方式走向衰落，但在秦汉之际，兵车在战争中仍发挥一定的作用。秦始皇陵兵马俑军阵表现为以兵车为主、步骑为辅的形式。秦末及汉匈战争中仍有车战。《史记》卷四八《陈涉世家》记载，起义军攻陈时，有车六七百乘，周文至关，有车千乘。《史记》卷一〇《孝文本纪》说，汉文帝十四年（前166），匈奴入边为寇，文帝发"车千乘，骑卒十万"往击匈奴。直到汉武帝时代，卫青、霍去病与匈奴战塞北，曾"令武刚车自环为营"[⑤]。李陵困于匈奴围中，也曾经"军居两山

---

① 原注：王治来《中亚史》第一卷，第16页。
② 盖山林：《阴山岩画》，文物出版社1986年12月版，第382页。
③ 顾实：《穆天子传西征讲疏》，中国书店1990年8月版，第21页。
④ 盖山林：《阴山岩画》，文物出版社1986年第12月版，第121页。
⑤ 《史记》卷一一一《卫将军骠骑列传》。

间，以大车为营"①。秦汉之际，长城沿线巡边防卫以及出击，都应当有兵车队列，大队兵车的通行，必然要求交通道路的平整和畅通。秦汉长城防御体系由北边道连贯为一体。在史书中，可以看到中央政府派员沿这条道路巡行北部边防的记载。史籍中关于秦汉时代北边道路通行状况的最明确的说明，莫过于关于帝王亲自循北边巡行的记载。北边道的主体部分与长城并行，其干线应是连接北边各郡郡治和主要县治的大道。北边道交通体系的具体结构，又包括城上道路、类似于"环涂"的傍城道路、出塞道路和交通内地的道路等。②

表现车辆画面的岩画恰好在秦汉长城附近发现，使人们自然会产生这些文化遗存可能与长城交通有关的猜想。

陕西凤翔战国初期秦墓出土了在交通史上意义重大的双辕车的模型。BM103 出土两件牛车模型，车辆形制相同，出土时，陶车轮置于牛身后两侧，其间有木质车辕及轴、舆朽痕。③ 这是世界最早的标志双辕车产生的实物资料。④ 阴山岩画所见反映双辕车的画面，如图三一的"前车"以及图三三。我们大致可以确定，这些画面的制作，应当是在双辕车的发明之后，也就是战国时期以后，很可能是在秦汉时期。

前引岩画图二八的车辆形象的上方，据说"有一舞者"，"正作热情洋溢的舞蹈动作"。其实，画面中另外还有两个人物。据盖山林描述："画面右上方，有两个立人，手中似持长尾，绕头而过。"⑤ 其实仔细观察，可以发现这两个人物也在舞蹈表演之中。特别是右边一位，对照北京大葆台 2 号汉墓⑥、西安三桥镇汉墓⑦、河南永城僖山汉墓⑧、扬州西汉"妾莫书"墓⑨出土玉舞人等资料⑩，可以看到其姿势动作和汉代舞女演出的程式化动作十分相像。如果这一人物与车辆同时刻画，则可以参考汉

---

① 《汉书》卷五四《李广传》。
② 王子今：《秦汉长城与北边交通》，《历史研究》1988 年第 6 期。
③ 吴镇烽、尚志儒：《陕西凤翔八旗屯秦国墓葬发掘简报》，《文物资料丛刊》第 3 辑，文物出版社 1980 年 5 月版。
④ 王子今：《秦汉交通史稿》，中共中央党校出版社 1994 年 7 月版，第 19 页。
⑤ 盖山林：《阴山岩画》，文物出版社 1986 年 12 月版，第 12 页。
⑥ 大葆台汉墓发掘组、中国社会科学院考古研究所：《北京大葆台汉墓》，文物出版社 1989 年 12 月版，第 71 页，图六九，图版七四—1。
⑦ 刘云辉：《中国出土玉器全集·陕西》，科学出版社 2005 年 10 月版，第 146 页。
⑧ 田凯等：《中国出土玉器全集·河南》，科学出版社 2005 年 10 月版，第 228 页。
⑨ 扬州市博物馆：《扬州西汉"妾莫书"木椁墓》，《文物》1980 年第 12 期。
⑩ 白云翔：《从北京大葆台汉墓论汉代物质文化的统一性与多样性》，汉代文明国际学术研讨会论文，北京，2008 年 5 月。

代相关发现推测车辆画面的年代。分析这一情形,当然要考虑到汉地人口包括汉家女子流入草原的情形。①

六 中国北方草原地区岩画古车图像的综合考察

阿尔泰山岩画有所谓"息车图""车辆图""高车图"。研究者认为,后者"应是高车部族的文化遗存"②。

贺兰山岩画也有"马拉车"画面。③ 车辆的表现方式,有时"用车轮代表车辆",有研究者指出,"这是一种透视的表现方法"④。

青海天峻江河乡卢山岩画也有"马拉车"图像。有一幅画面,有的研究者理解为"一辆三马共驾双轮单辕车"⑤。汤惠生等则将卢山岩画与古巴比伦和古埃及的"英雄与野兽"的浮雕艺术比较,以为其车猎场景"完全是狩猎巫术的仪式行为"。又做出了"车的文化属性肯定不是羌或吐蕃人,而是一种外来文化因素"的判断。⑥ 这样的结论要说服一般读者,可能还需要更充备的论说以及其他旁证。但是这种研究思路,确实可以给予岩画学的进步提供某种新鲜的启示。

汤惠生论著中引录的甘肃黑山岩画的车马画面,用以同金文"车"字的结构进行比较。论者指出"仅用车轭来象征"车的情形。这种表现方式,也许同有时"用车轮代表车辆"的方式有相近之处。除了前引图三五阿贵沟岩画以外,"用车轮代表车辆"的还有内蒙古阿拉善右旗巴丹吉林沙漠东南边缘的曼德拉山岩画。第1处第102组"是一个车轮,有辐条15根"⑦。阿拉善右旗夏拉玛山岩画的第7组,也是一个车轮,"有6根辐条"⑧。

汤惠生引录的这样的意见也值得我们注意:"北方草原的匈奴人是使

---

① 王子今:《汉代北边"亡人":民族立场与文化表现》,《南都学坛》2008年第2期。
② 新疆维吾尔自治区阿勒泰地区文化处文管所编:《中国阿尔泰山岩画》,陕西人民美术出版社1987年7月版,第21页。
③ 许成、卫忠:《贺兰山岩画拓本萃编》,文物出版社1993年10月版。
④ 许成、卫忠:《贺兰山岩画》,文物出版社1993年6月版,第366页。
⑤ 文物出版社编:《中国岩画》,文物出版社1993年5月版,图110图版说明(孙宝旗)。
⑥ 汤惠生、张文华:《青海岩画——史前艺术中二元对立思维及其观念的研究》,科学出版社2001年7月版,第91—95页。
⑦ 盖山林:《巴丹吉林沙漠岩画》,北京图书馆出版社1998年7月版,第12页,图102。
⑧ 同上书,第59页,图1112。

用车较早的民族之一,在中亚草原和蒙古草原,匈奴人的车最早发现于岩画之上,其年代大致在公元前2000—前1000年之间。"① 这一结论中,族属的判定和年代的判定,都还可以讨论。至少在一般人的民族史知识中,在"公元前2000—前1000年"时"匈奴人"是否已经出现还是一个问题。但是,草原民族的车"最早发现于岩画之上"的意见,也许是可以成立的。

现在看来,进行中国北方草原地区岩画古车图像的综合考察,条件已经初步具备。而真正高质量的学术成果的获得,还需要多学科学者共同的艰苦努力。

---

① 汤惠生、张文华:《青海岩画——史前艺术中二元对立思维及其观念的研究》,第92页。原注:Littauer, M. Rock Cauvings of Chariots in Transcaucasia of Upper Palaeolithic Image: Theory Versus Contextual Analysis, *Rock Art Research*, 1989: No. 1.

四川汉代画像中的"担负"画面

"担负"是人力运输最普遍的形式。秦汉社会生产和社会生活中以"担负"方式实现转运的情形,见于文献记载,也有文物实证。四川汉代画像中的相关画面,提供了生动真切的信息。

一 "负笼土"

汉代农耕业、手工业、商业经营以及建筑工程中的短程运输,如《淮南子·氾论》之所谓"肩荷负儋之勤也",曾经是物质文明创造的重要形式,也是消耗民力相当惊人的民间劳作内容。

《九章算术·商功》中有这样的算题:"今有盘池,上广六丈,袤八丈,下广四丈,袤六丈,深二丈。问积几何?答曰:七万六百六十六尺太半尺。负土往来七十步,其二十步上下棚除。棚除二当平道五,踟蹰之间十加一,载输之间三十步,定一返一百四十步。土笼积一尺六寸,秋程人功行五十九里半。问人到、积尺、用徒各几何?"这里所谓"负土往来",是当时土方工程中最主要的劳作形式之一。《九章算术·均输》中又列有算题:"今有负笼重一石一十七斤,行七十六步,五十返。今负笼重一石,行百步,问返几何?答曰:四十三返、六十分返之二十三。"《淮南子·精神》云:"今夫繇者,揭钁臿,负笼土,盐汗交流,喘息薄喉。"由《九章算术》中的"负土""负笼",可以理解《淮南子》所谓"负笼土"。

估算秦阿房宫前殿夯土台基的土方量,以"土笼积一尺六寸,秋程人功行五十九里半"的劳动生产率折计,推定负土路程平均 10 里,则运土所需工作日达 3436 万以上,相当于近 10 万劳役人员近一年的劳作总量。据《汉书》卷三六《楚元王传》所说,秦始皇陵封土"其高五十余丈,周回五里有余",土方量达 1102.5 万立方米。地宫以平均深度 20 米计，土方量也达499.5立方米。① 复土时完成地宫和封土的夯土土方，共需运输量2586.7万立方米。由于挖掘地宫出土仅624.4万立方米，因而需由他处挖掘运输土方1962.3万立方米。按照当时的劳动生产率测算，复土工程中运输土方的劳作多达9472.4万工作日，竟然大略占用工总数的96.7%以上。②

二 "千里负担"

其实，秦汉时期的长途运输，也有采用人力"负担"的情形。如《史记》卷三〇《平准书》："汉通西南夷道，作者数万人，千里负担馈粮，率十余锺致一石。"裴骃《集解》："《汉书音义》曰：'锺六石四斗。'"也就是说，运输效率甚低，运抵数量不及发送额的1.56%。

"负担"，又往往写作"担负"。

《史记》卷一一〇《匈奴列传》记载，汉武帝元狩四年（前119）出击匈奴，"乃粟马，发十万骑，私负从马凡十四万匹，粮重不与焉"。对于"私负从马凡十四万匹"，张守节《正义》的解释是"谓负担衣粮，私募从者，凡十四万匹"。所谓"粮重"，历代学者多从《汉书》卷九四上《匈奴传上》"负戴粮食者"之说。

《后汉书》卷七二《董卓传》记载，汉献帝从关中仓皇东归，流落大阳，"百官饥饿，河内太守张杨使数千人负米供馈"。《三国志》卷四〇《蜀书·魏延传》注引《魏略》记载，诸葛亮北伐，魏延献计由子午谷突袭长安，请求率"精兵五千，负粮五千，直从褒中出"。据《三国志》卷二五《魏书·杨阜传》，曹真伐蜀，杨阜上疏也说到"转运之劳，担负之苦，所费以多"。

---

① 秦始皇陵地宫的形制尚未探明，根据袁仲一提供的资料，"墓穴东西长485米，南北宽515米，面积为249775平方米，边沿部分深8米，中心部分深度不明。根据'下及三泉'（《水经注·渭水》）的文献资料及凤翔秦公一号墓深24米，因而推断始皇的墓穴的最深处不会少于24米"。袁仲一：《从秦始皇陵的考古资料看秦王朝的徭役》，《中国农民战争史研究集刊》第三辑（上海人民出版社1983年5月版）。

② 王子今：《秦始皇陵复土工程用工人数论证》，《文博》1987年第1期，又《秦俑学研究》，陕西人民教育出版社1996年8月版；王子今：《秦汉交通史稿》，中共中央党校出版社1994年7月版，第126—127页。

三 "担负之苦"

"担负之苦"曾经成为民众被迫承受的沉重压力。臣民以"幸得免负担"以为君主恩惠的情形,见于《史记》卷三六《陈杞世家》及卷四六《田敬仲完世家》。又《史记》卷二五《律书》回顾文景之治时社会繁荣的盛况,有"百姓无内外之繇,得息肩于田亩"的说法。对于所谓"息肩"的赞美,也体现了政府组织徭役所导致的"担负之苦",曾经怎样严重地压抑着民生。

"担负之苦"在道路通行条件相对恶劣的地区尤为深重。如《新语·资质》所说:"广者无舟车之通,狭者无步檐之蹊。"正说明了这一现象。另一方面,"担负"又是无力置备车马的下层民众不得不采用的运输形式。《汉书》卷五六《董仲舒传》所见"乘车者君子之位也,负担者小人之事也",概括至为明确。《汉书》卷五八《儿宽传》记述汉武帝时代左内史征收租税的情形:"大家牛车,小家担负,输租襁属不绝。"所谓"小家担负",也说明了这一事实。《后汉书》卷七六《循吏列传·许荆》李贤注引《谢承书》曰:"荆字子张,家贫为吏,无有船车,休假常单步荷担上下。"也指出了"荷担"与"家贫"的关系。《三国志》卷三〇《魏书·东夷传》说,夫余风习,"有敌,诸加自战,下户俱担粮饮食之",而高句丽"其国中大家不佃作,坐食者万余口,下户远担米粮鱼盐供给之"。《史记》卷七〇《张仪列传》可见所谓"厮徒负养",司马贞《索隐》解释说:"厮音斯,谓襍役之贱者。负养谓负檐以给养公家,亦贱人也。"

"小家""下户""贱人"所承担的"担负"劳作,其实是当时应用十分普遍的转运方式。这种方式在四川汉代画像中有具体真切的反映。

"担"即肩挑。《史记》卷八三《鲁仲连邹阳列传》张守节《正义》引《韩诗外传》说鲍焦事迹:"饰行非世,廉洁而守,荷担采樵,拾橡充食。"山西平陆枣园新莽墓壁画上,有荷担步行的画面。① 而四川汉代画像资料为我们提供了更多的相关信息。

---

① 山西省文物管理委员会:《山西平陆枣园村壁画汉墓》,《考古》1959 年第 9 期。

四 四川汉代画像"担负"史料

新都出土的被命名为"捕鱼"的画像砖，上部其实反映了耕作情形。右侧一人挑担，迎向耕作者而行。所担为箩筐，与平陆枣园壁画墓的壁画形式类同。每只箩筐各有两提耳，直接挂在担上。其人右手扶担，左手又提一容器（图三六）。[①]

图三六 新都汉画像砖挑担画面

成都羊子山出土的"弋射、收获"画像砖，图上五人在收割谷物，一人挑担，以左手扶担，右手提一物，动作与新都画像砖略同，只是两幅画面中左右双手变换。画面反映挑担者担上两端似是收获的谷物。制作者以生动的笔法描绘了成捆的禾谷悬插于担上的形式。画面透露出一种简洁的美（图三七）。[②]

[①] 龚廷万等编著：《巴蜀汉代画像集》，文物出版社 1998 年 12 月版，图 6。
[②] 同上书，图 9。

图三七　成都羊子山汉画像砖收获画面挑担图

新都出土的"酿酒"画像砖，可见一人担上悬系两件陶罐，离酒肆而行，又似作回顾状。画面所反映的，可能是沽酒情节（图三八）。[①] 王褒《僮约》所谓"舍中有客，提壶行酤"可能与这一行为有关，只是一为"提"一为"担"。

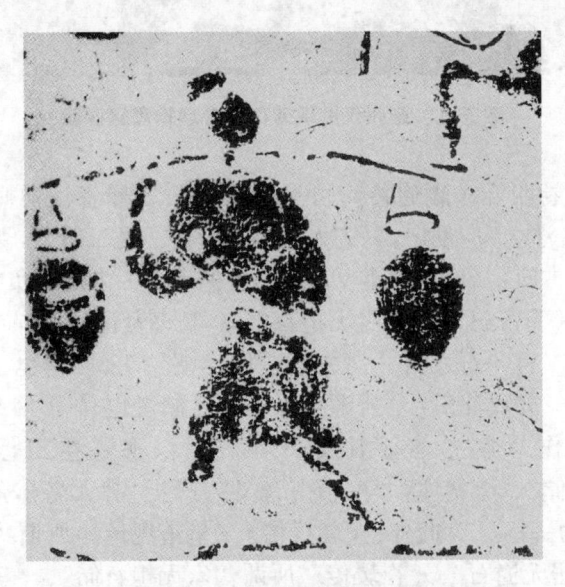

图三八　新都汉画像砖荷担者运输酒罐画面

[①] 龚廷万等编著：《巴蜀汉代画像集》，文物出版社1998年12月版，图17。

新都出土的被定名为"酒肆"的画像砖，也有担挑酒罐的形象。与上图不同处，是荷担者正在走向酒肆。其担上前方的酒罐不太清晰。①

彭州出土的被题为"羊鐏酒肆"的画像砖，画面与新都出土者近似，同样也有荷担走向酒肆的人物。不同之处在于突出位置刻画有所谓"羊鐏"。画面的方向也与新都"酒肆"画像砖相反（图三九）。②

图三九　彭州汉画像砖荷担者运输酒罐画面

《汉书》卷四五《蒯通传》可见"守儋石之禄者，阙卿相之位"的说法。颜师古注："应劭曰：'齐人名小瓮为儋，受二斛。'晋灼曰：'石，斗石也。'师古曰：'儋音都滥反。或曰，儋者，一人之所负担也。'"《后汉书》卷二《明帝纪》："生者无担石之储。"李贤注："《前书音义》曰：'担音丁滥反。言一石之储。'《方言》作'甔'，云'罃也，齐东北海岱之间谓之甔'。郭璞注曰：'所谓家无甔石之储者也。'《坤苍》曰：'大罂也。'字或作'儋'，音丁甘反。"又《后汉书》卷二七《宣秉传》："自无担石之储"，李贤注："《前书音义》曰：'齐人名小甖为担，今江淮人谓一石为一担。'"此外，《郭丹传》《皇甫规传》所谓"家无担石"，《吴祐传》"居无檐石"，《崔瑗传》所谓"家无担石储"，《三国志》卷一

---

① 龚廷万等编著：《巴蜀汉代画像集》，文物出版社1998年12月版，图30—31。
② 同上书，图32。

一《魏书·管宁传》裴松之注引《傅子》所谓"家储""不盈担石",《三国志》卷一三《魏书·华歆传》"家无担石之储"等,多有将"担"或"儋"解释为一种容量标准的注说,或作"小瓮",或作"小罂",或作"大罂"。但是颜师古引录所谓"儋者,一人之所负担也"的理解也是值得注意的。或许四川汉代画像所见荷担劳作画面中担上悬系的陶质容器,就是所谓"小瓮""小罂"或"大罂",于是"一人之所负担也"的数量,导致了以"担石""儋石"形容积储甚少的习用语的形成。汉代容量资料,也可以印证这一推测①,即所谓"儋者,一人之所负担也",大略与所担陶质容器的盛装数量相符合,而可能并非强壮劳力可以"负担"的最大数额。②

荥经石棺石刻所见饮马画面,有担水者。所使用"担"的形制比较特别,呈两端下垂状(图四〇)。③ 类似画面,又有重庆沙坪坝石棺石刻担运场景。

图四〇 荥经石棺担水画面

---

① 据丘光明编著《中国历代度量衡考》,所收录新莽至东汉铜斛6件,平均实测容毫升数为20056.67。科学出版社1992年8月版,第247页。
② 下引《九章算术·均输》"负盐二斛",是指比重较大的盐,与一般谷物不同。
③ 龚廷万等编著:《巴蜀汉代画像集》,文物出版社1998年12月版,图135。

四川汉代画像反映"担"的画面中,有一种现象值得我们注意,即无论担上是箩筐,是禾捆,还是酒罐,都是将所担运的物品直接固定在担的两端。这样的形式由于重心过高,行走时动作的主体极易劳累,与现今人们"担"的习惯比较,从力学角度讲,或许是并不十分合理的形式。前面说到的山西平陆枣园新莽墓壁画,以及江苏睢宁双沟池汉画像石①等所见荷担者形象也取同样的形式,可知这是当时各地通行的方式。我们所看到的有关"担"的画面,还有另一种值得关注的情形,这就是荷担者往往以一手扶担,另一手提一物件。这种习惯无疑提高了劳作效率。只是几例沽酒画面是例外。然而图四所示新都出土"酒肆"画像砖中荷担人上身缚系交叉的带子,可能用以表示背上负有重物。

四川汉代民间"担"的劳作形式相当普及。王褒《僮约》可见"归都担枲""杨氏担荷"等文句。画像砖体现的"担"的画面,使我们能够形象地了解这种劳作的具体情形。

汉代民间"荷担"远行的例证,有《后汉书》卷三七《丁鸿传》所谓"布衣荷担,不远千里"。《后汉书》卷三九《赵孝传》也说,赵孝往返于长安与沛国蕲之间,"常白衣步担"。《后汉书》卷六三《杜乔传》李贤注《续汉书》"常步担求师"。《郭太传》李贤注引《谢承书》曰:郭太去世,"自弘农函谷关以西,河内汤阴以北,二千里负笈荷担弥路,柴车苇装塞涂,盖有万数来赴"。《三国志》卷三〇《魏书·东夷传》关于东沃沮经济生活,也说道:"貊布、鱼、盐、海中食物,千里担负致之。"《三国志》卷一一《魏书·王烈传》裴松之注引《先贤行状》:"行路老父担重,人代担行数十里,欲至家,置而去,问姓名,不以告。"则体现"担行数十里"的情形在现实生活中可能也相当普遍。

《汉书》卷六四上《严助传》说到山地交通,有"舆轿而逾领"句。颜师古注引项昭的解释:"领,山领也。不通舡车,运转皆担舆也。"这里所说的"担舆",可能类似于后世的抬滑竿,或与荷担有所不同。

《汉书》卷六四上《朱买臣传》说,朱买臣家贫,好读书,不治产业,"常艾薪樵,卖以给食,担束薪,行且诵书。其妻亦负戴相随"。离异后,又有"买臣独行歌道中,负薪墓间"而相遇的故事。由朱买臣故事,可知"担"与"负"两种劳作形式的关系。

---

① 徐毅英主编:《徐州汉画像石》,中国世界语出版社 1995 年 12 月版,图 81。据图录说明,其形象为"一人担浆送食"。

图四一　邛崃汉画像砖盐井生产画面

　　四川汉代画像中表现"负"的画面，最为著名的是邛崃出土的反映"盐井"生产的画像砖（图四一）。①《九章算术·均输》中列有算题："今有取佣负盐二斛，行一百里，与钱四十。今负盐一斛七斗三升、少半升，行八十里。问与钱几何？"邛崃画像砖所见画面，正是《九章算术》中说到的"负盐"劳作的形象表现。

　　成都羊子山出土画像砖，宅屋前有主客会面情形，而屋后有一人负重行离。所背负的，似乎是囊或橐盛装的谷物（图四二）。②

图四二　成都羊子山汉画像砖背负画面

---

① 龚廷万等编著：《巴蜀汉代画像集》，文物出版社1998年12月版，图13。
② 同上书，图58。

邛崃发现的以舂米为画面主体内容的画像砖，仓楼上可见负重物行走的劳作者。应是以橐囊送加工好的粮食入仓。从步伐看，也可能是刚刚登上楼梯（图四三）。①

图四三　邛崃汉画像砖背负画面

新津出土汉代陶俑所表现的负物形式，使用了如同后世背篓的工具，也值得我们注意。

彭州出土的被命名为"养老图"的画像砖，画面可见一持鸠杖老人在粮仓前领取口粮。面前的橐囊容积可观（图四四）。② 德阳黄许镇出土的画像砖画面内容大略相同，只是老人身边没有鸠杖。也可能鸠杖以颜料图画形式表现，现已磨灭不存。③ 成都土桥汉墓石刻"养老图"也表现了同样的主题。鸠杖刻画十分清晰。④ 这些画面都看不到老人有他人陪同，所领得的口粮显然只能亲自背负回家。《三国志》卷四二《蜀书·谯周传》裴松之注引《晋阳秋》："秀年八十，众人以其荐老，欲代之负担，

---

① 龚廷万等编著：《巴蜀汉代画像集》，文物出版社1998年12月版，图15。
② 同上书，图78。
③ 同上书，图80。
④ 同上书，图81。

图四四　彭州汉画像砖"养老图"

秀拒曰：'各有老弱，当先营救。吾气力自足堪此，不以垂朽之年累诸君也。'"这是老者虽然年迈，却在自称"气力自足堪此"时依然亲自"负担"的实例。上文说到的"行路老父担重"，也体现了类似的情形。

　　文物图像资料反映上层社会生活，特别是宴饮、游艺、田猎等娱乐休闲方面的内容较多，然而反映劳作者生产和生活形式的内容，因记录了当时社会面貌之真实景况而具有更宝贵的价值。四川汉代画像中的有关画面，作为下层民众劳作形式的写真，提供了当时社会文化的丰富信息，因此值得我们特别珍视。

秦汉驿道虎灾

——兼质疑几种旧题"田猎"画像的命名

秦汉时期，曾经发生"驿道多虎灾，行旅不通"的现象。这是史籍记载所谓"虎暴""虎害"的重要表现，值得交通史学者和生态史学者注意。"驿道""虎灾"在汉代画像中亦有体现。有关画面可以帮助我们了解这种历史现象的真实情状。对于这些画像的主题，以往有"田猎""畋猎"等误释，应当予以澄清。

一 秦汉虎患

秦汉时期自然条件、生态环境、人口密度均与现今多有不同。在当时的历史条件下，猛虎为害，曾经对人类活动造成严重威胁。

《史记》卷一〇九《李将军列传》说："（李）广所居郡闻有虎，尝自射之。及居右北平射虎，虎腾伤广，广亦竟射杀之。"《后汉书》卷七六《循吏列传·童恢》写道：童恢任不其县令，"民尝为虎所害，乃设槛捕之，生获二虎"。《后汉书》卷四一《宋均传》记载，宋均迁九江太守，"郡多虎暴，数为民患，常募设槛阱而犹多伤害"。《后汉书》卷三八《法雄传》也说，法雄迁南阳太守，"郡滨带江沔，又有云梦薮泽，永初中，多虎狼之暴，前太守赏募张捕，反为所害者甚众"。据《太平御览》卷八九一引《谢承后汉书》，刘陵为长沙安成长，其地"多虎，百姓患之，皆徙他县"。在《续汉书·五行志一》有关"顺帝阳嘉元年十月中，望都蒲阴狼杀童儿九十七人""灵帝建宁中，群狼数十头入晋阳南城门啮人"记载文字下，刘昭注补："《袁山松书》曰：'光和三年正月，虎见平乐观，又见宪陵上，啮卫士。'"王充《论衡·遭虎》谈到"虎时入邑，行于民间"的情形。又《论衡·解除》："虎狼入都，弓弩巡之，虽杀虎狼，不能除虎狼所为来之患。"①

汉代画像所见群虎凶猛扑逐、噬杀行人的场面②,可以看作"虎狼所为来之患"的反映。

二 危害交通的"虎暴""虎患"

秦汉时期如《宋均传》所谓"虎暴",《法雄传》所谓"虎害",又往往直接造成对交通运输的严重危害,史籍称之为"驿道""虎灾"。

《老子·德经》:"盖闻善摄生者,陆行不遇兕虎。"马王堆汉墓帛书《老子甲本》作:

盖〔闻善〕(二五)
执生者,陵行不〔避〕矢(兕)虎……(二六)

《老子乙本》作:

盖闻善执生者,陵行不辟(避)兕虎……(一八六上)③

《韩非子·解老》说:"圣人之游世也,无害人之心,则必无人害;无人害,则不备人。故曰:'陆行不遇兕虎。'""陆行"而"遇兕虎",显然是"游世"途中不能不特意防备的患害。《史记》卷一〇一《袁盎晁错列传》说到"贲育之勇",司马贞《索隐》:"贲,孟贲;育,夏育也。《尸子》云:'孟贲水行不避蛟龙,陆行不避兕虎。'"《太平御览》卷四三七引《新序》:"夫勇士孟贲水行不避蛟龙,陆行不避虎狼,发怒吐气,声响动天。"《后汉书》卷七〇《郑太传》李贤注:"《说苑》曰:'孟贲水行不避鲛龙,陆行不避虎狼,发怒吐气,声响动天。'"④ 也都说"陆

---

① 王子今:《秦汉虎患考》,《华学》第1辑,中山大学出版社1995年8月版。
② 河南唐河针织厂出土汉画像石,参见韩玉祥、李陈广主编《南阳汉代画像石墓》,河南美术出版社1998年12月版,第52页,图五。
③ 国家文物局古文献研究室:《马王堆汉墓帛书》(壹),文物出版社1980年3月版,第4、90页。
④ 亦见《文选》卷八扬雄《羽猎赋》、卷一八马融《长笛赋》、卷三五张景阳《七命》等注引《说苑》。

行"多有"咒虎""虎狼"之害的事实。《论衡·遭虎》说:"入山林草泽,见害于虎,怪之,非也。蝮蛇悍猛,亦能害人。""行止泽中,中于蝮蛇",也是经常发生之事。"行山林中,麋鹿野猪,牛象熊罴,豺狼雌蠼,皆复杀人。"可见,在行经山林的交通过程中,遭遇有害生物侵袭的情形是相当普遍的。而"虎亦众禽之雄也",诸多不幸之中,所谓"见害于虎"者,情形最为惨痛。《抱朴子·登涉》也写道:"不知入山法者,多遇祸害。故谚有之曰:'太华之下,白骨狼藉。'""入山而无术,必有患害",其中之一即"遭虎狼毒虫犯人"。又云"山中寅日,有自称虞吏者,虎也。称当路君者,狼也。"也说到行旅"遭虎狼毒虫犯人"情形。虎狼"当路",曾经对交通形成严重的阻害。

《华阳国志·巴志》记载了这样的故事,"秦昭襄王时,白虎为害,自秦、蜀、巴、汉患之。秦王乃重募国中:'有能杀虎者,邑万家,金帛称之。'"于是有夷朐忍廖仲药、何射虎、秦精等应募射虎,"一朝患除",受到秦王嘉奖。汉兴,仍"专以射白虎为事,户岁出賨钱口四十,故世号'白虎复夷',一曰'板楯蛮',今所谓'弜头虎子'是也"。汉灵帝光和二年(179),"板楯复叛,攻害三蜀、汉中",益州计曹掾陈方略时又说道:"板楯七姓以射白虎为业,立功先汉,本为义民。"《隶续》卷一六《繁长张禅等题名》中可见"白虎夷王谢节""白虎夷王资粯"。洪适题记曰:"右蜀郡繁长等题名,一石三横,今在蜀道。"他认为"题白虎二夷王",很可能与"秦时有白虎为巴蜀之害,募能杀之者赏邑万家,阆中夷人登楼射杀之"史事有关。这一石刻文字资料可以说明,巴蜀道路当时因虎患成为交通阻障。于是,"蜀道"有的路段有长期受政府之命负责清除虎患,"以射白虎为业",负有保障交通安全之责任的射猎部族。《华阳国志·蜀志》又记述,汉桓帝时,但望为巴郡太守,"懃恤民隐",郡文学掾赵芬等诣望自讼,说道:"郡境广远,千里给吏,兼将人众,冬往夏还,夏单冬复,惟逾时之役,怀怨旷之思。""加以水陆艰难,山有猛兽,思迫期会,陨身江河,投死虎口。咨嗟之叹,历世所苦。"也体现"山有猛兽"严重危害交通的情形。《隶释》卷四《司隶校尉杨孟文石门颂》中所谓"恶虫蔽狩,蛇蛭毒蟃",也可以说明川陕古道交通安全因此受到威胁。

三 "崤、黾驿道多虎灾"

所谓"虎暴""虎患"阻滞交通的最典型的史例,当然是《后汉书》

卷七九上《儒林列传上·刘昆》所记载：

> 崤、黾驿道多虎灾，行旅不通。

所谓"崤、黾驿道"，是秦汉时期至为重要的交通路段，联系着长安和洛阳两个政治、经济、文化重心地区。①《淮南子·地形》说，东方"多虎"，其实也暗示关中地区与关东地区之间的交通道路"虎灾"可能比较严重。汉灵帝光和三年（180）"虎见平乐观"，则说明"虎灾"蔓延至于东都城郊，虎甚至出现于长安洛阳驿道东端的起点。②

《汉书》卷二八上《地理志上》"京兆尹"条记载："蓝田，有虎候山祠，秦孝公置也。"《续汉书·郡国志一》"京兆尹""蓝田"条刘昭注补："《地道记》：有虎候山。"王先谦《汉书补注》："《长安志》亦载之。吴卓信云：'《蓝田县志》：县西十五里有虎坷山。疑是。'"由"虎候山""虎坷山"之定名，可推知自蓝田东南越秦岭，经武关直抵南阳的古武关道上，很早就有"虎灾"的危害。③《史记》卷一二二《酷吏列传》说，宁成作为"其治如狼牧羊"的著名酷吏，任关都尉不过岁余，"关东吏隶郡国出入关者，号曰：'宁见乳虎，无值宁成之怒。'"可见当时"出入关"远行者，视"乳虎"为最令人恐惧的祸患。这种观念的产生，应当与所谓"驿道多虎灾"的历史事实有一定关系。所谓"关东吏隶郡国出入关者"，《汉书》卷九○《酷吏传·义纵》作"关吏税肆郡国出入关者"。颜师古注："李奇曰：'肆，阅也。'"看来，宁成得"乳虎"之暴名，可能亦由于关税征收苛刻。《汉书》卷八《宣帝纪》说，元康四年（前62），"南郡获白虎"。又法雄任南阳太守期间，"永初中，多虎狼之暴"。此外，《太平御览》卷八九一引《风俗通》："呼虎为李耳，俗说虎本南郡中庐李氏公所化为，呼李耳因喜，呼班便怒。"南阳、南郡多虎，可能是当时的事实，然而也可能是通往南阳、南郡的武关道多受"虎灾"阻害的反映。

---

① 王文楚：《西安洛阳间陆路交通的历史发展》，《历史地理研究》第1辑，1986年5月，收入《古代交通地理丛考》，中华书局1996年7月版；辛德勇：《崤山古道琐证》，《中国历史地理论丛》1989年第4期，收入《古代交通与地理文献研究》，中华书局1996年7月版。
② 王子今：《东汉洛阳的"虎患"》，《河洛史志》1994年第3期。
③ 关于武关道的走向、通行条件及其交通作用，参见王文楚《历史时期南阳盆地与中原地区间的交通发展》，《史学月刊》1964年第10期，收入《古代交通地理丛考》，中华书局1996年7月版；王子今、焦南峰：《古武关道栈道遗迹调查简报》，《考古与文物》1986年第2期。

《后汉书》卷五三《周燮传》说"南阳冯良"的故事:"良字君郎。出于孤微,少作县吏。年三十,为尉从佐。奉檄迎督邮,即路慨然,耻在厮役,因坏车杀马,毁裂衣冠,乃遁至犍为,从杜抚学。妻子求索,踪迹断绝。草中有败车死马,衣裳腐朽,谓为虎狼盗贼所害,发丧制服。积十许年,乃还乡里。"冯良"即路慨然",弃职出走,有"坏车杀马,毁裂衣冠"的举动,其妻因"踪迹断绝"且"求索"不得,看到"草中有败车死马,衣裳腐朽,谓为虎狼盗贼所害",于是治丧。可知当时南阳地方道路行人"为虎狼盗贼所害"是常见的事。

四 汉代画像表现的驿路虎灾

汉代画像资料中多有描绘虎的画面,亦往往可见人物与猛虎相拼争的场面,以往发掘者和研究者多将其主题理解为"田猎""畋猎"。其实,仔细分析其内容,可以发现有些画面表现的情景并非主动的"猎"虎,而是行途中被动的与猛虎的意外遭遇。

图四五 南阳市郊汉画像石车骑出行遇虎画面

河南南阳市郊出土汉画像石有车骑出行画面,前列突遇猛虎,立马张弓迎射(图四五)。有研究者命名为"骑射田猎"图,解释说:"图为田猎场面,一虎张口竖尾扑向惊马,骑士镇定自若引弓射虎。后面二骑士和骈驾田车赶来围捕猛虎。"① 画面可见前骑乘马惊怖,而骑士挽弓,确实"镇定自若",然而另两名骑士及乘车者似乎没有武器和其他猎具,与汉代画像通常所见"狩猎的对象有兔、鹿、鸟等,狩猎者使用猎犬、弩、

---

① 闪修山、王儒林、李陈广:《南阳汉画像石》,河南美术出版社1989年6月版,第44—45页。

毕等猎杀这些鸟兽"① 的场面全然不同。南阳七孔桥汉墓出土画像石，刻画两乘轺车，前后共有七排导骑驺从。最后两名驺骑返身弯弓回射一追扑的猛虎。前车所乘尊者及多名随从仍回顾惊视（图四六）。画面主题，有研究者确定为"巡游畋猎"②或"车骑游猎"③。有研究者记述图版的内容："两骈马轺车，车上树华盖，车内各乘驭手和尊者，车前后有导骑和驺从七排，反映出队伍之庞大及主人之威风。后有一只猛虎，张口翘尾作扑噬状。行在最后的两驺从，拽满弓回身射虎。"画面虽然表现华车安行，"导骑"和"驺从"都不携猎具，又不因虎的出现而施行围猎，画题依然被确定为"巡游畋猎"④。从画面人物行为态势看，"田猎""畋猎"的命名都与主题不符。这些画像的内容，很可能都体现了当时驿道"虎

图四六　南阳七孔桥汉画像石车骑出行从骑射虎图

图四七　南阳七一乡王庄汉画像石车骑出行图

① 信立祥：《汉代画像石综合研究》，文物出版社 2000 年 8 月版，第 137 页。
② 王建中、闪修山：《南阳两汉画像石》，文物出版社 1990 年 6 月版，图 128—130。
③ 闪修山、王儒林、李陈广：《南阳汉画像石》，河南美术出版社 1989 年 6 月版，第 40—41 页。
④ 王建中主编：《中国画像石全集·河南汉画像石》，河南美术出版社、山东美术出版社 2000 年 6 月版，图版说明第 60 页。

灾"的实况。南阳七一乡王庄出土的汉画像石，画面内容与图四六相近，然而猛虎作为最后一排四名从骑张弓回射的目标却被省略。末排从骑之后有一名随从倒地伸臂作求援状，犹惊恐回视，似弃马奔逃，大约遭到猛虎袭击，乘马已被啮杀。从画面看，除一名导骑尚前视外，车主、驭手及所有随从皆惊惶回顾（图四七）。研究者形容："后排骑吏均作侧身挽射状；图右下角一人，回首惊顾，双臂前伸作攀援之态。"① 唐河针织厂出土的另一汉画像石，表现车列前导骑马惊人仰（图四八）②。导致这一情形的原因，应是严重的险情。与图四七类似，画面中有重要省略，似亦未可排除行途遇虎的可能。

图四八　唐河针织厂汉画像石车骑出行图

山东滕州西户口汉墓出土的画像石，有射手于车前跪姿发弩射虎的画面，研究者或以为其主题为狩猎。③ 画面可见车以牛牵引，因而虽车后有扛抬牲畜者，仍不宜理解为"狩猎"场面（图四九）。其画面内容体现出行遇虎是相当普遍的情形。滕州官桥发现的汉画像石，也表现车骑出行时山林所遇多种禽兽，而虎可能带来最严重的危难（图五〇）。研究者解释画面内容谓"刺虎，禽兽，车骑"④。题材相类似者又有滕州黄安岭画像石（图五一）。⑤ 虽然画面为仙人形象，所体现的其实应当是世间生活。

---

① 韩玉祥、李陈广主编：《南阳汉代画像石墓》，河南美术出版社1998年12月版，第203—204页，图七；又王建中、闪修山：《南阳两汉画像石》，文物出版社1990年6月版，图132。
② 王建中、闪修山：《南阳两汉画像石》，文物出版社1990年6月版，图120。
③ 山东省博物馆、山东省文物考古研究所：《山东汉画像石选集》，齐鲁书社1982年3月版，第29页，图217；赖非主编：《中国画像石全集·山东汉画像石》，河南美术出版社、山东美术出版社2000年6月版，图版说明第74页。其说明为："狩猎。中间一牛车，车上坐二人，车前一人持弩射虎，车后二人抬一猎物，一人跟随。"
④ 山东省博物馆、山东省文物考古研究所：《山东汉画像石选集》，第33页，图291。
⑤ 同上书，第35页，图309。

图四九　滕州西户口汉画像石车骑出行图

图五〇　滕州官桥汉画像石车骑出行图

图五一　滕州黄安岭汉画像石车骑出行图

曹操《苦寒行》写道："北上太行山，艰哉何巍巍。羊肠坂诘屈，车轮为之摧。树木何萧瑟，北风声正悲。熊罴对我蹲，虎豹夹路啼。"当时交通条件极其险恶，尤其"虎豹夹路"的威胁，更容易使行人萌生悲苦畏难之心。《三国志·吴书》卷五二《张昭传》记载，"（孙）权每田猎，常乘马射虎，虎常突前攀持马鞍"。后以张昭谏，"乃作射虎车，为方目间不置盖，一人为御，自于中射之。时有逸群之兽，辄复犯车，而权每手击以为乐"。又《三国志》卷四七《吴书·吴主传》记述"亲乘马射虎""马为虎所伤，（孙）权投以双戟，虎却废"事，也使人们可以推想行旅之人遇猛虎"突前攀持马鞍"，伤马乃至"犯车"，唯捷勇多力者"手击"方得脱险的危厄境况。上文说到的被定名为"狩猎""刺虎"的汉代画像中，乘车尊者旁观侍从射虎，全然没有"狩猎"直接历险而亲手杀获的快意，与孙权"每手击以为乐"的情形形成了鲜明对照。可知以"狩猎""田猎"命名此类画面，是不准确的。

五 秦二世"梦白虎啮其左骖马"解说

《史记》卷六《秦始皇本纪》记载秦二世三年（前207）发生的一起特殊事件：

> 二世梦白虎啮其左骖马，杀之，心不乐，怪，问占梦。卜曰："泾水为祟。"二世乃斋于望夷宫，欲祠泾，沈四白马。

司马贞《索隐述赞》于是有"诈因指鹿，灾生噬虎"的说法。而赵高遂使阎乐发动宫廷政变，袭入宫，迫使二世自杀。

秦二世虽然历来被看作应直接承担秦王朝覆亡的历史责任，是因无能而终于导致政治上全面失败的帝王，却应当在中国早期交通史中占据一定地位。据司马迁记述，秦二世在21岁即位之初，就曾与赵高谋议："朕年少，初即位，黔首未集附。先帝巡行郡县，以示强，威服海内。今晏然不巡行，即见弱，毋以臣畜天下。"于是，"春，二世东行郡县，李斯从。到碣石，并海，南至会稽，而尽刻始皇所立刻石"。这就是说，这位年轻的皇帝一路沿秦始皇的辙迹巡行，曾到达碣石、邹峄山、泰山、梁父、芝罘、琅邪、会稽，似乎又折而北上，"遂至辽东而还"。"四月，二世还至咸阳。"不仅路程之辽远使他成为中国历史上为数不多的游踪甚广的帝王之一，而且其巡行速度之迅急尤其令人惊异。① 这样一位对交通活动怀有特殊热忱的帝王"梦白虎啮其左骖马，杀之，心不乐"，说明驿道"虎灾"对交通安全的严重威胁确实令行者心生警悚。

从秦汉神秘主义方位观念出发，白虎位次西方，"白虎啮其左骖马"，或许可以理解为北行意外事故的警示。占梦者可能即据此分析说"泾水为祟"。秦二世及时斋祠，而且白虎啮一匹马，竟然"沈四白马"以祠，可见贵为天下之尊的皇帝对于驿道"虎灾"也表现出非同寻常的畏怯，甚至甘愿以加倍的供奉虔心斋祠，祈望免除危害。

---

① 王子今：《秦二世元年东巡史事考略》，《秦文化论丛》第3辑，西北大学出版社1994年12月版。

六 "持虎"与"建虎旗"

秦汉时期驿道多"虎灾"导致"行旅不通"的情形,使得当时人们在出行时不能不重视对"虎暴"的防避。汉代画像中多见击虎、射虎、刺虎等画面,在某种意义上,可以看作较为积极地维护交通安全的意识的体现。

此外,史籍中还可以看到其他防避方式。例如,《史记》卷二三《礼书》说,"持虎""所以养威也。"司马贞《索隐》:"持虎者,以猛兽皮文饰倚较及伏轼,故云'持虎'。"《汉书》卷七六《韩延寿传》说,东郡太守韩延寿"治饰兵车",车上画虎以显示威严。《汉书》卷九九下《王莽传下》也有车上饰"白虎","以尊新室之威命"的记载。而迎接所谓"奇士巨无霸",据说"轺车不能载,三马不能胜,即日以大车四马,建虎旗,载霸诣阙"。王莽地皇元年(20)七月,"杜陵便殿乘舆虎文衣废臧在室匣中者出,自树立外堂上,良久乃委地",被看作是凶兆。据《续汉书·舆服志下》记载,"虎贲将虎文绔,白虎文剑佩刀",虎贲武骑皆"虎文单衣""襄邑岁献织成虎文云"。车辆画虎、饰虎,"建虎旗",出行护卫武器装具虎文,又着虎文衣绔,即所谓置"乘舆虎文衣",都体现出当时人从有关交通的神秘主义意识出发,期望以虎自身的形象对"虎灾"起某种厌胜作用,以保证出行安全。这些现象之发生,当然都是以当时驿道"虎灾"的危害为背景的。

《太平御览》卷九五四引《风俗通》说,汉时有"墓上树柏,路头石虎"的风习。"路头"置"石虎"以镇厌可能发生的对墓主的危害,其实也曲折反映出当时人们对行路遭遇"虎灾"的畏忌。

汉代民间曾经流行门上画虎的风习,即《论衡·谢短》所谓"画虎于门阑"。《论衡·乱龙》说,上古有"性能执鬼"的神荼、郁垒,"立桃树下,简阅百鬼""缚以卢索,执以食虎""故今县官斩桃为人,立之户侧,画虎之形,著之门阑。""刻画效象,冀以御凶。"《论衡·订鬼》也有大意类同的文字。《风俗通义·祀典》也说"画虎于门"的风俗,其意义在于"追效于前事,冀以御凶也"。汉代文物资料多见"画虎于门"的实例。门,是一切交通行为的起点与终点。联想到汉代人乘车画虎、饰虎、建虎旗等做法,似乎也可以体味出"画虎于门""冀以御凶"的意义,未必只是以食鬼之虎的形象御百鬼于门户之外,很可能也与祛除

"虎灾"对交通的危害有一定关系。河南方城东关汉墓和方城城关镇一号汉墓出土的以铺首衔环象征门的画像石,可见武士挥钺持矛迎斗猛虎的画面①,似乎也暗示门上"画虎"以"御凶",很可能也包括扞御行路"虎灾"的意义。

七 秦汉生存环境与"多虎"的原因

《论衡·解除》说:"虎狼之来,应政失也。"虽"杀虎狼",亦"不能使政得世治"。《后汉书》卷六〇下《蔡邕传下》:"政有苛暴,则虎狼食人。"李贤注:"京房《易传》曰:'小人不义而反尊荣,则虎食人。'"以"虎暴""虎害""虎灾"作为政治失度的信号,是当时政论家通常的思路。其实,正如《后汉书》卷二八下《方术列传下·费长房》所说:"遂随从入深山,践荆棘于群虎之中。"《后汉书》卷四〇上《班固传》李贤注:"榛芜之林,虎兕之所居也。"也指出了山林多虎的事实。秦汉时期经济开发有限,人口密度不大,交通干线的许多路段必然经历"深山""榛芜之林",这是驿道难以避免"虎灾"的主要原因。至于虎狼大胆冲犯人众,甚至入于都邑,则很可能与大范围的自然灾变有关。②

《后汉书》卷八三《逸民列传·野王二老》:"初,光武贰于更始,会关中扰乱,遣前将军邓禹西征,送之于道。既反,因于野王猎,路见二老者即禽。光武问曰:'禽何向?'并举手西指,言'此中多虎,臣每即禽,虎亦即臣,大王勿往也'。光武曰:'苟有其备,虎亦何患。'父曰:'何大王之谬邪!昔汤即桀于鸣条,而大城于亳;武王亦即纣于牧野,而大城于郏鄏。彼二王者,其备非不深也。是以即人者,人亦即之,虽有其备,庸可忽乎!'"这实际上是一篇政治寓言。"路见二老者"的警告,虽然发生在"于野王猎"的故事中,然而"送之于道"的情节,暗示"此中多虎"的危险,临近邓禹西征之"道",也是我们应当注意的。

《后汉书》卷八八《西域传·大秦》:"或云其国西有弱水、流沙,近西王母所居处,几于日所入也。《汉书》云'从条支西行二百余日,近日所入',则与今书异矣。前世汉使皆自乌弋以还,莫有至条支者也。又

---

① 刘兴怀、闪修山:《南阳汉代墓门画艺术》,百家出版社 1989 年 11 月版,图 60—61;王建中、闪修山:《南阳两汉画像石》,文物出版社 1990 年 6 月版,图 232—233,图 236—237。
② 王子今:《秦汉虎患考》,《华学》第 1 期,中山大学出版社 1995 年 8 月版。

云:'从安息陆道绕海北行出海西至大秦,人庶连属,十里一亭,三十里一置,终无盗贼寇警。而道多猛虎、师子,遮害行旅,不百余人赍兵器,辄为所食。'"看来,"道多猛虎、师子,遮害行旅",是不同地区均曾出现的现象。

八 汉墓驿路"虎灾"画像的意义

汉代墓葬出土画面多有表现出行经历的情景,特别是其中所见猛虎冲犯行旅队伍的形式,究竟是什么用意呢?

和林格尔汉墓壁画榜题有"使君从繁阳迁度关时""居庸关""渭水桥""使君□车从骑""夫人骈车从骑"等[1],可知画面表现的出行场面,有时是墓主亲身经历的追述。官员的迁转,是他们人生事业穷达的主要标志。墓葬中的相关画面,应当看作其功业的纪念。

这种文化现象,带有特殊的时代标记。[2] 而反映出行场景的画像资料中可见有关驿道"虎灾"的画面,如果理解为墓主炫耀其艰险经历和勇敢性格的体现,或许是适宜的。

---

[1] 盖山林:《和林格尔汉墓壁画》,内蒙古人民出版社 1977 年 3 月版,第 8 页。

[2] 正如孙毓棠曾经指出的:"交通的便利,行旅安全的保障,商运的畅通,和驿传制度的方便,都使得汉代的人民得以免除固陋的地方之见,他们的见闻比较广阔,知识易于传达。汉代的官吏士大夫阶级的人多半走过很多的地方,对于'天下'知道得较清楚,对于统一的信念比较深。这一点不仅影响到当时人政治生活心理的健康,而且能够加强了全国文化的统一性,这些都不能不归功于汉代交通的发达了。"孙毓棠:《汉代的交通》,《中国社会经济史集刊》第 7 卷第 2 期,收入《孙毓棠学术论文集》,中华书局 1995 年 3 月版。

汉代神车画像

整理汉代文物资料，常常可以接触到以神车作为表现主题的画像。表现神仙乘车和车行于神仙世界的画面，可以看作反映当时社会意识的史料。山东滕州、安丘、嘉祥等地表现出齐鲁地区文化风格的汉画像石以及江苏徐州等地体现滨海地区文化风格的汉画像石，多有神车画面；河南南阳等地代表中原地区文化风格的汉代画像中，也有类似资料；兼有北边地区和关中地区文化风格的陕北汉画像石中，也可见内容类同的画面。而出产地分布相当广阔的汉代铜镜上，也多可看到神车纹饰。看来，神车所体现的信仰体系和神秘意识，在汉代民间的流布已经周遍四方。而不同等级规格的汉墓中常见神车画像出土，也可以说明这种文化观念在不同社会层次间的普及。

一　龙车

飞龙牵引云车是汉代神车画像中较为多见的造型。

山东嘉祥武氏祠后石室画像石中，可见前有龙骑导引、后有龙骑拥护的龙车画面（图五二）。龙车以云纹为饰，御者、乘者皆生羽翼。车列超越飞鸟，象征飞驰神速。山东安丘董家庄汉墓出土的画像石也有类似画面（图五三）。有研究者记述说："画面右段，三龙驾羽翅形云车，车上树建鼓，一御者，一乘者，二仙人骑虎前导，三仙人骑兽和三兽跟从。"[①]

林巳奈夫以为此图左侧描绘的鱼鸟为鲲与鹏，又据《列子·汤问》所谓"终北之北有溟海者，天池也，有鱼焉，其广数千里，其长称焉，其名为鲲。有鸟焉，其名为鹏，翼若垂天之云，其体称焉。世岂知有此物

[①] 山东省博物馆、山东省文物考古研究所编：《山东汉画像石选集》，齐鲁书社1982年3月版，第51页。

哉？大禹行而见之，伯益知而名之，夷坚闻而志之"①，推定龙车上乘坐的尊者是禹。② 此说未得确证。不过，从日本东京美术馆藏汉镜所见龙车纹饰看，同一画面组合中，其他图案则为玉兔捣药、仙人抚琴、羽人献芝、飞虎噬魅、仙人骑鹿等，似乎一般情况下，龙车乘者未必专指具体的神祇。

图五二　嘉祥武氏祠画像石龙车画面

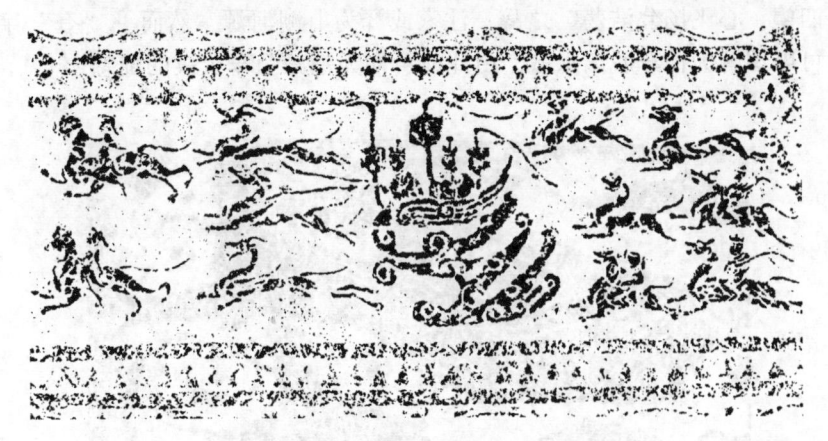

图五三　安丘董家庄汉画像石龙车画面

---

① 鲲鹏神话又见《庄子·逍遥游》："北冥有鱼，其名为鲲。鲲之大，不知其几千里也。化而为鸟，其名为鹏。鹏之背，不知其几千里也。怒而飞，其翼若垂天之云。是鸟也，海运则将徙于南冥。南冥者，天池也。《齐谐》者，志怪者也。《谐》之言曰：'鹏之徙于南冥也，水击三千里，抟扶摇而上者九万里，去以六月息者也。'"

② [日] 林巳奈夫：《漢代の神神》，临川书店平成元年三月版，第179—180页。

二 鱼车

汉代画像中又多见被称作"河伯出行"的画面,大多以游鱼作为引车动力。

河南南阳王庄汉墓出土画像石就有类似内容。据有的研究者描述,"画面中央刻四鱼驾车疾驰白浪间,车中间高撑华盖,乘车者为河伯。车前有执盾者开道,左右有骑鱼扈从尾随"(图五四)。① 山东嘉祥武氏祠画像石内容类同的画面(图五五),则有云气装饰。林巳奈夫定名为"海神出行"与"海神出击"②。

这种画面多以云团象征车轮,车列前后随护相迎者又可见羽人、羽鱼形象,并多以云纹相衬托以体现所行高远,似乎画面背景未必限于河海水域。

河南南阳唐河县针织厂出土画像石可见三鱼引车,四鱼从护(图五六)。研究者或释为"河伯"乘"水车"出行,并引《九歌·河伯》所谓"与女游兮九河,冲风起兮横波,乘水车兮荷盖,驾两龙兮骖螭"以为证。③ 然而驾龙骖螭明言并非鱼车。不过,《河伯》随即又有"登昆仑兮四望,心飞扬兮浩荡"之辞,注家或释为上溯河源,然而一"登"字,已可以理解为神车脱离水域,由此或可使人消减鱼车云纹的疑惑。

图五四 南阳王庄汉画像石鱼车画面

---

① 王儒林、李陈广:《南阳汉画像石》,河南美术出版社1989年6月版,第200、199页。
② [日]林巳奈夫:《漢代の神神》,临川书店平成元年三月版,第179—180页。
③ 王建中、闪修山:《南阳两汉画像石》,文物出版社1990年6月版,图152、图156。

图五五　嘉祥武氏祠画像石鱼车画面

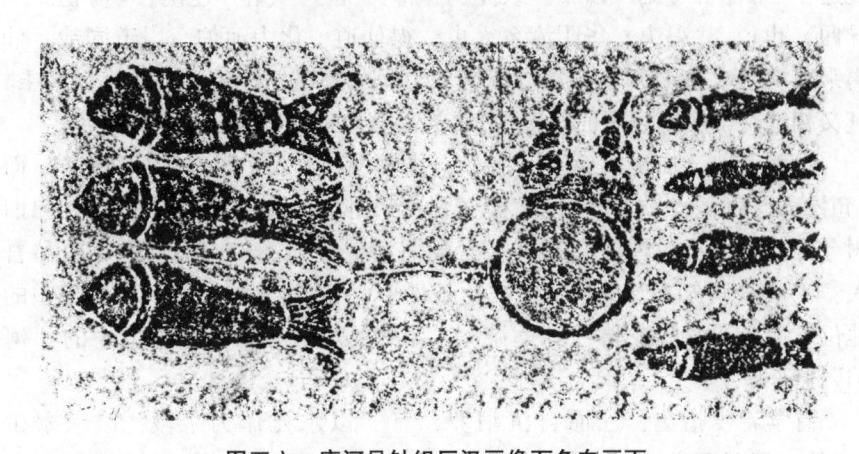

图五六　唐河县针织厂汉画像石鱼车画面

此外，《河伯》中所谓"乘白鼋兮逐文鱼"也似乎可以在汉代画像中找到图解。江苏铜山汉画像石可见龙车上方又有三鱼引车，车轮用云纹表现，车上立乘者头戴鱼形冠，车舆以一巨型鳖腹甲为主体，可能即象征"白鼋"之车（图五七）。鱼车或白鼋之车竟然凌于龙车之上，可以体现其相互间的关系。前者作为神车，在当时人的观念中，于行水之外，可能也可以行陆、行空。

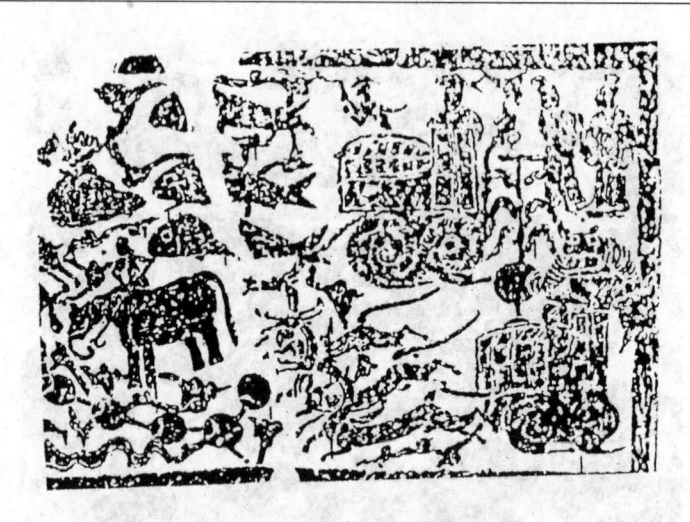

图五七　铜山汉画像石鱼车画面

《史记》卷六《秦始皇本纪》记载，方士为秦始皇言入海求神药事，说道："水神不可见，以大鱼蛟龙为候。""鱼""龙"连说。《博物志·异闻》也说："冯夷，华阴潼乡人也，得仙道，化为河伯，岂道同哉？仙夷乘龙虎，水神乘鱼龙，其行恍惚，万里如室。"大约以"鱼龙"为乘，其义相近，都用以表现仙游遨怡，"神高驰之邈邈"[①]的意兴。

汉武帝曾亲临视察瓠子河决处，指挥塞决口御水，为"钜野溢"而"鱼沸郁"情景作歌，辞曰："延道驰兮离常流，蛟龙骋兮方远游。归旧川兮神哉沛，不封禅兮安知外！为我谓河伯兮何不仁，泛滥不止兮愁吾人？"[②]由此可知在当时的历史文化条件下，"水神""河伯"在神界中的地位。而所谓"蛟龙骋兮方远游"，又说明龙车可能也是想象中的"河伯"乘车。

有学者曾指出，屈原自沉汨罗，有"以水死作为手段，以求永生（成仙，即可不死），达到'身既死兮神以灵'的境界"的意义，即以求所谓"水解成仙"[③]。有的学者又指出："从民俗神话学的观点来看""诗人的'水死'也许别有一层意味。""如果从所谓'永恒回归'的神话原型理论来看"，投水自杀，"是以死亡求取新生，如同'太阳历天又复入西海'，'杳冥冥兮以东行'那样从水底再次升起，体现着'诞生—死

---

① 屈原：《离骚》。
② 《史记》卷二九《河渠书》。
③ 龚维英：《屈原自沉汨罗探隐》，《辽宁大学学报》1984年第3期。

亡—复活'的生命循环"①。从这一观点出发，分析汉墓画像多见水神龙鱼之车的背景，或许可能从更宽广的视角得到接近历史实际的认识。

三 虎车

《博物志·异闻》所谓"仙夷乘龙虎"，注家或以为"仙夷"应即"仙人"②。然而，"仙夷乘龙虎"句与"水神乘鱼龙"句对应，"仙夷"也很可能是指山神。《九歌·山鬼》写道："乘赤豹兮从文狸，辛夷车兮结桂旗。"王逸注："言山鬼出入，乘赤豹，从文狸，结桂与辛夷以为车旗。"

汉代画像中可以看到虎牵引的神车。

江苏铜山洪楼汉画像石刻有身饰斑纹的翼虎曳车，车上有神兽击鼓的画面（图五八），可以作为实例。河南南阳英庄出土汉画像石可见三虎牵车，虎亦有翼，腾跃飞驰，车轮以飞云为象征，御者与乘者皆为羽人（图五九）。车上立竿悬鼓，也有学者以为即"雷公车"画像。③

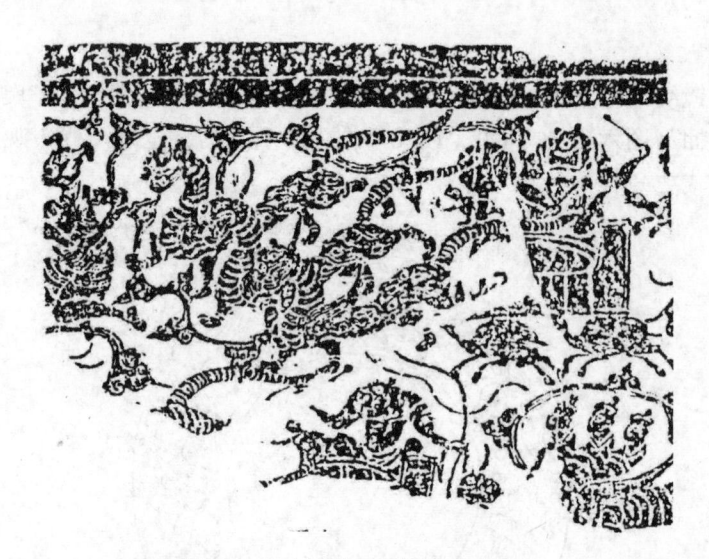

图五八 铜山洪楼汉画像石虎车画面

---

① 萧兵：《楚辞的文化破译：一个微宏观互渗的研究》，湖北人民出版社1991年11月版，第112页。
② （晋）张华撰，范宁校证：《博物志校证》，中华书局1980年1月版，第87页。
③ 王建中、闪修山：《南阳两汉画像石》，文物出版社1990年6月版，图152、图156。

图五九　南阳英庄汉画像石虎车画面

四　鸟车

汉镜纹饰有龙车、虎车与鸟车共同构成一组画面的情形，车舆下均以云气托拥（图六〇）。可见，以飞鸟作为牵引动力，也是汉代人观念中神车的形式之一。

图六〇　汉镜纹饰鸟车画面

山东嘉祥武氏祠后石室画像石可见先以三条飞龙、继以三匹飞马为前卫的三只飞鸟所驾车辆，车轮以云气作表现形式，鸟则神化为四足（图六一）。

陕北绥德刘家沟汉画像石所见神人所乘车辆，则以三只飞燕作为牵引动力（图六二）。①

图六一　嘉祥武氏祠画像石鸟车画面

图六二　绥德刘家沟汉画像石飞燕牵引的神车

五　鹿车

汉代神车画像中又多见以鹿作为车辆牵引动力的画面。

---

① 李林、康兰英、赵力光编著：《陕北汉代画像石》，陕西人民出版社1995年3月版，第145页，图442，图444。

例如河南南阳魏公桥汉墓出土的画像石，有研究者描述说，"画像为墓主人乘鹿车升仙。右方二启驾云气之东奔腾飞升，车上二人，前为驭者，后面端坐墓主人，斜树招引旗帜。二仙人执灵芝驱一鹿追赶鹿车"（图六三）。① 江苏徐州洪楼地区汉画像石上，也有表现鹿车的画面（图六四）。②

图六三　南阳魏公桥汉画像石鹿车画面

图六四　徐州洪楼汉画像石鹿车画面

① 王儒林、李陈广：《南阳汉画像石》，河南美术出版社1989年6月版，第200、199页。
② 中国画像石全集编辑委员会编：《中国画像石全集》第4卷，山东美术出版社2000年版，第32页，图四五。

鹿，在汉代人意识中具有某种神秘主义意味。鹿与交通以及车辆相关，有时被看作神异之象。《后汉书》卷三三《郑弘传》李贤注引《谢承书》说："弘消息徭赋，政不烦苛。行春天旱，随车致雨。白鹿方道，侠毂而行。"郑弘不知"鹿为吉为凶"，请教主簿黄国，黄国回答说："闻三公车幡画作鹿，明府必为宰相。"后来郑弘果然得以升迁，位列三公。

屈原《天问》："撰体协胁，鹿何膺之?"王逸的解释以为反映了"神鹿"传说。《后汉书》卷八六《西南夷列传》及《华阳国志·南中志》也都说到所谓"神鹿"①。《太平御览》卷九〇六引《春秋历命序》说："神贺六鹿，鹿化三百岁。"又引《神仙传》说，有鲁女生修行于华山，"乘白鹿者，从玉女数十人。"可见鹿车"神驾"之外，又往往仙人所乘。前引汉画像石两例如若称"仙车画像"，或许也是适宜的。

汉代文献中通常所谓"鹿车"是指独轮车。② 这是我们在讨论神车画像涉及"鹿"所牵引的"鹿车"时应当予以注意的。

---

① 《太平御览》卷九〇六引《博物志》所述略同。
② 史籍中多有汉时人使用"鹿车"的记载。如《后汉书》卷二六《赵熹传》：赵熹"以泥涂仲伯妇面，载以鹿车，身自推之"。卷二七《杜林传》：杜林"身推鹿车，载致弟丧"。此外，"推鹿车"之例又见于《后汉书》卷七九下《儒林列传·任末》《后汉书》卷八一《独行列传·范冉》《三国志》卷一二《魏书·司马芝传》等。《后汉书》卷八四《列女传·董宣妻》则言"挽鹿车"。鹿车，瞿中溶《汉武梁祠堂石刻画像考》解释说，"鹿，当是鹿卢之谓，即辘轳也。"刘仙洲同意这种意见，并以王重民等编《敦煌变文集》卷八句道兴撰《搜神记》不用"鹿车"而用"辘车"做旁证，以为"鹿车"即独轮车，认为其创始时期当在西汉晚期（刘仙洲：《我国独轮车的创始时期应上推到西汉晚年》，《文物》1964年第6期）。史树青也提出论证，指出："鹿车的鹿字，应作辘轳解，是轮轴类的引重器""传世汉代铜器中，有一种活轴铜灯，灯盘可仰可合，俗称辘轳灯，意也取此。所以鹿车就是一个轮轴的车。"（史树青：《有关汉代独轮车的几个问题》，《文物》1964年第6期）《盐铁论》中《非鞅》《遵道》《散不足》《世务》等篇都说到所谓"椎车"。张敦仁《盐铁论考证》说："椎车者，但斫一木使外圆，以为车轮，不用三材也。"萧统《文选序》也说："椎轮为大辂之始。"西汉的早期独轮车，车轮制作可能和这种原始车轮相近，即直接截取原木并不进行认真加工，轮体有一定厚度，正便于推行时操纵保持平衡。由于车轮浑整厚重酷似辘轳，因而得名辘车。句道兴《搜神记》述千乘人董永故事："小失其母，独养老父，家贫困苦，至于农月，与辘车推父于田头树荫下，与人客作，供养不阙。"又谓事本"昔刘向《孝子图》"，而董永"前汉人也"，其中"辘车"之称，或许即保留古意。据秦始皇陵兵马俑坑2号坑发掘资料，当时地面有"印痕清晰，辙与辙之间无明显对应关系"的车辙印迹，发掘报告执笔者说，这些车辙"疑为独轮车遗迹"，相应图版直接标明为"独轮车印"（秦始皇兵马俑博物馆：《秦始皇陵二号兵马俑坑发掘报告》第一分册，科学出版社2009年1月版，第113—118页，图版四一）。如果"独轮车印"的判断成立，可以证明这种车型当时已经投入使用，则独轮车的发明和使用，可以提前到秦代。有学者据此认为，"至晚在秦代时独轮车已经发明，并已应用于生产运输"。考虑到从最初发明到实际应用之间的过程，"那么独轮车很可能在秦统一前即先秦时期已经发明"。联系许多历史迹象，可以推定，独轮车的发明权很可能应当归于秦人（赵宠亮：《独轮车至晚在秦代已经发明》，《中国文物报》2010年7月21日）。

六 "斗为帝车"

山东嘉祥武氏祠汉画像石所提供的资料中，可以看到北斗七星组成的神车，上乘坐峨冠广袖者，面目庄严，前后人众均虔诚礼拜。(图六五)

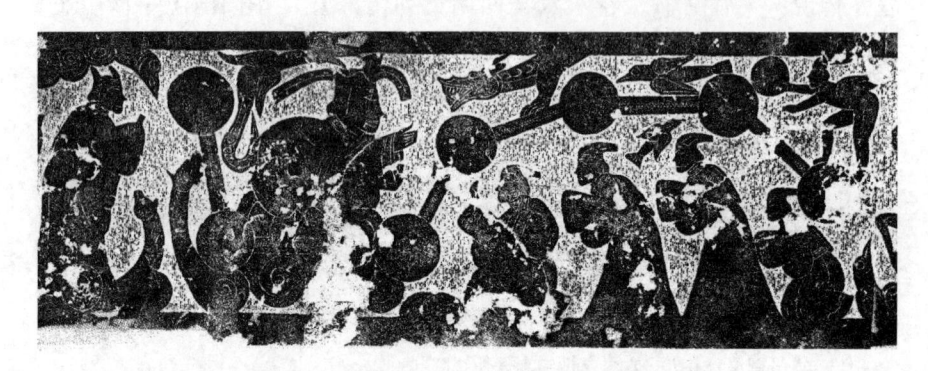

图六五　嘉祥武氏祠画像石"斗为帝车"图

这幅画面可以看作《史记》卷二七《天官书》所谓"斗为帝车"的图解。据说"斗为帝车，运于中央，临制四乡，分阴阳，建四时，均五行，移节度，定诸纪，皆系于斗"。这一"帝车"被看作整个"天官"秩序的"中央"。司马贞《索隐》："姚氏案：宋均云，言是大帝乘车巡狩，故无所不纪也。"

《唐开元占经》卷六七《北斗星占》："《黄帝占》曰：北斗为帝车，运于中央，临制四方，分别阴阳，建于四时，均立五行，移应节度，定诸纪纲，太一之事也。配于二十八宿。天所以发其时，地所以成万物，诸侯属焉。"字句有异，但是仍然基于《天官书》说。《史记》"临制四乡"，即"临制四向"，《汉书》卷二六《天文志》作"临制四海"，此作"临制四方"。注文又说："吴龚《天文星占》曰四卿也。""四卿"字近《史记》"四乡"。无论"临制四乡""临制四海""临制四方""临制四卿"，都强调"斗为帝车，运于中央"的地位。

七 神车画像体现的人世交通形式

河南南阳七一乡王庄汉墓出土的画像石有所谓"天帝出行"画面①，三神人合力曳引一车，车以五星为车轮，中央一星象征车轴，周围四星可能象征车辋。下列四神人作洒雨动作。《南阳汉代画像石墓》于是称作"风雨图"（图六六）。②《韩非子·十过》说，黄帝出行时，"蚩尤居前，风伯进扫，雨师洒道"。画面所反映的大约正是类似情形。

"雨师洒道"神话的产生，是以当时交通道路一般均为土质路面，行车时不免扬起飞尘作为认识基础的。《汉书》卷二二《礼乐志》载《郊祀歌·练时日》写道："灵之车，结玄云，驾飞龙，羽旄纷。灵之下，若风马，左仓龙，右白虎。灵之来，神哉沛，先以雨，般裔裔。"颜师古解释说："先以雨，言神欲行，令雨先驱也。般读与班同。班，布也。裔裔，飞流之貌。"神来先雨的想象，也源起于现世交通生活中对路尘的厌畏。

图六六 南阳七一乡王庄汉画像石天神出行画面

---

① 《南阳两汉画像石》题作"天帝出行"。《南阳汉画像石》题作"帝车·风伯、雨师"。
② 王建中、闪修山：《南阳两汉画像石》，文物出版社1990年6月版，图155；另见南阳汉画馆编著，韩玉祥、李陈广主编的《南阳汉代画像石墓》，河南美术出版社1998年12月版，第207页，图一六。

以神人牵曳的神车又见于山东嘉祥武氏祠画像。一幅画面为五位神人并力挽车，另一幅挽车则为六位神人，神车腾云而起。车上乘者以锤击鼓，论者或以为即雷公形象（图六七）。《论衡·雷虚》写道："图画之工，图雷之状，累累如连鼓之形。又图一人，若力士之容，谓之'雷公'。使之左手引连鼓，右手推椎，若击之状。其意以为雷声隆隆者，连鼓相叩击之意也。其魄然若敝裂者，椎所击之声也。其杀人也，引连鼓相椎并击之矣。"由此可见当时反映神界生活的画图中"雷公"的通常状貌。"雷公"乘车画面，应当和"雷声隆隆"与车辆行进时的响声相近有一定关系。

图六七　嘉祥武氏祠画像神人挽神车图

画面表现以神人挽车情景，反映当时以人力作为车辆动力仍十分普遍。《说文·车部》："輓，引车也。"汉初人时常追述秦始皇时代发军远戍，令"天下蜚刍輓粟""转输北河"①，"中国内郡輓车而饷之"②"挽辂首路死者，一旦不知千万之数"③的情形。这一现象其实汉代依然。《史记》卷九九《刘敬叔孙通列传》说，娄敬以戍卒身份建议刘邦定都关中，就是在"戍陇西，过洛阳"时"脱輓辂"而进言。裴骃《集解》："苏林曰：一木横鹿车前，一人推之。"司马贞《索隐》："輓者，牵也。辂者，鹿车前横木。二人前挽，一人后推之。"《盐铁论·未通》也说到，当时民间"服輓输"之役致使"老弱负辂于路"，形成沉重负担。

《淮南子·说山》有"引车者二六"的说法，高诱注以为"辕三人，两辕六人"。《九章算术·商功》关于土方工程中"载土"的算题，也说到人力引车的普遍情形是"六人共车"。山东嘉祥武氏祠汉画像石两幅神

---

① 《史记》卷一一二《平津侯主父列传》。
② 《淮南子·人间》。
③ 《淮南子·兵略》。高诱注："辂，挽辇横木也。"

人挽神车的画面中，一幅六位挽车神人者，恰与《淮南子》和《九章算术》的记载相符，另一幅如果于上列扶促挽车神人的羽人也归入"引车者"之中，则亦与实际运输劳动中"引车者二六""六人共车"的情形一致。

　　汉代神车画像数量之多，是一种以当时具体历史条件为背景的引人注目的文化现象。两汉时期，是中国古代交通史进程中最为重要的历史阶段。这一时期，交通建设取得前所未有的成就，不仅交通道路的拓展，交通车辆的普及和交通动力的开发，都得到了空前的发展，交通制度也在这一时期逐步定型，特别是民间交通心理所实现的突出进步，尤其具有特殊的历史意义。当时人向慕远行，重视交往，以及追求较高交通效率与较快交通节奏的意识，都表现出当时阔达豪放、积极进取的时代精神。流布十分广泛的汉代神车画像，应当看作这种文化倾向的反映。

放马滩秦地图与林业交通

天水放马滩 1 号秦墓出土的年代为战国时期的木板地图①，可以提供重要的历史文化信息，对于中国古代地图史、测量学史和地理学研究的进步各有重要意义。从中我们也可以发现反映生态环境面貌的内容。放马滩地图突出显示"材"及其"大""中""小"以及是否已"刊"等，都应理解为林业史料。有关秦人先祖"养育草木"的历史记忆，说明林业在秦早期经济形式中也曾经占有相当重要的地位。关于某种"材"运程若干"里"，以及如何"道最"等与运输方式有关的信息，乃至"闭"的设置等，均体现林区交通开发的记录和导引的图示。放马滩地图对于考察当时交通制度和交通意识的意义，也不宜忽视。

一　放马滩秦地图在地图史上的地位及其应用价值

放马滩秦墓出土古地图据发掘报告整理者判断，"是迄今发现时代最早的地图实物"②。有学者称之为"我国目前发现的绘制年代最早，绘制

---

① 关于放马滩秦地图的绘制年代，尚有不同的判断。何双全以为当在秦始皇八年（前239）（《天水放马滩秦墓出土地图初探》，《文物》1989 年第 2 期）。朱玲玲赞同此说（《放马滩战国地图与先秦时期的地图学》，《郑州大学学报》1992 年第 1 期）。任步云以为可能在秦王政八年（前239）或汉高祖八年（前199）或文帝八年（前172）（《放马滩出土竹简〈日书〉刍议》，《西北史地》1989 年第 2 期）。李学勤以为在秦昭襄王三十八年（前269）（《放马滩简中的志怪故事》，《文物》1990 年第 4 期）。张修桂以为在秦昭襄王之前的公元前 300 年以前，并将图分为两组，分别各有推论（《天水〈放马滩地图〉的绘制年代》，《复旦学报》1991 年第 1 期）。雍际春以为在秦惠文王后元年间，约公元前 323 年至公元前 310 年（《天水放马滩木板地图研究》，甘肃人民出版社 2002 年 6 月版，第 42 页）。《天水放马滩墓葬发掘报告》说，"绘成时代早于墓葬年代，当应在公元前二三九年之前，属战国中期的作品"（甘肃省文物考古研究所编：《天水放马滩秦简》，中华书局 2009 年 8 月版，第 131 页）。

② 甘肃省文物考古研究所：《天水放马滩墓葬发掘报告》，甘肃省文物考古研究所编《天水放马滩秦简》，中华书局 2009 年 8 月版，第 131 页。《天水放马滩秦简》第 1 页又有"迄今为止我国最古老的地图"的说法。

颇为规范准确的地图"①。雍际春的学术专著《天水放马滩木板地图研究》认为,这组地图"在地图绘制技术、方法等方面的特点和成就,无疑体现了我国先秦时代地图绘制技术所达到的实际水平,从而填补了先秦至战国时期我国地图学史和科技史的空白"。论者又进一步指出,当时"地图绘制所达到的实际水平"具体表现为:"1. 形成统一的图式体例";2. "基本比例的概念已经形成";3. "以水系为地图的基本框架";4. "地图准确性较高"②。

论者就第一个特点进行的说明中,有值得我们重视的一则评断:"符号注记配以文字和图形,将地图涉及的河流、山谷、分水岭、植物分布、关隘、特殊标记(亭形物)、城邑乡里、交通线、里程、采伐点等内容醒目清楚、协调统一地有机结合起来,从而构成了放马滩地图完整统一的图式体例系统。"③ 这样的分析,我们是同意的。而指出图中标示"植物分布"和"采伐点"的意见,特别值得关注。

在总结"天水放马滩地图的历史地位"时,论者指出,"天水放马滩地图是世界上最早的实用地图"。"天水放马滩地图不仅反复细致地标绘了天水地区的主要河流水系,而且对邑聚乡里、道路里程、关隘方位、林木采伐等地理事物的分布,都有具体翔实的反映。它无可争议地表明地图是出于实用目的而绘制的。就目前所知,早在距今2300年前西方类似的实用地图尚未出现,即使是具有示意性质的希腊埃拉托色尼和罗马托勒密所绘'世界地图'亦较天水放马滩地图晚出100至500年。因而,可以毫不夸大地说,天水放马滩地图是中国也是世界上最早的实用地图。"④

论者这样的意见,也许还有商榷的必要。我们曾经看到中国"是最早绘制地图的国家,在地图学理论和制作技术上曾经走在世界各国的前列"这样的论断。⑤ 但是"最早"的定论的提出,似乎还需要认真论证。地图的发生,基本动机应主要是为"实用"服务。而论者其实也说到,"在埃及,也曾发现约绘于公元前1150年的采矿图,地图绘制在'都灵纸草书'的残片上(因其所藏地点而得名),这是世界上最古老的采矿图"⑥。这样的

---

① 朱士光:《〈天水放马滩木板地图研究〉序》,雍际春《天水放马滩木板地图研究》,甘肃人民出版社2002年6月版,第7页。
② 雍际春:《天水放马滩木板地图研究》,甘肃人民出版社2002年6月版,第172—180页。
③ 同上书,第173页。
④ 同上书,第180、187—188页。
⑤ 中国测绘科学研究院古地图研究所:《〈中华古地图珍品选集〉编者的话》,哈尔滨地图出版社1998年1月版,第1页。
⑥ 原注:[英]彼得·詹姆斯、尼克·索普:《世界古代发明》,颜可维译,第65页。雍际春:《天水放马滩木板地图研究》,甘肃人民出版社2002年6月版,第181页。

"采矿图",很可能是和放马滩地图性质类似的"实用地图"。也许,提出"世界上最早的实用地图"的结论,还应当慎重。

不过,雍书强调"实用"的特点,是有积极意义的。放马滩地图确实是中国古代迄今发现的最早的"实用"意义最为鲜明的古地图的实物遗存。有学者称之为"专题性地图的萌芽"①,可能也是适宜的。

应当注意到,其形式为"专题性地图"的所谓"实用地图"的这一发现,与秦人重视实用之学的文化传统正相符合。秦始皇登泰山时,就"封禅"事咨询齐鲁儒生博士,因儒生所议"难施用",于是"由此绌儒生"。看来,可否"施用",是秦始皇文化判断和政策选择的重要标尺。曾经以博士身份服务于秦始皇的孔子六世孙孔鲋说:"吾为无用之学""秦非吾友"②,也强调了文化态度的这种区别。秦学术文化具有重视实用的特点。其表现在于技术之学有较高的地位。秦始皇、李斯焚书,"所不去者,医药卜筮种树之书"③,就显示了这一文化倾向。秦技术之学的成熟,体现出对理论的某种轻视。然而从另一角度看,似乎又暗示着科学精神的萌芽。④ 这一文化传统也影响到汉代。汉代子学有实用主义倾向,表现为兵学、农学、医学和天文历算之学等技术之学的继承与创作。⑤

二 放马滩秦地图反映的林业开发信息

何双全最初介绍这组地图时,指出对研究邽县的"自然资源""有重

---

① 卢嘉锡主编,唐锡仁、杨文衡分卷主编:《中国科学技术史·地学卷》,科学出版社2000年1月版,第155页。

② 《资治通鉴》卷七《秦纪二》"始皇帝三十四年"。据北京大学历史学系孙闻博提示,《孔丛子·独治》陈余谓子鱼曰:"秦将灭先王之籍,而子为书籍之主,其危矣。"子鱼曰:"顾有可惧者,必或求天下之书焚之。书不出则有祸,吾将先藏之以待其求,求至无患矣。"整理者于"子鱼曰"下注:"'曰'下,叶氏藏本、蔡宗尧本、汉承弼校跋本、章钰校跋本并有'吾不为有用之学,知吾者唯友。秦非吾友,吾何危哉?然'二十一字。"傅亚庶:《孔丛子校释》,中华书局2011年6月版,第410、414页。据陈梦家研究,《孔丛子》最后成书大致在东晋时期。则很有可能成为司马光《资治通鉴》的史源之一。

③ 《史记》卷六《秦始皇本纪》。

④ 王子今:《秦始皇嬴政的统一事业》,《秦汉史论——何清谷教授八十华诞庆祝文集》,三秦出版社2009年10月版。

⑤ 王子今:《汉代子学的实用主义倾向》,张岂之主编《中国思想学说史·秦汉卷》,广西师范大学出版社2007年8月版。

大价值"。① 有学者注意到放马滩秦墓出土地图中,除了标注植被分布情形而外,"有些地区注出了森林的砍伐情况"②,应是指第二块 M1.9 地图文字"七里松材刊"反映的情形。

秦人有经营林业的历史,作为秦早期经济发展基地的西垂之地,长期是林产丰盛的地区。③ 原生林繁密的生态条件,成为特殊的物产优势的基础。《汉书》卷二八下《地理志下》说秦先祖柏益事迹,有"养育草木鸟兽"语④,经营对象包括"草木"。所谓"养育草木",说明林业在秦早期经济形式中也曾经具有相当重要的地位。"大梓牛神"传说所谓"伐树,断,中有一青牛出"的情节,似乎暗示已经进入农耕经济阶段的秦人,在其文化的深层结构中,对于以往所熟悉的林业、牧业和田猎生活,依然保留着悠远的追念。⑤

古时行政地图和军用地图均重视生态环境条件的记录和显示。如《周礼·夏官司马·司险》:"司险掌九州岛之图,以周知其山林川泽之阻,而达其道路。"郑玄注:"'周',犹徧也。'达''道路'者,山林之阻则开凿之,川泽之阻则桥梁之。"《管子·地图》也说:"凡兵主者,必先审知地图。轘辕之险、滥车之水、名山通谷、经川陵陆,丘阜之所在,苴草、林木、蒲苇之所茂,道里之远近,城郭之大小,名邑、废邑、困殖之地,必尽知之。地形之出入相错者,尽藏之。然后可以行军袭邑,举措知先后,不失地利。此地图之常也。"古地图学的经典论说都强调了"山林"信息、"苴草、林木、蒲苇之所茂"等信息的载录。但是放马滩秦地图与一般的地图不同,突出显示"材"及其"大""中""小"以及是否"刊"等,因此可以理解为珍贵的林业史料。

说到"材"的文字,有:

  木板地图三(M1.9) 杨谷材八里 多材木 大松材 松材十三里 松材刊

---

① 何双全:《天水放马滩秦墓出土地图初探》,《文物》1989 年第 2 期。
② 卢嘉锡主编,唐锡仁、杨文衡分卷主编:《中国科学技术史·地学卷》,第 157 页。
③ 《汉书》卷二八下《地理志下》:"天水、陇西,山多林木,民以板为室屋。""故《秦诗》曰'在其板屋。'"
④ 《尚书·舜典》:"帝曰:畴若予上下草木鸟兽。金曰:益哉。"《史记》卷一《五帝本纪》:"舜曰:'谁能驯予上下草木鸟兽?'皆曰益可。于是以益为朕虞。"裴骃《集解》:"马融曰:'上谓原,下谓隰。'"《史记》卷五《秦本纪》则只说"调驯鸟兽"。
⑤ 王子今:《秦汉民间信仰体系中的"树神"和"木妖"》,《周秦汉唐文化研究》第 3 辑,三秦出版社 2004 年 11 月版。

木板地图四（M1.12A）　去谷口可五里槠材　谷口可八里大楠材

"杨""松""楠"是人们熟悉的材木。"槠"应当也是一种树木。有说是楸木或梓木者。《说文·木部》："槠，长木皃。"《集韵·屋韵》："槠，木名。"《集韵·尤韵》："楸，木名。《说文》：'梓也。'或作槠。"明杨慎《奇字韵》卷二："槠，古楸字。"

说到可能和"材"之体量有关的"大""中""小"的文字，有：

木板地图三（M1.9）　　大松材　大枆　大松
木板地图四（M1.12A）　谷口可八里大楠材
木板地图七（M1.21B）　大柴樅　大柴相铺谿　中朼　小朼

关于"中朼"和"小朼"，"朼"可能是树种。《广韵·侵韵》："朼，木名。其心黄。""朼"字何双全释作"秋"。① 细察图版，也可能应读作"柞"。柞木现今分布于中国西部、中部和东南部，为常绿灌木或小乔木。生长较慢，木材坚硬。又各地均有生长的通称"青刚"的麻栎，也称柞木，木质坚重，材用范围很广。这种落叶乔木高可达 25 米。② 此类同名异质的树种，可能会形成"大""中""小"区别的情形。其他"桯""柴"③"樅"等，也不排除树种的可能。

三　放马滩秦地图交通史料的认识

秦人有重视交通的传统。秦国迅速崛起，并雄视东方，兼并六国，实现统一，都与这一文化优势有关。④

放马滩秦地图作为交通史料的价值是明确的。图中往往明确绘出交通道路，有些还标记道里数字及交通便利程度，如：

---

① 何双全：《天水放马滩秦墓出土地图初探》，《文物》1989 年第 2 期。
② 《辞海·生物分册》，第 282、215—216 页。
③ "柴"，何双全释作"祭"。《天水放马滩秦墓出土地图初探》，《文物》1989 年第 2 期。
④ 王子今：《秦国交通的发展与秦的统一》，《史林》1989 年第 4 期；王子今：《秦统一原因的技术层面考察》，《社会科学战线》2009 年第 9 期。

木板地图三（M1.9）　　卅里相谷　杨谷材八里　松材十三里　松材十五里　七里松材刊　最到囗廿五里
　　木板地图四（M1.12A）　　北谷口道最　去谷口可五里櫺材　谷口可八里大楠材

里程的标记，应有林区运输组织导向和工效管理的功用。

图中关隘用特殊形象符号表示，发掘者和研究者多称"闭"，共见8处，即木板地图二（M1.7、8、11B）2处，木板地图三（M1.9）5处，木板地图四（M1.12A）1处。由此也可以了解秦交通管理制度的严格。[①] 承甘肃省文物考古研究所张俊民研究员提示，肩水金关汉简有简文"张掖肩水塞闭门关啬夫粪土臣"（73EJT1：18），其中"'闭'、'关'二字的写法，虽有稍许差异，但仍可以看作是一个字"。又如"☐肩水都尉步安谓监领关☐"（73EJT3：110A），其中"关"字形"像'闭'字"，"按照文义可以做'关'字释读"。这一意见可以赞同。

木板地图四（M1.12A）有一横贯直线，与曲折的河流不同，应是交通道路的示意。在这条线上，表现"关"的图形，如《天水放马滩墓葬发掘报告》所说，以"束腰形"图标表示[②]，正显示扼守在交通道路上的控制性设置（图六八）。

而另一种情形，木板地图二（M1.7、8、11B）2处与木板地图三（M1.9）5处的"关"[③]，则如雍际春所说，"以两个半月形点对称绘于河流两岸"[④]，均显示对河流航道的控制，应理解为水运木材的交通方式的体现。承陕西省考古研究院《考古与文物》编辑部张鹏程见告，榆林以北河道两侧发现的汉代建筑遗存，与放马滩秦地图表现的这种设置十分相近。秦人较早开发水运的情形值得注意。《战国策·赵策一》记载，赵豹警告赵王应避免与秦国对抗："秦以牛田，水通粮，其死士皆列之于上地，令严政行，不可与战。王自图之！"缪文远说，明人董说《七国考》

---

① 何双全：《天水放马滩秦墓出土地图初探》，《文物》1989年第2期；曹婉如：《有关天水放马滩秦墓出土地图的几个问题》，《文物》1989年第12期；王子今：《秦人经营的陇山通路》，《文博》1990年第5期。

② 《天水放马滩秦简》，中华书局2009年8月版，第120页。

③ 《天水放马滩墓葬发掘报告》以为"加圆点"表示者也是"关口"。另见《天水放马滩秦简》，第150页。

④ 雍际春：《天水放马滩木板地图研究》，甘肃人民出版社2002年6月版，第96页。

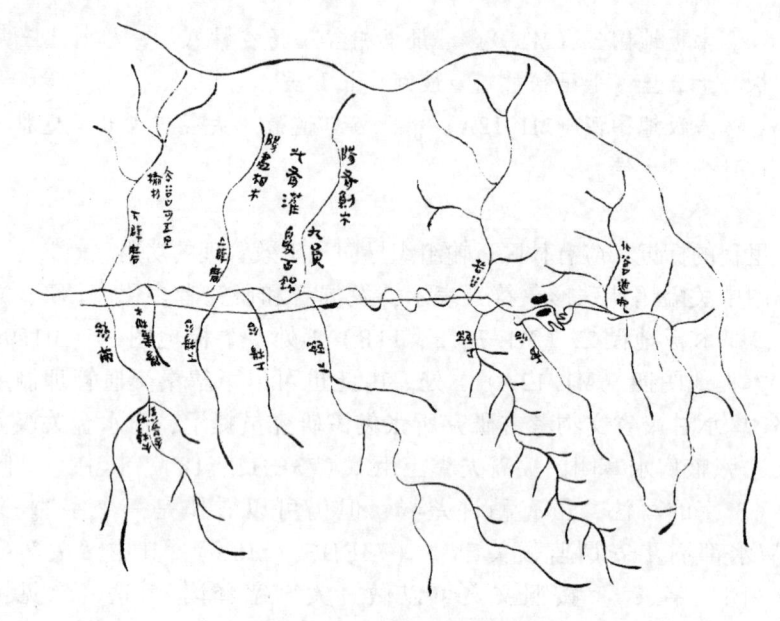

图六八　放马滩木板地图四

卷二《秦食货》"牛田"条"'水通粮'原作'通水粮',误"①。所谓"水通粮",是形成"不可与战"之优越国力的重要因素。《说文·水部》："漕,水转谷也。"这种对于中国古代社会经济交流和政治控制意义重大的运输方式的启用,秦人曾经有重要的贡献。《石鼓文·霝雨》说到"舫舟"的使用,可见秦人很早就沿境内河流从事水上运输。《左传·僖公十三年》记述秦输粟于晋"自雍及绛相继"的所谓"汎舟之役",杜预《集解》："从渭水运入河、汾。"这是史籍所载规模空前的运输活动。中国历史上第一次大规模河运的记录,是由秦人创造的。《战国策·楚策一》记载张仪说楚王时,炫耀秦国的水上航运能力："秦西有巴蜀,方船积粟,起于汶山,循江而下,至郢三千余里。舫船载卒,一舫载五十人,与三月之粮,下水而浮,一日行三百余里;里数虽多,不费汗马之劳,不至十日而距扞关。"如果这一记录可以看作说士的语言恐吓,则灵渠的遗存,又提供了秦人在统一战争期间开发水利工程以水力用于军运的确定的实例。据《华阳国志·蜀志》,李冰曾经开通多处水上航路,于所谓"触山胁溷崖,水脉漂疾,破害舟船"之处,"发卒凿平溷崖,通正水道"。

---

① （明）董说原著,缪文远订补：《七国考订补》,上海古籍出版社1987年4月版,上册第183页。

"乃壅江作堋，穿郫江、检江，别支流双过郡下，以行舟船。岷山多梓、柏、大竹，颓随水流，坐致材木，功省用饶。"① 岷山林业资源的开发，因李冰的经营，可以通过水运"坐致材木"。这可能是最早的比较明确的水运材木的记录。而放马滩秦地图透露的相关信息，更可以通过文物资料充实这一知识。

还应当看到，木板地图二（M1.7、8、11B）标记"关"字（或释读为"闭"）附近2处控制水路的"关"的近旁，在两条河流上画出了两组双线标示符号。这一标记是否显示津渡或桥梁，抑或是控制河面的特殊设置，作为交通结构，也值得研究者关注（图六九）。

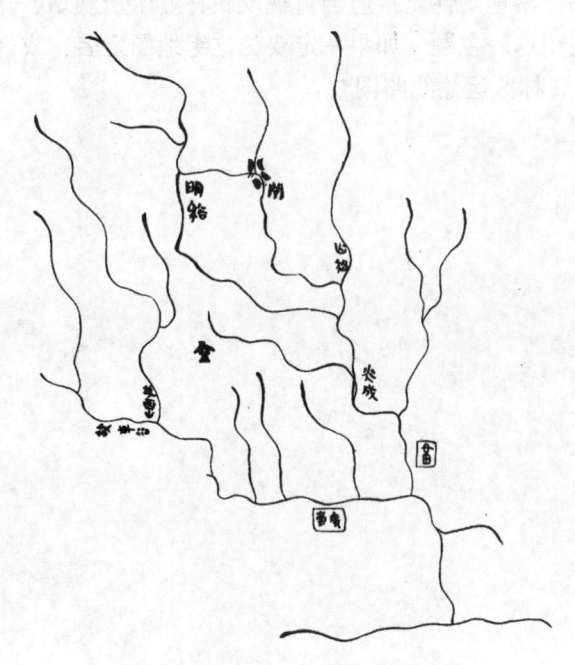

图六九　放马滩木板地图二所见"关"

四　关于放马滩秦地图性质的推定

对于这组地图的性质，何双全认为"按内容可分别称为《政区图》

---

① 王子今：《秦统一原因的技术层面考察》，《社会科学战线》2009年第9期。

《地形图》和《经济图》"①。雍际春的意见相近，分别看作《政区图》《水系图》《物产图》，或说《政区图》《水系图》《交通物产图》②。

这种拆分式或分解式的定义也许并不妥当。

《天水放马滩墓葬发掘报告》定义这组木板地图的性质，注意到"第一块（M1.7、8、11）A面是中心区域，其中以大方框标示的'邽丘'，是战国时期秦国邽县的所在地，其他用小方框标示的地名当为县以下里名，明确反映了其不同的行政级别"，于是称"基本上可以说是战国时秦国邽县的部分政区地理图"③。这样的判断，似乎并不符合放马滩秦地图中标记内容高度重视林产和交通，而并非行政管理诸信息的实际情形。

推定放马滩秦地图性质，应当重视反映林业生产规划、开发、管理以及林区运输组织这一主题。如果一定要为这组地图定名，或许可以称之为《林区图》或《林区运输线路图》。

---

① 何双全：《天水放马滩秦墓出土地图初探》，《文物》1989年第2期。
② 雍际春：《天水放马滩木板地图研究》，甘肃人民出版社2002年6月版，第100—104页。
③ 《天水放马滩秦简》，中华书局2009年8月版，第131页。

马王堆汉墓古地图交通史料研究

马王堆三号汉墓出土帛书地图，对于地图学史的研究有重要意义。其内容对于汉代军事史和行政史的新认识也提供了重要的信息。就汉代交通的研究来说，其史料价值也是值得重视的。

天水放马滩一号秦墓出土 7 幅木板地图，多显著标示出交通道路和关隘。何双全指出，木板地图 M1.7、8、11B 面特别"标出关隘的位置，注名为'闭'"；M1.9 也绘出关隘，"并标出大小关口 5 处，以及各地之间的相距里程"；M1.12A 面绘有关隘、道路，"部分地段标有里程"；M1.21A 面也绘有关隘。① 曹婉如研究放马滩秦墓古地图，也强调制图者对"道里"的重视，指出图中除有用对称的形象符号表示的称作"闭"的关隘外，"在森林注记的附近，还注记有道里的数字"，并以单曲线表示道路。

曹婉如还指出："若以西晋裴秀（224—271）提出的'制图六体，（即'分率'、'准望'、'道里'、'高下'、'方邪'、'迂直'六项原则）来衡量，可以说这些有注记的地图是依'准望'（方向）和'道里'（人行道路的里程）绘制的，而关于'分率'（比例尺）、'高下'（高取下）、'方邪'（方取斜）和'迂直'（迂取直）这四项原则，则不精审。"②

长沙马王堆三号汉墓出土的帛书古地图，也以突出形式反映了当地的交通条件，体现出与放马滩秦墓古地图间存在着某种继承关系。③

---

① 何双全：《天水放马滩秦墓出土地图初探》，《文物》1989 年第 2 期。
② 曹婉如：《有关天水放马滩秦墓出土地图的几个问题》，《文物》1989 年第 12 期。承甘肃省文物考古研究所张俊民研究员提示，肩水金关汉简有简文"张掖肩水塞闭门关啬夫粪土臣"（73EJT1：18），其中"'闭'、'关'二字的写法，虽有稍许差异，但仍可以看作是一个字。"又如"☐肩水都尉步安谓监领关☐"（73EJT3：110A），其中"关"字形"像'闭'字"，"按照文义可以做'关'字释读。"参看王子今《放马滩秦地图林业交通史料研究》，"早期丝绸之路暨早期秦文化国际学术研讨会"论文，兰州，2012 年 8 月。
③ 年代大致相当于西汉文景时期的天水放马滩汉墓中出土的残长仅 5.6、宽 2.6 厘米的纸质地图，也可以看到用细黑线绘出的道路。见甘肃省文物考古研究所、天水市北道区文化馆《甘肃天水放马滩战国秦汉墓群的发掘》，《文物》1989 年第 2 期。

一　交通道路图示

马王堆汉墓古地图所具有的交通史料的意义，突出表现于交通道路的图示。研究者指出，《地形图》尚能判读出来的道路计有二十余条。"营浦、龁道、南平等县城，以及一些重要乡里及居民地如深平等地之间都有道路相连通。道路一般用实线表示，个别用虚线表示。"① 《驻军图》中也以 "细而径直的线表示道路"② "该图上的七个封台，可以起到通信联络的作用。" "图上情况还表明，根据作战指挥和军队活动的需要，使用和开辟了许多纵横交错的道路。尤其从第一线部队防守地段向前，通路更多，有的通路并标出了里程。如在封里（居民点），标着'到庭五十四里'，'到袍庭五十里'等。这都证明了当时对交通联络的重视和所采取的措施。"（图七〇）③

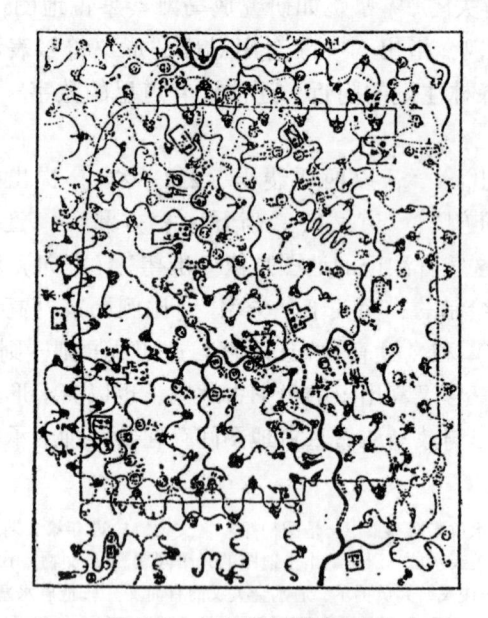

图七〇　马王堆汉墓古地图

---

① 马王堆汉墓帛书整理小组：《长沙马王堆三号汉墓出土地形图的整理》，《古地图论文集》，文物出版社1977年3月版。
② 谭其骧：《二千一百多年前的一幅地图》，《文物》1975年第2期。
③ 詹立波：《马王堆出土的守备图探讨》，《文物》1976年第1期。

马王堆汉墓古地图对于水系描绘之精确详密，很可能也与汉代当地航运条件的便利有关。①

马王堆汉墓出土帛书古地图的内容，可以补充史籍对于西汉初期南楚地区交通状况记载之不足，因而有助于增进对于汉代交通史的全面认识。

二 "泠道"和"龁道"

秦汉时期，级别与规模与县相当的行政机构"道"，其定名也直接与交通有关。《汉书》卷一九上《百官公卿表上》："（县）有蛮夷曰道。"就是说，"道"一般设置于少数民族聚居地区。严耕望《唐代交通图考》在《序言》中指出："汉制，县有蛮夷曰道，正以边疆少数民族地区，主要行政措施惟道路之维持与控制，以利政令之推行，物资之集散，祈渐达成民族文化之融合耳。"② 我们注意到，"道"之所在，大都处于交通条件恶劣的山区。很可能"道"之得名，正在于强调交通道路对于在这种特殊地理条件和特殊民族条件下实施政治管理的重要作用。也可能在这种交通条件较为落后的少数民族聚居地区，政府当时所能够控制的，仅仅限于联系主要政治据点的交通道路。即中央政府在这些地区，实际只控制着若干点与线，尚无能力实施全面的统治。

《地形图》中可见"泠道""龁道"地名。"泠道"见《汉书》卷二八上《地理志上》及《续汉书·郡国志四》"零陵郡"条。《读史方舆纪要》卷八一也有"泠道城"条。《说文·竹部》："前零陵文学姓奚，于泠道舜祠下得笙玉琯，夫以玉作音，故神人以和，凤凰来仪也。"《风俗通义·声音》记述此事，但"泠道"作"冷道"。王先谦《汉书补注》引《说文》又作"伶道"。③ 故宫博物院藏印有"建伶道宰印"，则可能与王先谦所说"伶道"无关。④ 《地形图》中"泠道"，谭其骧释读为"焨道"，认为"焨道《汉志》作泠道""可能是本作焨""后改泠""制

---

① 王子今：《秦汉时期湘江洞庭水路邮驿的初步考察——以里耶秦简和张家山汉简为视窗》，《湖南社会科学》2004 年第 5 期。

② 严耕望：《唐代交通图考》，"中央研究院"历史语言研究所专刊之八十三，1985 年 5 月版，第 1 册第 1 页。

③ 又《晋书》卷一六《律历志上》："汉章帝时，零陵文学史奚景于泠道舜祠下得玉律，度以为尺，相传谓之汉官尺。"

④ 《汉书》卷二八上《地理志上》益州郡有健伶县，"健"或作"建"。《续汉书·郡国志五》作建伶县。《后汉书》卷八六《西南夷传》列"建伶"为西南夷诸种之一。

图者有所忌讳而改用烩"。

"龁道"则未见于史籍。正如谭其骧所说,"不见于汉以来任何记载,包括各种地方志。若没有这幅图出土,谁也不可能发现九嶷山下二千一百年前曾经建立过这么一个县这一历史事实"。

谭其骧又指出:"在图的主区范围内,《汉志》又有属于零陵郡的营道一县,不见此图。龁道县的罢废与营道县的增置,皆当在此图制作年代之后,平帝元始二年以前,确年无考。"① 前引零陵文学于泠道舜祠下得筐玉琯事,《太平御览》卷五八〇引班固曰,作"零陵营道舜祠下"。《汉书》卷二八上《地理志上》:"营道,九疑山在南,莽曰九疑亭。"② 《续汉书·郡国志四》:"营道,南有九疑山。"而据《地形图》所示,标记"帝舜"二字的"九疑山"正在龁道左近,而距泠道稍远。推想龁道与营道或许有相承袭的关系。

三 "箭道"疑问

《驻军图》中央部位有标记"箭道"的城堡,地在龁道东北,深平城西北。从图形直接显示的情况看,其规模超过龁道和深平城。马王堆汉墓帛书整理小组认为,"图幅中央绘有三角形城堡,内注'箭道'字样,是各支驻军的指挥中心。从图形上分析,似属于城堡一类,设有城垣和战楼、望楼等附属建筑"③。已有学者指出,从显示其规模的图例符号来看,"箭道"与"泠道""龁道"同样,均"应属于县级城邑",而"'箭道'就是《驻军图》的中心城堡,其重要性可以想见"。据《汉书》卷一九上《百官公卿表上》,县级行政区划单位中,"有蛮夷曰道""而'箭道'就是今湖南省江华瑶族自治县的县治所在地,可见'道'系指少数民族聚居的县治而言"④。

综合各种情况分析,以为"箭道"是县级行政单位的意见看来是有一定道理的。有的学者推断"'箭道'指射箭之道",以为与居延汉简所

---

① 谭其骧:《马王堆汉墓出土地图所说明的几个历史地理问题》,《文物》1975年第6期。

② 王莽更改地名时,改称"道"为另一种交通设置"亭"者,还有天水戎邑道改称填戎亭等。陇西氐道改称亭道,也值得注意。

③ 马王堆汉墓帛书整理小组:《马王堆三号汉墓出土驻军图整理简报》,《文物》1976年第1期。

④ 周世荣:《有关马王堆古地图的一些资料和几方汉印》,《文物》1976年第1期。

见"□辟一箭道不端敝负五算"中"箭道"有关①,这种观点,现在看来似乎缺乏论据。

有的学者则认为"'箭道'的意义尚得研究",这是因为"箭道"不见于《汉书》卷二八《地理志》和任何史书记载,也不见于《地形图》。②其实,马王堆古地图中不见于《汉书》卷二八《地理志》的县名,还有春陵、观阳、龁道三县。春陵以县治图例标示,而《后汉书》卷一四《宗室四王三侯列传·城阳恭王祉》则称之为"零道之春陵乡"。"零道"当即"泠道"。而"深平"在《地形图》中以圆环形乡里图例标示,在《驻军图》中则改作正方形县治图例,并写作"深平城"。《史记》卷一二九《货殖列传》有秦"督道",不见于《汉书》卷二八《地理志》。据《汉书》卷二八下《地理志下》:"迄于孝平,凡郡国一百三,县邑千三百一十四,道三十二。"王先谦《汉书补注》引齐召南曰:"《志》中县邑之以'道'名者得二十九(按:计左冯翊翟道则为三十)""尚缺其三,以《续志》证之,则蜀郡汶江道、绵虒道,武都武都道,与三十二之数合。"实际上"县""道"之间或有变换。《汉书》卷二八《地理志》总计县道侯国数与各郡国所领县合计数并不相符,恐怕也并非"皆传写脱漏之失也"③,这也说明史书未能完全反映地方行政单位历年置废无常的情形。"箭道"在《驻军图》中居于中心位置,却未见于《地形图》,或许正可以说明这一行政区划单位设置时间之相对短暂。④

关于"箭道"的性质,邢义田又提出,"箭道是县一级单位",并以为通称《驻军图》者,其实是"箭道封域图"。⑤看来这一问题还可以讨论。对于"箭道",或许还可以有其他的理解。

《汉官旧仪》卷下:"内郡为县,三边为道。"秦汉时期,一般设置"道"的少数民族聚居地区,往往又是交通条件相对落后的偏远山区。很可能边地"道"的设置,正体现了全面的行政控制尚未能实现,只能依据道路逐渐扩展的事实。与内郡交通便利地区全面的政治统治相比,还有明显的差距。联系《驻军图》中许多居民点"里"在户数之后又注出

---

① 白建钢:《马王堆三号汉墓出土〈驻军图〉新考》,《陕西省考古学会第一届年会论文集》,考古与文物丛刊第三号,1983年11月版。
② 傅举有:《有关马王堆古地图的几个问题》,《文物》1982年第2期。
③ 王先谦《汉书补注》引周寿昌曰。
④ 王子今:《马王堆汉墓古地图交通史料研究》,《江汉考古》1992年第4期。
⑤ 邢义田:《论马王堆汉墓"驻军图"应正名为"箭道封域图"》,《湖南大学学报》2007年第5期。

"今毋人"或"不反"字样，我们也可以体会到在"道"所设置的地区政府行政效能的相对微弱。

四 乡里道路与"封""障"

《管子·地图》说："凡兵主者，必先审知地图。"而其中有关交通的资料尤其受到特殊重视："轘辕之险、滥车之水、名山通谷、经川陵陆、丘阜之所在，苴草、林木、蒲苇之所茂，道里之远近，城郭之大小，名邑、废邑、囷殖之地，必尽知之。地形之出入相错者，尽藏之。然后可以行军袭邑，举措知先后，不失地利。"马王堆汉墓古地图所反映的有关当时军事交通的情形，值得治秦汉史者重视。

《地形图》中，可以看到许多居民组织"里"之间标示有交通道路。《驻军图》中更明确以道路联结绝大多数的"里"。军用地图中乡里道路之详确，正可印证史籍关于当时兵战行军往往径由"间道"的记载。

以《史记》所记述秦汉时战事为例，项羽引兵西击秦，"至关，不得入，又使（黥）布等先从间道破关下军，遂得入，至咸阳"[①]。鸿门宴后，刘邦"从间道山下归走霸上军"[②]，或谓"从郦山下，道芷阳间行"[③]。韩信击赵，广武君李左车说成安君，建议出奇兵"从间道绝其辎重"，韩信亦曾"选轻骑二千人，人持一赤帜，从间道萆山而望赵军"，"候赵空壁逐利，则驰入赵壁"[④]。"匈奴攻代，刘仲不能坚守，弃国亡，间行走雒阳，自归天子"[⑤]。《后汉书》卷二四《马援传》也记载，马援击羌，"乃潜行间道，掩赴其营"。《后汉书》卷六九《何进传》："驰从儳道归营。""儳道"义近"间道"，都指便捷的小道。一般受到忽视的农田道路和山野小径对于军事交通具有重要意义的事实，体现出军事历史的进步，即步兵和骑兵以其突出的灵活性和机动性，已经在战争中逐步取代了车兵的作用。

《地形图》和《驻军图》中有标名为"封"的地名。如封中、封里、留封、武封、（满）封、□封、居向封、昭山封等。马王堆汉墓帛书整理

[①]《史记》卷九一《黥布列传》。
[②]《史记》卷九五《樊郦滕灌列传》。
[③]《史记》卷七《项羽本纪》。
[④]《史记》卷九二《淮阴侯列传》。
[⑤]《史记》卷一〇六《吴王濞列传》。

小组以及许多学者都认为"封"通"烽""古时边塞烽燧为军中耳目，该图防区（按：指《驻军图》守备区）界上诸封正是设于前沿阵地，有可能就是烽燧点，相当于现代军事上的前沿观察哨所"①。相互之间也"可以起到通信联络的作用"②。也有的学者推测，"封"，很可能是"能够使防区封闭起来"的"防区边界线的标志"③。这两种意见虽然认识基础不一致，但是从不同角度都肯定了"封"对于当时军事交通的作用。

《地形图》中可见"氿障"。《驻军图》中则特别标注了"蛇障""龁障""蒈障"等。马王堆汉墓帛书整理小组指出："'障'为障塞之意，属于军事上因地形险要而设有关卡的要塞。"④ 是筑有防卫工事以控制交通要道的军事设施。"障"的分布，也可以体现当地的交通形势。

五 "波"与水道

《驻军图》在"箭道"东侧绘有标名为"波"的人工水面。"波"通"陂"。《汉书》卷五三《景十三王传·江都易王刘非》："后游雷波，天大风，（刘）建使郎二人乘小般入波中，船覆。"颜师古注："'波'，读为'陂'。"《汉书》卷五二《灌夫传》："波池田园，宗族宾客为权利，横颍川。"颜师古注："'波'读曰'陂'。"又《周礼·夏官·职方氏》："其浸波溠"，《逸周书·职方》"波"作"陂"。《易·泰·九三》："无平不陂"，汉帛书本"陂"作"波"。《史记》卷一二九《货殖列传》："水居千石鱼陂。"《汉书》卷九一《货殖传》作"水居千石鱼波"。《隶释》卷三《楚相孙叔敖碑》："宣导川谷波障。"洪适释曰"以'波'为'陂'"。《说文》："陂，阪也，一曰池也。"段玉裁注："'阪'得训'池'者，'陂'言其外之障，'池'言其中所蓄之水。"有的学者指出，《驻军图》上的"波"绘有红色横线标志，可能就是"其外之障"。"陂池也可作为水里演习基地""箭道"东侧的"波（陂）""也可以训练水

---

① 马王堆汉墓帛书整理小组：《马王堆三号汉墓出土驻军图整理简报》，《文物》1976 年第 1 期。
② 詹立波：《马王堆出土的守备图探讨》，《文物》1976 年第 1 期。
③ 傅举有：《有关马王堆古地图的几个问题》，《文物》1982 年第 2 期。
④ 马王堆汉墓帛书整理小组：《马王堆三号汉墓出土驻军图整理简报》，《文物》1976 年第 1 期。

有的学者除了指出"波是一个水军基地",还注意到《地形图》和《驻军图》中的水系绘制得非常详细,"特别是南越国一方,除了水道外,其余什么都没有"。这是因为五岭地区"限以高山,人迹所绝,东道不通",军运往往只能"拖舟而入水,行数百千里"。而越人"习于水斗,便于用舟"②,因而不能不作水战的准备。③ 马王堆汉墓帛书整理小组对于《地形图》的特点,也曾经首先指出:"水系在这幅图上表示得比较详细而突出。这可能是由于南岭地区山路崎岖,而该图又着重被用于水路运输和行军作战有关。因此,河流表示得相当详细、准确而生动。"④ 对于秦汉交通史的研究来说,这显然是一种值得重视的意见。应当注意到,汉帝国在与南越的战争中,充分利用了水路交通条件。著名的灵渠则在秦时已沟通了南岭地区南北航运系统。⑤

六 关于"复道"

《驻军图》"箭道"南侧可见道路由城堡蜿蜒折下。道路旁标记"复道"二字。可见汉代城防系统中已包括"复道"这特殊的交通道路形式,可以居高临下,俯视警戒临近地区,并以此保持与其他防务设施之间的联系。《驻军图》中标名"箭道"的三角形城堡,设置"复道"的一面正是临敌的南面,而与其他两面比较,又缺少崛起的亭楼,"复道"本身显然可以作为某种补充。"复道"中段的梯形符号当表示墩台,南端两处类似城上亭楼顶部的图形,可能象征具有防卫工事性质的建筑。"复道"伸向河边,作用可能在于控制渡口,以与对岸的"周都尉军"相接应。《驻军图》中,"箭道"西南徐都尉军营地,沿河经"蓇障""并里""沸里""路里""胡里"通往"箭道"的道路用虚线绘出,在"箭道"对岸一分为二,一条指向"箭道"标名"门"的建筑,一条经"周都尉军"又与"复道"对应。

---

① 周世荣:《有关马王堆古地图的一些资料和几方汉印》,《文物》1976 年第 1 期。
② 《汉书》卷六四上《严助传》。
③ 傅举有:《有关马王堆古地图的几个问题》,《文物》1982 年第 2 期。
④ 马王堆汉墓帛书整理小组:《长沙马王堆三号汉墓出土地形图的整理》,《古地图论文集》,文物出版社 1977 年 3 月版。
⑤ 王子今:《秦汉时期的内河航运》,《历史研究》1990 年第 2 期。

"复道"是形制特殊的道路。《史记》卷六《秦始皇本纪》记载,秦始皇扩建咸阳宫,令"殿屋复道周阁相属",又"为复道,自阿房渡渭,属之咸阳",又"令咸阳之旁二百里内宫观二百七十复道甬道相连"。《史记》卷九九《刘敬叔孙通列传》说到汉惠帝因东朝长乐宫"数跸烦人,乃作复道"事。《艺文类聚》卷六四引《三辅故事》:"桂宫周匝十里,内有复道,横北渡,西至神明台。"《汉书》卷八一《孔光传》:"北宫有紫房复道通未央宫",傅太后"从复道朝夕至帝所",干扰最高执政,"使上不得直道行"。都记述汉长安城的"复道"。《史记》卷五五《留侯世家》记载,刘邦曾"在雒阳南宫,从复道望见诸将往往相与坐沙中语"。关于洛阳汉宫"复道"的记述,又见《北堂书钞》卷一一七引《东观汉记》,《汉官仪》卷上,《汉官典职仪式选用》,《后汉书》卷二三《窦宪传》、卷六九《何进传》,《续汉书·百官志四》等。《史记》卷五八《梁孝王世家》所谓"大治宫室,为复道,自宫连属于平台三十余里",是诸侯王宫大规模造作"复道"之例。

"复道"是类似陆上高架桥式的空中道路,在必要时,可以形成立体交叉形式。① 都城宫廷"复道",有些可以行驶车辆。②

《墨子·号令》中说到城防系统中的"复道":"守宫三杂(匝),外环隅为之楼,内环为楼;楼入葆宫丈五尺,为复道。"又《墨子·杂守》:"阁通守舍,相错穿室,治复道,为筑墉,墉善其上。"马王堆汉墓帛书《驻军图》所见"复道"形制,可能接近《墨子》所设计的作为城防工事的"复道"。"复道"这种特殊的交通道路形式,不仅见于都市宫廷建筑群,亦应用于南楚边区山地军事防卫系统,这也可以作为反映汉代交通道路建设水平的实例之一。

七 古地图文化信息与南楚交通形势

对于马王堆汉墓古地图的绘制年代,有不同的见解,如对《驻军图》的绘制年代就有三种意见:

1. "高帝时,或惠帝初年时"(朱桂昌)③。

---

① 王子今、马振智:《秦汉"复道"考》,《文博》1984年第3期。
② 明确的例证有《唐六典》卷一引《汉官仪》:"其三公、列卿、大夫、五营校尉行复道中,遇尚书令.仆射、左右丞,皆回车豫避。"
③ 朱桂昌:《关于帛书〈驻军图〉的几个问题》,《考古》1979年第6期。

2. "高后末年"（傅举有）①。

3. "汉文帝初年"（马王堆汉墓帛书整理小组）②。

但我们说这两幅地图的制成年代以该墓下葬的汉文帝前元十二年（前168）为下限，因而可以反映汉初长沙国南部的交通状况，则无疑是符合事实的。

有学者指出，《地形图》所表现的地域范围，"大致为东经111度至112度30分、北纬23度至26度之间，地跨今湖南、广东两省和广西壮族自治区的一部分。相当于今广西全州、灌阳一线以东，湖南新田、广东连县一线以西，北至新田、全州以南，南界到达广东珠江口外的南海。地图的主区包括当时长沙国（诸侯国）的南部，即今湘江上游第一大支流潇水流域、南岭、九嶷山及其附近地区。其邻区为西汉诸侯南粤王赵佗的辖地"③。《驻军图》则"主区为大深水流域，在今湖南省江华瑶族自治县的潇水流域，方圆约五百里。它所包括的范围，仅仅是同它一起出土的《地形图》中的部分地区"④。这两幅地图所显示的地理资料，属于当时所谓"南楚"的南部地区。⑤

《史记》卷一二九《货殖列传》说："九疑、苍梧以南至儋耳者，与江南大同俗，而杨越多焉。"所谓"九疑""以南"地区被归于"杨越"居地。后世也有所谓"瘴雨蛮烟"⑥以及"其山有五岭之险，其水有三湘之深""其民番汉杂处"⑦等说法。民族分布状况的复杂，其实也是与交通条件的落后有关的。司马迁在《史记》卷一二九《货殖列传》中说："长沙出连、锡，然堇堇物之所有，取之不足以更费。"由于交通条件的限制，其物产对于天下经济全局的意义也有所削弱。对于南楚交通状况，《史记》卷六《秦始皇本纪》载秦始皇二十八年（前219）出巡，"浮江，至湘山祠。逢大风，几不得渡。上问博士曰：'湘君何神？'博士对曰：

---

① 傅举有：《关于〈驻军图〉绘制的年代问题》，《考古》1981年第2期。

② 马王堆汉墓帛书整理小组：《马王堆三号汉墓出土驻军图整理简报》，《文物》1976年第1期。另外，詹立波《马王堆出土的守备图探讨》说："这幅守备图很可能是汉中央的军队撤走后，由长沙的几支都尉军接防而与南粤对峙，进行守备时所绘制的。"意见与帛书整理小组基本一致。《文物》1976年第1期。

③ 马王堆汉墓帛书整理小组：《长沙马王堆三号汉墓出土地形图的整理》，《古地图论文集》，文物出版社1977年3月版。

④ 马王堆汉墓帛书整理小组：《马王堆三号汉墓出土驻军图整理简报》，《文物》1976年第1期。

⑤ 《史记》卷一二九《货殖列传》："衡山、九江、江南、豫章、长沙，是南楚也。"

⑥ 赵宏恩：《万苗归化敬献灵芝》，乾隆《湖广通志》卷八八《艺文志》。

⑦ 石韫玉：《〈岭西杂录〉序》，《独学斋初稿》卷二。

'闻之，尧女，舜之妻，而葬此。'于是始皇大怒，使刑徒三千人皆伐湘山树，赭其山"的著名的故事。秦始皇三十七年（前210）十一月，"望祀虞舜于九疑山"，可能已经抵达马王堆汉墓古地图所包括的地域范围。秦王朝虽然号称"并一海内""周定四极""西涉流沙，南尽北户"，可事实上，秦始皇此行已经临近了其实际有效控制力所及地域的南界。

秦及西汉初期五岭通路的开拓，与武力征服南越的战事有关。《史记》卷一一三《南越列传》："秦时已并天下，略定杨越，置桂林、南海、象郡以谪徙民，与越杂处。"秦末战乱，南海尉任嚣召赵佗语曰："吾恐盗兵侵边至此，吾欲兴兵绝新道，自备。"任嚣死，赵佗"即移檄告横浦、阳山、湟溪关曰：'盗兵且至，急绝道聚兵自守！'"新道，司马贞《索隐》引苏林云："秦所通越道。"横浦关在今江西大余南，阳山关在今湖南连县南，湟溪关在今广东英德西南。马王堆汉墓古地图所反映的地域再向东南，则通过阳山关、湟溪关与南越地交通。看来，《地形图》与《驻军图》中所表现的交通结构，或许可以归入"秦所通越道"即秦时开始经营的南边交通干道——"新道"交通系统之中。

《史记》卷一一三《南越列传》记载："汉十一年，遣陆贾因立（赵）佗为南越王，与剖符通使，和集百越，毋为南边患害，与长沙接境。"与中土交通联系，当主要经由长沙国境。"高后时，有司请禁南越关市铁器。佗曰：'高帝立我，通使物，今高后听谗臣，别异蛮夷，隔绝器物，此必长沙王计也，欲倚中国，击灭南越而并王之自为功也。'"他首先怀疑长沙王为谗言，又"发兵攻长沙边邑，败数县而去焉"，都说明南越与长沙国特殊的交通关系。《史记》卷一〇六《吴王濞列传》所谓"越直长沙"，也可以看作类似的例证。显然，雄立南边的南越国与"中国"交通的主要途径，当经过马王堆汉墓古地图所标示的地区。[①]

《后汉书》卷七六《循吏列传·卫飒》有桂阳太守卫飒"凿山通道五百余里，列亭传，置邮驿"，进行交通基本建设的记载。可见所谓五岭地区"溱、洭同山，背流会渊，自汉以来，舟车不通"的说法[②]，可能不尽符合史实。不过，这一地区的交通条件毕竟远较中原地区落后。因而《地形图》与《驻军图》中所提供的交通史料，对于全面认识汉代交通发展的历史，确实具有十分重要的意义。

---

① 据《淮南子·人间》，秦始皇时"使尉睢发卒五十万为五军"，南攻百越。《史记》卷一一三《南越列传》也记载，汉武帝发军击南越，兵分五路南下。当时诸军之中，由"九疑之塞""出桂阳""出零陵"的部队，承担着主攻任务。
② 王闿运：《〈桂阳州志〉序》，《湘绮楼文集》卷三。

将《汉书》卷二八《地理志》与《续汉书·郡国志》记载的汉平帝元始二年（2）与汉顺帝永和五年（140）的户口数字进行比较，可以了解桂阳、零陵、长沙地区 138 年间户口变化的情形：

		元始二年（2）	永和五年（140）	增长率（%）
桂阳	户	28119	135029	380.2
	口	156488	501403	220.4
零陵	户	21092	212284	906.4
	口	139378	1001578	618.6
长沙	户	43470	255854	488.5
	口	235825	1059372	349.2

这一地区户口增长率居于全国之冠，而以零陵郡增殖速度最为突出。户数增长均超过口数增长，暗示移民是主要增长因素之一。据史籍记载，江南户口的增长，确实是以中原士民大规模南流为条件的。① 桂阳、零陵、长沙户口增长之迅速，或许可以间接说明这一地区连接南北主要通道的交通地位。而对于这一地区交通发展历程的认识，马王堆汉墓古地图可以作为基本历史资料之一。

---

① 王子今：《汉代"亡人""流民"动向与江南地区的经济文化进步》，《湖南大学学报》2007 年第 5 期。

荥经何君阁道石刻再发现的意义

2004年7月至8月，中日联合"南方丝绸之路"文物调查工作的最后阶段，对四川荥经烈士乡何君阁道石刻进行实地考察。

何君阁道石刻发现地点的山川形势，勒铭遗迹的现存状况，使中日两国研究者获得了直观的感受。在此基础上对石刻文字的认真观摩，对石刻内容的反复研考，自然有益于对汉代交通特别是"南方丝绸之路"的认识。

一 交通建设纪事石刻的工程史料价值和交通史料价值

汉代是中国古代交通史进程中的重要的历史时期。汉代的交通规划和交通经营，为后来中国交通事业的进步奠定了基本的格局。[1] 汉代石刻文字遗存中多有交通建设纪事的内容。

如《隶释》和《隶续》所收录，即有：

《隶释》卷四：《蜀郡太守何君阁道碑》《青衣尉赵君羊窦道碑》《嘉州夹江磨崖》[2]《司隶校尉杨君石门颂》《广汉长王君石路碑》《武都太守李翕西狭颂》《李翕黾池五瑞碑》《李翕析里桥郙阁颂》《桂阳太守周憬功勋铭》；

《隶释》卷一五：《广汉属国辛通达李仲曾造桥碑》；

《隶释》卷一六：《刘让阁道题字》；

《隶释》卷二〇：《洛阳桥右柱铭》；

《隶续》卷三：《建平郫县碑》；

《隶续》卷一一：《南安长王君平乡道碑》《武都太守李翕天井道

---

[1] 王子今：《秦汉交通史稿》，中共中央党校出版社1994年7月版，第6页。
[2] 《隶释》卷四《青衣尉赵君羊窦道碑》注文写道："嘉州夹江县又有磨崖四百余字，云：'平乡明亭大道，北与茂阳，西与青衣、越嶲通界，回曲危险。扶风王君为民兴利除害，遣掾何章修治，故书崖以颂之。'盖和帝八年也。"

碑》;

《隶续》卷一五:《成皋令任伯嗣碑》《汉安长陈君阁道碑》;

《隶续》卷一九:《张休崖涘铭》。

这些资料都保留了重要的交通史的信息,值得研究者珍视。其中若干石刻内容涉及道路开拓工程的记录,如:

《蜀郡太守何君阁道碑》:"袤五十五丈,用功千一百九十八日。"

《广汉长王君石路碑》:"功夫九百余日,成就通达。"

《洛阳桥右柱铭》:"三月起作,八月毕成。"

《建平郫县碑》:"长廿五丈,贾二万五千。"

《汉安长陈君阁道碑》:"此道本有呎阁二百余丈,□□□穿陷坏绝,车马僵顿,常以农时发民□治,岁岁造度,直卅余万。"

宋南郑令晏袤于南宋绍熙五年(1194)发现《开通褒斜道石刻》,欧阳修《集古录》、赵明诚《金石录》及洪适《隶释》《隶续》均未收录。① 其文曰:"永平六年,汉中郡以诏书受广汉、蜀郡、巴郡徒二千六百九十人开通褒余道。大守钜鹿鄐君,部掾冶级王弘,史荀茂、张宇、韩岑弟典功作。大守丞广汉杨显将相,用□始作桥格六百卅三□,大桥五,为道二百五十八里,邮亭驿置徒司空,褒中县官寺并六十四所,最凡用功七十六万六千八百余人,瓦卅六万九千八百八(下阙)。"

在《隶释》中位列最先的《蜀郡太守何君阁道碑》,在工程史料的提供方面,首先引起我们的注意。

《蜀郡太守何君阁道碑》列于《隶释》卷四的第一篇,附题"光武中元二年"。所录文字云:

> 蜀郡太守平陵何君遣掾临邛舒鲔将徒治道造尊楗阁袤五十五丈用功千一百九十八日建武中元二年六月就道史任云陈春主

如果我们在研读这一石刻文字时,结合《开通褒斜道石刻》等其他相类资料②,进行汉代工程设计和工程组织形式的考察,或许会有新的历

---

① 高文:《开通褒斜道摩崖》,《汉碑集释》,河南大学出版社1997年11月版,第6页。

② 除以上列举汉代石刻文字遗存中所见交通建设史料之外,《隶释》卷二〇《太学碑》说到"建武二十七年造太学,年积毁坏,永建六年九月诏书修太学,刻石记年,用作工徒十一万二千人,阳嘉九年八月作毕"。又香港中文大学文物馆藏汉简有修造河堤的内容,见于陈松长编著《香港中文大学文物馆臧简牍》,香港中文大学文物馆2001年1月版。这些资料也值得汉代工程史研究者重视。

史发现。而《蜀郡太守何君阁道碑》中透露的其他交通史信息，也值得我们特别注意。

二 何君阁道石刻的发现和再发现

关于所谓《蜀郡太守何君阁道碑》，《隶释》的编者洪适写道：

> 右蜀郡太守何君阁道碑，光武中元二年刻。此碑蜀中近出，毗陵胡世将承公好藏金石刻，绍兴己未年帅蜀，尚未见之。东汉隶书，斯为之首。字法方劲，古意有余，如瞻冠章甫而衣缝掖者，使人起敬不暇。虽败笔成冢，未易窥其藩篱也。蜀人以为"尊楗阁碑"。栈路谓之"阁道"，非楼阁之"阁"也。邛僰九折坂，盖其地。《华阳国志》云："道至险，有长岭、杨母阁之峻，昔杨氏倡造作阁，故名焉。"①《范书》光武之纪年二，曰"建武"，曰"中元"。《祭祀志》云："以建武三十二年为建武中元年。"② 宋莒公《纪年通谱》云："《纪》、《志》俱出范氏，而所载不同，必传写脱误，学者失于精审，以意删去。"梁武帝"大同""大通"俱有"中"字，是亦宪章于此。司马公作《通鉴》，不取其说。叶梦得少蕴《避暑录》云："韩玉汝家有一铜枓，其铭云：'新始建国天凤上戊六年'。绍兴中，郭浩知金州，田夫耕得一钲，其铭云：'新始建国地皇上戊二年'。"予案：王莽始建国之后，改"天凤"，又改"地皇"，二器与碑特相类。殆莽汉之际，习俗相尚以即位初元冠于新历之上，故此碑有"建武中元"之文。《汉志》亦采取一时所记，失于笔削尔。《东夷传》云："建武中元二年，倭奴国奉贡。"③ 盖与《志》同。

可知何君阁道石刻在宋代已经受到学者的重视。其发现，据洪适所说，应在"绍兴己未年"即绍兴九年，也就是公元1139年之后。

---

① 《郡国志》注引《华阳国志》："道至险。有长岭、若栋、八渡之难，杨母阁之峻。昔杨氏倡造作阁，故名焉。""道至险"，《水经注》卷三三作"道通邛莋，至险"。

② 《续汉书·祭祀志上》："四月己卯，大赦天下，以建武三十二年为建武中元元年，复博、奉高、嬴勿出元年租、刍稿。"

③ 《后汉书》卷八五《东夷列传·倭》："建武中元二年，倭奴国奉贡朝贺，使人自称大夫，倭国之极南界也。光武赐以印绶。"

宋代学者娄机《汉隶字源》卷一"何君阁道碑"写道:"建武中元二年立,在雅州。《墨宝》云:见于荥经县,以适邛筰之路也。出于绍兴辛未。"如果"出于绍兴辛未"即绍兴二十一年的说法确实,则时在公元1151年。

《容斋四笔》卷六"建武中元续书"条,又可以看到宋代学者洪迈的见解。他说:"《随笔》所书'建武中元'一则,文惠公作《隶释》于《蜀郡守何君阁道碑》一篇中以为不然。比得蜀士袁梦麒应祥《汉制丛录》亦以《纪》《志》《传》不同为惑。而云近岁雅州荥经县治之西有得《蜀郡治道记》于崖壁间者,《记》末云'建武中元二年六月就',于是千载之疑,涣然冰释。予观何君阁道正建武中元二年六月就。袁君所言荥经崖壁之记,盖是此耳。但以出于近岁,恨不得质之文惠,为之恻然。"所谓"出于近岁,恨不得质之文惠",似乎庆元年间前后又有学者视"雅州荥经县治之西有得《蜀郡治道记》于崖壁间者"为再发现。① 洪迈希望和洪适讨论《蜀郡守何君阁道碑》,认为"袁君所言荥经崖壁之记,盖是此耳",似乎已经注意到原本为摩崖石刻,不宜称作"碑"。

明代学者杨慎《丹铅余录》卷九写道:"《隶释》何君阁道碑,洪文惠跋称其字画之妙云:'退笔如冢,未易窥其藩篱。'蜀士袁梦麒作《汉制丛录》亦称之,云在雅州荥经县西。今不知尚在否也。"② 事实上,这一石刻当时可能已经再次埋没。

2004年3月,这一重要的石刻竟然又得以重新发现。有报道说:"曾经在历史上享有盛誉的'蜀郡太守何君阁道碑'(西汉摩崖石刻)在失踪1000多年后近日在荥经县境内神秘现身。据发现此碑的荥经县民建乡小学教师刘大锦、牟健介绍,他们是不久前偶然在一块山崖的石壁上发现此碑的。经查阅资料,竟然是失踪千余年的'蜀郡太守何君阁道碑',他们立即拓片向县里报告。此碑在古时有拓片流出,《金石录》有其临摹缩本,《墨宝》云'此碑出于绍兴辛末,在荥经县……'《荥经县志》对此碑亦有记载,但碑在何处,一直成谜。镌刻在山崖上的'蜀郡太守何君阁道碑'由苍劲有力的古隶体刻就,不远处即是碑文所述的古栈道,联系碑文内容和与之相连的位置看,此碑应是'蜀郡太守何君阁道碑'无疑。"所说"西汉摩崖石刻",年代有误。报道者接着又提到了"陕西汉中发现的东汉隶书摩崖石刻《开通褒斜道刻石》""宋晏袤评其'字法奇

---

① 《容斋四笔》自序,作于南宋庆元三年(1197)。
② 又见《丹铅余录·总录》卷二三。

劲,古意有余。与光武中元二年《蜀郡太守何君阁道碑》体势相若'",以为《蜀郡太守何君阁道碑》"与《开通褒斜道刻石》有着难以断开的传承关系"。并且指出"《蜀郡太守何君阁道碑》在书法界及古南丝路的研究中具有极高的价值"①。

这一汉代刻石的再发现,引起了学界的密切关注。有学者及时进行了书法史、文字史和交通史的研究。②

据介绍,"该刻石位于荥经县城西约十四公里的烈士乡冯家村钻山洞荥河南岸陡崖峭壁上,下临荥河5米,上距劈岩开凿108国道线4米。刻石于面朝西北向,高约250厘米,宽约150厘米的人工凿成页岩断面上。上面岩石呈垂直状向前伸出约50厘米。形如屋顶,有效地保护了刻石免遭雨淋日晒,加之岩壁自身干燥,所以,刻石得以完整地保存。刻石文字四周凿以边框,略呈正方梯形,高65厘米,上宽73厘米,下宽76厘米,文共52字,排列7行,随字形繁简、任意结体,每行7字、9行不等。刻文:'蜀郡太守平陵何君,遣掾临邛舒鲔将徒治道,造尊楗阁,袤五十五丈,用功千一百九十八日,建武中元二年六月就,道史任云、陈春主。'字迹清晰完整,最大字径宽9厘米,高13厘米。书法风格极具早期汉隶典型特征。结体宽博、横平竖直,波磔不显,古朴率直,中锋用笔,以篆作隶,变圆为方,削繁就简,反映了由篆及隶的演变过程"。"这次刻石的发现是因为近年荥河上修建花滩电站水位上升和扩建国道108线倾倒废料堆积成斜坡,便于前往近观才被发现的。刻石以西发现约30×30厘米栈道孔洞若干,位置与刻石基本在一条水平线上。因处于悬崖陡壁间,不能准确测量和清理。"当地文物工作者指出:"《何君阁道碑》最早见于宋洪适《隶释》记录。全文52字与刻石内容完全相同。""清冯晏海《金石索》据《古刻丛钞》载有《何君阁道碑》拓本。清康有为《广艺舟双楫》对该碑盛赞有余。据民国十七年版《荥经县志》载:荥经举人汪元藻《重修何君阁道碑跋》:原石刻失传久矣,原碑在明季为巡按吴某取去,他本人请时在成都知名书家沈鹤子据《金石索》临摹刻碑立于荥经中学内。该碑于上世纪五十年代覆埋于地。近代邓少琴《益都汉隶集录》据沈氏临本双钩图录。后之编录碑刻者已误认为汉隶真迹。""洪适定名为碑,并言蜀中近出,晏袤言《何君碑》今不传。显然是洪适等人也仅见拓本,不曾亲睹真迹,可能因刻石底面平整,结体规范,布局谨

---

① 李国康:《"蜀郡太守何君阁道碑"现身荥经》,《四川日报》2004年3月24日。
② 魏启鹏:《跋〈何君阁道铭〉再发现》,《四川文物》2004年第6期。

严，故误为碑。明代《蜀中广记》记为《蜀郡太守治道碑、尊楗阁碑、何君阁碑》三碑之说，是传凿附会之说。以至后之志书转载讹误。特别是《古刻丛钞》《金石索》所载拓本，更是由依据'东汉隶书，斯为之首，字法方劲，古意有余'而伪刻拓本。今从刻石内容，形制和历代志书考证，定名为《何君尊楗阁刻石》。从而也可判定《何君尊楗阁》仅此真迹，别无他碑之说。"（图七一）

图七一　荥经何君阁道石刻

论者对石刻文字的释读，作："蜀郡太守平陵何君，遣掾临邛舒鲔将徒治道，造尊楗阁，袤五十五丈，用功千一百九十八日，建武中元二年六月就，道史任云、陈春主。"对于"道史"，又有如下解释："道史，严道地方官。《汉书·百官公卿表》：'（县）有蛮夷曰道。'史，春秋时为太宰的副官，掌管法典和记事，后来一般指副贰。"[①]

今按：据《汉书》卷一九上《百官公卿表上》，百石以下有"佐史之

---

① 雅安市文物管理所：《〈何君尊楗阁刻石〉发现及考释》，《四川文物》2004 年第 6 期。

秩"。《续汉书·百官志五》说，县、道"各署诸曹掾史"。有研究者指出，秦和汉初，县廷的主要属吏是令史。① 县有"史"，道亦应有"史"。但是史籍和文物资料均未见"道史"称谓。通常似乎只称"史"。或许应当"就道"连读，即读作：

> 蜀郡大守平陵何君｜遣掾临邛舒鲔将｜徒治道，造尊楗｜阁，袤五十五丈，用｜功千一百九十八日。｜建武中元二年六月就｜道。史任云陈春主。

"就道"与上文"治道"可以对应。这样理解，也与《司隶校尉杨君石门颂》"下就平易"，《武都太守李翕西狭颂》"减高就埤"，《李翕析里桥郙阁颂》"就安宁之石道"文例相近。不过，也不排除另一种可能，即"道史"确是官职，不过不宜作严道行政长官的"副贰"理解。武梁祠画像石有榜题"道吏车"，与"君车""行亭车""主簿车""贼曹车""功曹车""游徼车"并列。可知"道吏"与"主簿""贼曹""功曹""游徼"等类同，是官职之称。而汉代"史""吏"有通假之例。② 或许《何君阁道石刻》"道史"即相当于武梁祠画像的"道吏"。

三 汉代西南夷交通和"南方丝绸之路"的新认识

汉代通西南夷的事业，在中国古代交通史上具有重要的意义。
《史记》卷一二三《大宛列传》记述，开通西域通路即西北丝绸之路的功臣张骞曾经向汉武帝建议由蜀地取道西南夷，经身毒通大夏：

> （张）骞曰："臣在大夏时，见邛竹杖、蜀布。问曰：'安得此？'大夏国人曰：'吾贾人往市之身毒。身毒在大夏东南可数千里。其俗土著，大与大夏同，而卑湿暑热云。其人民乘象以战。其国临大水焉。'以骞度之，大夏去汉万二千里，居汉西南。今身毒国又居大

---

① 安作璋、熊铁基：《秦汉官制史稿》，齐鲁书社1985年6月版，下册第170页。
② 《礼记·王制》"史以狱成告于正"，《孔子家语·刑政》"史"作"吏"。《大戴礼记·保傅》"不习作吏"，《新书·保傅》"吏"作"史"。《史记》卷九六《张丞相列传》："吏今行斩之。"《汉书》卷四二《申屠嘉传》："吏"作"史"。参见高亨《古字通假会典》，齐鲁书社1989年7月版，第417页。

东南数千里，有蜀物，此其去蜀不远矣。今使大夏，从羌中，险，羌人恶之；少北，则为匈奴所得；从蜀宜径，又无寇。"

汉武帝久有意于交通大宛、大夏、安息以及大月氏、康居，期望"广地万里，重九译，致殊俗，威德遍于四海"，于是"欣然，以骞言为然"。遂令张骞在蜀郡和犍为郡组织人员探索通往身毒之路。所派遣的官员四道并出，皆各行一二千里，而为当地部族阻滞，"终莫得通"。

不过，汉王朝对西南夷地区的开发，却因张骞之议得以促进。起初，汉欲通西南夷，然而因耗费惊人而道不通遂罢之，自张骞建议由此通身毒、大夏，"乃复事西南夷"。虽然西汉政府开拓官方外交通路的计划没有获得成功，但实际上，蜀地民间商人当时不顾政府"关故蜀徼"的严格禁令，仍然"或窃出商贸"①。其实，由川滇通缅甸、印度、越南等地的这条所谓"西南丝绸之路"（又称作"南方丝绸之路""滇缅道""蜀布之路"等），很可能在战国时期已经开通。

20世纪40年代出土于四川茂汶地区早期石棺葬的琉璃珠，经测定，可知并不含钡。②而我国战国时期的琉璃制品均属于铅钡玻璃的体系，西方古代玻璃则一直以钠钙玻璃为主，与中国玻璃成分截然不同。不含钡的钠钙玻璃，当是由中亚或西亚输入。③云南江川李家山年代为战国时期的24号墓，也出土来自西亚的蚀花肉红石髓珠④。看来，当时西南夷地区已经存在以南道为贸易方向的商贸活动。大约成书于公元前4世纪的印度史书《国事论》中，曾经提到过所谓"脂那"（Cina，或译"震旦"，或译"真丹"），"脂那"物产，有丝及织皮两种。据饶宗颐考证，Cina是"秦"的对音，"印度文献中的Cina，似可兼指汉时的永昌郡而言""以此推之中印之交往，早在《国事论》成书之前。"按司马错灭蜀，在秦惠文王时（316B.C.），是时蜀已归秦，故蜀产之布，自可被目为秦布，故得以Cina–patta称之。⑤

汉明帝永平十二年（69），"益州徼外夷哀牢王相率内属，于是置永

---

① 《汉书》卷九五《西南夷传》。
② 童恩正：《略谈秦汉时期成都地区的对外贸易》，徐中舒主编《巴蜀考古论文集》，文物出版社1987年8月版。
③ 高至喜：《论我国春秋战国的玻璃器及有关问题》，《文物》1985年第12期。
④ 张增祺：《战国至西汉时期滇池区域发现的西亚文物》，《思想战线》1982年第2期。
⑤ 饶宗颐：《蜀布与Cinapatta 论早期中、印、缅之交通》，""中央研究院""历史语言研究所集刊》1974年6月版，收入《饶宗颐史学论著选》，上海古籍出版社1993年11月版。

昌郡"①。汉王朝实际控制的地域，"始通博南山，度兰仓水"，至于今天云南保山附近。永昌郡所辖，已包括今缅甸北部部分地区。当时因距内地遥远，"行者苦之，歌曰：'汉德广，开不宾。度博南，越兰津。度兰仓，为他人'"②。至此，滇缅道路终于得以正式打通，汉王朝通过哀牢地区和掸国发生了联系。《后汉书》卷八六《西南夷传》记载：汉和帝永元九年（97），"徼外蛮及掸国王雍由调遣重译奉国珍宝，和帝赐金印紫绶，小君长皆加印绶、钱帛"。西南丝绸之路的主要路段，于是均处于汉王朝控制之下。"永宁元年，掸国王雍由调复遣使者诣阙朝贺，献乐及幻人，能变化吐火，自支解，易牛马头。又善跳丸，数乃至千。自言我海西人。海西即大秦也，掸国西南通大秦。明年元会，安帝作乐于庭，封雍由调为汉大都尉，赐印绶、金银、彩缯各有差也。"古大秦所在，学界一般有三种认识：一种以为指罗马帝国东部，一种以为指罗马帝国，一种以为指黎轩即亚历山大城。海西幻人的东来，说明汉与遥远的西方文化交往道路的开通。雍由调特受恩宠，也正是因为西南夷地区对于由此实现的文化交流，有重要的意义。③

《华阳国志·南中志》说，汉武帝置不韦县，"徙南越相吕嘉子孙宗族实之，因名'不韦'，以彰其先人恶"。可见西汉中期，云南西部与南越地区之间，可以沟通区域文化联系的交通道路也已经开辟。经过这条通路两地间实现文化交融的历史实例，还可以举出许多。④

西南夷道路或者南方丝绸之路的走向，必然以蜀地为出发点。而蜀郡南向道路，对于这一国际通道至关重要。

任乃强《华阳国志校补图注》于卷三《蜀志》"严道县"条下，有涉及这条重要交通路线的内容：

> 严道县　邛来山，邛水所出，东入青衣。有木官。十四字用《汉书·地理志》班固本注文。秦开邛来道，置邮传，属临邛。右十

---

① 《后汉书》卷二《明帝纪》。
② 《后汉书》卷八六《西南夷传》。
③ 《三国志》卷三〇《魏书·乌丸鲜卑东夷传》注引《魏略·西戎传》："大秦国一号'犁靬'，在安息、条支西大海之西，从安息界安谷城乘船，直截海西，遇风利二月到，风迟或一岁，无风或三岁。其国在海西，故俗谓之'海西'。""大秦道既从海北陆通，又循海而南，与交趾七郡外夷比，又有水道通益州、永昌，故永昌出异物。"参见王子今《海西幻人来路考》，《秦汉史论丛》第8辑，云南大学出版社2001年9月版；又《中西初识二编》，大象出版社2002年9月版。
④ 王子今：《秦汉交通史稿》，中共中央党校出版社1994年7月版，第489—494页。

一字依《司马相如传》与《淮南王传》合参意补。始皇二十五年灭楚，徙严王之族以实于此地，汉为县，故曰严道，属蜀郡。至文帝，又徙淮南王之族于此。此四十字，用《寰宇记》卷七十七文。倒"汉为县"三字在"故曰"上，以明"严道"取义。秦与前汉皆不讳庄为严。常氏不当有此说。然《读史方舆纪要》及《清一统志》皆有与此相同之文，云出《华阳国志》。是唐宋人书引《华阳国志》以存此说者尚有他种。乐史亦实转引可知。固当录补。道通邛筰，至险。有长岭、若栋、八渡之难，杨母阁之峻。昔杨氏倡造作阁，故名焉。此《郡国志》注引《华阳国志》文。原无"通邛筰"三字，据《水经注》卷三十三再增补。有铜山，文帝赐邓通铸钱处也。取《史·汉·佞幸·邓通传》补。其人士，则李盘图像府庭，见《先贤志》，前汉时属蜀郡。高颐树阙锦里。据现存雅安姚桥之《高君碑》，与石阙。雅安，汉严道县地也。卫继仕蜀，至奉车都尉、大尚书。《三国志》附《杨戏传》。①

严道，显然是汉代西南交通的重要枢纽之一。正如有的研究者所指出的，"自1971年至今，在严道古城周围曾先后发掘了同心村战国墓、曾家沟秦汉木椁墓、高山庙战国土坑墓、高梁湾汉代崖墓群以及牛头山汉代砖室墓群等重大考古发现，进一步证实了严道古城存在的价值。1981年，严道古城被四川省人民政府公布为四川省重点文物保护单位。严道古城西距《何君尊楗阁刻石》约12公里，同处荥河南岸，108国道旁。何君尊楗阁的发现对确定严道通往西南夷的交通路线具有重要作用"②。

宋人著《汉隶字源》说《蜀郡太守何君阁道碑》"在雅州"。《墨宝》则说"见于荥经县，以适邛莋之路也"。明代学者赵均《金石林时地考》卷下关于《蜀郡太守何君阁道碑》，谓在"邛僰道中"。显然，荥经何君阁道石刻，可以看作汉代南方丝绸之路的见证。

任乃强分析秦汉时期蜀通西南夷道，说道："出严道，沿邛水、度邛来山，至牦牛县，通于邛、筰。"又说："此线即《张嶷传》所谓'牦牛故道'。"③《隶释》卷四在说明何君阁道时写道："邛僰九折坂，盖其地。"如果"九折坂"确实与荥经何君阁道临近，则这一艰险路段的空间

---

① 任乃强校注：《华阳国志校补图注》，上海古籍出版社1987年10月版，第198—199页。
② 雅安市文物管理所：《〈何君尊楗阁刻石〉发现及考释》，《四川文物》2004年第6期。
③ 任乃强校注：《华阳国志校补图注》，上海古籍出版社1987年10月版，第201页。

定位，可以为判断汉代西南夷交通干线的走向确定标志。已经有学者指出，"严道古为蜀之边徼重镇，贸易集散地。向西南即是雄关险隘，夏日淋冰的九折坂，见载于《汉书》，这里曾发生'忠臣叱驭，孝子回车'等历史事件。①《华阳国志》佚文：'（严道）道至险，有长岭、若栋、八渡之难，扬母阁之峻。……回曲九折，乃至山上。'回曲九折，即指九折坂。翻越九折坂即为牦牛县地界。九折坂位置的具体所在，是研究汉王朝重视开通的西南夷古道路线，牦牛道治所以及严道辖区范围的关键。《读史方舆纪要》言九折坂在荥经凤仪乡大相岭上，后之志书纷纷附和。尊楗阁修建由蜀郡太守亲自组织，耗工近两千，在古代是一项大型的基本建设，当是通西南夷古道上的重要工程。而这次刻石的位置是在严道古城以西，而大相岭在以东，可知牦牛道是沿荥河西上经荥经三合乡代黄沟（其间有盘桓山路，俗称九倒拐），分路至今汉源以东、泸定冷碛一带"②。这样的意见，应当是值得重视的。至于牦牛道是"沿荥河西上经荥经三合乡代黄沟"，还是沿 108 国道走向南行汉源，自然还可以商榷。③ 具体路线的判定，也许还要经过将文献记载和考古资料相结合的细致的工作。④

---

① 《汉书》卷七六《王尊传》："（王尊）迁益州刺史。先是，琅邪王阳为益州刺史，行部至邛郲九折阪，叹曰：'奉先人遗体，奈何数乘此险！'后以病去。及尊为刺史，至其阪，问吏曰：'此非王阳所畏道邪？'吏对曰：'是。'尊叱其驭曰：'驱之！王阳为孝子，王尊为忠臣。'"
② 雅安市文物管理所：《〈何君尊楗阁刻石〉发现及考释》，《四川文物》2004 年第 6 期。
③ 据谭其骧主编《中国历史地图集》标示，"牦牛都尉"治所在今汉源附近。《中国历史地图集》，中国地图出版社 1982 年 10 月版，第 2 册第 29—30 页。
④ 现有以考古为重要手段的研究成果已经有相当数量，如邓廷良：《西南丝绸之路考察札记》，成都出版社 1990 年 8 月版；童恩正：《略谈秦汉时代成都地区的对外贸易》，江玉祥：《古代中国西南"丝绸之路"简论》，任乃强：《中西陆上古通道——蜀布之路》，《古代西南丝绸之路研究》，四川大学出版社 1990 年 10 月版；蓝勇：《南方丝绸之路路线问题的探索》，《成都大学学报》1994 年第 3 期；江玉祥：《再论古代中国西南"丝绸之路"》，罗二虎：《"西南丝绸之路"初步考察》，《古代西南丝绸之路研究》第 2 辑，四川大学出版社 1995 年 12 月版。

秦"封"试探

《说文·土部》："封，爵诸侯之土也。从之土，从寸。寸，守其制度也。公侯百里，伯七十里，子男五十里。"从《说文》的说法直接理解，"封"似乎是一个行政史的概念。但是许多迹象表明，"封"也是交通史研究应当关注的对象。秦史中的相关事实，值得我们注意。

一　秦穆公"封殽尸"故事

在考察秦国交通文化方面的特点时，不能不注意到秦人善于"远攻"[①]，较早就创造了以重兵军团大规模远征的历史纪录的事实。其最突出的一例，就是秦穆公时出兵谋取郑国，"径数国千里而袭人"一事。

秦国历史上一段屈辱的记录，也正是因这次军事行动而引起的。

《史记》卷五《秦本纪》记载：秦穆公三十二年（前628），"郑人有卖郑于秦曰：'我主其城门，郑可袭也。'"秦穆公问蹇叔、百里奚，对曰："径数国千里而袭人，希有得利者。"然而秦穆公已经决意出军，命令百里奚的儿子孟明视、蹇叔的儿子西乞术及白乙丙将兵。"三十三年春，秦兵遂东。"秦军由于突袭的意图已经被郑国察觉，于是灭晋国之边邑滑。晋国发兵在殽阻截秦军，"击之，大破秦军，无一人得脱者，虏秦三将以归"。

三将军由晋国回到秦国后，秦穆公素服郊迎，沉痛自责，说："三子何罪乎？子其悉心雪耻，毋怠。"并且"复三人官秩如故，愈益厚之"。

第二年，秦穆公派孟明视将兵伐晋，秦军不利，于是撤回。

秦穆公三十六年（前624），"缪公复益厚孟明等，使将兵伐晋，渡河焚船，大败晋人"。秦军取晋国"王官及鄗"两城，以报殽之役战败之仇，"晋人皆城守不敢出"。

[①] 《史记》卷七九《范雎蔡泽列传》。

《史记》卷五《秦本纪》还记载：

> 于是缪公乃自茅津渡河，封殽中尸，为发丧，哭之三日。乃誓于军中曰："嗟士卒！听无哗，余誓告汝。古之人谋黄发番番，则无所过。"以申思不用蹇叔、百里奚之谋，故作此誓，令后世以记余过。君子闻之，皆为垂涕，曰："嗟乎！秦缪公之与人周也，卒得孟明之庆。"

《史记》卷三九《晋世家》也有这样的记载：

> 四年，秦缪公大兴兵伐我，度河，取王官，封殽尸而去。晋恐，不敢出，遂城守。

《左传·文公三年》则是这样记述这一史事的：

> 秦伯伐晋，济河焚舟，取王官及郊。晋人不出，遂自茅津渡，封殽尸而还。遂霸西戎，用孟明也。

所谓"封殽中尸""封殽尸而去""封殽尸而还"，杜预解释说："封，埋藏之。"而裴骃《集解》引贾逵曰："封识之。"

分析当时的情形，当以贾逵说为是。

《史记》卷四九《外戚世家》褚先生补述："使者夜持棺往葬之，封识其处。""封"的意义的确主要在于"识"，而并非在于"葬"。

二 封界的原始意义

封，就是筑起高大的土堆以为标识。《管子·形势解》："所谓平原者，下泽也。虽有小封，不得为高。"《列子·杨朱》："积壤为封。"有"聚土为封"的说法①。封，又被用以形容隆起之状。②

封，因为标识显著，往往作为界定的标志。如《小尔雅·广诂》：

---

① 《广雅·释诂三》："封，场也。"王念孙《疏证》："《周官》'封人'注：'聚土曰封。'"
② 如《汉书》卷九六上《西域传·大月氏国》："出一封橐驼。"颜师古注："脊上有一封也，'封'，言其隆高，若封土也。"《后汉书》卷六《顺帝纪》："疏勒国献师子、封牛。"李贤注："封牛，其领上肉隆起若'封'然，因以名之。"

"封,界也。"《吕氏春秋·季春纪》高诱注:"封,界也。"《周礼·地官司徒·大司徒》郑玄注:"封,起土界也。"《庄子·齐物》说:"夫道未始有封。"这里所说的"封",一般解释为"封域""限域"(成玄英《疏》),也是指某种界限。四川青川郝家坪 50 号战国墓出土了秦更修为田律木牍,内容是秦武王时关于田制的律令,其中写道:

以秋八月,修封埒,正疆畔。①

湖北云梦睡虎地秦简中整理者归入《法律答问》的内容中,也可见有关"封"的规定:"'盗徙封,赎耐。'可(何)如为'封'?'封'即田千(阡)佰(陌)顷半(畔)'封'也,且非是?而盗徙之,赎耐,可(何)重也?是,不重。"就是说:"私自移动'封',应处以'赎耐'之刑。"什么叫"封"?"封"是农田路界,还是并非如此?私自移动就判处赎耐,是不是太重?回答说:"封"就是农田路界。私自移动"封"而判处赎耐,处罚并不重。②

《史记》卷二七《天官书》所谓"视封疆田畴之正治",说的就是这种"封"。

不过,"封"成为界标,已经是后出之义。

"封"的原义是堆聚土石,后来才又作为某种界域的标志,因而又称作"封表"。

秦穆公"封殽尸",绝不仅仅是简单地掩埋 4 年前阵亡士卒的尸骨,如杜预所谓"埋藏之",而是修建了高大的夯土建筑,以作为国耻的永久性纪念。秦穆公"令后世以记"的用心,是期望通过这种"封"来实现的。

西汉名将霍去病曾率军远征大漠以北,破匈奴,"封狼居胥山"③;东汉时,窦宪、耿夔等击溃匈奴,深入北方荒漠追击三千余里,"铭功封石"而还④,也都是以"封"作为永久性纪念形式的典型史例。

---

① 四川省博物馆、青川县文化馆:《青川县出土秦更修田律木牍》,《文物》1982 年第 1 期;李学勤:《青川郝家坪木牍研究》,《文物》1982 年第 10 期;胡平生、韩自强:《解读青川秦墓木牍的一把钥匙》,《文史》第 26 辑,中华书局 1986 年 5 月版。

② 睡虎地秦墓竹简整理小组断句原作:"封'即田千佰。顷半(畔)'封'也,且非是?"译文作:"'封'就是田地的阡陌。百亩田的田界是算作'封',还是不算'封'?"《睡虎地秦墓竹简》,文物出版社 1978 年 11 月版,第 178—179 页。今据文义改正。

③ 《史记》卷一一一《卫将军骠骑列传》:"封狼居胥山,禅于姑衍,登临翰海。"《史记》卷一一〇《匈奴列传》:"骠骑封于狼居胥山,禅姑衍,临翰海而还。"

④ 《后汉书》卷八九《南匈奴列传》。

在交通道路上的"封",据说又有分程记里的作用。但是"封"的原始含义也可以由此得到说明。古代交通道路管理曾经有以所谓"封堠"划界分程的制度,据说五里一封堠,十里双封堠。有的学者引据经典,指出黄帝游幸天下时,"道路有记里堆",因而以为"封堠"之制,起始于黄帝时代。① 这样的分析,可能是比较接近历史真实的。

三 秦直道的"石关""封峦"

据《史记》卷一一七《司马相如列传》,司马相如《上林赋》写道:"蹶石关,历封峦,过鳷鹊,望露寒。"裴骃《集解》:"案:《汉书音义》曰:'皆甘泉宫左右观名也。'"《文选》卷八李善注引张揖曰:"此四观,武帝建元中作,在云阳甘泉宫外。"也就是说,甘泉宫外有石关观、封峦观。汉武帝可能确曾于甘泉宫外置此观,而石关观之定名,当因"石门山"。《三辅黄图》卷五有"石阙观封峦观"条,其中写道:

> 石阙观,封峦观。《云阳宫记》云:"宫东北有石门山,冈峦纠纷,干霄秀出,有石岩容数百人,上起甘泉观。"《甘泉赋》云:"封峦石阙,弭迤乎延属。"

陈直按:"'石阙',今本《汉书·扬雄传》所载《甘泉赋》作'石关'。《铙歌·上之回》亦作'石关'。又《甘泉赋》云:'度三峦兮偈棠梨。'李善注以为'三峦'即'封峦关'。"②

汉甘泉宫附近确有"石关",即今陕西旬邑石门乡的石门山(图七二)。石门山,当地人称"石门关",至今东西横亘数里,临北石壁陡立,中开一阙,如天设石门。石门关以南不远,就是位于陕西淳化安子哇乡的汉甘泉宫遗址,向北则正当秦始皇时代所开通的由甘泉直抵九原的纵贯南北的"直道"。直道是蒙恬主持修筑的军事交通工程③,至今地面保存的

---

① (明)杨慎:《丹铅总录·封堠》。
② 陈直:《三辅黄图校证》,陕西人民出版社1980年5月版,第128页。
③ 《史记》卷六《秦始皇本纪》:"三十五年,道九原抵云阳,堑山堙谷,直通之。"《史记》卷一五《六国年表》:"为直道,道九原,通甘泉。"《史记》卷八八《蒙恬列传》:"始皇欲游天下,道九原,直抵甘泉,乃使蒙恬通道,自九原抵甘泉,堑山堙谷,千八百里。"司马迁曾经感叹道:"吾适北边,自直道归,行观蒙恬所为秦筑长城亭障,堑山堙谷,通直道,固轻百姓力矣。"

图七二　旬邑石门山

道路遗迹往往宽达 50—60 米。而"封峦",应当是直道左近具有标识意义的可能上有人为建筑设施的高地。

司马相如去世时,"遗札言封禅事",其中再一次说到"封峦":"厥之有章,不必谆谆。依类托寓,谕以封峦。"① 这里所说的"封峦",很可能也与《上林赋》中所谓"封峦"有关。扬雄《甘泉赋》:"封峦、石关,施靡乎延属"②,刘歆《甘泉宫赋》:"封峦为之东序,缘石阙之天梯"③,也都说到"封峦"和"石关""石阙"的关系。

四　"封"与"鄂博""敖包"

考虑到"封"曾经作为交通道路里程标志的事实,自然会注意到秦穆公置"封"的殽地,正在秦人东向进取必经的大道旁。

藏族往往在路边堆积石块,称之为"玛尼堆"④。蒙古族则称之为

---

①　《史记》卷一一七《司马相如列传》。
②　《汉书》卷八七上《扬雄传上》。
③　《艺文类聚》卷六二引刘歆《甘泉宫赋》。
④　有人把"藏族常于过往要道把刻有佛教六字真言的石块垒砌成堆,以供行人巡礼,谓之'嘛呢堆'",列为"藏族佛教宗教建筑、圣地和场所"的内容之一(参看《中国各民族宗教与神话大词典》,学苑出版社 1993 年 6 月版,第 727 页),似乎没有察见其原始的文化含义。但"过往要道"的位置特征值得注意。

"鄂博""敖包"①。土族则称作"俄博""雷台"②。其性质，可能在于设置道路标识。也有人以为有界标的意义："各游牧交界之处，无山河为志者，或平原，或沙碛，皆垒石为志，曰'鄂博'。"③ 门巴族把垒这种石堆称作"玛尼朵个"④。在山口、村头和许多重要路段，往往都可以看到人工有意堆筑的石堆。人们行旅途经此地，大都手拾石块置放在石堆上，也有人在这里专心系挂上事先准备好的经幡和彩条等。清人祁韵士《西陲竹枝词一百首》中，有说到"鄂博"的：

鄂博
告虔祝庇雪和风，垒石施金庙祀同。塞远天空望不极，行人膜拜过残丛。

遇者必祭，或插箭，或置财物而去。⑤

方观承《从军杂记》写道："峰岭高处，积乱石成冢，名'鄂博'，谓神所栖，经过必投以物，物无择，马鬃亦可。"阮葵生《蒙古吉林风土记》也说："垒石象山冢，悬帛以致祷，报赛则植木表，谓之'鄂博'。过者无敢犯。"又纪昀《乌鲁木齐杂记》说："'鄂博'者，累碎石为蕞以祀神，番人见之多下马。"

"鄂博""敖包"一般位于大道重要路段，而"垒石""积乱石""垒碎石"的形式，以及"行人""过者"诚心尊事的态度，也都使人很自然地联想到古时的"封"。

---

① 《绥蒙辑要》一书（民国三十五年版）写道："所谓'鄂博'者，即垒碎石，或杂柴、牛马骨为堆，位于山岭或大道，蒙人即以为神祇所凭，敬之甚虔。故遇有疾病、求福等事，辄惟'鄂博'是求。寻常旅行，偶过其侧，亦必跪祷，且必垒石其上而后去。"

② 据调查，"凡在土民居住地方的三岔路口或是山壑口处都有这种'俄博'。因为土民相信'俄博'能抵挡恶风与邪气。他们认为在这些容易有邪怪侵入的地方，立了'俄博'便可挡住。""在土民居住的村口或私人住宅的门口常可见到一个小土台称为'雷台'。认为这是镇压邪魔鬼怪，保佑家宅或全村平安的。"立台的方法和"俄博"相仿。陈永龄等：《青海土族民间信仰》，《青海土族社会历史调查》，青海人民出版社1985年10月版，第42页。

③ 《大清会典》卷六四，光绪二十五年刻本。

④ 据调查，"墨脱地区交通不便，路途艰险，门巴人外出时有'玛尼朵个'的习俗，与藏族相同。'玛尼朵个'，意为'垒石堆'。在危险的山口或路段旁，可以看到悬挂着布条、经幡和彩条的大石堆。这是门巴人每路过此地时，人手拾一石块或准备好的布条、经幡等堆挂而成的，民间认为这样做是以求鬼神赐福消灾，沿途平安，交换顺利。"李坚尚等：《关于墨脱县门巴族社会历史若干问题的补充调查》，《门巴族社会历史调查（二）》，西藏人民出版社1988年6月版，第55—56页。

⑤ 山西省文献委员会编：《山右丛书初编·西陲要略附》。

有的研究者指出，"敖包所祭，最初自然是祖先的魂灵，逐渐人们又把它看成本地诸神灵的汇聚之所，因之演变成了包罗万象的祭祀场所"①。

这种道路标识具有宗教意义，可能是时代相对晚近的事。不过，这一事实也可以说明为重要道路建置路标，可能很早就是十分郑重严肃，被赋予某种神秘意义的行为。

古代所谓"封"，性质可能与此类似。

《史记》卷一二三《大宛列传》说到乌孙、康居、大月氏等国都是草原"随畜移徙"的所谓"不土著"的"行国"。② 我们可以看到，"封"以及类似的文化存在，大都出现在以大漠荒原旷野作为主要活动地域的部族中，大都出现在以交通形式作为生产生活主要形式的部族中。

秦人对"封"是予以相当程度的重视的。有的学者甚至认为，"秦俑坑的性质乃是为表彰统一全国的军功所树的纪念碑式的'封'"③。秦人对"封"的重视，可能是以曾经长期从事畜牧业经济为背景的。这一特殊的文化信号，同时也体现出秦人与西北草原游牧民族相互间曾经有较密切的文化交往，彼此又具有一定的文化共同性。④

分析秦史文化信息中有关"封"的内容，可以从新的角度理解文明史的初步发展和交通史的初步发展之间的联系，也有助于我们更真切地认识秦文化的独特面貌。

五　秦军史和罗马军史的对读

记述公元14年至公元15年间史事的塔西佗《编年史》第1卷中，可以看到日耳曼尼库斯·恺撒率领的罗马军队进军到埃姆斯河和里普河之间的情形：

> 现在他们离开提乌托布尔格森林已经不远了，据说伐鲁斯和他的

---

① 刘小萌、定宜庄：《萨满教与东北民族》，吉林教育出版社1990年3月版，第51页。
② 《史记》卷一二三《大宛列传》："乌孙在大宛东北可二千里，行国，随畜，与匈奴同俗。""康居在大宛西北可二千里，行国，与月氏大同俗。""大月氏在大宛西可二三千里，居妫水北，其南则大夏，西则安息，北则康居。行国也，随畜移徙，与匈奴同俗。""行国"，裴骃《集解》："徐广曰：'不土著。'"
③ 林剑鸣：《秦俑之谜》，《文博》1985年第1期。
④ 王子今：《应当重视秦人与西方北方部族文化交往的研究》，《秦陵秦俑研究动态》1991年第3期。

军团士兵的尸体还留在那里没有掩埋。

这时日耳曼尼库斯极想对这些阵亡的士兵和他们的统帅表示最后的敬意;他所率领的士兵则想到他们的亲属和友人,想到战争和人类命运的变幻无常,不由得有了感伤怜悯之情。凯奇纳奉令先去探查人迹罕到的林中小道,并在遍处是水的沼泽地和不坚实的地面上架桥铺路。在这之后,大军就到这块看起来和回想起来都非常阴森可怕的地方来了。他们看到伐鲁斯的第一个营地,营地广阔,每隔一段距离都有安置军官和军旗的地方,这一情况表明这乃是三个军团的劳动成果;此外还可以看到一些已经一半颓圮的土墙和一道浅沟,那是残兵败将们在被击溃之前用作掩护的所在。在这附近的平原上是分散的或是成堆的白骨,因为有的人是分头逃命,有的人则没有跑动。在那里还有残破的投枪和战马的肢体,还有钉在树干上的骷髅,十分显眼。在附近的森林里有一些蛮族的祭坛,罗马军队的军团将领和主力的百人团长就是在这里被日耳曼人处死的。当时逃出战场或挣脱他们的锁链的那些幸免于祸的人则叙述副帅们在什么地方阵亡,军旗在什么地方被夺走,伐鲁斯在什么地方第一次负伤,在什么地方他用自己那不幸的手结束了性命。……

就这样,罗马军队在六年之后,来到这个灾难场所掩埋了这三个军团的士兵的遗骨;谁也不知道自己掩埋的是一个生人还是一个亲人的尸骨,但是他们却把这些尸骨作为朋友和亲人的尸骨埋葬起来,他们在内心满怀对敌人的愤怒,他们感到悲哀和憎恨。

在修建坟山的时候,恺撒放置第一份草土,用以表示对死者的衷心尊敬并与大家一同致以哀悼之忱。①

罗马军队统帅日耳曼尼库斯·恺撒的做法,和秦穆公所谓"封殽尸"何其相像!罗马军人们所"修建"的"坟山",是不是和秦穆公为"封识之"而修建的"封"属于性质相类的建筑形式呢?

---

① 塔西佗《编年史》,王以铸等译,商务印书馆1981年4月版,上册,第1卷,第51—52页。

秦陵步兵俑的"行縢"

秦始皇陵兵马俑作为高度仿真的军阵模型，可以提供丰富的体现当时军事制度细节和军人生活实况的多方面的信息。秦国军人的衣着鞋履形式，也有重要的史料价值。

例如，在表现秦军将士装备的有关资料中，我们看到当时工匠专意精心刻画的"行縢"。通过对"行縢"的分析，可以丰富我们对当时交通形式的认识。

一 秦俑"行縢"的考古记录

秦始皇陵兵马俑坑1号坑发掘报告在关于陶俑"服饰"的内容中谈到"下裳"，其中涉及"行縢"：

> 行縢
> 已出土的武士俑，有的腿部扎着行縢。行縢的表现方式是用阴线刻划出缠扎的旋纹，从足腕到膝下由下而上右旋三周，然后用两条组带分别于足腕和膝下束扎，带头于腿的前侧各自绾成花结。标本T1G2∶8号俑的腿上用阴线刻着缠扎的行縢，从足腕到膝下旋转缠绕三周，旋纹最大间距14厘米。在足腕和膝下各有一根条带束扎，带头十字相交绾结。束扎后，从表面仍可看到腿部肌肉和骨骼的关系，说明行縢为单层布作成。
> 行縢原名"邪幅"。《诗经·小雅·采菽》："邪幅在下。"郑笺："邪幅如今行縢也。偪束其胫，自足至膝。"其作用：一是御寒，二是行动轻捷。①

---

① 陕西省考古研究所、始皇陵秦俑坑考古发掘队：《秦始皇兵马俑坑一号坑发掘报告1974—1984》，文物出版社1988年10月版，第99—100页。

不仅1号俑坑出土了有关"行縢"的实物资料，2号俑坑和3号俑坑也有类似的发现。

据钻探试掘简报记录，2号俑坑战车后排列的所谓"车士"和"徒手步兵俑"有"胫著护腿"的情形。而T9战车后跟随徒兵32人，都"腿扎行縢"①。

3号俑坑清理简报中也有如下内容：

> 该坑出土的武士俑，依据其装束大体可分为二式：I式武士俑三十件，均身穿短褐，上披黑色铠甲，腿扎行縢（即裹腿），足登方口齐头翘尖履。II式武士俑三十件，身穿短褐，披甲，腿缚絮衣，足登单梁长靴。其余四件，装束不明。②

看来，"行縢"是当时秦军的基本装备之一，尽管并不是所有的军人都采用这一装束。

二 秦俑"行縢"的考古研究

有的学者在秦俑研究论著中，已经注意到这种主要用意在于便利行走的特殊的装束。

袁仲一在讨论秦俑服饰时，谈到"有的步兵俑""腿扎行縢或缚护腿"的情形。③ 王学理也对于这种军人装束有所研究，而称之为"下体的防护设施"：

> 在膝下用两幅宽约10厘米的帛带由里向外地缠绕，至于脚踝下。在帛带起讫的上下两端，均用组带绑扎，对称地垂结胫前。这种护腿高度29—44.5，上部周长33—66，下部周长只有24—33厘米。帛带多褐色，组带朱红，也有粉紫色者。

---

① 秦俑坑考古队：《秦始皇陵东侧第二号兵马俑坑钻探试掘简报》，《文物》1978年第5期。
② 秦俑坑考古队：《秦始皇陵东侧第三号兵马俑坑清理简报》，《文物》1979年第12期。
③ 袁仲一：《秦始皇陵兵马俑研究》，文物出版社1990年12月版，第298页。

《诗·小雅·采菽》郑玄笺和《左传·桓公二年》杜预集解都指出,儒学经典中说到的"邪幅"就是"行縢"。王学理说:

> 幅,本是布帛宽度的统称,因为采用螺旋式的缠绕腿胫,才有邪幅的称呼。这应当说是很早的一种护腿设施,至少在西周时代的武士是如此。它的实战作用正如《释名》说的那样:"幅,所以自偪束,今谓行縢,言以裹腿,所以跳腾,轻便也。"所以,秦武士俑的此式护腿是"行縢"无疑,也就是俗称的"绑腿""裹腿"。①

这样的意见,显然是正确的。

有的学者根据前引《诗·小雅·采菽》郑笺、《释名·释衣服》诸说以及《汉官仪》所谓"鼓吏赤帻行縢",认为"行縢之名最早见于汉,当为汉服之制"②。

有的学者还较为具体地分析了"行縢"在秦俑军阵中应用的范围:

> 行縢的使用对象大部分为轻装、上体无铠装备的步兵俑,尤其更突出地用于军阵前锋的三排弓弩兵中。这些弓弩兵是秦军阵中步兵力量的重要表现,更是战斗的先锋队。

论者还指出《商君书·境内》曾经说到所谓"陷队之士",认为一号坑中前锋弓弩兵就是这种"陷队之士",而且,"一号俑坑中的前锋弓弩兵上、下都着轻装,胫部扎行縢原因也即缘于自身的战术特长"。

论者还分析说,"在秦代,行縢与胫衣的使用有兵种上的区别,前者主要用于步兵中的弩兵装备,后者较多地使用于车兵;二者之间又有等级上的适用范围,前者使用等级较低,中级以上军吏基本不用,而较多地使用胫衣"③。

综合此前关于秦陵步兵俑"行縢"的研究,尚有若干问题可以继续讨论。

---

① 王学理:《秦俑专题研究》,三秦出版社 1994 年 6 月版,第 498 页。
② 陈春晖:《秦俑服饰二札》,《文博》1990 年第 5 期,收入秦始皇兵马俑博物馆编《秦俑学研究》,陕西人民教育出版社 1996 年 8 月版,第 652—657 页。
③ 许卫红:《秦俑下体防护装备杂谈》,《文博》1994 年第 6 期,收入秦始皇兵马俑博物馆编《秦俑学研究》,陕西人民教育出版社 1996 年 8 月版,第 566—571 页。

三 说"行縢"非"汉服之制"

所谓"行縢""为汉服之制"的说法，可能未必符合历史事实。

虽然"行縢"其名的明确出现，现在看来始见于汉代，然而"行縢"其实，却已见于秦俑装备。不仅秦代考古资料已经能够提供物证，此前《诗经》"邪幅"之说，多有人解释为"行縢"。王学理说："因为采用螺旋式的缠绕腿胫，才有邪幅的称呼。这应当说是很早的一种护腿设施，至少在西周时代的武士是如此。"虽所谓"至少在西周时代"有推论的成分，但否定此说也需要论证。

《诗·小雅·采菽》说到"邪幅"："赤芾在股，邪幅在下。彼交匪纾，天子所予。"毛亨传："诸侯赤芾邪幅。幅，偪也。所以自偪束也。纾，缓也。"郑玄笺："芾，大古蔽膝之象也。冕服谓之'芾'，他服谓之'韠'。以韦为之，其制上广一尺，下广二尺，长三尺。其颈五寸，肩革带博二寸。胫本曰股。'邪幅'，如今行縢也。偪束其胫，自足至膝，故曰在下。彼与人交接，自偪束如此，则非有解㦖纾缓之心。天子以是故赐予之。"汉儒的解说，引申至于道德约束，未免求之过深。而我们就此可以知道，在《诗经》成书的时代之前，"邪幅"已经通行，而人们对于其"自足至膝"的形式和"所以自偪束也"的作用，已经相当熟悉。

《左传·桓公二年》记载臧哀伯谏言，说"君人"的衣食住行诸种规范，都有"昭德塞违"的警示意义，如："衮、冕、黻、珽、带、裳、幅、舄、衡、紞、纮、綖，昭其度也。""夫德，俭而有度，登降有数，文物以纪之，声明以发之，以临照百官。百官于是乎戒惧而不敢易纪律。"杜预集解："黻，韦韠，以蔽膝也。""幅，若今行縢者。"孔颖达疏："邪缠束之，故名'邪幅'。"于所有服饰细节都刻求道德深意的思路固然不足取，而君主的"幅"，推想也必定与步兵士卒的"行縢"有所不同。但是所谓"幅"有相当久远的渊源，是我们在讨论"行縢"时应当参考的。

四 "行縢"使用"兵种"说及"等级"说补议

秦俑士兵形象有的使用"行縢"，有的却并不使用"行縢"。注意到秦俑是否使用"行縢"的区别,是有值得肯定的意义的。"等级上"以及"兵种上的区别"的分析,都大体切近事实,当然,如果有更充分的资料进行比较研究,则可能做出更科学的结论。

秦军当由各地方征发而来,兵源成分亦各不同,秦俑的形象,体现了不同地域、不同出身甚至不同民族的文化特征。是不是可以进行这样的推测,使用"行縢"的步兵,以这种装束表现了来自某一地区或某些地区的服用习惯呢?我们现在还不能明确秦军编制的基本构成,如果如后世制度,有按征发地区编队的情形,则一个编制单位按照地域传统采用"行縢"一类装束,应当也是合乎情理的。

五 关于"行縢"的形制

从秦俑资料所提供的信息看,秦军步兵使用"行縢"的形式是大体一致的(图七三)。也就是说,秦军"行縢"有确定的形制。不过,有关表述却有所差异。

1. 质料

有的学者以为是"帛带",有的学者以为是"布条"。

看来,"帛带"的说法不似"布条"更为接近下层士兵的装备实况,是显然无疑的。当时"行縢"所使用织物的质料,以麻布的可能性最大。秦俑"行縢""多褐色"的描述,也符合这一分析。

2. 宽度

有"宽约10厘米"之说,也有"宽12厘米"之说。对于实物的测定,看来还需要认真进行,以取得更准确的数据。

近世军队使用的绑腿,宽度也在10厘米上下。看来这一宽度是比较适宜于满足缠绕胫部的需要的。

3. 长度

有学者写道:"经过实体验证,一个身高1.70米的人用宽12厘米的布条缠绕,自足腕至膝所需长度为1—1.5米,折秦之6.5尺之多,这也符合我国民间流传的'一个裹腿三尺布'之俗说。"[①]

这一尺度数据,看来也需要准确测定。按照《秦始皇陵兵马俑坑一

---

① 许卫红:《秦俑下体防护装备杂谈》,《文博》1994年第6期,收入秦始皇兵马俑博物馆编《秦俑学研究》,陕西人民教育出版社1996年8月版,第566页。

号坑发掘报告1974—1984》所谓"旋三周""旋转缠绕三周"的记录，据王学理"上部周长33—66，下部周长只有24—33厘米"说，大约不会长至1.5米。而近世军队使用的绑腿，长度大约在2米。

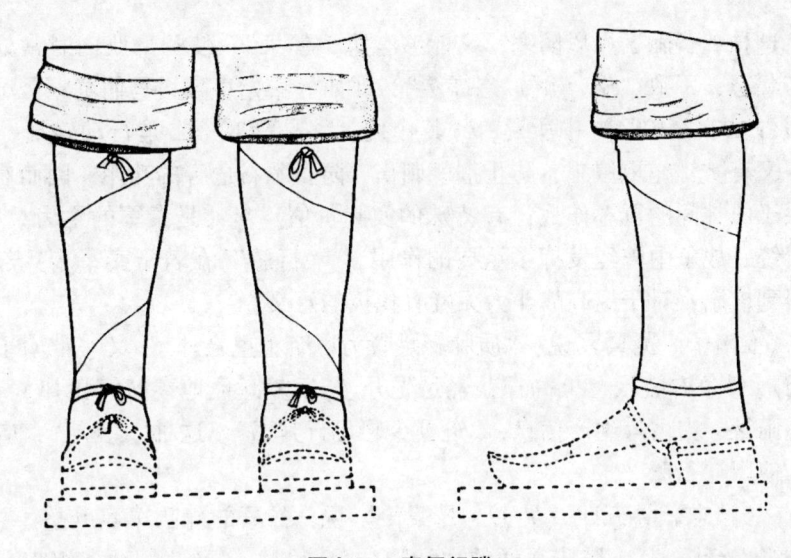

图七三 秦俑行縢

4. 缠束方向

现有的研究论著有两种意见，一种是自上而下，即所谓"在膝下……由里向外地缠绕，至于脚踝下"；一种则是自下而上，即所谓"从足腕到膝下""自足腕至膝"。

自下而上的方向，符合《诗·小雅·采菽》郑玄笺所谓"自足至膝"之说，也确实易于"自偪束"而不致轻易散脱，缠绕的接缝向下，也不会在行走时进入过多的雨露和尘土。近世军人使用绑腿，依然是"自足至膝"缠绕。看来，自下而上或"从足腕到膝下""自足腕至膝"的说法，是比较符合实际的。

六 "行縢"于交通史的意义

讨论者大多强调了这种装备的应用便利作战的意义，对于"行縢"提高交通效率的作用则似乎肯定不足。

汉代人刘熙《释名·释衣服》说，"行縢"的作用在于逼束腿脚，因而"可以跳腾轻便也"。正是因为如此，徒步行走使用"行縢"这种装束形式，对于步兵的行军作战尤为有利。而秦军长于远征奔袭，即所谓"径数国千里而袭人"①，步兵装备有适应这种战争需要的特征，是理所当然的。

这种装备除了可以防寒，又能够有所"偪束"，使腿部肌肉时常处于振奋状态，不致"解（懈）怠纡缓"，即如《秦始皇陵兵马俑坑一号坑发掘报告1974—1984》中所说，"其作用：一是御寒，二是行动轻捷"而外，又有防止蛇虫侵犯，防止荆棘刺伤，防止木石危害的功用。因而对于步兵于山林间的行军作战，有特殊的实际价值。步兵是秦军的主力兵种，在秦统一战争中曾经发挥了重要的作用。②"行縢"在若干秦军步兵部队中得到应用，对于提高战斗力无疑有积极的意义。

《淮南子·览冥》说："质壮轻足者为甲卒千里之外。"又《淮南子·齐俗》："争升陵阪，上高丘，轻足先升。"云梦睡虎地秦简《田律》说，传递雨量、灾情等生产信息，"近县令轻足行其书"。这种"轻足"，应当也会使用"行縢"。

《三国志》卷五四《吴书·吕蒙传》说，吕蒙的部队军容严整，"为兵作绛衣行縢。"秦陵步兵俑的"行縢"色彩统一，又"用两条组带分别于足腕和膝下束扎，带头于腿的前侧各自绾成花结"，或说"上下两端，均用组带绑扎，对称地垂结胫前"，"组带朱红，也有粉紫色者"，也值得注意。由于秦俑军阵特殊的性质，"行縢"对于军容的作用自然也受到特殊的重视。

不过，"行縢"首先是一种行具，是为便利行走而得以普遍应用的。《资治通鉴》卷一三二记载，贞元三年（787），唐德宗行经骆谷道时，"值霖雨，道途险滑"，卫士大多叛逃，幸有李升、郭曙、令狐建等六人，"著行縢，钉鞋"，交替为唐德宗牵引乘马，于是才平安抵达梁州。胡三省解释说，所谓"行縢"，就是"行縢"。

《旧唐书》卷一九七《南蛮西南蛮列传·东谢蛮》说："贞观三年，元深入朝，冠乌熊皮冠，若今之髦头，以金银络额，身披毛帔，韦皮行縢而著履。中书侍郎颜师古奏言：'昔周武王时，天下太平，远国归款，周史乃书其事为《王会》篇。今万国来朝，至于此辈章服，实可图写，今请撰为《王会图》。'从之。"所谓"韦皮行縢"，《新唐书》卷二二二下

---

① 《史记》卷五《秦本纪》。
② 郭淑珍、王关成：《秦军事史》，陕西人民教育出版社2000年12月版，第338—345页。

《南蛮列传下·东谢蛮》作"韦行縢"。元深的"行縢"为内地人们所惊异，主要因为是皮质的缘故。这是由于依照中原传统，"行縢"通常是以布质为主的。

"韦皮行縢"，有更强的防护功能，然而较为沉重，"偪束"的作用也一定不如布质的"行縢"。中原人通常以使用布质"行縢"为主，然而使用质地较强固的"行縢"对于安全有一定意义，已经受到重视。如《后汉书》卷二四《马援传》有"援中矢贯胫，帝以玺书劳之"的记录。箭镞射穿胫部，形成重伤，是由于防护不理想的缘故。《后汉书》卷一上《光武帝纪上》说，王莽统治后期，各地农民纷纷暴动，起义军中有以"铁胫"作为名号者，也说明了当时军人对于"胫"的保护的重视。

"行縢"见于居延汉简，如所谓"缇行縢"：

缇行縢二□（E. P. T51：457）

《说文·糸部》："缇，帛单黄色。"《急就篇》第二章："縹缇絓紬丝絮绵。"颜师古注："缇，黄赤色也。"《后汉书》卷四八《应劭传》李贤注："缇，赤色缯也。""缇"其实又是汉代军服的颜色。又如《周礼·春官·司服》写道："凡兵事，韦弁服。"郑玄注："今时伍佰缇衣，古兵服之遗色。"贾公彦又解释说："言'伍百'者，'伍'行也。'百'，长也。谓宿卫者之行长，见服縓赤之衣，是古兵服赤色遗象至汉时，是其兵服赤之验也。""缇"作为军服通用颜色，又用以代指武装人员，如汉史文献中所见"缇骑"①。居延汉简所谓"缇行縢"，应是标准的军服装束。

又有将"行縢"写作"行幐"的。如：

行幐一枚已　卩（E. P. T52：92）
行幐二枚卩（E. P. T52：93）
行幐帻二枚已（E. P. T52：94）

"行縢"与军人服装"衣""绔""袜"等一并清点登记。"行縢"称"一枚""二枚"而不称"一两"，也值得注意。

---

① 如《后汉书》卷五《安帝纪》："三公以国用不足，奏令吏人入钱谷，得为关内侯、虎贲羽林郎、五大夫、官府吏、缇骑、营士各有差。"李贤注引《续汉志》："执金吾，缇骑二百人。"《续汉书·百官志四》说，执金吾属下有"缇骑二百人"。贵族高官的随从卫士也通称"缇骑"。《后汉书》卷四五《张酺传》："遣缇骑侯海等五百人殴伤市丞。"

"行縢"这种装束在民间沿用年代非常长久。宋人丁黼《送亲戚钱尉入国》诗:"正是朔风吹雪初,行縢结束问征途。"① 陆游《游山》诗:"一生万里着行縢,抖擞尘埃尚未能。"② 又清人载震《答诗》:"明日别公庐山去,赠我竹杖随行縢。"③ 曹贞吉词《台城路·送分虎归长水》:"行縢漫试便脚底。"④ 都说明这种行旅装束在民间长期流行的事实。顾炎武《日知录》卷二八说到,"今之村民"仍往往使用这种绑腿布而不着袜,以为"古之遗制也"。

　　"行縢"这种便于山地交通的形式,其实至近代依然普遍采用。只是随着社会交通条件的变化,逐渐退出了社会生活。

　　有关"行縢"早期应用的文字记载见于先秦时代,然而较集中的文物资料则以秦始皇陵兵马俑为最早。研究中国古代军事史、交通史和服饰史的学者,都可以借取这一资料进行有意义的学术探索。

---

① （元）方回编:《瀛奎律髓》卷二四《送别类》。
② （南宋）陆游:《剑南诗稿》卷八五。
③ （清）宋荦:《西陂类稿》卷一一《漫堂草》。
④ （清）曹贞吉:《珂雪词》卷下。

汉代民间的玩具车

王符在《潜夫论·浮侈》中批评世风奢侈，说道："或作泥车、瓦狗、马骑、倡排，诸戏弄小儿之具以巧诈。"所谓"诸戏弄小儿之具"曾经在汉代社会普遍流行，其中"泥车""马骑"等与交通行为有关的儿童玩具，在汉代画像和实物遗存中都有所反映。而普遍受到儿童喜爱的玩具车，特别值得交通史和交通考古研究者注意。

一 项橐身份标志

1977年山东嘉祥核桃园齐山村北出土的汉画像石中，可以看到反映"孔子见老子"传说的画面。一列13人，左起第8人手扶藜杖①，身侧榜题"老子也"。第10人榜题"孔子也"。第11人立于孔子身后，榜题"颜回"。第9人立于孔子与老子之间，为童子形象，面向孔子，一手扬起，作叙说状（图七四）。画面题材，大致描绘孔子谦学求教事迹。画中童子，或以为即项橐。②

《战国策·秦策五》："项橐生七岁而为孔子师。"这一故事在汉代曾广为流传。《淮南子·说林》："项讬使婴儿矜"，高诱注："项讬年七岁，穷难孔子而为之作师，故使小儿之畴自矜大也。"

---

① 古长者以藜草老茎作杖，《庄子·让王》："原宪华冠緌履，杖藜而应门。"《史记》卷五五《留侯世家》记述黄石公神话，张守节《正义》引《括地志》："孔文祥云：'黄石公状，须眉皆白，杖丹藜，履赤舄。'"《拾遗记》卷六："刘向于成帝之末，校书天禄阁，专精覃思，夜有老人，着黄衣，檀青藜杖，登阁而进。"汉代画像中老者手持曲折之杖，当即表现拙朴风格的藜杖。

② 山东省博物馆、山东省文物考古研究所编：《山东汉画像石选集》，齐鲁书社1982年3月版。嘉祥齐山画像石编号为图179，图版说明：孔子与老子"二人中间有一小儿手推小车轮，面向孔子，应为项橐"。

图七四　嘉祥齐山汉画像石项橐画面

又《淮南子·修务》："夫项讬七岁为孔子师，孔子有以听其言也。"《史记》卷七一《樗里子甘茂列传》："夫项橐生七岁为孔子师。"《新序·杂事五》："项橐七岁而为圣人师。"《论衡·实知》也说："项讬年七岁教孔子。"①

嘉祥齐山画像石画面可见孔子与童子之间，云空有一鸟俯视，地面有一鸟仰视。最为奇特的是，孔子袖中露出的双手，竟然表现为两只鸟头，或许另有深意。②

1978年山东嘉祥满硐宋山村北出土的两件汉画像石，也有类似的孔子谦恭而立，面向老子及一童子的画面。均可见老子扶藜杖，童子一手扬起，孔子衣袖前刻划鸟头（图七五）。

特别值得注意的是：这三幅汉代画像中，童子均手持下附小型车轮的木柄。其中一幅所见小型童车轮仅有轴、辐而未刻画出轮辋，有可能当时

---

① 王子今：《"秦项橐"故事考议》，《秦文化论丛》第14辑，三秦出版社2007年10月版。
② 《论语·微子》："楚狂接舆，歌而过孔子，曰：'凤兮！何德之衰？往者不可谏，来者犹可追。已而！已而！今之从政者殆而！'"何晏《集解》引孔安国曰："比孔子于凤鸟，凤鸟待圣君乃见。"《庄子·人间世》也写道："孔子适楚，楚狂接舆游其门曰：'凤兮凤兮，何如德之衰也。'"为什么"比孔子于凤鸟"，或许有较深层的文化寓意。参见王子今《从玄鸟到凤凰：试谈东夷族文化的历史地位》，《中国文化研究集刊》第5辑，复旦大学出版社1987年6月版。也可能画师在构思时，将孔子求教项橐故事和孔子求教郯子故事糅合为一了。《左传·昭公十七年》记载，郯子来朝，有人问道："少皞氏鸟名官，何故也？"郯子说："吾祖也，我知之。""我高祖少皞挚之立也，凤鸟适至，故纪于鸟，为鸟师而鸟名。"仲尼闻之，见于郯子而学之。随后又感慨道："吾闻之，天子失官，学在四夷，犹信。"孔子见于郯子而学之，也是著名的体现"圣人无常师"的故事。

以颜料描画,年久漶失不存。

　　傅惜华《汉代画像全集》中著录的一件山东滕县汉画像石,也有大体雷同的画面。画像所见儿童没有扬手动作,手中持物也附有小型车轮,其整体结构较前引三例似更为复杂(图七六)。①

图七五　嘉祥宋山汉画像石项橐画面

图七六　《汉代画像全集》著录滕县汉画像石

① 傅惜华:《汉代画像全集》初编,巴黎大学北京汉学研究所1950年版,图112。

陕西绥德县刘家沟汉墓出土的东汉画像石中，也有题材相同、构图类似者。大约是表现孔子的人物形象手上立一鸟，而老子手不持杖，童子手推的，则是双轮小车（图七七）。①

这些汉代画像中儿童所持物，应当是一种仿照车辆实物制作的，可以用手推动在地面运行的玩具车。这种玩具车成为汉代画像中人物的重要道具，在于作者用以标示其年龄特征，从而可以说明这是汉代民间曾经广泛流行的习见器物。

图七七　绥德刘家沟汉画像石项橐画面

晋人杜夷《幽求子》说："年五岁有鸠车之乐，七岁有竹马之欢。"宋人李石《续博物志》也说："小儿五岁曰鸠车之戏，七岁曰竹马之戏。"用玩具车来体现儿童的身份，说明汉代民间已经形成这种在某种年龄层次特别喜好车型玩具的风习。《论衡·实知》："云项讬七岁，是必十岁；云

---

① 陕西省博物馆、陕西省文物管理委员会：《陕北东汉画像石刻选集》，文物出版社 1959 年 4 月版。

教孔子,是必孔子问之。"俞正燮《癸巳类稿》卷一一《项橐考》指出:"谓项讬十岁,则《论衡》私议矣。"以为王充这一见解,是缺乏根据的臆断。如果上文引述汉代画像中小儿弄车图确实与项橐事迹有关,那么项橐"是必十岁"之说似乎的确失之于武断。

二 "鸠车"文物实证

所谓"鸠车",在汉代文物资料中也可以看到实物证明。

1955年发掘的洛阳涧西区小型汉墓中,墓45出土一件陶鸠车,据发掘报告记录,"体为鸟形,实腹,两翼成车轮状,中有一轴,可拉动,质地属夹砂红陶"。墓41还出土一件铜鸠车,"与墓45的陶鸠车形状雷同,在鸟的腹部两旁,向外凸有圆轮轴,其轮未见"。铜车的车轮或为木质,已朽坏。墓41和墓45都是儿童墓,前者墓室长仅为1.5米,后者仅为1.4米。发掘者分析这一"贫苦人民的墓地"的出土器物,以为"鸠车出自儿童墓,铜镜多佩于成年者的墓中,疑亦为两汉时代的葬俗"。①

墓中随葬品多为死者生前珍爱之物。汉代儿童墓出土鸠车,说明这是当时民间较为流行的儿童玩具。

日本藤井有邻馆收藏有较完整的一件汉代铜鸠车,两轮,有长尾,尾端扁平(图七八)。用力牵曳,则尾部翘起,若缓行,则尾端摩地,正可以仿拟鸠鸟飞翔和行走时的不同形态。分析这一铜鸠车的形制,可能鸠鸟头部上方的空銎也可以安插类似山东和陕北汉画像石所表现的用以儿童手持的长柄。鸠鸟耳侧似有穿孔,看来又可以穿系绳索牵引运行。②

洛阳中州路西汉初期房屋基址中出土一件所谓"陶鸽",残长11.5、腹宽6、厚5.5厘米,首尾残缺,两翼在背上交叠,腹下有一方形洞,可插入柱状物(图七九),发掘报告执笔者推测可能是安装在房顶上的装饰。③然而由其形制大小判断,房顶装饰之说显然难以成立。这件"陶

---

① 河南省文化局文物工作队:《一九五五年洛阳涧西区小型汉墓发掘报告》,《考古学报》1959年第2期。

② [日]林巳奈夫:《漢代の文物》,京都大学人文科学研究所昭和五一年(1976年12月)版,图8—64。

③ 中国科学院考古研究所:《洛阳中州路(西工段)》,科学出版社1959年1月版,第48、49页。

鸠"其实很可能是儿童玩具鸠车的残件，腹下的方形孔，用途可能是为了与有车轮装置的底盘进行组装。

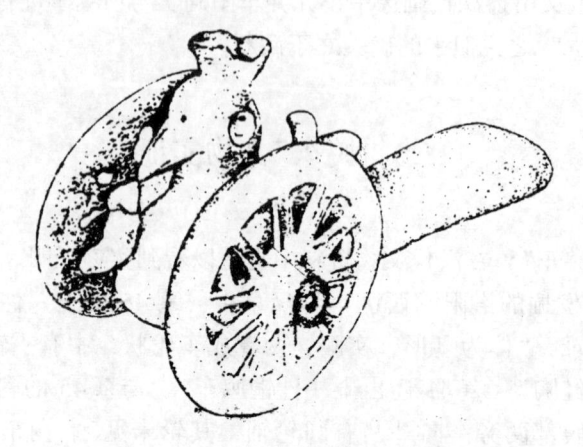

图七八　日本藤井有邻馆藏汉代铜鸠车

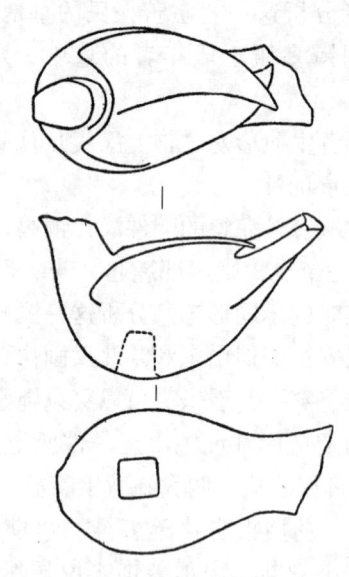

图七九　洛阳中州路西汉初期房屋基址中出土的陶鸠车残件

后世"博古"学者的金石学论著中，可以看到有关"鸠车"实物的记述。其中有可能确实是"汉物"者。

《重修宣和博古图》卷二七有"汉鸠车""六朝鸠车"。其文曰："右二器，状骂鸠形，置两轮间。轮行则鸠从之。前一器，汉物也。其禽背负一子，有钮置之前，以贯绳盖絷维之所也。后一器，六朝物也。其禽前后负二子，亦有钮以贯绳焉。尾际又有小轮以助之。盖制度略相似，但增损不同耳。按《鸤鸠》之诗，以况母道均一，故象其子以附之，因以为儿童戏。若杜氏《幽求子》所谓'儿年五岁有鸠车之乐，七岁有竹马之欢'者是也。"（图八〇）《西清古鉴》卷一一有"鸠车尊"。图侧说明文字写道："右高五寸一分，深四寸四分，口径二寸四分，轮径各二寸六分，通长五寸五分，重二十五两。此与前二器皆弄具也，与祭器自别。""弄具"应当就是玩具。同书卷三八有"唐鸠车"。编辑者写道："右高二寸一分，长三寸五分，阔三寸六分，轮径二寸，重一十二两。《博古图》亦载此器，引杜氏'年五岁有鸠车之乐'云云。盖儿戏所用，非上世制也。"《西清古鉴》说"《博古图》亦载此器，引杜氏'年五岁有鸠车之乐'"，而《博古图》言"六朝鸠车"。另外，其图亦与《博古图》略有不同。

图八〇　《重修宣和博古图》"汉鸠车"

三　许阿瞿画像"鸠车"游戏

从河南南阳李相公庄汉墓出土的许阿瞿墓志画像中，可以看到儿童手牵鸠车游戏的情形（图八一）。

画面可见帏幔下有一位身着长襦的总角儿童端坐于榻上，右侧榜题"许阿瞿"三字。榻前置案，案上有酒食具。画面右侧描绘一儿童"牵一木鸠，鸠有两轮，后一人执鞭赶鸠"。画面体现了富家小主人令僮儿为其表演所谓"鸠车之戏"以取乐情景。

图八一　许阿瞿画像"鸠车"游戏

志文记述许阿瞿死去时"年甫五岁"[1]，可见"五岁有鸠车之乐""五岁曰鸠车之戏"的说法，也大致符合汉代风习。

宋张世南《游宦纪闻》卷五："鸠车，儿戏之物。"元陶宗仪《辍耕录》卷一七："鸠车，儿戏之具。"[2] 这种玩具又成为儿童年龄的标志物。《锦绣万花谷》前集卷一六引《博物志》："鸠车竹马。小儿五岁曰鸠车之戏，七岁曰竹马之戏。"《绀珠集》卷一三："竹马鸠车。王元长曰：'小儿五岁曰鸠车之戏，七岁曰竹马之戏。'"《类说》卷二三及卷六〇都写道："鸠车竹马。王元长曰：'小儿五岁曰鸠车之戏，七岁曰竹马之游。"[3]

唐人潘炎《童谣赋》："荧惑之星兮列天文，降为童谣兮告圣君。发自鸠车之岁，称为竹马之群。"[4] 明汪砢玉《珊瑚网》卷三三："余弄鸠车时，家甫得陆天游画上题云：'溪山清眺，陆广为文伯作。'"卷三八："余弄鸠车时，见先荆翁斋阁悬山水二幅。"清人王士禄《减字木兰花·羁所七忆》其四："桃花靧雪，掌里双珠光似月。几载身傍，次第鸠车看绕床。"[5] "鸠车之岁""弄鸠车时"都是后来对于童年之"忆"的表述，"鸠车"成为"儿戏"场面的典型标志。

所谓"弄鸠车""鸠车之乐""鸠车之戏"情形，通过许阿瞿画像可以得到反映。

---

[1] 南阳市博物馆：《南阳发现东汉许阿瞿墓志画像石》，《文物》1974年第8期；闪修山、王儒林、李陈广：《南阳汉画像石》，河南美术出版社1989年6月版，第73页。

[2] （明）方以智《通雅》卷三三《器用·古器》同。

[3] （宋）叶廷珪：《海录碎事》卷八上，《谈苑》卷四同。

[4] （北宋）《文苑英华》卷八五。

[5] （清）王士禄：《炊闻词》上，《十五家词》卷一〇。

四 "泥车"等儿童玩具的交通文化分析

汉代民间的玩具车属于活动机械玩具，其形式可以在某种程度上反映当时的交通技术。

战国秦汉时期，车辆制作技术已经比较成熟。玩具车形制的进步，应当与制车技术的提高和普及有关。

汉代民间的玩具车属于模仿式玩具。对仿像车辆的玩具的普遍喜好，可以说明车辆在儿童生活环境中的地位，也可以反映当时民间慕效远行的交通交往心理。研究儿童心理的学者普遍认为，许多技巧可以通过童年掌握玩具培养成功，通过掌握活动玩具，还能够有助于解决空间关系上的一些难题，能够增进儿童智力。联想到孔子办学的基本教育内容"六艺"中包括"御"，即熟练使用车辆的技术训练，似乎还应当注意到玩具车的流行，作为社会自然形成的一种早期教育形式的意义。而这种形式的形成，其实是以当时社会交通事业的一定发展和实用车辆的相对普及为背景的。

据说孔子"执御"确实受到儿童的启示。《论语·子罕》："然巷党人曰：'大哉孔子！博学而无所成名。'子闻之，谓门弟子曰：'吾何执？执御乎？执射乎？吾执御矣。'"《汉书》卷五六《董仲舒传》载董仲舒对策，说到"达巷党人不学而自知"，颜师古注引孟康的意见："人，项橐也。"司马迁在《史记》卷四七《孔子世家》中引用《论语·子罕》中的这段话，"达巷党人"作"达巷党人童子"。俞正燮《癸巳类稿》卷十一《项橐考》指出，"司马迁加'童子'之称，迁必有所出。迁既曰'童子'，孔子因其言而思执御"，以为"党人为项橐，信矣"。有人怀疑《史记》卷四七《孔子世家》"达巷党人童子"中"童子"为衍文，似不确。

这样看来，汉代画像中童子手持玩具车面对孔子的画面，玩具车除了标示年龄等次之外，很可能还有更深刻的文化含义。画面可以使人直接联想到孔子因童子启示而"思执御"的事。这里，很可能是将"子闻之"，"因其言而思执御"的过程巧妙地以画面语言替代，表现为孔子看到了童子手中的玩具车。这样的构图设想之形成，当然也是以汉代玩具车风行于民间的历史事实为条件的。

释里耶秦简"端行"

里耶秦简出现"端行"简文，研究者有不同的理解。对其正确释读有益于认识当时的交通制度，值得学界关注。

一　里耶"端行"简文

里耶秦简的一条简文受到许多学者的关注。秦行政管理史以及秦徭役征发制度、秦信息传递方式的研究者，均可以通过简文提供的历史资料有所发现。这就是《里耶发掘报告》编号为（16）5者：

廿七年二月丙子朔庚寅，洞庭守礼谓酋夫卒史嘉、叚（假）卒史谷、属尉：令曰："传送委输，必先悉行城旦舂、隶臣妾、居赀、赎责（债），急事不可留，乃兴繇（徭）。"今洞庭兵输内史及巴、南郡、苍梧，输甲兵当传者多节传之。必先悉行乘城卒、隶臣妾、城旦舂、鬼薪、白粲、居赀、赎责（债）、司寇、隐官、践更县者。田时殹（也）不欲行黔首，嘉、谷、尉各谨案所部县卒、徒隶、居赀、赎责（债）、司寇、隐官、践更县者簿，有可令传甲兵，县弗令传之而兴黔首，〔兴黔首〕可省小弗省小而多兴者，辄劾移县，〔县〕丞以律令具论，当坐者言名史泰守府。嘉、谷、尉在所县上书，嘉、谷、尉令人日夜端行，它如律令。（正面）

三月丙辰迁陵丞欧敢告尉，告乡司空、仓主，前书已下，重听书从事。尉别都乡司空，〔司空〕传仓；都乡别启陵、贰春，皆勿留脱。它如律令。釦手。丙辰水下四刻隶臣上行。

三月癸丑水下尽□阳陵士□匋以来。邪手。

七月癸卯水十一刻〔刻〕下九，求盗簪褭（袅）阳成辰以来羽

手如手（背面）①

其中所谓"日夜端行"的"端行"，应是对"传"的效率要求。就"端行"语义，研究者有不同的解说。

二 对"端行"的不同解说

张春龙以为，"端，疑读为遄，疾速。《尔雅·释诂》：'遄，疾也。'又'遄，速也'"②。

李学勤将"端"改释为"〔鍱〕"，读为"牒"。

胡平生指出，此字"细看图版，还是'端'字"。他认为张春龙说"'令人日夜端行'，就是派人日夜速行呈报文书，意思当然很好"。不过，"文书在'……辄劾移县，县亟以律令具论，当坐者言名夬（决）泰守府。嘉、谷、尉在所县上书'之后，又说'嘉、谷、尉令人日夜端行'，'端行'似乎不一定指快速送信。睡虎地秦简《为吏之道》有'正身修行，过（祸）去福存'，'正行'即'端行'；《语书》有'圣王作法度，以矫端民心'，'故有公心，有（又）能自端也'；秦人是靠法律监察规范矫正行为的，'端行'有可能是监督、监察、端正行为的意思，'日夜端行'大概是秦代的熟语"③。

现在看来，现有各种解说似乎都并不能切近文意。

三 借助语言学的讨论："端行"即"直行"

其实，"日夜端行"的"端行"，"端"应理解为"直"。《说文·立部》："端，直也。"《礼记·玉藻》："端行，颐霤如矢。"郑玄注："端，直也。"孔颖达疏："端行，谓直身而行也。"《史记》卷六《秦始皇本纪》："不敢端言其过。""端"也是直的意思。

---

① 湖南省文物考古研究所：《里耶发掘报告》，岳麓书社2007年1月版，第192页。
② 同上书，第193页。
③ 胡平生：《里耶简所见秦朝行政文书的制作与传达》，《资料学の方法を探る——情报発信と受容の视点から》，爱媛大学「资料学」研究会，2009年3月；《東アジアの出土資料と情報傳達の研究》，爱媛大学法文学部，2009年3月。今按：胡平生文引此简的编号为"16—6"。

现今陕西关中方言依然往往称"直"为"端","直行"称作"端走"。西安方言"端顶儿"的意思是"直直往前,顶直"①。四川方言也有以"端"为"直","直走"称"端走"、称"端端走"的情形。② 方言或保留语言的古音古义。川陕方言相近的情形,应与秦人较早征服巴蜀的因素有关。秦汉时期,"大关中"的区域概念是包括巴蜀地方的。司马迁在《史记》卷一二九《货殖列传》中说到"关中",班固在《汉书》卷二八下《地理志下》中说到"秦地",都有兼及"巴、蜀"的内容。关中称"天府""陆海"③,后来蜀地也称"天府""陆海"④,显示经济形势的类同是明显的。成都北门称"咸阳门",成都城市规划"与咸阳同制"⑤,也反映出秦地和蜀地的密切关系。⑥ "巴、蜀亦关中地也"⑦,是秦汉时期民间所能够普遍接受的观念。⑧

文献所见与关中方言和四川方言"端走"类似的说法,有宋人杨万里《答本路赵不迁运使》:"不远数百里耑走一骑。"⑨

"端行",后来有关驿递制度的法律文书表述为禁止"枉道"。

《唐律疏议》卷一〇《职制中》"乘驿马枉道"条:"诸乘驿马辄枉道者,一里杖一百,五里加一等。罪止徒二年。"《疏议》:"乘驿马者,皆依驿路而向前驿。若不依驿路别行,是为枉道。""问曰:假有使人乘驿马枉道五里,经过反复,往来便经十里。如此犯者,从何科断?""答曰:律注枉道,本虑马劳,又恐行迟,于事稽废,既有往来之理,亦计十里科论。"

又《大清律例》卷二二《兵律·邮驿》"多乘驿马"条:"若出使人员枉道驰驿……者,杖六十。因而走死驿马者,加一等,追偿马匹还官。"《条例》规定:"其不照依所定程途枉道扰驿者,系官交该部议处,差役杖一百。"《大清律例》卷四一《杖六十》也可见"兵例"对于"枉

---

① 伍永尚:《原生态的西安话》,西安交通大学出版社2007年9月版,第276页。
② 王文虎、张一舟、周家筠编:《四川方言词典》,四川人民出版社1987年11月版,第91页。
③ 《战国策·秦策一》、《史记》卷九五《留侯世家》、《史记》卷九九《刘敬叔孙通列传》、《汉书》卷六五《东方朔传》。
④ 《华阳国志·蜀志》《水经注·江水一》引《益州记》。
⑤ 《华阳国志·蜀志》。
⑥ 王子今:《秦兼并蜀地的意义与蜀人对秦文化的认同》,《四川师范大学学报》1998年第2期。
⑦ 《史记》卷七《项羽本纪》。
⑧ 王子今:《秦汉区域地理学的"大关中"概念》,《人文杂志》2003年第1期。
⑨ (南宋)杨万里:《诚斋集》卷一〇六《尺牍》。

道驰驿""差役不照所定程途枉道扰驿者"惩治的规定。

"端行",即"照依所定程途","皆依驿路而向前驿",指行进方向不得迂回偏移,只能沿最捷直的路线行进。从这一意义上说,最终还是强调了传递的速度和效率。张春龙所谓"疾速"、胡平生理解张说所谓"日夜速行",虽文字释读不同,大体并不违简文原意。

秦法"刑弃灰于道者"试解

秦法有"刑弃灰于道者"的内容，历来为法律史研究者所关注。其实，这一法律史、行政史的现象又涉及交通史和社会意识史。其中有关神秘主义观念的内容，对于考察秦文化，有探索说明的必要。

一　关于"殷之法，弃灰于公道者断其手"

《韩非子·内储说上》论述"必罚"，即强调严厉法治的道理时，这样写道："爱多者则法不立，威寡者则下侵上。是以刑罚不必则禁令不行。其说在董子之行石邑，与子产之教游吉也。故仲尼说陨霜，而殷法刑弃灰；将行去乐池，而公孙鞅重轻罪。"所谓"殷法刑弃灰"，是刑罚严酷的典型。同篇又有孔子与子贡关于"殷法刑弃灰"的讨论：

> 殷之法刑弃灰于街者，子贡以为重，问之仲尼，仲尼曰："知治之道也。夫弃灰于街必掩人，掩人人必怒，怒则斗，斗必三族相残也。此残三族之道也，虽刑之可也。且夫重罚者，人之所恶也，而无弃灰，人之所易也。使人行之所易，而无离所恶，此治之道。"
>
> 一曰。殷之法，弃灰于公道者断其手，子贡曰："弃灰之罪轻，断手之罚重，古人何太毂也？"曰："无弃灰所易也，断手所恶也，行所易不关所恶，古人以为易，故行之。"

陈奇猷《韩非子集解》："董桂新曰：此以商鞅之法为殷法。奇猷案：《盐铁论·刑德篇》云：'商君刑弃灰于道者而秦民治'，即董氏所本。案董说非也，秦孝公用商鞅变法，孔子已卒后一百二十年，子贡安得以其法询之仲尼。殷法今虽无考，或商鞅定刑弃灰于道者（见《史记·李斯传》）即本殷法，故韩子有此言也。"① 陈说以孔子与子贡的对话否定"此以商鞅之法为殷法"，忽视了韩非其实只是借仲尼之名以为政治寓言。而所谓"殷法刑弃灰""公孙鞅重轻罪"，如后一句作"卫鞅重轻罪"，则排比整齐几近对仗，似乎也已经暗示其间存在的某种联系。

二 商君之法，刑弃灰于道者

从司马迁在《史记》中的记载看，"刑弃灰于道者"确是秦法而非殷法。卷八七《李斯列传》记载，李斯上书秦二世，述贤明之主当"行督责之道，专以天下自适"之意。他说：

> 故韩子曰："慈母有败子而严家无格虏"者，何也？则能罚之加焉必也。故商君之法，刑弃灰于道者。夫弃灰，薄罪也，而被刑，重罚也。彼唯明主为能深督轻罪。夫罪轻且督深，而况有重罪乎？故民不敢犯也。

"商君之法，刑弃灰于道者"，张守节《正义》："弃灰于道者黥也。"李斯从政于秦多年，对于秦史和秦法的熟悉无可置疑。如果司马迁的记述确实，则"商君之法，刑弃灰于道者"之说可信。

以为"刑弃灰于道者"是"商君之法"，并不是司马迁一个人的认识。汉代人说秦法严厉，多以此作为最极端的例证。如未曾看到《史记》的桓宽在《盐铁论·刑德》中就写道：

> 大夫曰："文学言王者立法，旷若大路。今驰道不小也，而民公犯之，以其罚罪之轻也。千仞之高，人不轻凌，千钧之重，人不轻举。商君刑弃灰于道，而秦民治。故盗马者死，盗牛者加，所以重本而绝轻疾之资也。武兵名食，所以佐边而重武备也。盗伤与杀同罪，所以累其心而责其意也。犹鲁以楚师伐齐，而春秋恶之。故轻之为重，浅之为深，有缘而然。法之微者，固非众人之所知也。"

这是对"商君刑弃灰于道"持肯定态度的意见。而《史记》卷六八

---

① 《韩非子集解》，上海人民出版社1974年7月版，上册第541—542页。

《商君列传》裴骃《集解》引《新序》论则批判其严酷，其文曰：

> 今卫鞅内刻刀锯之刑，外深铁钺之诛，步过六尺者有罚，弃灰于道者被刑，一日临渭而论囚七百余人，渭水尽赤，号哭之声动于天地，畜怨积仇比于丘山……其去霸王之佐亦远矣。

也说"弃灰于道者被刑"是卫鞅"内刻""外深"之法的内容。又同篇司马贞《索隐》：

> 《新序》是刘歆所撰，其中论商君，故裴氏引之。……《说苑》云："秦法，弃灰于道者刑。"是其事也。

这里"《说苑》云：'秦法，弃灰于道者刑。'"《北堂书钞》卷四三引作《说苑》云："殷法，弃灰于街者刑。"而今本《说苑》中这句话已经佚失。对于所谓"殷法"之说，王应麟《困学纪闻》卷一〇表示明确的否定意见："以商君之法为殷法，而又托之仲尼，法家之侮圣言如此。"近世仍有学者以为"刑弃灰于道，乃殷时旧法"，有云商君之法者，"当是殷人原有此法，商君又仿而行之"①。王利器则指出："是弃灰之法，始于商君，其以为秦法者，乃商君之法也；其以为殷法者，盖秦人立此法而托之于殷也。"② 此说可以信从。

班固《汉书》中也有有关秦法"刑弃灰于道者"的文字。如卷二七中之下《五行志中之下》：

> 秦连相坐之法，弃灰于道者黥，罔密而刑虐，加以武伐横出，残贼邻国，至于变乱五行，气色谬乱。

关于"弃灰于道者黥"，颜师古注："孟康曰：'商鞅为政，以弃灰于道必坋人，坋人必斗，故设黥刑以绝其原也。'臣瓒曰：'弃灰或有火，火则燔庐舍，故刑之也。'师古曰：'孟说是也。'"正如王利器所说："孟康之说，盖本之《韩非子》。"③

---

① 马非百：《盐铁论简注》，中华书局1984年10月版，第392页。
② 王利器：《盐铁论校注》（定本），中华书局1992年7月版，下册第572—573页。
③ 同上书，下册第572页。

后人说到秦法，也有于过于酷毒的批评中涉及"刑弃灰于道者"之说。如《隋书》卷二五《刑法志》："落严霜于政教，挥流电于邦国，弃灰偶语，生愁怨于前，毒网凝科，害肌肤于后。"以"弃灰"之责罚过重作为秦政批判的例证，以为可以与焚书之令中所谓"有敢偶语《诗》《书》者弃市"① 并列。

沈家本《历代刑法考》中《律令》卷一"汤刑"条下引录《韩非子·内储说上》"殷之法，刑弃灰于街者"之说，而按语称："此法太重，恐失其实，即前后两说已不甚同矣。"又卷二"商鞅变法"条下引录《史记》卷八七《李斯列传》"商君之法，刑弃灰于道者"之说，按语称"实改律之事，乃变法之大者也"②，并未置疑，似乎也有以此为商君之法的倾向。今人陈登原《国史旧闻》卷一〇有"移木弃灰"条，引录有关商鞅移木立信及"刑弃灰于道者"诸史料后写道："登原案：弃灰之刑，师古以为孟康说是，韩非以为此乃殷制，二者疑皆不衷于是。轻罪而罚，诚如李斯云云，要之，亦当如徙木之微功而赏，同于表示不欺其民也。"③ 马非百《秦集史·法律志》于"关于庶民方面者"中列"弃灰法"。④ 林剑鸣《秦史稿》虽然在《封建制在秦国的建立》一章中"法律制度"一节没有提到"刑弃灰于道者"，然而在讨论商鞅变法的内容中也说道："据说连'弃灰于道者'（即将灰倒在路上），也要处以黥刑。"⑤

三 "刑弃灰于道者"立法动机的分析

《史记》卷八七《李斯列传》所谓"刑弃灰于道者"，张守节《正义》："弃灰于道者黥也。韩子云：'殷之法，弃灰于衢者刑。子贡以为重，问之。仲尼曰：灰弃于衢必燔，人必怒，怒则斗，斗则三族，虽刑之可也。'"对于所谓"刑弃灰于道者"或者"弃灰于道者刑"，历代均以为"督深""刑虐"，对于其立法的动机，则有不同的认识。或说使人行

---

① 《史记》卷六《秦始皇本纪》。
② 沈家本：《历代刑法考》，中华书局1985年12月版，第2册第820、846—847页。
③ 陈登原：《国史旧闻》第一分册，生活·读书·新知三联书店1958年7月版，第249—250页。以"弃灰"与"徙木"并列，已见于苏轼《东坡志林》卷五"赵高李斯"条："商鞅立信于徙木，立威于弃灰。刑其亲戚师傅，积威信之极。"
④ 马非百：《秦集史》，中华书局1982年8月版，下册第838页。
⑤ 林剑鸣：《秦史稿》，上海人民出版社1981年2月版，第186页。

之所易而无离所恶，如韩非拟仲尼说；或说深督轻罪，则民不敢犯重罪，如李斯、桑弘羊说①；或说防微杜渐，以绝其原，如孟康、颜师古说；或说余烬或有火，恐致燔庐舍，如臣瓒说。明时则有学者发表了独异于前人的见解，如张萱《疑耀》卷三有"秦法弃灰"条，说道：

  秦法，弃灰于道者弃市。此固秦法之苛，第弃灰何害于事，而苛酷如此？余尝疑之，先儒未有发明者。偶阅《马经》，马性畏灰，更畏新出之灰，马驹遇之辄死，故石矿之灰，往往令马落驹。秦之禁弃灰也，其为畜马计耶？一日又阅《夏小正》及《月令》，乃毕得其说。仲夏之月毋烧灰。郑氏注谓为伤火气是矣。是月王颁马政，游牝别群，是毋烧灰者，亦为马也。固知弃灰于道，乃古人先有此禁，但未必刑之如秦法。古人惟仲夏乃行此禁，秦或四时皆禁，故以为苛耳。②

又张燧《千百年眼》卷四有"秦法弃灰有故"条，其文字除"余尝疑之"作"盖尝疑之"外，竟然与张萱《疑耀》卷三"秦法弃灰"条完全相同。二张均为万历举人，我们已经难以辨别此论发表之先后。而《四库全书总目》卷一一九《子部·儒家类三》说，《疑耀》"旧本题李贽撰"，而"此书确出于萱"，"盖以万历中贽名最盛，托贽以行"，"今改题萱名，从其实也。"更使人们对"秦法弃灰"之议论所出难消疑云。

以上诸说，多从道德教化和执法效能的角度分析。臣瓒说关涉消防制度，而张萱、张燧则论及有关畜马技术的禁忌。其实，我们如果从社会礼俗的视角观察，又可以看到这一现象的形成，可能有神秘主义文化的背景。

四 神秘的"灰"

  "灰"，在秦汉人的意识中，体现着某种特殊的象征，潜涵着若干奇

---

① 秦法确实有这一特征。《商君书·去强》："行刑重其轻者，轻者不生，重者不来。"又《说民》："行刑重其轻者；轻者不生，则重者无从至矣。"又《赏刑》："重刑连其罪，则民不敢试。""禁奸止过，莫若重刑。刑重而必得，则民不敢试，故国无刑民。"林剑鸣对秦"'轻罪重刑'的立法指导思想"有所论述，参见林剑鸣《秦史稿》，上海人民出版社1981年2月版，第229—230页。

② （清）《岭南遗书》第十二册。

异的神力。《淮南子·览冥》："画随灰而月运阙。"① 又："女娲炼五色石以补苍天，断鳌足以立四极，杀黑龙以济冀州，积芦灰以止淫水。"《史记》卷一二八《龟策列传》褚少孙补述："玉灵必信以诚，知万事之情，辩兆皆可占。不信不诚，则烧玉灵，扬其灰，以征后龟。"《续汉书·律历志上·候气》说"候气之法"："夫五音生于阴阳，分为十二律，转生六十，皆所以纪斗气，效物类也。天效以景，地效以响，即律也。阴阳和则景至，律气应则灰除。""为室三重，户闭，涂衅必周，密布缇缦。室中以木为案，每律各一，内庳外高，从其方位，加律其上，以葭莩灰抑其内端，案历而候之。气至者灰动。其为气所动者其灰散，人及风所动者其灰聚。殿中候，用玉律十二。惟二至乃候灵台，用竹律六十。候日如其历。"都可以曲折反映当时人神秘主义观念中"灰"的作用。②

《艺文类聚》卷八〇引隋岑德润《咏灰》诗曰："图规晕不缺。气改律还虚。欲燃愁狱吏。弃道畏刑书。未得逢强阵。轻举欲焉如。"其中"愁狱吏"和"逢强阵"是说韩安国、杨璇故事③，与我们讨论的主题没有直接关系。而所谓"图规晕不缺。气改律还虚"与"弃道畏刑书"联说，或许亦隐含"灰"在当时礼俗迷信体系中具有特殊意义的暗示。

"灰"又有厌胜辟鬼的神力。

---

① 高诱注："运，读连围之围也。运者，军也。将有军事相围守，则又月运出也。以芦草灰随牖下月光中令圜画，缺其一面，则月运亦缺于上也。"《初学记》卷一引许慎注："有军事相围守，则月晕。以芦灰环，缺其一面，则月晕亦阙于上。"《太平御览》卷七八一引《淮南子》曰："月晕，以芦灰环之，缺一面，则晕亦阙一面焉。"

② 又如《太平御览》卷八七一引《汉书》："武帝穿昆明池，得黑灰。有外国胡云：'此是天地劫灰之余也。'问东方朔，信然。"南朝梁慧皎《高僧传·译经上·竺法兰》："昔汉武穿昆明池底，得黑灰，问东方朔。朔云：'不知，可问西域胡人。'后法兰既至，众人追以问之，兰云：'世界终尽，劫火洞烧，此灰是也。'"

③ 《史记》卷一〇八《韩长孺列传》："安国坐法抵罪，蒙狱吏田甲辱安国。安国曰：'死灰独不复然乎？'田甲曰：'然即溺之。'居无何，梁内史缺，汉使使者拜安国为梁内史，起徒中为二千石。田甲亡走。安国曰：'甲不就官，我灭而宗。'甲因肉袒谢。安国笑曰：'可溺矣！公等足与治乎？'卒善遇之。"《后汉书》卷三八《杨璇传》："璇初举孝廉，稍迁，灵帝时为零陵太守。是时苍梧、桂阳猾贼相聚，攻郡县，贼众多而璇力弱，吏人忧恐。璇乃特制马车数十乘，以排囊盛石灰于车上，系布索于马尾，又为兵车，专彀弓弩，剋期会战。乃令马车居前，顺风鼓灰，贼不得视，因以火烧布，布然马惊，奔突贼阵，因使后车弓弩乱发，钲鼓鸣震。群盗波骇破散，追逐伤斩无数，枭其渠帅，郡境以清。"韩安国"死灰复燃"故事与当时人以"灰"寓"死"的语言习惯有关。其例甚多，如《后汉书》卷五一《陈龟传》"尽种灰灭"，《三国志》卷六《魏书·袁绍传》"灰灭之咎"，卷二一《魏书·刘廙传》"灰身灭族"，卷五三《吴书·薛综传》"杀身"、"灰殒"，卷六五《吴书·韦曜传》"自陷极罪，念当灰灭，长弃黄泉"等。杨璇故事，则可证《韩非子·内储说上》所谓仲尼"弃灰于街必掩人"及《汉书》卷二七中之下《五行志中之下》孟康注"弃灰于道必坋人"之说。

睡虎地秦简《日书》甲种《诘》题下有关于"诘咎"之术的内容。其引言部分称：

（1）●诘咎鬼害民罔行为民不羊告如诘之󰂻①（二四背壹）
道令民毋丽凶央……（二五背壹）

据整理小组释文，应当读作："·诘咎。鬼害民罔（妄）行，为民不羊（祥），告如诘之，󰂻。道（导）令民毋丽凶央（殃）。"其中"丽"，似应读作"罹"。简文有明确的以"灰"辟鬼的内容，例如：

（2）人毋故鬼昔其宫是是丘鬼取故丘之土（二九背壹）
以为伪人犬置蘠上五步一人一犬睘（三〇背壹）
其宫鬼来阳灰毄箕以噪之则止（三一背壹）

整理小组释文作"人毋（无）故鬼昔（藉）其宫，是是丘鬼。取故丘之土以为伪人犬，置蘠（墙）上，五步一人一犬，睘（环）其宫，鬼来阳（扬）灰毄（击）箕以噪（譟）之，则止"。最后一句，似应读作"鬼来阳（扬）灰，毄（击）箕以噪（譟）之，则止"。所谓"鬼来阳（扬）灰"，看来应当与"毄（击）箕以噪（譟）之"分断。与"鬼来阳（扬）灰"的做法类似的，又可见：

（3）杀虫豸断而能属者渍以灰则不属矣（六二背壹）

整理小组释文作："杀虫豸，断而能属者，渍以灰，则不属矣。"又释"属"为"连接"，释"渍"，则疑为"溃"字之误。又如：

（4）女子不狂痴歌以生商是阳鬼乐从之（四七背贰）
以北乡□之辨二七燔以灰□食食之鬼去（四八背贰）

整理小组释文作："女子不狂痴，歌以生商，是阳鬼乐从之，以北乡

---

① 整理小组注释："󰂻，本简两见，似'召'字，惟下部填实，不与上下文连接，疑为一种标记，表示至此即向左阅读。"睡虎地秦墓竹简整理小组：《睡虎地秦墓竹简》，文物出版社1990年9月版，第216页。

（向）□之辨二七，燔以灰□食食之，鬼去。"注释引《荀子·王制》注："商谓商声，哀思之音。"又指出，"乡"下一字疑为"廧"，"辨"疑读为"瓣"，"食"字上一字左侧从"糸"。又如：

（5）鬼恒赢入人宫是幼殇死不葬以灰潰之则不来矣（五〇背贰）

整理小组释文："鬼恒赢（裸）入人宫，是幼殇死不葬，以灰潰之，则不来矣。"又如：

（6）人生子未能行而死恒然是不辜鬼处之以庚日日始出时（五二背贰）
潰门以灰卒有祭十日收祭裹以白茅貍野则毋央矣（五三背贰）

整理小组释文："人生子未能行而死，恒然，是不辜鬼处之。以庚日日始出时潰门以灰，卒，有祭，十日收祭，裹以白茅，貍（埋）野，则毋（无）央（殃）矣。"又如：

（7）人恒亡赤子是水亡伤取之乃为灰室而牢之（六五背贰）
县以蒛则得矣刊之以蒛则死矣享而食之不害矣（六六背贰）

整理小组释文："人恒亡赤子，是水亡伤（殇）取之，乃为灰室而牢之，县（悬）以蒛，则得矣；刊之以蒛，则死矣；享（烹）而食之，不害矣。"又有注释："灰室，似指铺灰于室。《艺文类聚·果部》：'插桃枝于户，连灰其下，童子入不畏，而鬼畏之。'是古人以为鬼畏灰。牢，圈禁。""蒛，即茜草，见帛书《五十二病方》。""刊，斫削。"

（3）（5）（6）所见"潰"，有的学者以为"有施、布、敷之义，读为班、布"①，有的学者释为"喷洒""抹洒"②。而对（7）所谓"灰室"的解释："灰室，似指铺灰于室"，似乎可以商榷。"室"，或许即"窒"。窒碍、窒塞、窒閟，都有堵塞遏制之义，正与下文"牢"相呼应。

前引《日书》简文，其中（3）有实用内容。对照《周礼·秋官司寇》："赤犮氏，掌除墙屋，以蜃炭攻之，以灰洒毒之。凡隙屋，除其狸

---

① 刘乐贤：《睡虎地秦简日书研究》，引郑刚说，文津出版社1994年7月版，第235页。
② 吴小强：《秦简日书集释》，岳麓书社2000年7月版，第142页。

虫。蝈氏，掌去蛙黾，焚牡蘜，以灰洒之则死。"可以有接近实际的具体的理解。

所谓"古人以为鬼畏灰"，或说"古人以为灰可以避鬼"①，应当说是对于民间信仰和礼俗文化的重要发现。

睡虎地秦简《日书》的资料体现秦时社会精神生活的信息，可以与商君之法所谓"刑弃灰于道者"联系起来考察。而年代相距可能其实并不遥远的其他资料，也可以帮助我们理解有关现象。例如睡虎地秦墓竹简整理小组注释引录《艺文类聚·果部》"插桃枝于户，连灰其下，童子入不畏，而鬼畏之"，即《艺文类聚》卷八六引《庄子》语：

> 《庄子》："插桃枝于户。连灰其下。童子入不畏。而鬼畏之。是鬼智不如童子也。"

又《玉烛宝典》卷一引《庄子》：

> 斫鸡于户，县苇灰于其上，插桃其旁，连灰其下，而鬼畏之。

"连灰"于户下，即阻断鬼的通路，可以与睡虎地《日书》所谓"渍门以灰""为灰室而牢之"等做法联系起来理解。

汉代史籍中也有涉及以"灰"辟鬼的礼俗迷信的故事。例如《汉书》卷五三《景十三王传·广川惠王刘越》记述刘去事迹：

> 后去立昭信为后；幸姬陶望卿为脩靡夫人，主缯帛；崔脩成为明贞夫人，主永巷。昭信复谮望卿曰："与我无礼，衣服常鲜于我，尽取善缯句诸宫人。"去曰："若数恶望卿，不能减我爱；设闻其淫，我亨之矣。"后昭信谓去曰："前画工画望卿舍，望卿袒裼傅粉其傍。又数出入南户窥郎吏，疑有奸。"去曰："善司之。"以故益不爱望卿。后与昭信等饮，诸姬皆侍，去为望卿作歌曰："背尊章，嫖以忽，谋屈奇，起自绝。行周流，自生患，谅非望，今谁怨！"使美人相和歌之。去曰："是中当有自知者。"昭信知去已怒，即诬言望卿历指郎吏卧处，具知其主名，又言郎中令锦被，疑有奸。去即与昭信从诸姬至望卿所，嬴其身，更击之。令诸姬各持

---

① 刘乐贤：《睡虎地秦简日书研究》，文津出版社1994年7月版，第239页。

烧铁共灼望卿。望卿走，自投井死。昭信出之，椓杙其阴中，割其鼻唇，断其舌。谓去曰："前杀昭平，反来畏我，今欲靡烂望卿，使不能神。"与去共支解，置大镬中，取桃灰毒药并煮之，召诸姬皆临观，连日夜靡尽。

碎尸肢解，又"取桃灰毒药并煮之"，是期望陶望卿死后不能为厉鬼复仇，"使不能神"。"灰"可以辟鬼的作用也受到重视。

与"火"的崇拜有关的以为"灰"具有特殊神力的迷信，作为原始观念的遗存，其实是许多民族所共有的精神现象。据弗雷泽在《金枝》一书中的记述，基督徒把四旬斋第一周的星期三称为"圣灰星期三"，在这一天把"祝圣"的树木灰擦在教徒额上，表示思罪忏悔。天主教国家的人们往往把复活节篝火的灰以及神圣棕榈树枝的灰在播种时和种子拌在一起。有些地方，"用燕麦或大麦做一个大圆饼，从篝火灰上滚过"。"等所有的柴火都烧光了之后，人们把灰烬远远地撒开。"在波希米亚，有些人把仲夏篝火的灰埋在自家播了种的田里和草地上，埋在菜园里，"放在屋顶上，作为一种护符，避免雷打和坏天气；他们认为放在屋顶的灰可以防止房屋发生火灾"。在英国和法国，也有同样的风俗。在北非的穆斯林民族中，篝火的灰还以具有致福的特性而著名，所以有的人用篝火灰擦头发或身体。法国有些省有烧圣诞木柴的习俗，人们相信将灰撒在田里，"可以防止小麦发霉"。在有的地方，人们小心地把灰保存起来，"用以医治腺肿"。弗雷泽写道："值得注意的是，人们普遍相信：把圣诞木柴的余炭保存起来，能保护房子免受火灾，特别是免遭雷击。由于圣诞木柴常常用的是橡树，很可能这种信念是亚利安人把雷神与橡树联系起来的古老信念的遗迹。至于圣诞木柴的灰烬具有治疗和增殖的功效，如使人畜保健，母牛产仔，大地增产等的想法，是否也是从同一个古代根源发展出来的呢，倒是一个特别值得考虑的问题。"

据弗雷泽记述，欧洲许多地方有点燃"净火"的风习，人们赶着有病的牲畜从火上走过，随后，"青年人在灰烬上乱跑，彼此撒灰涂黑，涂得最黑的人胜利地随着牲口走进村去，保持很长时间不洗掉"。"净火"的灰也撒在田里以保护庄稼不受虫害。有时拿回家去，当作治病的药物，"把它撒在患病的地方，或是用水调好，让病人喝掉"①。

---

① ［英］詹姆斯·乔治·弗雷泽：《金枝：巫术与宗教之研究》，徐育新等译，大众文艺出版社1998年1月版，第864—865、872、880、886、893—894、897页。

西方原始意识中"灰"的医药效用，在中国古代礼俗中也有反映。马王堆汉墓出土帛书《五十二病方》中已经有以"灰"入药的实例。① 直到《本草纲目》中，仍然可以看到"烧灰"为药者，有些特例，显然保留原始巫术的遗存。如"历日"，主治邪疟，"用隔年全历，端午午时烧灰，糊丸"，发病时服用。又如"钟馗"，主治辟邪止疟，"妇人难产，钟馗左脚烧灰，水服"。"鬼疟来去，画钟馗纸烧灰二钱"，与阿魏、砒霜、丹砂制丸服用，"正月十五日、五月初五日修和"②。

在各地民俗中可以看到，"灰"也有极其特殊的应用。例如弗雷泽说，出于偷盗的目的，为了使屋中的人酣睡不醒，"印度教徒在门口扔火葬后的柴火灰，秘鲁的印第安人撒死人的骨灰"③。

"灰"的神秘功用，可能与人类最初使用火的时代的某些观念有关。许多民族有关于"火的起源"的神话传说。在"火"的争夺和传递过程中，常常有鸟类、蛙类处理"跌落的燃灰""散落的余烬"的情节。它们或是"拾取"这些"燃灰"，或是"熄灭"这些"余烬"④。可见，在人类最初的意识中，"灰"与"火"相类似，具有可以为善亦可以为恶，可以为益亦可以为害的双重的宗教文化品性。

依这一思路分析，可以推想商君之法所严禁的"弃灰于道"的行为，可能有某种神秘主义含义。

五　汉武帝"止禁巫祠道中者"

"刑弃灰于道者"的刑罚，惩处犯事现场"于道者"。由此我们自然会联想到汉代亦曾为法令禁止的"于道中祠，排祸咎"的礼俗。《汉书》卷六《武帝纪》记载：

> （天汉二年）秋，止禁巫祠道中者。

---

① 马继兴：《马王堆古医书考释》，湖南科学技术出版社1992年11月版；魏启鹏、胡翔骅：《马王堆汉墓医书校释》，成都出版社1992年6月版；张显成：《简帛药名研究》，西南师范大学出版社1997年10月版。

② 陈贵廷主编：《本草纲目通释》，学苑出版社1992年12月版，第1792页。

③ ［英］詹姆斯·乔治·弗雷泽：《金枝：巫术与宗教之研究》，徐育新等译，大众文艺出版社1998年1月版，第46页。

④ ［法］列维·斯特劳斯：《神话学：生食和熟食》，周昌忠译，时报文化出版企业有限公司1992年10月版，第94—101页。

颜师古注：

> 文颖曰："始汉家于道中祠，排祸咎移之于行人百姓。以其不经，今止之也。"师古曰："文说非也。祕祝移过，文帝久已除之。今此总禁百姓巫觋于道中祠祭者耳。"

吕思勉曾经反驳颜师古说，指出："案汉家若无此事，文颖岂得妄说？则师古之言非也。此与祕祝移过，并非一事。祕祝移过，盖如荧惑守心，而子韦欲移诸相，移诸民，移诸岁；赤云夹日飞，而周太史谓可移诸将相之类。使宋景、楚昭听之，官司必有职其事者，非行诸道中者也。礼以正俗，而人心未变，则又仍弃礼而循俗者。《王嘉传》：嘉奏封事言：'董贤母病，长安厨给祠具，道中过者皆饮食。'如淳曰：'祷于道中，故行人皆得饮食。'此即所谓巫祠道中者。宰相行之，安保皇室之不出此乎？《潜夫论·巫列》篇曰：'人有爵位，鬼神有尊卑。巫觋之语，小人所畏；及民间繕治，微蔑小禁；本非天王所当惮。旧时京师，不防动功，造禁以来，吉祥应瑞，子孙昌炽，不能过前。且以君畏臣，以上需下，则必示弱而取陵，殆非致福之招也。'然则汉世祠祭禁忌，同于民间习俗者多矣，又安必巫祠道中之独不然乎？故知文颖之言，必有所据也。"①

今按，吕思勉《潜夫论》引文有所删略，原文为："人有爵位，鬼神有尊卑。天地山川、社稷五祀、百辟卿士有功于民者，天子诸侯所命祀也。若乃巫觋之谓独语，小人之所望畏，土公、飞尸、咎魅、北君、衔聚、当路、直符七神，及民间繕治微蔑小禁，本非天王所当惮也。旧时京师不防，动功造禁，以来吉祥应瑞，子孙昌炽，不能过前。且夫以君畏臣，以上需下，则必示弱而取陵，殆非致福之招也。"其实，祕祝移过，如"荧惑守心""赤云夹日飞"等，也是有民间礼俗为背景的，同样，"汉世祠祭禁忌，同于民间习俗者多矣"。则"汉家于道中祠，排祸咎移之于行人百姓"，应当是事实。而作为"民间习俗"，应当在更广泛的社会层面有相类同的历史表现。

从睡虎地秦简《日书》"诘咎"之术中有关"灰"的内容看，以"灰"辟去鬼害凶殃的意识十分明显。而"弃灰于道"，不能排除"排祸

---

① 《吕思勉读史札记》，上海古籍出版社 1982 年 8 月版，第 768 页。

咎移之于行人"的危害。禁止这一行为，合于商鞅之法否定"私斗"的原则。① 从这一角度解释商君之法"刑弃灰于道者"的意义，或可聊备一说。

---

① 《史记》卷六八《商君列传》："（商君之法）为私斗者，各以轻重被刑大小。""行之十年，秦民大说，道不拾遗，山无盗贼，家给人足。民勇于公战，怯于私斗，乡邑大治。"《商君书·战法》："凡战法必本于政胜，则其民不争；不争则无以私意，以上为意。故王者之政，使民怯于邑斗，而勇于寇战。"又《画策》："国乱者，民多私义；兵弱者，民多私勇，则削。"

秦汉时期湘江洞庭水路邮驿的初步考察
——以里耶秦简和张家山汉简为视窗

长期以来，水路驿传一直是陆路驿传的重要补充。随着江南经济的开发，水驿作为邮驿形式自六朝以后得到更显著的发展。唐宋诗文中多有反映水驿作用的资料，可知在隋唐以后我国经济文化重心东移，江南水乡成为中国文明的主要支撑点之一以后，水驿的作用更为突出。

秦汉时期水驿的作用，以往少有资料反映，研究因此受到局限。里耶秦简和张家山汉简的发现，为我们增益对当时信息传递方式的认识，提供了重要的条件。

一　先秦水上航路

《史记》卷二《夏本纪》说到大禹治水时的交通实践，"陆行乘车，水行乘船，泥行乘橇，山行乘檋"，"以开九州，通九道，陂九泽，度九山"。可见，包括"水行"在内的多种交通形式，很早就得到应用。

周人经营航运的成功，是终于得以崛起于关中的条件之一。《诗·大雅·皇矣》说，周人"居岐之阳，在渭之将"。毛亨传："将，侧也。"郑玄笺："居渭水之侧。"周人所居"在渭之将"，较早利用渭河航运促进经济文化发展，而泾河、洛河航运，也逐步得到开发。《诗·大雅·棫朴》："淠彼泾舟，烝徒楫之。"毛亨传："淠，舟行貌。楫，棹也。"郑玄笺："烝，众也。淠淠然泾水中之舟顺流而行者，乃众徒船人以楫棹之故也。"可知泾河航运发展已经达到一定规模。又如《诗·小雅·瞻彼洛矣》："瞻彼洛矣，维水泱泱。君子至止，福禄如茨。韎韐有奭，以作六师。"朱熹《诗集传》卷一三："言天子至此洛水之上，御戎服而起六师也。"由"维水泱泱""以作六师"诗句表现的史事，可以推知洛河航运的发展水平。①

史念海曾经指出："周人对于利用河谷以之作为交通要道，渭河河谷是最重要的。"渭河较早有舟楫之利，"所以利用渭河河谷实际是浮船上下，而不是戎马的驰骋"。可能正是由于这一原因，"在戎狄之间"的周族与以"戎马的驰骋"作为主要活动方式的"戎狄"的交通形式的差异又体现为突出的文化差异。史念海还指出："根据历史记载，周人未到周原以前，横渡渭河早已成了常事。来到周原以后，就不可能不循着渭河顺流而下了。然迟至西周末期，利用渭河的水上交通作较为远程的运输，尚未见有人说过。这大概是习以为常，用不着特别提起。春秋时期曾艳称于列国之间的泛舟之役大可作为旁证。"运程由雍至绛，"渭河当然是必经的漕运航道。那时上距周室东迁才一百多年，渭河的水位当不至于有很大的涨落。周人浮船往来是不会有若何的困难的"②。

东周秦《石鼓文》说到"舫舟"，也可以看作反映航运条件的资料。而"汎舟之役"的历史纪录③，也体现了春秋时期秦地航运的进步。

与我们讨论的主题有更为直接的关系的资料，是安徽寿县出土的重要文物——"鄂君启节"。"鄂君启节"形制如同竹节，用青铜制成。"鄂"是地名，在今湖北鄂城。"启"是鄂君的名字。"鄂君启节"共4件，其中3件是车节，1件是舟节。每节都有错金篆书文字。从内容看，这是战国时期楚王颁发给鄂君的免税凭证。车节有铭文150字，舟节有铭文165字。就铭文中车舟所经过的城邑看，车节经过9个城邑，舟节经过11个城邑。舟节文字规定，"屯三舟为一舿，五十舿"，所通行的水路以长江、汉水水系为主，东至邗沟，西至汉江上游，南则循湘、资、沅、澧、庐诸水，也分别可至上游。可见，在当时的交通体系中，已经形成了大致确定的水上航运线路。而涉及湘江水系的航线，特别值得我们重视。

"鄂君启节"的舟节，反映了先秦时期水路交通已经形成了一定规模，而相应的管理制度，也已经初步成熟。从"鄂君启节"的舟节分析当时水路交通的发展水平，我们可以推知当时的邮驿系统，应当已经利用了这种便利的交通条件。

---

① 王子今：《说"周""舟"通义兼论周人经营的早期航运》，《西北史地》1992年第4期，又《第二次西周史学术讨论会论文集》，陕西人民教育出版社1993年6月版。

② 史念海：《周原的历史地理与周原考古》，《河山集》第三集，人民出版社1988年1月版，第367、368页。

③ 《左传·僖公十三年》："冬，晋荐饥。使乞籴于秦。……秦于是乎输粟于晋，自雍及绛相继。命之曰'汎舟之役'。"

二　里耶秦简水驿资料

《周礼·考工记》："作车以行陆，作舟以行水。"云梦睡虎地秦简中用于选择时日吉凶的民间数术用书《日书》中，也有"行水，吉"，"可以行水"的文字。这里所谓"行水"，是指水上交通。有的日子"不可以行"，却"可以行水"，可见，"行水"是与一般陆路交通不同的交通形式。在睡虎地秦简《日书》的表述形式中，水上交通，有时也写作"船行"①。

2002 年 5—6 月，湖南龙山里耶战国古城一号井出土了大批简牍，引起了学界的普遍关注。

湖南龙山里耶秦简可以看到"以邮行"简文，如"迁陵以邮行洞庭""迁陵以邮行洞庭郡"，甚至有"轵以邮行河内"等，又有"邮人"称谓。②

其中一枚写有"十一刻……快行"字样，作为研究中国古代邮驿史的重要资料，体现出当时邮驿系统对于传递速度的要求。

李学勤指出，睡虎地南郡守腾文书末云："以次传；别书江陵布，以邮行。"是该文书有两种传送方式，"以次传"即在郡内各县、道以驿传依次传送，"以邮行"则为由专门设立的邮人送达。秦简《行书律》还规定："行传书、受书，必书其起及到日月夙莫（暮），以辄相报也。"看里耶简，这一点确得到切实的执行，文书的送出或收到常有准确记录，不仅记日，还记出时刻。③

里耶秦简可见"邮人"身份。有的乡只设一名邮人。由于邮人数量少，除一些紧急必须交邮人专办的文书外，多数文书是由下级吏员、一般民众甚至隶臣妾递送的。睡虎地秦简《行书律》说："隶臣妾老弱及不可诚仁者勿令。"即不要命年老体弱的隶臣妾或不堪信赖的人传送文书，正反映当时这种情况。④ 也就是说，真正为中国古代邮驿事业承担风险和付

---

① 王子今：《睡虎地秦简〈日书〉甲种疏证》，湖北教育出版社 2003 年 2 月版，第 24—25、105—106、477—479、493—494 页。
② 湖南省文物考古研究所、湘西土家族苗族自治州文物处、龙山县文物管理所：《湖南龙山里耶战国—秦代古城一号井发掘简报》，《文物》2003 年第 1 期。
③ 李学勤：《初读里耶秦简》，《文物》2003 年第 1 期。
④ 同上。

出辛劳的人们，其实数量远远多于在正式编制中的"邮人"和"驿卒"。从这一情形出发，我们有理由推想，诸多承负邮驿劳作者，有可能是以兼职形式完成这样的工作的。

在已经发表的部分简牍资料中，我们看到有反映当时邮传制度的内容。例如这样的简文：

> 迁陵以邮行洞庭

"迁陵"，秦汉县名。秦时迁陵县的治所，据说就在出土这批简牍的龙山里耶。① "洞庭"即洞庭郡。"以邮行"，秦汉文书习用语，睡虎地秦简《语书》："别书江陵布以邮行。"张家山汉简《行书律》："诸狱辟书五百里以上及郡县官相付受财物当校计者书，皆以邮行。"

唐代学者颜师古注《汉书》，有三处对于"邮"的解释，涉及"邮"与"行书"制度的关系。卷二七中之下《五行志中之下》注："邮谓行书之舍。"卷四四《淮南王传》注："邮，行书之舍。"卷八三《薛宣传》注："邮，行书之舍，亦如今之驿及行道馆舍也。"

里耶秦简"迁陵以邮行洞庭"所谓"邮"的性质，应当也归于"驿"的系统之中。

里耶秦简中还可以看到有关邮程的内容：

> 鄢到销百八十四里。
> 销到江陵二百四十里。
> 江陵到孱陵百一十里。
> 孱陵到索二百九十五里。
> 索到临沅六十里。
> 临沅到迁陵九百一十里。
> □□千四百卌里。

据谭其骧主编《中国历史地图集》，鄢，在今湖北宜城南。江陵，在今湖北荆州。孱陵，在今湖南安乡。索，在今湖南汉寿。销，也是当时县名，其地望不详。李学勤据《中国历史大辞典》历史地理卷，列出简文

---

① 湖南省文物考古研究所、湘西土家族苗族自治州文物处：《湘西里耶秦代简牍选释》，《中国历史文物》2003 年第 1 期。

所记地名的位置：鄢，今湖北宜城东南；销，待考；江陵，今湖北荆州；孱陵，今湖北公安西南；索，今湖南常德东北；临沅，今湖南常德西。①看来，对于这些地名所当今地的认识，存在不同的意见：

	《中国历史地图集》	《中国历史大辞典》历史地理卷
鄢	今湖北宜城南	今湖北宜城东南
销	?	?
江陵	今湖北荆州	今湖北荆州
孱陵	今湖南安乡	今湖北公安西南
索	今湖南汉寿	今湖南常德东北
临沅	?	今湖南常德西

分析这一邮程表，推想当时的邮路，应当是陆路和水路并用。虽然"销"的地望不能确定，然而据在今湖北宜城附近的"鄢"临汉水，"鄢"到"江陵"方向与汉水流向大体一致分析，"鄢到销百八十四里"，很可能是经由水路的。据"江陵到孱陵百一十里"及"孱陵到索二百九十五里"分析，《中国历史大辞典》历史地理卷所谓"孱陵"在今湖北公安西南的说法比较合理。"孱陵"已经进入当时的洞庭湖区。"江陵到孱陵百一十里"，可顺流走长江水路，再进入洞庭湖水网地带。"孱陵到索二百九十五里"，同样经行洞庭湖区。"索到临沅"，则循沅江上行。那么，实际上，"江陵到孱陵百一十里""孱陵到索二百九十五里""索到临沅六十里"，基本都是经由水路通邮。

这条邮路不自"鄢"（今湖北宜城南）直行"迁陵"（今湖南龙山），也不自"江陵"（今湖北荆州）直行"迁陵"（今湖南龙山），而看似迂行至"孱陵"（今湖北公安西南）、"索"（今湖南汉寿或常德东北）、"临沅"，应当主要是为了利用水路交通的方便。有研究者指出，从"鄢—销—江陵—孱陵—索—临沅—迁陵"的"里程表"可以证明，当时交通已经注重利用"汉水、长江、洞庭湖水道"②。这一判断是正确的。

或许可以说，里耶秦简所见这一邮程表，是已知最早的反映水驿通信运作的重要的交通史资料。

---

① 李学勤：《初读里耶秦简》，《文物》2003年第1期。
② 湖南省文物考古研究所、湘西土家族苗族自治州文物处：《湘西里耶秦代简牍选释》，《中国历史文物》2003年第1期。

从"临沅到迁陵九百一十里""索到临沅六十里"简文可以推知，"迁陵以邮行洞庭"，必然利用了沅江水路。

三　张家山汉简：南郡江水以南，至索南水，廿里一邮

张家山汉简有《行书律》，其中规定，"十里置一邮"，特殊地方"廿里一邮"。对于"邮"的设置，律文还写道：

> 一邮十二室。长安广邮廿四室，敬（警）事邮十八室。有物故、去，辄代者有其田宅。有息，户勿减。令邮人行制书、急（二六五）书、复，勿令为它事。畏害及近边不可置邮者，令门亭卒、捕盗行之。北地、上、陇西，卅里一邮；地险陿不可邮者，（二六六）得进退就便处。邮各具席，设井、磨。吏有县官事而无仆者，邮为炊；有仆者，叚（假）器，皆给水浆。（二六七）

大意是说，每一邮有十二室的编制，在特殊情况下则又有配置十八室和二十四室的情形。① 邮人去世或离职的，接任者可以享有他的田地和住所。邮人家口即使因生育增殖，户数依然不减。邮人专职送递公文和紧急文书，不得以其他职事干扰邮递。环境险恶地方不可设置邮者，可以让门亭卒、捕盗执行邮递任务。北地郡、上郡、陇西郡，三十里一邮。地势险峻、交通不便、难以邮递的地方，可以就邻近方便地方行邮。每一邮都应有炊事条件，有方便取水的井和加工粮食的磨。官吏因公事经过，没有仆人的，邮代为炊作；有仆人的，邮提供炊具，这两种情形，都由邮供给水和饮料。

按照《行书律》的规定，邮人不负担徭役，没有从军的责任，家人也享受相应的优待，其所有田地，其中有一顷可以不必上缴租税。

张家山汉简《行书律》还规定，"书不急，擅以邮行，罚金二两"。就是说，文书并不紧急，而擅自利用邮驿系统传递的，以罚金二两的形式予以惩治。可见当时的邮传制度，主要是为传递紧急文书和重要信息服务的。

---

① 《史记》卷六《秦始皇本纪》："数以六为纪，符、法冠皆六寸，而舆六尺，六尺为步，乘六马。"室的数目都是"六"的倍数，可能与秦王朝"数以六为纪"有关。

在前引简二六五至二六七之前，有简文写道：

> 十里置一邮。南郡江水以南，至索（？）南水，廿里一邮。（二六四）

对于所谓"索（？）水"，所指未可确知。整理小组注释："疑为'渐水'别称。《水经注·沅水》：'沅水又东入龙阳县，有澹水出汉寿县西阳山，南流东折，迳其县南，县治索城，即索县之故城也……亦曰渐水也。'"《汉书》卷二八上《地理志上》"武陵郡"条说，武陵郡有"县十三"，第一就是索县："索，渐水东入沅。"《湖广通志》卷一二《山川志·常德府武陵县》："渐水在城西北，源出阳山。《禹贡》九江之一，又名澹水。《汉书·地理志》：武陵郡索县有渐水，东入沅。《水经注》：澹水出汉寿县西阳山，南流东折，径其县南。县治索城，即索县之故城也。"西汉武陵郡索县，在今湖南常德东北。[①] 从现有资料看，"索（？）南水"，可能就是索县以南的渐水。"南郡江水以南，至索（？）南水"，应是指从今湖北江陵至湖南常德、汉寿的区段。

与其他地方多为"十里置一邮"不同，"廿里一邮"的设置，很有可能是根据水驿的效率而规定的。也就是说，"南郡江水以南，至索（？）南水"地方，很可能驿递方式以水驿为主。

当然，张家山汉简《行书律》下文又说："北地、上、陇西，卅里一邮；地险陕不可邮者，得进退就便处。"（简二六六至二六七）这些地方取"卅里一邮"的置驿方案，则是由于自然地理和人文地理的特殊条件。"卅里一邮"且颇有"地险陕不可邮者"，居民人口的稀少和交通条件的困难，可能都是置驿密度相对稀疏的原因。[②] 汉武帝北巡，经历"千里无亭徼"的情形[③]，也可以说明当地的交通形式。

另外，似乎也应当考虑到"卅里一邮"的设置是适应驿马传递的可能。《新唐书》卷四六《百官志》："凡驿马给地四顷，蓿以苜蓿。凡三十

---

① 谭其骧主编：《中国历史地图集》，中国地图出版社 1982 年 10 月版，第 2 册第 22—23 页。

② 王子今：《说"上郡地恶"——张家山汉简〈二年律令〉研读札记》，《陕西历史博物馆馆刊》第 10 辑。

③ 《史记》卷三〇《平准书》："其明年，天子始巡郡国。东度河，河东守不意行至，不辨，自杀。行西逾陇，陇西守以行往卒，天子从官不得食，陇西守自杀。于是上北出萧关，从数万骑，猎新秦中，以勒边兵而归。新秦中或千里无亭徼，于是诛北地太守以下。"

里有驿，驿有长。举天下四方之所达为驿千六百三十九。"

张家山汉简《行书律》所见通常"十里置一邮"情形，或许体现了汉初马政未举之前马匹缺少的情形。①

而"南郡江水以南，至索（？）南水，廿里一邮"，或许可以理解为在有些地区，水路邮驿的传递速度较陆路要高。② 然而与驿传系统比较健全的元代比较，张家山汉简《行书律》所见当时水驿设置的密度似乎偏高。③ 这一现象的原因，也值得研究者重视。

---

① 《史记》卷三〇《平准书》："汉兴，接秦之弊，丈夫从军旅，老弱转粮饷，作业剧而财匮，自天子不能具钧驷，而将相或乘牛车。"司马贞《索隐》："天子驾驷马，其色宜齐同。今言国家贫，天子不能具钧色之驷马。汉书作'醇驷'，醇与纯同，纯一色也。"

② 后世又有因特殊原因改陆驿为水驿的情形。如《元史》卷四《世祖本纪一》："以牛驿雨雪道途泥泞，改立水驿。"

③ 《元史》卷一一《世祖本纪八》："敕通政院官珲都与郭汉杰整治水驿，自叙州至荆南凡十九站，增户二千一百，船二百十二艘。"又卷一七《世祖本纪十四》："诏沿海置水驿，自耽罗至鸭渌江口凡十一所。"叙州在今四川宜宾。荆南在今湖北沙市。耽罗在今济州岛。"自叙州至荆南凡十九站""自耽罗至鸭渌江口凡十一所"，都不可与"廿里一邮"相比拟。

张家山汉简《二年律令·津关令》所见五关

湖北江陵张家山汉简的出土，为秦汉史研究特别是汉初历史的研究提供了新的资料。例如，《二年律令》中《津关令》的有关内容，就有助于增进对西汉关制以及当时区域地理观的理解。

一 《津关令》中的五关

《津关令》严格规定了关津控制人员和物资出入的制度。① 其中有涉及具体关名的内容，可以提供新的历史地理学信息。如：

例（一）

二　制诏御史其令扜关郧关武关函谷临晋关及诸其塞之河津禁毋出黄金诸奠黄金器及铜有犯令☒（四九二）

例（二）

九　相国下内史书言函谷关上女子庰传从子虽不封二千石官内史奏诏曰入令吏以县次送至徙所县县问审有引书毋怪（五〇二）

□□□等出●相国御史复请制曰可（五〇三）

例（三）

☒议禁民毋得私买马以出扜关郧关函谷武关及诸河塞津关其买骑轻车马吏乘置传马者县各以所买（五〇六）

名匹数告买所内镖史镖郡镖守镖各以马所补名为久镖马为致告津镖关镖谨以藉久案阅出婼诸乘私马入而复以出若出而当复入者（五〇七）

出它如律令御史以闻请许及诸乘私马出马当复入而死亡自言在县镖官镖诊及狱讯审死亡皆津关制曰可（五〇八）

---

① 李均明：《汉简所反映的关津制度》，《历史研究》2002 年第 3 期。

例（四）

☐相国上南郡守书言云梦附宝园一所在胸忍界中任徒治园者出人扞关故巫为传今不得、请以园印为传扞关听（五一八）

按照整理小组意见，释文作：

例（一）

二、制诏御史①，其令扞〈扜〉关、郧关、武关、函谷【关】、临晋关，及诸其塞之河津，禁毋出黄金、诸奠黄金器及铜，有犯令☐（四九二）

例（二）

九、相国下〈上〉内史书言，函谷关上女子廁传，从子虽不封二千石官，内史奏，诏曰：入，令吏以县次送至徙所县。县问：审有引书②，毋怪，（五〇二）

□□□等出●相国、御史复请，制曰：可。（五〇三）

例（三）

☐议，禁民毋得私买马以出扞〈扜〉关、郧关、函谷【关】③、武关及诸河塞津关。其买骑、轻车马、吏乘、置传马者，县各以所买（五〇六）

名匹数告买所内史、郡守，内史、郡守各以马所补名为久久马④，为致告津关，津关谨以藉（籍）、久案阅，出。诸乘私马入而复以出，若出而当复入者，（五〇七）

出，它如律令。御史以闻，请许，及诸乘私马出，马当复入而死亡，自言在县官，县官诊及狱讯审死亡，皆津关⑤，制曰：可。（五〇八）

例（四）

☐、相国上南郡守书言，云梦附宝园一所在胸忍界中，任徒治园者出人（入）扞〈扜〉关，故巫为传，今不得，请以园印为传，扞〈扜〉关听。（五一八）

---

① 整理小组注释："制诏御史，陈直《汉书新证》：'《汉书》所记制诏丞相御史，或制诏御史，皆指御史大夫而言，非指御史大夫属官之御史也。'"
② 整理小组注释："引，引见。"
③ 整理小组注释："据文意'谷'下脱'关'字。"
④ 整理小组注释："久，记，指马身上的火印。"
⑤ 整理小组注释："'皆'与'津'之间似有脱字。"

对照上下句文例并参看图版，可知简五〇六开头的"■议"，似应释为"十一、□□议……"；简五一八开头的"■、相国……"，似应释为"十七、相国……"。又简文"扜关"，不必释为"扜〈扞〉关"。古文献或作"扜关"，或作"扞关"。《玉海》卷二四"楚扜关"条引《楚世家》《张仪传》《战国策》《盐铁论》《公孙述传》都写作"扜关"。《汉印文字征》第十二·十"扜"字题下有"扜关长印"，第十二·四"关"字题下有"扜关尉印"，可能与所谓"扜关长印"一印两录。从字形看，其字其实是"扜"。张家山汉简《二年律令》所见"扜关"是目前所见关于此关最早的资料，似不宜轻易改作"扜〈扞〉关"。而"函谷【关】"，似不必补"关"字。又简五〇六释文标点可以商榷。而简五一八"云梦附宝园一所在朐忍界中"，据《汉书》卷二八上《地理志上》巴郡朐忍"有橘官、盐官"，《华阳国志·巴志》朐忍县有"盐井、灵龟"，《水经注·江水一》"朐忍县出灵龟"，简文"宝"字释义似可存疑。如此，则释文可以修正为：

例（一）

二、制诏御史，其令扜关、郧关、武关、函谷、临晋关，及诸其塞之河津，禁毋出黄金、诸奠黄金器及铜，有犯令☑（四九二）

例（二）

九、相国下（上）内史书言，函谷关上女子廁传，从子虽不封二千石官，内史奏，诏曰：入，令吏以县次送至徙所县。县问：审有引书，毋怪，（五〇二）

□□□等出●相国、御史复请，制曰：可。（五〇三）

例（三）

☑议，禁民毋得私买马以出扜关、郧关、函谷、武关及诸河塞津关。其买骑、轻车马，吏乘置传马者，县各以所买（五〇六）

名匹数告买所内史、郡守，内史、郡守各以马所补名为久久马，为致告津关，津关谨以藉（籍）、久案阅，出。诸乘私马入而复以出，若出而当复入者，（五〇七）

出，它如律令。御史以闻，请许，及诸乘私马出，马当复入而死亡，自言在县官，县官诊及狱讯审死亡，皆津关，制曰：可。（五〇八）

例（四）

☑、相国上南郡守书言，云梦附宝（?）园一所在朐忍界中，任

徒治园者出人（入）扦关，故巫为传，今不得，请以园印为传，扦关听。（五一八）

简文内容的确定释义，当然还可以继续讨论。

二 五关的地位

简文所见"扦关、郧关、武关、函谷、临晋关"五关在当时区域地理划分中的地位，值得我们予以注意。

例（一）、例（三）、例（四）所见"扦关"，整理小组注释："扦关，即江关，《汉书·地理志》巴郡鱼复县有江关都尉，在今四川奉节东。"① 其实，"扦关"，《史记》已两见。卷五〇《楚世家》："肃王四年，蜀伐楚，取兹方。于是楚为扦关以距之。"又《史记》卷七〇《张仪列传》："秦西有巴蜀，大船积粟，起于汶山，浮江已下，至楚三千余里。舫船载卒，一舫载五十人与三月之食，下水而浮，一日行三百余里，里数虽多，然而不费牛马之力，不至十日而距扦关。扦关惊，则从境以东尽城守矣，黔中、巫郡非王之有。秦举甲出武关，南面而伐，则北地绝。秦兵之攻楚也，危难在三月之内，而楚待诸侯之救，在半岁之外，此其势不相及也。"可见，扦关是楚地的西界，也是巴蜀的东界。《后汉书》卷一三《公孙述传》："东守巴郡，拒扦关之口。"② "将军任满从阆中下江州，东据扦关，于是尽有益州之地。"也说"扦关"是巴蜀的东部关防。《续汉书·郡国志五》也写道："（巴郡）鱼复，扦水有扦关。"③《汉印文字征》"扦关"实即"扦关"，已见前说。

例（一）及例（三）所见"郧关"，整理小组注释："郧关，《汉书·地理志》汉中郡长利县有郧关，在今湖北郧县东北。"④《史记》卷一二九《货殖列传》："南阳西通武关、郧关。"有人认为，"郧关"是"徇关"之误⑤，其说未可信从。郧关，是项羽等以"巴、蜀亦关中地

---

① 张家山二四七号汉墓竹简整理小组：《张家山汉墓竹简（二四七号墓）》，文物出版社2001年11月版，第206页。
② 李贤注："《史记》曰：楚肃王为扦关以拒蜀。故基在今硖州巴山县。"
③ 刘昭注补："《史记》曰：楚肃王为扦关以拒蜀。"
④ 张家山二四七号汉墓竹简整理小组，前引书，第206页。
⑤《史记》卷一二九《货殖列传》张守节《正义》。

也",于是"立沛公为汉王,王巴、蜀、汉中"的"汉中"地方的东界。

例（一）及例（三）所见"武关",整理小组注释:"武关,《汉书·地理志》弘农郡商县有武关。商县在今陕西商州东,关在其东南。"①武关曾经是秦、楚之界,又扼守秦、楚主要通路。战国时期秦、楚外交、军事许多故事均涉及武关。刘邦正是由武关"破关中"②"定关中"③的。汉景帝时,周亚夫出击吴楚七国叛军,也经武关东进。④

例（一）、例（二）、例（三）所见"函谷",整理小组释文作"函谷【关】",整理小组注释:"据文意'谷'字下脱'关'字。函谷关,《汉书·地理志》弘农郡弘农县有'故秦函谷关',在今河南灵宝西南。"⑤关名一例写作"函谷关",两例则写作"函谷",或许未必"'谷'字下脱'关'字","函谷"也许是当时曾经通行的简称。

例（一）所见"临晋关",整理小组注释:"临晋关,属左冯翊临晋县,在今陕西大荔东朝邑镇东北。"⑥例（三）未出现"临晋关",可能是因为已经包括在"诸河塞津关"之内的缘故。⑦

三 广义的"关中"

张家山汉简《二年律令》中的《津关令》,数见"关中"字样⑧,理

---

① 张家山二四七号汉墓竹简整理小组,前引书,第206页。
② 《史记》卷七《项羽本纪》。
③ 《史记》卷八《高祖本纪》。
④ 王子今、焦南峰:《古武关道栈道遗迹调查简报》,《考古与文物》1986年第2期。
⑤ 张家山二四七号汉墓竹简整理小组,前引书,第206页。
⑥ 同上。
⑦ 王子今:《秦汉黄河津渡考》,《中国历史地理论丛》1989年第3期;《秦汉交通史稿》,中共中央党校出版社1994年7月版,第71—72页。
⑧ 如:"制诏相国、御史,诸不幸死家在关外者,关发索之,不宜,其令勿索,具为令。相国、御史请关外人宦为吏若繇使,有事关中,不幸死,县道各（？）属所官谨视收敛,毋禁物,以令若丞印封椟槥,以印章告关,关完封出,勿索。"（五〇〇至五〇一）"□,相国上中大夫书,请中大夫谒者、郎中、执盾、执戟家在关外者,得私置马关中。"（五〇四）"相国、御史请郎骑家在关外,骑马节（即）死,得买马关中人一匹以补。"（五一三）"其不得□及马老病不可用,自言郎中,郎中案视,为致告关中县道官,卖更买。"（五一四至五一五）"丞相上长信詹事书,请汤沐邑在诸侯,属长信詹事者,得买骑、轻车、吏乘、置传马,关中比关外县。"（五一九）"丞相上鲁御史书言,鲁侯居长安,请得买马关中。"（五二〇）"·丞相上鲁御史书,请鲁中大夫谒者得私买马关中,鲁御史为书告津关,它如令。"（五二一）"·丞相上鲁御史书,请鲁郎中自给马骑,得买马关中,鲁御史为传,它如令。"（五二二）

解这里所说的"关中",应当考虑到同一篇律文中"扞关、郧关、武关、函谷、临晋关"的地位和作用。

"关中"的区域地理定义,在西汉史学文献中已经有所不同。有学者指出:"西汉时的关中或泛指战国末秦国的故地,如《史记·货殖列传》:'关中之地,于天下三分之一。'或仅指今陕西关中盆地,如《史记·货殖列传》所述'关中,自汧、雍东至河、华'的范围。"① 而所谓"今陕西关中"地方,则是说后来通行的"关中"一语所代表的方域。关中,"有人说它是在四关之中,有人却说它是在两关之间。所谓四关是指的东函谷、南武关、西散关、北萧关。② 所谓两关之间也有两种不同的说法,一种是函谷关和散关③,一种是函谷关和陇关④。"其实四关之中也有不同的说法,如"西有陇关,东有函谷关,南有武关,北有临晋关,西南有散关"⑤。正如史念海所说:"本来关中的名称只是表示函谷关以西的地方。"⑥ 不过,"就关立论的说法虽说是后来才有的,却相当符合当时的情况"⑦。

我们看到,《史记》中所见"关中",含义确有狭义之"关中"和广义之"关中"的区别。

秦末战争中,刘邦先入关受降,然而因兵势弱小,不能不承认项羽的军事霸权。在项羽分定十八诸侯之后,被迫以汉王身份率部众前往汉中。刘邦当时统辖的地域,包括巴、蜀、汉中,以南郑(今陕西汉中)为都城。项羽又特意分封秦降将章邯、司马欣、董翳为雍王、塞王、翟王,以防备刘邦的势力扩张。这一情形,《史记》卷七《项羽本纪》记述:"三分关中,王秦降将以距塞汉王。项王乃立章邯为雍王,王咸阳以西,都废丘。长史欣者,故为栎阳狱掾,尝有德于项梁;都尉董翳者,本劝章邯降楚。故立司马欣为塞王,王咸阳以东至河,都栎阳;立董翳为翟王,王上郡,都高奴。"《高祖本纪》也写道:"三分关中,立秦三将:章邯为雍王,都废丘;司马欣为塞王,都栎阳;董翳为翟王,都高奴。"然而《秦楚之际月表》则记述:"羽倍约,分关中为四国。"又分述道:"分关中为

---

① 葛剑雄:《西汉人口地理》,人民出版社1986年6月版,第131页。
② 《史记》卷七《项羽本纪》裴骃《集解》引徐广说。
③ 《读史方舆纪要》卷五二《陕西》引潘岳《关中记》。
④ 《读史方舆纪要》卷五二《陕西》引《三辅旧事》。
⑤ 《资治通鉴》卷八《汉纪三》胡三省注。
⑥ 史念海:《古代的关中》,《河山集》,三联书店1963年9月版,第26页。
⑦ 史念海:《关中的历史军事地理》,《河山集四集》,陕西师范大学出版社1991年12月版,第145—146页。

汉。""分关中为雍。""分关中为塞。""分关中为翟。"可见，巴、蜀、汉中，也曾经明确包容于"关中"的地域概念之内。《项羽本纪》记载："项王、范增疑沛公之有天下，业已讲解，又恶负约，恐诸侯叛之，乃阴谋曰：'巴、蜀道险，秦之迁人皆居蜀。'乃曰：'巴、蜀亦关中地也。'故立沛公为汉王，王巴、蜀、汉中，都南郑。"其实，所谓"巴、蜀亦关中地也"，并不完全是强辩之辞。

《史记》"三分关中"的说法，是取"小关中"之义；而"分关中为四国"的说法，则是取"大关中"之义。

司马迁明确使用"小关中"概念的例证，除了"三分关中"之说以及上文提到的《货殖列传》所谓"关中，自汧、雍东至河、华"之外，还有《高祖功臣侯者年表》关于萧何事迹的记载："以客初起，从入汉，为丞相，备守蜀及关中，给军食，佐上定诸侯，为法令，立宗庙，侯，八千户。""备守蜀及关中"一句，也表明"蜀"是在"关中"以外的。

而《留侯世家》写道："夫关中左殽函，右陇蜀，沃野千里，南有巴蜀之饶，北有胡苑之利，阻三面而守，独以一面东制诸侯。诸侯安定，河渭漕輓天下，西给京师；诸侯有变，顺流而下，足以委输。此所谓金城千里，天府之国也。"似乎"陇蜀"或"巴蜀之饶""胡苑之利"，都在"关中"之外。《货殖列传》又可见"天水、陇西、北地、上郡与关中同俗"的说法，则与"三分关中，王秦降将""三分关中，立秦三将"也有所不同。因为由"立董翳为翟王，王上郡，都高奴"可知，在所谓"三分关中"的"关中"概念中，是包括"上郡"的。

这样，我们在司马迁笔下，就可以看到多种关于"关中"的地域界定：

1. "关中"指渭河平原，即后世所谓"秦川"（"关中，自汧、雍东至河、华""左殽函，右陇蜀""南有巴蜀之饶，北有胡苑之利"）。

2. "关中"指秦岭以北的秦地，包括今天的陕北地区（"三分关中，王秦降将""三分关中，立秦三将""分关中为翟"）。

3. "关中"指包括巴蜀在内的"殽函"以西的西部地区（"分关中为四国""分关中为汉""巴、蜀亦关中地也"）。

最后一种界定，可以称作"大关中"说。

《史记》卷一二九《货殖列传》中关于基本经济区划分的论说中，可以看到使用"大关中"概念的典型实例。

司马迁综述各地物产，写道："夫山西饶材、竹、榖、纑、旄、玉石；山东多鱼、盐、漆、丝、声色；江南出柟、梓、姜、桂、金、锡、连、丹沙、犀、玳瑁、珠玑、齿革；龙门、碣石北多马、牛、羊、旃裘、筋角；铜、铁则千里往往山出棊置：此其大较也。"于是，将全国划分为"山西""山东""江南""龙门、碣石北"四个基本经济区。在司马迁所处的时代，这种划分方式是大致符合当时的历史实际的。

"山西"，通常理解为崤山或华山以西的地区，与所谓"大关中"的涵义相近。《史记》卷一三〇《太史公自序》："萧何填抚山西"，张守节《正义》："谓华山之西也。"顾炎武《日知录》卷三一又有"河东山西"条则提出另外的理解："古之所谓'山西'，即今关中。《史记·太史公自序》：萧何填抚山西。《方言》：自山东，五国之交。郭璞解曰：六国惟秦在山西。王伯厚《地理通释》曰：秦、汉之间，称山北、山南、山东、山西者，皆指太行，以其在天下之中，故指此山以表地势。《正义》以为华山之西，非也。"按照《史记》卷一二九《货殖列传》中"山东食海盐，山西食盐卤"的说法，"山东、山西者，皆指太行"之说似亦可成立①。然而，司马迁在这段文字之后又说道："三河在天下之中，若鼎足，王者所更居也。"则显然已将河东归入"山东"地区。山指"太行"之说似未可从。所谓"山西"，应当大致是指以关中为主体的当时的西部地区。巴蜀地区与关中交通已久，②又有秦人曾以关中模式进行开发的历史背景，③因而有时亦划归同一经济区。④

在进行宏观经济地理分析时，司马迁《史记》卷一二九《货殖列传》将巴、蜀和天水、陇西、北地、上郡与一般狭义的"关中"合而为一，于是形成包容较广的"关中"的概念，并且如此论述这一基本经济区的重要地位："关中自汧、雍以东至河、华，膏壤沃野千里，自虞夏之贡以为上田，而公刘适邠，大王、王季在岐，文王作丰，武王治镐，故其民犹有先王之遗风，好稼穑，殖五谷，地重，重为邪。及秦文、德、缪居雍，隙陇蜀之货物而多贾。献公徙栎邑，栎邑北却戎翟，东通三晋，亦多大贾。孝、昭治咸阳，因以汉都，长安诸陵，四方辐凑并至而会，地小人

---

① 张守节《正义》：盐卤，"谓西方咸地也。坚且咸，即出石盐及池盐"。当然，对于所谓"山东食海盐，山西食盐卤"，亦不宜作简单的绝对化的理解，史籍中即可见南阳地区亦食用河东池盐的实例，如《后汉书》卷一七《贾复传》记述南阳冠军人贾复事迹："王莽末，为县掾，迎盐河东，会遇盗贼，等比十余人皆放散其盐，复独完以还县，县中称其信。"

② 王子今：《秦兼并蜀地的意义与蜀人对秦文化的认同》，《四川师范大学学报》1998年第2期。

③ 《华阳国志·蜀志》说秦惠王时张仪、张若营建成都城，"与咸阳同制"。四川青川郝家坪出秦武王时"更修《为田律》"木牍，也证实蜀地推行秦田制。

④ 王子今：《秦汉区域文化研究》，四川人民出版社1998年10月版，第13—14页。

众，故其民益玩巧而事末也。南则巴蜀。巴蜀亦沃野，地饶卮、姜、丹沙、石、铜、铁、竹、木之器。南御滇僰，僰僮。西近邛笮，笮马、旄牛。然四塞，栈道千里，无所不通，唯褒斜绾毂其口，以所多易所鲜。天水、陇西、北地、上郡与关中同俗，然西有羌中之利，北有戎翟之畜，畜牧为天下饶。然地亦穷险，唯京师要其道。故关中之地，于天下三分之一，而人众不过什三，然量其富，什居其六。"人们自然会注意到，这段文字中同时出现了两个"关中"，即所谓"关中自汧、雍以东至河、华，膏壤沃野千里"的"关中"，和所谓"关中之地，于天下三分之一，而人众不过什三，然量其富，什居其六。"的"关中"，前者为狭义的"关中"，后者为广义的"关中"。

很可能张家山汉简《二年律令》中《津关令》的法律条文所体现的区域地理观，是使用了"大关中"的概念的。也就是说，以"扞关、郧关、武关、函谷、临晋关"划定界限的"关中"，是包括了"天水、陇西、北地、上郡"地方，也包括了"巴、蜀、汉中"地方的。

现在看来，在司马迁著作《史记》的时代，广义的"关中"即"大关中"的概念，可能是得到社会一定层面共同认可的。① 而张家山汉简《二年律令·津关令》中五关的列定，则说明汉初这种"大关中"观已经得到法律的支持和确定。

《史记》卷一二九《货殖列传》所谓"关中之地，于天下三分之一，而人众不过什三，然量其富，什居其六"，《汉书》卷二八下《地理志下》写作"故秦地天下三分之一，而人众不过什三，然量其富居什六"。《史记》卷八《高祖本纪》也记载："或说沛公曰：'秦富十倍天下，地形强。今闻章邯降项羽，项羽乃号为雍王，王关中。今则来，沛公恐不得有此。'"同样说明在当时的区域地理概念中，"关中"和"秦地"是大体一致的。又《项羽本纪》写道："项羽乃召黥布、蒲将军计曰：'秦吏卒尚众，其心不服，至关中不听，事必危，不如击杀之，而独与章邯、长史欣、都尉翳入秦。'于是楚军夜击阬秦卒二十余万人新安城南。"其中"至关中"和"入秦"的含义也是基本相同的。"关中"的对应概念是"关外"。如《史记》卷六《秦始皇本纪》："隐宫徒刑者七十余万人，乃分作阿房宫，或作丽山。发北山石椁，乃写蜀、荆地材皆至。关中计宫三百，关外四百余。""关中"与"关外"的对应关系，又见于张家山汉简

---

① 林甘泉主编：《中国经济通史·秦汉经济卷》，经济日报出版社1999年8月版，第40—46页。

《二年律令》的《津关令》。例如简五〇〇至五〇一就有"关外人宦为吏若徭使,有事关中,不幸死"情形的文字。又如简五〇四:"请中大夫谒者、郎中、执盾、执戟家在关外者,得私置马关中。"简五一三:"请郎骑家在关外,骑马节(即)死,得买马关中人一匹以补。"简五一九:"请汤沐邑在诸侯,属长信詹事者,得买骑、轻车、吏乘、置传马,关中比关外县。"也是同样的例证。"关中"和"关外",从用词的语气分析,应是秦人立场的体现。《战国策·秦策四》所谓"关中之侯""关内侯"之"关中""关内",明显是说秦国。看来,"关中",很可能是秦占据函谷关之后形成的区域地理概念。而张家山汉简《二年律令·津关令》所使用"关中"这一区域地理概念,或许也可以作为汉法承袭秦法的例证。

四 关于"扞关"

一说扞关关址即汉江关都尉所在,据谭其骧主编《中国历史地图集》标注位置,则偏西。《华阳国志·巴志》:"巴楚数相攻伐,故置扞关、阳关及沔关。"任乃强说:"楚所作之扞关,在汉水流域。"又说:"大抵国境上筑关扞敌,皆可成为扞关,原不专指一地。张仪所言之扞关,当在巫山县之大溪口,即瞿塘峡东口。其时楚已据有巫山盐泉,设此关以备巴国争夺也。此处所云'扞关',为巴人备蜀而置,当在瞿塘峡西口,即白帝城。亦称'江关'。"[①]然而《水经注·江水二》明确写道:

> 又东出江关,入南郡界。
> 江水自关东迳弱关、捍关。捍关,廪君浮夷水所置也。弱关在建平秭归界,昔巴、楚数相攻伐,藉险置关,以相防捍。

捍关,就是扞关。"江水自关东迳弱关、捍关",谓江水自江关东流,经过捍关。则捍关非江关无疑。"夷水""秭归"等信息,也可以帮助我们判断捍关即扞关所在。《玉海》卷一〇引《括地志》也说:"扞关,今硖州巴山县界故扞关是。"《史记》卷七〇《张仪列传》张守节《正义》:"(扞关)在硖州巴山县界。"《后汉书》卷一三《公孙述传》李贤注也说:"故基在今硖州巴山县。"唐代峡州州治在今湖北宜昌,巴山县治在

---

① 任乃强校注:《华阳国志校补图注》,上海古籍出版社1987年10月版,第29页。

今湖北长阳西。又《太平寰宇记》卷一四七《长阳县》记载："废巴山县在县南七十里，本佷山县地，即古捍关，楚肃王拒楚之处。"可知捍关、扞关、扜关的大致位置，当在今湖北秭归附近。

五　五关构成的南北轴线

如此，则《二年律令·津关令》所见"扜关、郧关、武关、函谷、临晋关"，除临晋关稍偏西以外，其余四关由北向南，恰好构成一条大致端正的南北轴线。这五座关的位置，竟然都在东经110°与111°之间（图八二）。

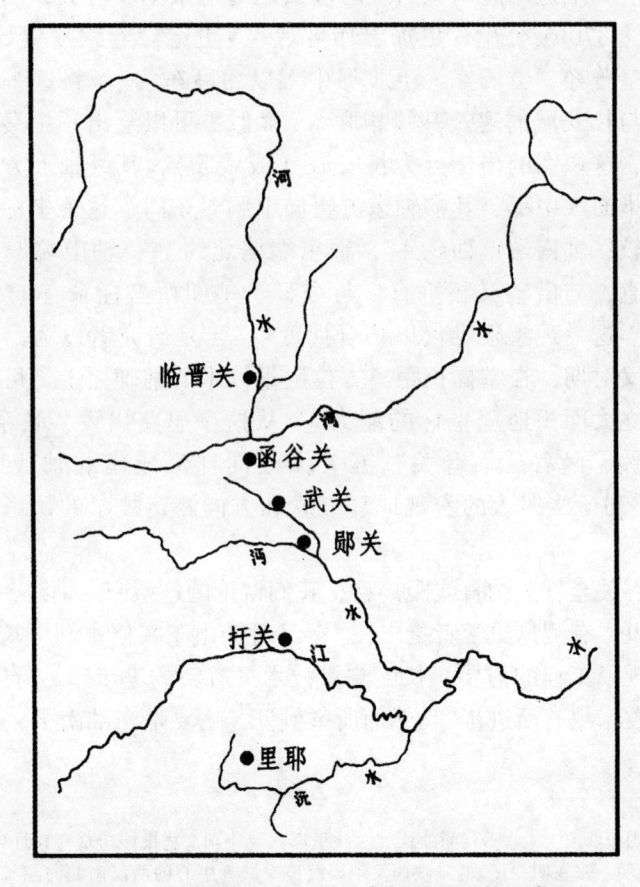

图八二　《二年律令·津关令》五关形势示意图

引起我们特别注意的，是不久前发现大批秦简的湖南龙山里耶遗址①，也大致邻近这条南北轴线。这一地点在当时交通结构中的地位和意义，也许因此值得我们进行深入的研究。

有学者在陕西三原嵯峨乡天井岸村发现西汉天齐祠遗址，据研究，相关几组西汉大型建筑群的轴线竟与汉长安城南北轴线相合。"调查结果证实，西汉时期曾经存在一条超长距离的南北向建筑基线。这条基线通过西汉都城长安中轴线延伸，向北至三原县北塬阶上一处西汉大型礼制建筑遗址；南至秦岭山麓的子午谷口，总长度可达74公里，跨纬度47′07″"。研究者还指出，"这条基线不仅长度超过一般建筑基线，而且具有极高的直度与精确的方向性，与真子午线的夹角仅0.33°"。研究者还试将这条建筑基线南北延长，发现西汉汉中郡治和朔方郡治也在其延长线上。如果这两座汉城选址时确实是与这条基线有关，则基线长度实际上长达870余公里，更加宏伟可观。《史记》卷六《秦始皇本纪》说，秦始皇曾经"立石东海上朐界中，以为秦东门"。将这一记载与经过天齐祠与长安城的建筑基线相联系，"似乎可以绘出一幅秦汉时期地理坐标图，这幅图的坐标点为长安城（或咸阳），其纵轴上方指向朔方郡，下方指向汉中郡，其横轴东方指向上朐秦东门。这个坐标系与今经纬坐标相较，轴南端偏西约1°，轴东端偏北约1°，轴南端偏东约30′。其纵轴较直，与横轴又相垂直，与今日子午卯酉坐标系有1°左右的逆时针偏转。这一现象很难仅以巧合揣度"。于是研究者以为，大致可以推定，秦汉时期，在掌握长距离方位测量技术的基础之上，可能已初步具备了建立大面积地理坐标的能力。②从这一思路出发，联系"扞关、郧关、武关、函谷、临晋关"五关大致同样形成南北轴线的位置关系③，似乎对于当时人的宏观地理概念和方向测定技术的认识，可以有所更新。

以函谷关至扞关的直线距离计，我们讨论的这条南北轴线，也已经超过400公里。有测量史学者指出，"秦汉时期由于兴修水利、筑长城、建宫殿等大规模工程的需要，长度测量技术又有新的进步"。"秦汉时期的方向测定技术也有所进步。"然而所举例证，主要是《淮南子》书中《天

---

① 《龙山里耶出土大批秦代简牍》，《关注里耶》，《中国文物报》2002年8月9日。
② 秦建明、张在明、杨政：《陕西发现以汉长安城为中心的西汉南北向超长建筑基线》，《文物》1995年第3期。
③ 这一纵轴的角度偏差，也呈示微弱的逆时针偏转。

文》和《泰族》等篇有关测量理论和测量技术的记录。① 因张家山汉简《二年律令·津关令》有关五关资料的发现，或许可以推进对西汉初年测量学水准的研究。至于五关位置关系是否有更深层的文化含义，有兴趣的研究者也可以做进一步的探讨。

对于张家山汉简《津关令》中文字表述所见"扞关、郧关、武关、函谷、临晋关"五关的先后次序，似乎也不应理解为法令起草者随意的列述，其由南而北的顺序，正与汉初地图的方向相符合。例如长沙马王堆三号汉墓出土地图，就取上南下北的方向。②

还应当注意到，如果以张家山汉简所见"扞关、郧关、武关、函谷、临晋关"划定"关中"与"关外"，其界定，正与我们今天所划定"西部"与"东部"的分隔线大略相当。

---

① 冯立升：《中国古代测量学史》，内蒙古大学出版社1995年1月版，第29—34页。其中《泰族》误排为《秦族》。
② 马王堆汉墓帛书整理小组：《长沙马王堆三号汉墓出土地图的整理》，《文物》1975年第2期。

张家山汉简《二年律令·秩律》所见巴蜀县道设置

张家山汉简《二年律令·秩律》中有涉及巴蜀地区县道的资料，就此进行相关研究，可以对整理小组的释文和注释有所修正。而这些资料所透露的区域经济文化信息，也值得研究者重视。

一 珍贵的地方行政史料

张家山汉简《二年律令》有题为《秩律》的内容，其中关于地方行政长官秩级的规定，可以看作反映汉初地方行政管理制度的宝贵史料。《二年律令·秩律》中涉及巴蜀地方县道设置的简文，值得历史地理与区域文化研究者重视。我们这里所说的"巴蜀"，是广义的"巴蜀"的重心地区，即西汉蜀郡、巴郡、广汉郡。①

《二年律令·秩律》关于县道长官秩级，分列四种，即千石、八百石、六百石、五百石四个不同等级。

据整理小组释文，"秩各千石"的有：

> 栎阳、长安、频阳、临晋、成都、□雒、雒阳、酆、云中、□□□□、新丰、槐里、雎、好畤、沛、合阳，……秩各千石，……
> （四四三）

---

① 周振鹤指出："高帝末年自领十五汉郡，西南之巴、蜀、汉中、广汉即占其四。这四郡领域在汉初六十余年之间没有什么变动。""至迟在高帝末年，必已有广汉郡的存在，才能足高帝末年十五汉郡之数。""广汉郡分置后，直至武帝建元六年置犍为郡以前的六十余年间，巴、蜀、汉中、广汉四郡之境界未有变动。"《西汉政区地理》，人民出版社1987年8月版，第138、142—143页。

"秩各八百石"者，又有：

胡、夏阳、彭阳、朐忍、□□□□□临邛、新都、武阳、梓潼（潼）、涪、南郑、宛、穰、温、修武、轵、杨、临汾、九原、咸阳、（四四七）
原阳、北与（舆）、䕲（？）陵、西安阳、下邽、嫠、郑、云阳、重泉、华阴、慎、衙、藍（蓝）田、新野、宜成、蒲反、成固、圜阳、巫、沂阳、（四四八）
长子、江州、上邽、阳翟、西成、江陵、高奴、平阳、降（绛）、鄼、赞、城父、……池（四四九）
阳、长陵、濮（濮）阳，秩各八百石，……（四五〇）

"秩各六百石"者，则见于下列简文：

汾阴、汧、杜阳、沫、上雒、商、武城、翟道、乌氏、朝那、阴密、郁郅、菌（菌）、楬邑、归德、朐（朐）衍、义渠道、略畔道、朐衍（四五一）
道、雕阴、洛都、襄城、漆垣、定阳、平陆、饶、阳周、原都、平都、平周、武都、安陵、徒涅、西都、中阳、广衍、高望、（四五二）
囗平乐、狄道、戎邑、□□□陵、江阳、临江、涪陵、安汉、宕渠、枳、涪、旬阳、安（四五三）
阳、长利、锡、上庸、武陵、房陵、阳平、垣、灌〈漊〉泽、襄陵、蒲子、皮氏、北屈、虒、潞、涉、余吾、屯留、武安、端氏、阿氏、壶关、（四五四）
泫氏、高都、铜鞮、涅、襄垣、成安、河阳、汲、荡阴、朝歌、郑、野王、山阳、内广（黄）、蘩（繁）阳、陕、卢氏、新安、新城（成）、宜阳、（四五五）
平阴、河南、缑氏、成皋、荥（荥）阳、卷、岐、阳武、陈留、梁、围、姊（秭）归、临沮、夷陵、醴陵、屛陵、销、竟陵、安陆、州陵、沙歈（羡）、（四五六）
西陵、夷道、下隽、析、郦、邓、南陵、比阳、平氏、胡阳、祭（蔡）阳、隋、西平、叶、阳成（城）、雉、阳安、鲁阳、朗陵、犨（犨）、酸枣、（四五七）

密、长安西市、阳城、苑陵、襄城、偃、郏、尉氏、颖（颍）阳、长社、解陵、武泉、沙陵、南奥、蔓（曼）柏、莫䪞、河阴、博陵、许。（四五八）

辨道、武都道、予道、氐道、薄道、下辨、獂道、略阳、県〈縣〉诸道、方渠、除道、雕阴道、青衣道、严道、鄜（鄘）、美阳、坏（褱）德、共、馆阴、隆虑。（四五九）

□□、中牟、颍阴、定陵、舞阳、启封、闲阳、女阴、索、焉（鄢）陵、东阿、聊城、□、观、白马、东武阳、茌平、甄（鄄）城、揗（顿）丘，……（四六〇）

……秩各六百石。……（四六四）

又有"秩各五百石"者，如：

阴平道、蜀〈甸〉氏道、县〈縣〉递道、湔氏道长，秩各五百石。……（四六五）①

据整理小组注释，其中明确可知属于巴蜀地方行政长官秩级的，有：

秩各千石	蜀郡　成都
秩各八百石	蜀郡　临邛 巴郡　朐忍　江州 广汉郡　新都　武阳　梓潼　涪
秩各六百石	蜀郡　青衣道　严道 巴郡　临江　涪陵　安汉　宕渠　枳 广汉郡　平乐　江阳
秩各五百石	蜀郡　縣递道　湔氏道 广汉郡　阴平道　甸氏道

二　郫・阆中・符・垫江

据简四四三整理小组释文，"秩各千石"的县，有"栎阳、长安、频阳、

---

① 张家山二四七号汉墓竹简整理小组：《张家山汉墓竹简（二四七号墓）》，文物出版社2001年11月版，第193—202页。

临晋、成都、□雒、雒阳、酅、云中、□□□□、新丰、槐里、雎、好畤、沛、合阳"。对于其中"□雒",整理小组注释写道:"缺字疑为'上'。上雒,属弘农郡。"① 此说误。简四五一所见至"秩各六百石"的县道中,明确可以看到"上雒"县,而且下临同属弘农郡的"商",此后则是"武城、翟道"。整理小组注释:"上雒、商、武城、翟道,汉初属内史。"也确认了此一"上雒"即初属内史,后属弘农郡的"上雒"。尽管张家山汉简《二年律令·秩律》出现地名有重复的情形,如简四五二"襄城",又简四五九"襄城",但都属于"秩各六百石"同一等级之内,有可能错书②,至于简四四三和简四五一分属"秩各千石"和"秩各六百石"两次出现"上雒"的可能性是极小的③,因而前一"上雒"不大可能是误书,而很有可能是误释。细看图版,"□"与"雒"之间似有间隔符号"∠"。释文应作:

栎阳∠长安∠频阳∠临晋∠成都∠□∠雒∠雒阳∠酅∠云中∠□□□□∠新丰∠槐里∠雎∠好畤∠沛∠合阳

因而"□雒",应为"□、雒"。雒,为广汉郡属县。《汉书》卷二八上《地理志上》"广汉郡"条下:"雒,章山,雒水所出,南至新都谷入湔。有工官。莽曰吾雒。"而缺字"□"所记录的县名,其地在巴蜀的可能性极大。察看图版字迹,似是"郫"。《汉书》卷二八上《地理志上》"蜀郡"条下:"郫,《禹贡》江沱在西,东入大江。"

整理小组释文所见简四四七"秩各八百石"的"朐忍、□□□□□临邛、新都、武阳、梓潼(潼)、涪"④,也值得注意。从文例可知,"朐忍"与"临邛"之间,似乎也应是巴蜀县名。观察图版,可

---

① 张家山二四七号汉墓竹简整理小组:《张家山汉墓竹简(二四七号墓)》,文物出版社 2001 年 11 月版,第 193 页。

② 简四五二"襄城",整理小组注释:"襄城,疑是襄洛之误,属上郡。颍川郡有襄城县。"

③ 钱大昕:《十驾斋养新录》卷一一"《汉地理志》县名相同"条写道:"予弟晦之言,汉县名相同者,每加东西南北上下以别之,然考之《地理志》,重出者正复不少。"华林甫《中国地名学史考论》写道:"《汉书·地理志》系据西汉末年簿册编集而成,钱大昕历数《汉书·地理志》中的重复县名,结果是:曲阳、建成、定安三县均有三处重名,另有剧县、定陶等 51 对同名县。也就是说,西汉末年存在着一百个以上的重复县级地名。"社会科学文献出版社 2002 年 2 月版,第 130—131 页。华林甫《中国地名学源流》也涉及钱大昕此说。湖南人民出版社 1999 年 8 月版,第 346 页。然而这些重复县名中,无"襄城",亦无"上雒"。

④ 张家山二四七号汉墓竹简整理小组:《张家山汉墓竹简(二四七号墓)》,文物出版社 2001 年 11 月版,第 195 页。

以发现"临邛"前二字应是"阆中"。此前整理小组以为四字者，其实只是三字。"朐忍"之后第一字，有可能是"符"。即前引简文应作"朐忍、符、□□、阆中、临邛、新都、武阳、梓潼（潼）、涪"。周振鹤曾经指出："巴郡领域略大于《汉志》所载范围。西南角当近僰道，有《汉志》犍为郡符县一带。"① 而"符"后二字仍未能辨识。

《汉书》卷二八上《地理志上》："巴郡，秦置。属益州。户十五万八千六百四十三，口七十万八千一百四十八。县十一：江州，临江，枳曰监江。枳，阆中，彭道将池在南，彭道鱼池在西南。垫江，朐忍，容毋水所出，南〔入江〕。有橘官、盐官。安汉，是鱼池在南。莽曰安新。宕渠，符特山在西南。潜水西南入江。不曹水出东北〔徐谷〕，南入灊。鱼复，江关，都尉治。有橘官。充国，涪陵。莽曰巴亭。"巴郡地域在置广汉郡时略有减损而始终未有增益②，则《地理志》所见巴郡县名未出现于张家山汉简《二年律令·秩律》的只有垫江、鱼复二县。简文缺释的二字，似可参考这一情形辨识。还应当注意，"垫江"若在简文中出现，似应写作"䘿江"。《说文·衣部》："䘿，重衣也。从衣，执声。巴郡有䘿江县。"段玉裁注："今《地理志》、《郡国志》巴郡下皆作'垫江县'，盖浅人所改也。据孟康曰'音重迭之迭'，知《汉书》本不作'垫江'也。䘿江县在今四川重庆府合州，嘉陵江、涪江、渠江会于此入大江。水如衣之重复然，故以䘿江名县。"

当然，我们推断"朐忍"和"阆中"之间都应是巴郡县名，是基于同郡县名大多应当相连属的认识。但是，可能确有属于一个等级的同郡县名也相互分离的情形。如"江州"，就在"涪"之后相隔三十一县。其位置在属于上党郡的"长子"和属于陇西郡的"上邽"之间。当然这也可能是极特殊的情形。

三 巴蜀的"道"

据简四五九和简四五三，在"秩各六百石"的等级中，可知有蜀郡

---

① 周振鹤：《西汉政区地理》，人民出版社1987年8月版，第141页。
② 刘琳《华阳国志校注》说："始置广汉郡在汉高祖六年，见《汉志》。西汉广汉郡包括今整个绵阳地区及温江、南充两地区各一部。据《元和志》《寰宇记》《舆地广记》等书记载，这些地方绝大部分为原蜀国或亲蜀郡所辖，从巴郡割来者极少。"巴蜀书社1984年7月版，第39页。周振鹤也指出："广汉虽说据有巴、蜀两郡地，实际上，仅《汉志》江阳、符县原属巴郡所有，其余绝大部分地由蜀郡而来。"《西汉政区地理》，人民出版社1987年8月版，第142页。

的"青衣道、严道",巴郡的"临江、涪陵、安汉、宕渠、朸",广汉郡的"平乐"(?)和"江阳"。①

简四五三所见"平乐",整理小组注释:"平乐,汉初属广汉郡。"如果"平乐"确实属于广汉郡,则与同属于广汉郡的"江阳"之间,据整理小组释文,竟然相隔"狄道、戎邑、□□□陵"县名。整理小组以为"汉初属广汉郡"的"平乐",当是指《汉书》卷二八下《地理志下》"武都郡"条下所见"平乐道"。从此"平乐"在《二年律令·秩律》中的位置看,当时是否属于广汉郡尚可存疑。"江阳"在《汉书》卷二八上《地理志上》中,已经归入犍为郡。周振鹤说:"蜀郡之成都平原是最富庶的地区,因此人为地将它一分为二,以东部属广汉。成都平原以南的南安、僰道一带亦先由蜀入广汉,武帝时才属犍为。"②"江阳"可能也属于同样的情形。

整理小组注释:"狄道、戎邑,汉初属陇西郡。"此后"□□□陵",或当作"□□、□陵",均不明所属。

"秩各五百石"的,有广汉郡的"阴平道、甸氐道"和蜀郡的"緜递道、湔氐道",均见于简四六五。其文曰:"阴平道蜀氐道緜递道湔氐道长秩各五百石。"③《汉书》卷二八上《地理志上》"广汉郡"条下:"甸氐道,白水出徼外,东至葭明入汉,过郡一,行九百五十里。莽曰致治。白水,刚氐道,涪水出徼外,南至垫江入汉,过郡二,行千六十九里。阴平道。北部都尉治。莽曰摧虏。""蜀郡"条下:"绵虒,玉垒山,湔水所出,东南至江阳入江,过郡三,行千八百九十里。""湔氐道,禹贡崏山在西徼外,江水所出,东南至江都入海,过郡七,行二千六百六十里。"按照整理小组的解释,广汉郡"刚氐道"未见于《二年律令·秩律》。其实简文写作"蜀氐道"者,未必是"甸氐道"的误写,也有可能原称"蜀氐道"者,后来方分划为"甸氐道"和"刚氐道"。

四 "秩"与县道经济水准和行政难度

张家山汉简《二年律令·秩律》中提供的有关汉初巴蜀县道设置的

---

① 张家山二四七号汉墓竹简整理小组:《张家山汉墓竹简(二四七号墓)》,文物出版社2001年11月版,第196—197页。
② 周振鹤:《西汉政区地理》,人民出版社1987年8月版,第142页。
③ 张家山二四七号汉墓竹简整理小组:《张家山汉墓竹简(二四七号墓)》,文物出版社2001年11月版,第202页。

信息，就目前我们已有的知识，可知有：

秩各千石	蜀郡　成都　郫 广汉郡　雒
秩各八百石	蜀郡　临邛 巴郡　朐忍　阆中　江州　符　□□ 广汉郡　新都　武阳　梓潼　涪
秩各六百石	蜀郡　青衣道　严道 巴郡　临江　涪陵　安汉　宕渠　枳 广汉郡　平乐（？）　江阳
秩各五百石	蜀郡　䣢递道　湔氐道 广汉郡　阴平道　蜀氐道

以这一资料为基础，或许可以增益对汉初巴蜀县道设置的认识，也可以深化对当时地方行政制度的理解，而巴蜀区域经济文化的研究，也可以因此得以推进。例如，对巴蜀地方县道秩级的规定所透露的以县道为单位的地域差异，应当有利于我们对当地经济文化进行更细化的研究。因为秩级差别的确定，很可能与该县道的人口数量和经济水准有关。

关于居延"车父"简

居延出土汉简中可见出现"车父"字样的简文。"车父"称谓未见于史籍，然而就现有资料所知"车父"活跃于汉代边地军事生活与经济生活中的事实，使得人们不能忽视其历史作用。

"车父"身份、职任之研究，应当有助于更全面地分析汉代军役制度，更全面地分析汉代运输组织形式。不仅能够增进对河西汉塞防卫形式和军事生活的理解，也可以丰富对汉代社会史的认识。中国古代交通史的一个侧面，或许也可以因此得到予以说明的条件。

一 《车父名籍》遗存

居延汉简涉及"车父"的简文，可辑录数十例。其中可能属于所谓"车父名籍"者，以其文例之整齐尤其引人注目。如：

(1) ●新野第一车父连☐ (145.4)

(2) 父城第一车父南阳里执毋适☐
☐
☐ (E. P. T56：68)

(3) 第三车车父与 (E. P. T52：209)

(4) 戍卒梁国睢阳第四车
　　　　　锯二　承釭二破
父宫南里马广☐
　　　　　锯二　釜一完 (303.6，303.1)

(5) 河东虢第四车父直

弩一箭百　　　　　　　☑
　　　　　　　　　　　（E. P. T8：9）
(6) 长社第五索车父□☑（E. P. T11：7）
(7) □阳第七车父□阳里郭王（287.21）
(8) 杜延第七车父市阳里□☑（E. P. W：61）
(9) 内黄第十五车父魏都（101.2）
　　　　　　　　　　　　袭一领
(10) 淮阳郡□平第十五车父□平里陈尊复绔一两
　　　　　　　　　　　枲履二两（498.12）①
(11) 第廿三车父范昌☑（E. P. T51：315）
(12) 第廿五车父平陵里辛
　　官具弩七　钳胡一　弩幠九　承弦十四
　　承弩二　由庋一　兰七　私剑八
　　盈川有方二　靳干十　兰冠七
　　稾矢三百五十　靳幡十　服七
　　稾䖟矢千五百　　　　　（10.3）
　　　　　　　　　　桐六其一伤
(13) 第廿九车父白马亭里富武都斧二　大钳一
　　　　　　　　　　斤二　小钳一（67.2）
(14) ☑车父竹里董贞（E. P. T58：63）
(15) 东缙□□车父梁任（580.5）
(16) ■车父名籍（157.4）

以上可能属于"车父名籍"的诸简，文式大体皆为：县名—车序—"车父"—里名—姓名—随车物件记录。

简(7)"□阳"，陈直《居延汉简综论》据劳榦释文"寘阳"，以为"当即云阳之别体"。② 简(4)"宫南里"，《居延汉简甲编》《居延汉简甲乙编》、台北1960年重订本《居延汉简考释·释文之部》皆将"宫南"

---

① 《居延汉简甲编》（科学出版社1959年9月版）及《居延汉简甲乙编》（中华书局1980年12月版）均释作"淮阳郡□平第十五车□平里陈尊"，台北1960年重订本《居延汉简考释·释文之部》作"熹平里"，《居延汉简释文合校》作"襄平里"，今据图版校正。周振鹤《西汉政区地理》指出："居延汉简屡见淮阳郡长平之名，长平县于《汉志》属汝南，由汉简知其本属淮阳郡。"人民出版社1987年8月版，第42页。

② 陈直：《居延汉简研究》，天津古籍出版社1986年5月版，第92页。

后一字释为"旦一",显然是"里"字之误。① 简(15)"东缗",《居延汉简甲乙编》作"束缗",《居延汉简释文合校》订正为"东缗",然而第5、6字仍释作"重丩"。原简失照,对照其他简文,可知当为"车父"之误释,原简文或以释为"东缗□□车父梁任"为宜。

与以上十数枚"车父"简文例略有不同,但似乎亦可归入"车父名籍"一类者,又有:

(17) 郡
南阳新野车父□☒ (72.42)

         木十五枚付弘轴一
(18) 第卅二卒王弘车父新野第四车 枭三□
         □六枚
         箱枭车二枚 (E. P. T57:60)

(19) 南阳菜车父武后第十七车
     (以上为第一栏)
轮一具桄柔福(辐)七辀摺福(辐)一折 佐爱完
杙轴完
(以上为第二栏) (E. P. T51:251)

(20) □长修车父功孙□☒ (E. P. T5:108)

又有虽然可能不宜归入"车父名籍",然而亦标注"车父"身份及依县籍编次车序者,如:

(21) 贝丘长道敢言之谨伏地再拜请伏地再☒ (E. P. T56:138A)
贝丘第三车父田赦第三车父田赦☒ (E. P. T56:138B)

又如:

(22) □顺阳车父唐妨霝箧 (257.1)

---

① 又"锸",《居延汉简甲编》《居延汉简甲乙编》释作"鍫",台北1960年重订本《居延汉简考释·释文之部》释作"菬",据谢桂华、李均明、朱国炤《居延汉简释文合校》订正。文物出版社1987年1月版。

简端有封泥印匣槽，应与当时边塞私衣财物"封臧"（213.15）"阁官"（214.93）的制度有关。

有学者分析，书写形式不同的有关"车父"的简例，或因"编制"者不同而有异。有的"可能是由郡县编制或车父刚刚到达边塞尚未分配部燧时由都尉府编制"，有的"应该是由候官或部编制"[①]。或许因文书性质不同，编写者不同，致使简文体例不同，这样的意见值得重视。

简文有的标记所属郡国，如简（4）（5）（10）（17）（19）（20）（郡名"河东"缺失）；有的则只具县名，如简（1）（2）（6）（7）（8）（9）（15）（18）（21）（22）；有的甚至仅见车序。

由"车父"简所见资料，可知这些"车父"由以下郡县行至河西：

郡国	县	所见简	县治今地	备注
左冯翊	云阳（?）	（7）	陕西淳化西北	据陈直说
河东郡	彘	（5）	山西霍县	
河东郡	长修	（20）	山西新绛西	
颍川郡	父城	（2）	河南襄城西	
颍川郡	长社	（6）	河南长葛东北	
淮阳郡	长平（?）	（10）	河南西华	《汉书》卷二八上《地理志上》属汝南郡
南阳郡	新野	（1）（17）（18）	河南新野	
南阳郡	葉县	（19）	河南叶县南	即叶县
南阳郡	顺阳	（22）	河南淅川南	
山阳郡	东缗	（15）	山东金乡	
魏郡	内黄	（9）	河南内黄西	
清河郡	贝丘	（21）	山东临清南	汉简贝丘多见属魏郡及东郡者[②]，今据《汉书》卷二八上《地理志上》
梁国	睢阳	（4）	河南商丘	

① 李天虹：《居延汉简簿籍分类研究》，科学出版社2003年9月版，第21页。

② 周振鹤《西汉政区地理》："居延汉简有'魏郡贝丘'之记载（82.9），说明《汉志》清河贝丘县曾隶属过魏郡，但隶属的具体时间不明。"人民出版社1987年8月版，第82页。"魏郡贝丘"简又见311.12，311.20，E.P.T51：451，E.P.T52：479，E.P.T53：31，E.P.T56：92，E.P.T56：97，E.P.T56：102，E.P.T56：110，E.P.T56：113，E.P.T 56：260B，E.P.T56：266A，E.P.T56：269，E.P.T56：377，E.P.T57：2，E.P.T58：6。又有简文："戍卒东郡贝丘武昌里黄侯模□"（E.P.T56：191）。"东郡贝丘"简恰恰发现于"魏郡贝丘"简出土最密集处。何双全《〈汉简·乡里志〉及其研究》将贝丘县分列于"东郡""魏郡"条下。收入《秦汉简牍论文集》，甘肃人民出版社1989年12月版，第154、159、168—170页。

劳榦在《论汉代之陆运与水运》一文中曾列举上引简（1）（4）（7）（9）等①，指出："运输之车运至塞上者，且远自梁国魏郡诸境"，"今据汉简之文，山东之车率以若干车编为车队，行数千里，转运之难，大略可想"②。

二 "转输"运动和"转输"人

史籍多有秦汉时期组织大规模运输活动的记载。记述者和政论家往往称之为"转输"。主父偃谏伐匈奴，说到秦始皇"发天下丁男以守北河，暴兵露师十有余年"，"使天下蜚刍輓粟，起于黄、腄、琅邪负海之郡，转输北河，率三十锺而致一石。"劳役之苛重，以致"道路死者相望，盖天下始畔秦也"。徐乐上书也说道：秦始皇"欲肆威海外，乃使蒙恬将兵以北攻胡，辟地进境，戍于北河，蜚刍輓粟以随其后"。"行十余年，丁男被甲，丁女转输，苦不聊生，自经于道树，死者相望。"③汉时仍然频繁组织以由东而西为基本流向的大规模运输。《汉书》卷五一《枚乘传》："汉并二十四郡，十七诸侯，方输错出，运行数千里不绝于道""转粟西乡，陆行不绝，水行满河。"《史记》卷三〇《平准书》也记载，汉武帝时，"汉通西南夷道，作者数万人，千里负担馈粮，率十余锺而致一石"。"又兴十万余人筑卫朔方，转漕甚辽远，自山东咸被其劳。"汉武帝组织对匈奴的出击并经营西域，东方人千里转输，劳役愈益繁重。此后服务于军事的运输行动，也见于汉简记录。

敦煌马圈湾汉代烽燧遗址出土汉简可见简文：

☐转谷输塞外输食者出关致籍（D. M. T8：27）④

居延汉简中也可以看到政府组织大型运输车队输边的有关资料。如：

☐☐二百七十五两输居延
☐☐三十六两输橐他☐（32.18A）

---

① 其中有误释，如简（9）"内黄第十五车父魏都"释作"内黄第五车入魏郡☐"等。
② 《中央研究院历史语言研究所集刊》第16本。
③ 《史记》卷一一二《平津侯主父列传》。
④ 吴礽骧：《玉门关与玉门关候》，《文物》1981年第10期。

☐九十四两输居延
☐十一两输橐他（32.18B）

又如：

☐☐☐车十桼☐☐（E. P. T43：225）
毋车牛卌☐☐（E. P. S4. T2：152A）
☐与此车百七两粟大石☐☐（E. P. T65：428）
☐下为车五百廿五两☐（262.8）
☐有二千两车在居延北汝往当见车（E. P. F22：449）

可见居延地区车辆运输组织往往有惊人的规模。居延汉简运输史料中所谓"输边车队中的编号"[①]，可以体现"车队"编列的规模。

三　关于车序编号

当时"车运转谷"（E. P. W：101）"输廪"（E. P. T51：593）的车列序次亦多见诸简文，如：

第一车（29.9，54.24，E. P. S4. T2：47）
第三车（74.22，E. P. T53：43）
第六车（25.1，45.20，230.10）
第八车（180.40B，238.13，E. P. F19：13）
第十车（514.50）
第十一车（E. P. T53：45，E. P. T56：137）
第十二车（E. P. T51：593，E. P. T53：137）
第廿一车（199.8）
第卅车（28.10，477.4）
第卅四车（E. P. T53：213）
第卌四车（E. P. T52：139）

---

① 李天虹：《居延汉简簿籍分类研究》，科学出版社 2003 年 1 月版，第 21 页。

有的简例，于车序前又标识县名，如：

新阳第一车（515.16）①
馆陶第一车（81.1）
馆陶邑第一车（311.13）
叶第一车（E.P.T59：323）
冠军第二车（180.8）
贝丘第四车（428.2A）
贝丘第五车（24.6）
元城第八车（311.30）
贝丘第九车（24.6）
贝丘第十一车（24.6）
宅庿第廿车（24.6）②

新阳、馆陶、叶、冠军、贝丘、元城等县分别属于东海郡、魏郡、南阳郡、清河郡。

简文仅记录车序而不标识县名者，有可能县名在"第一车"简上著明。由简29.9，54.4，E.P.S4.T2：47的内容看，也有可能整个简册登记的是来自同一县的车队。

汉代政府组织的运输活动具有高度集权的特点，甚至郡级行政长官亦不得"擅为转粟运输"③。《汉书》卷六六《刘屈氂传》记载，汉武帝时，丞相公孙贺受到严厉处罚，所谓"使内郡自省作车，又令耕者自转"即被指为罪名之一。汉武帝时代又强化健全"均输"制度，官营运输活动统一由均输官调度指挥。④ 从《九章算术·均输》中所列算题的内容看，"均输"即以道里远近和户数多少统一规划分配各县输粟及出车数量。如：

---

① 《居延汉简甲乙编》释作"■右新阳符一车十二"，《居延汉简释文合校》订正为"■右新阳第一车十人"。
② "宅庿"县名无考，疑或与济阴郡菡县（县治在今山东成武西北）、清河郡厝县（县治在今山东临清东北）有关。厝县与贝丘县相邻。肩水金关简可见"戍卒魏郡隤平阳里公士华捐年廿五"（73EJT10：108），也可以在讨论时参考。
③ 《史记》卷一一七《司马相如列传》。
④ 王子今：《西汉均输制度新议》，《首都师范大学学报》1994年第2期。

今有均输粟，甲县一万户，行道八日；乙县九千五百户，行道十日；丙县一万二千三百五十户，行道二十日，各到输所。凡四县赋，当输二十五万斛，用车一万乘。欲以道里远近。户数多少，衰出之。问粟、车各几何。

答曰：

甲县粟八万三千一百斛，车三千三百二十四乘。

乙县粟六万三千一百七十五斛，车二千五百二十七乘。

丙县粟六万三千一百七十五斛，车二千五百二十七乘。

丁县粟四万五百五十斛，车一千六百二十二乘。

运输车队确实大致是以县为基本单位组织编发的。《后汉书》卷一八《臧宫传》中"属县送委输车数百乘至"，说的就是这样的情形。

仅记录车列序次而未见"车父"字样的简，有些可能属于所谓"牛车名籍"（43.25B）、"士卒折伤牛车出入簿"（E.P.T52：394）①、"仓谷车两名籍"（E.P.T52：548）等簿籍，然而有些则与"车父"简有关或本身即可归入"车父"简之中。下引简文可以为例：

(23) ●右第八车父杜□□守父靳子衡　算身一人☑（180.40A）
●右第八车（180.40B）

简180.40B虽未直接出现"车父"字样，但实际上显然与"车父"简有密切关系。其他文式相同的简文很可能也有类似情形。

居延"车父"简中还可以看到如下简文，似乎说明关于"车父"在车队中编次的记录文例并不一律：

(24) 车父庄亭　七十二　孙平　二（E.P.T57：98）
(25) ☑车父守　第廿一（E.P.T52：331）

简(24)(25)均为竹简，当不排除原簿籍编写于车队出发地点的可能。简(21)有"贝丘长道敢言之谨伏地再拜请"文句，情形或许类同。

---

① 又简E.P.T56：315："陷伤牛车出入簿"。

四 "车父卒"与"车父车卒"

秦汉史籍中未见有关"车父"称谓的内容,其身份之研究,只能主要依据居延出土汉简中的有限资料。

前引简(4)"戍卒梁国睢阳第四车父宫南里马广"及简(18)"第卅二卒王弘车父","车父"兼称"卒"或"戍卒",都说明其身份的双重性。类似资料又有:

(26) 木中隧卒陈章车父☒ (E. P. T50:30)

此外,居延汉简中又可直接看到所谓"车父卒""车父车卒"等称谓:

(27) ☒□□等身将 车父卒☒
　　　　　　　　☒ (484.67)
(28) 长偏赍事并将车父卒董利☒ (E. P. T52:167)
(29) 骓喜隧车父车
　　　卒许勃所假
　　☒具弩一有幅
　　　鞮鞻为阁 (83.5A)

"车父"同时又身为"卒",当大致与主要以转输为职任的所谓"漕卒"①"委输棹卒"② 以及"厮舆之卒"③ 之"舆卒"身份相近。

秦汉时往往"戍漕转作"④"转输戍漕"⑤ 并称。汉武帝"穿漕渠",据说意图在于"损漕省卒"⑥。可见运输往往由"卒"承当,列为军役内容之一。董仲舒说,秦时百姓"月为更卒,已复为正,一岁屯戍,一岁

---

① 《汉书》卷二四上《食货志上》。
② 《后汉书》卷一七《岑彭传》。
③ 《汉书》卷六四上《严助传》。
④ 《史记》卷六《秦始皇本纪》。
⑤ 《史记》卷一一二《平津侯主父列传》。
⑥ 《史记》卷二九《河渠书》。

力役，三十倍于古"①。颜师古注："更卒，谓给郡县一月而更者也。正卒，谓给中都官者也。率计今人一岁之中，屯戍及力役之事三十倍多于古也。"看来，"卒"除"屯戍"之外，还要承担包括转输在内的"力役之事"。《汉书》卷九九中《王莽传中》记述王莽始建国二年（10）事：

> 募天下囚徒、丁男、甲卒三十万人，转众郡委输五大夫衣裘、兵器、粮食，长吏送自负海江淮至北边，使者驰传督趣，以军兴法从事，天下骚动。先至者屯边郡，须毕具乃同时出。

可见即使募卒亦得兼事委输屯戍。所谓"长吏送自负海江淮至北边"，则使人联想到简（21）"贝丘道敢言之谨伏地再拜请"的含义。

《盐铁论·击之》："甲士死于军旅，中士罢于转漕。"秦汉时期服役者大约多是"强者执戟，羸者转运"②，"丁壮苦军旅，老弱罢转漕"③。在交通条件相当落后的情况下，军运耗用人力之多十分惊人。诸葛亮北伐，魏延献计由子午谷突袭长安，请求率"精兵五千，负粮五千，直从褒中出"④，军中作战人员与运输人员的比例甚至达到一比一。

《史记》卷一〇《孝文本纪》："今列侯多居长安，邑远，吏卒给输费苦。"《汉书》卷二四上《食货志上》："故事，岁漕关东谷四百万斛以给京师，用卒六万人。"又记载汉元帝时曾"减关中卒五百人，转谷振贷穷乏"。都说到除军运外，又大量用卒从事民运。

《汉书》卷六四上《朱买臣传》说，朱买臣即曾"随上计吏为卒将重车至长安"。汉初，娄敬建议刘邦定都秦地，据说初见刘邦时，"戍陇西，过洛阳，高帝在焉。娄敬脱鞔辂，衣其羊裘，见齐人虞将军曰：'臣愿见上言便事。'"⑤娄敬身为戍卒而引车前行赴戍所，可能即《汉书》卷二四上《食货志上》所谓"行者赍"。颜师古解释说："'赍'谓将衣食之具以自随也。"居延汉简中"戍卒□曾里石尊　第卅车五人"（477.4）、"戍卒邺东利里张敞第卅车"（28.10）、"●右第六车卒廿人"（230.10）等，或许即体现类似情形。

我们在居延汉简中还可以看到戍卒除赴边途中转运即所谓"行者赍"

---

① 《汉书》卷二四上《食货志上》。
② 《三国志》卷四七《吴书·吴主权传》注引《汉晋春秋》。
③ 《史记》卷七《项羽本纪》。
④ 《三国志》卷四〇《蜀书·魏延传》裴松之注引《魏略》。
⑤ 《史记》卷九九《刘敬叔孙通列传》。

外，专门从事转运的实例。如：

　　□□□遣卒六将持车牛诣官以十（418.1）
　　入二年戍卒牛车十三两（E. P. T56：133）
　　新卒假牛车十五两皆毋□（E. P. T53：188）
　　●十部治卒车吏名（E. P. T59：115）
　　所受适吏訾家部吏卒所输谷车两（E. P. F62：364）

有的简文还著录戍卒原籍，如：

　　☒魏郡贝丘戍卒牛（E. P. T56：266A）
　　☒□卒车（E. P. T56：266B）

简文所见"戍卒牛车""卒车"，似乎可以说明有的戍卒在服役时以私车从事转输。可能正因如此，我们在被有的学者归入居延"吏卒功过劳绩的考课文簿"①的简文中，可以看到"车父"活动的记录。例如：

　　　　　　　　　　　卒四人
　　　　　　　　　　　一人省
（30）次吞隧长长舒
　　　　　　　　　　　一人车父在官已见
　　　　　　　　　　　二人见
（以上为第一栏）（E. P. T59：6）
　　　　　　［一］人李延寿车父不在
（31）☒［一］人禀
　　　　　　［一］人见　　　　　　（104.19）

简（31）《居延汉简甲乙编》作：

　　李延寿车父不在
　☒广
　　见

---

① 初师宾：《汉边塞守御器备考略》，《汉简研究文集》，甘肃人民出版社1984年9月版，第144、151页。

此从裘锡圭释文。①

五 "车父"与一般"戍卒"

我们又看到出现"车子"字样的简例,如：

　　　　　　　　　　　廿八日出　一人高同车子未到
（32）第十五隧长王赏不在署一人王朝廿八日从候长未还
　　　　　　　　　一人见　　　　　　（206.27）
（33）☐☐人黄小子车子刻到
　　☐二人见　　　　　（285.5）

简（32）与（33）文式内容均类同。后者（33）是否应当"子刻"连读,还可以讨论。如果循这一思路,则（32）或许也可以将"子"理解为"子刻"。

与前引简（22）"☐顺阳车父唐妚霝篋"类似的简文又有：

☐鄣卒孟广衣橐　（E. P. T51：443）
第十五
☐尹严
隧衣囊　　　（E. P. T51：442）
　戍卒
☐
　资钱（E. P. T51：449）
戍卒南阳郡宛邑
●☐
临洞里魏合众衣橐（E. P. T51：149）
戍卒魏郡邺　　　　・
都里赵元衣橐检（E. P. T52：494）
戍卒篋绘☐（E. P. T52：668）

---

① 裘锡圭：《居延汉简甲乙编释文商榷（续七）》,《人文杂志》1983 年第 4 期。

同类戍卒衣橐的封检，还可以举出许多。① 裘锡圭曾指出："从居延简看，戍卒的衣服钱物常常'阁官'，即存放在候官处。"② 简（22）"车父"私篋封检的发现，说明"车父"得与"戍卒"同样遵行这一制度。简（22）与上引诸简相互比照，可以说明"车父"与"鄣卒""戍卒"身份之一致。③

六 关于"卒史车父"

"车父"身份严格地说应当属于"卒"，然而又与一般的"卒"有所不同。例如居延汉简可见"卒史车父"简文：

(34) ☐卒宗取韭十六束为中舍二束掾舍十一束卒史车父复来
☐二石唯掾分别知有余不足者园不得水出☐多恐乏今有
（E.P.T51：325A）
☐ 即复取来辄计为度遣使记☐今园及期其
☐二束其一束中舍一束掾舍●陈阳里王少少毋已（E.P.T51：325B）

园中得韭二束，则"其一束中舍，一束掾舍""取韭十六束"，则"其三束为中舍，二束掾舍，十一束卒史车父"。"卒史"是官府属吏。《史记》卷一二〇《汲郑列传》记载：汲黯迁为东海太守，"治官理民，好清静，择丞史而任之"。裴骃《集解》引如淳曰："《律》：太守、都尉、诸侯内史史各一人，卒史书佐各十人。"秦时已有"卒史"之职。周昌、周苛"秦时皆为泗水卒史""自卒史从沛公"。④ 秦末，武臣曾"遣

---

① 如："䐁东郡戍卒东阿灵里袁鲁衣橐"（100.1），"戍卒河东郡安邑尊德里张常☐☐衣橐封以私印"（210.26），"●䐁戍卒南郡穰邑☐里何翘利衣橐"（326.8A），"●窞戍卒魏郡梁期长积里侯宣衣橐"（E.P.T51：297），"廪宎戍卒宋里卜熹衣装橐"（E.P.T59：368A），"■右南阳私衣物橐百一十一"（E.P.T52：84）等。
② 裘锡圭：《汉简零拾》，《文史》第12辑，中华书局1981年9月版，第6页。对于本文所引简（29），裘锡圭指出，"可知有时戍卒把从公家借来的武器也存放在阁中。"
③ 简（10）车父名下注明衣履名目数量，很可能也与戍卒私衣物"封臧""阁官"之常制有关。
④ 《史记》卷九六《张丞相列传》。

故上谷卒史韩广将兵北徇燕地"①。《史记》卷一二六《滑稽列传》褚少孙补述，说到汉武帝时北海太守属下有"文学卒史王先生"。魏相亦曾"为郡卒史"②。匡衡亦曾"补平原文学卒史"③。

《史记》卷一二一《儒林列传》记载，公孙弘为学官时曾建议："请选择其秩比二百石以上，及吏百石通一艺以上，补左右内史、大行卒史；比百石以下，补郡太守卒史：皆各二人，边郡一人。"据说公孙弘地位上升，"自此以来，则公卿大夫士吏斌斌多文学之士矣"。官吏"通一艺以上"可补"卒史"的建议，亦直接鼓励"文学之士"从政。司马贞《索隐》引如淳云："《汉仪》：……郡国文学，秩百石也。"《史记》卷一〇一《袁盎晁错列传》："以文学为太常掌故。"司马贞《索隐》："服虔云：'百石卒史。'"《汉书》卷五八《儿宽传》："功次补廷尉文学卒史。"颜师古注："臣瓒曰：'《汉注》：卒史秩百石。'师古曰：'瓒说是也。'"

汉简所见河西地区"卒史"④，可列举如下诸例：

  张掖大守府 卒史利（E.P.T52：96）
  酒泉大守府 卒史广（303.12）
  居延都尉府 卒史赏（40.2，267.5）
       卒史□（260.10）
       卒史居（E.P.T50：212B）
       卒史史偃（E.P.T50：212B）
       卒史平（E.P.T51：189B）
       守卒史奉亲（E.P.T51：190A）
  肩水都尉府 卒史安世（12.1C）
       卒史赵卿（E.P.T52：405）
       守卒史义（10.29）
  玉门都尉府 卒史山（敦煌203）
  居延令、丞 卒史充（240.3）
  卒史尊（219.17）

---

① 《史记》卷四八《陈涉世家》。
② 《汉书》卷七四《魏相传》。《史记》卷二〇《建元以来侯者年表》：魏相"少学《易》，为府卒史"。
③ 《史记》卷九六《张丞相列传》。
④ 居延汉简又可见中央部门大鸿胪属下"卒史钦"（203.22）。

陈梦家《汉简所见太守、都尉二府属吏》指出："属吏诸级在签署文书时，依级别高低为序。自中央至县，大致可分为三级：高级为掾和史、少史、士吏；中级为卒史、令史、属、守属、守卒史、守令史和啬夫、守啬夫；低级为书佐、佐、尉史和候史。""卒史通常在掾之次，应是第二级，但有时在属之前，似亦可作为第一级。"①

简（34）所见"车父卒史"，未知是否"车父"为"卒史"之附从。如果"车父"与"卒史"相比列，则似可说明"车父"地位与待遇有时甚至接近下级吏员。

"车父"身份特殊之原因，不排除他们是以私车服事军役者之可能。简（12）可见"车父"辛盈川随车兵器车具15种，除"私剑八"外，均为"官具"，简（29）亦可见所谓"所假具"。特别注明"官具"与"所假具"，似乎也可以从侧面说明其所驾车辆当为私车。

居延汉简可见所谓"发訾家车牛载输候官第□"（E.P.T50：51）。"訾家"又作"赀家""訾家"。此简可与前引"所受适吏訾家部吏卒所输谷车两"（E.P.F62：364）对照读。所谓"訾家车牛"的含义现在尚未十分明确，但是可以说明居延边塞确实有相当数量的私车从事军事物资运输。又如：

　　　　车一两

　　入粟大石廿五石　　　　　正月癸卯甲渠官掾谭受訾家茂陵东进
　　　　　　　　○
里赵君壮就人肩水里郅宗（E.P.T59：100）

"訾家"乡籍甚至远在茂陵，显然也是值得探讨的现象。

不过，从现有资料看，"车父"与为"訾家"（或"訾家""赀家"）承运的所谓"就人"（僦人）等运输人员身份不同。

---

① 陈梦家：《汉简缀述》，中华书局1980年12月版，第109页。

汉简所见"就人"与"将车人"

秦汉时期服务于运输活动的劳动者，有"就人"与"将车"人等。汉简资料提供了相关信息。讨论"就人""将车"人身份及其劳作方式，可以深化对秦汉社会生产史和社会生活史的认识。

一 "就"与"就人"

战国时期已经出现称为"僦"的运输生产形式。《商君书·垦令》："令送粮无取僦，无得反庸，车牛舆重设必当名。"秦时仍限制运输生产中以"僦"为形式的雇佣关系。云梦睡虎地秦简《效律》"僦"写作"就"，其中规定："上节（即）发委输，百姓或之县就（僦）及移输者，以律论之。"汉代这种运输形式则为政府所利用而得到发展。《淮南子·说林》："为车人之利而不僦则不达。"《史记》卷三〇《平准书》："天下赋输或不偿其僦费。"《汉书》卷九九中《王莽传中》："宝货皆重则僦载烦费。"可见"僦"已经成为主要运输形式之一。《汉书》卷八《宣帝纪》："（本始二年春）大司农阳城侯田延年有罪，自杀。"颜师古注："坐增僦直而自入。"罪在贪污"僦"这种运输形式中的运费"僦直"。《汉书》卷九〇《酷吏传·田延年》："初，大司农取民牛车三万两为僦，载沙便桥下，送致方上，车直千钱，延年上簿诈增僦直车二千，凡六千万，盗取其半。"颜师古注："'僦'谓赁之与雇直也。"至于个体经营的"僦载"，有汉光武帝刘秀的实例。《后汉书》卷一上《光武帝纪上》："王莽天凤中，乃之长安，受《尚书》，略通大义。"李贤注引《东观记》曰："受《尚书》于中大夫庐江许子威。资用乏，与同舍生韩子合钱买驴，令从者僦，以给诸公费。"

以"僦"求利的"车人"，在汉代居延边塞文书中称作"就人"（僦人），简文可见：

☐受訾家延寿里上官霸就人安故昌谭昌（214.125）

訾家安国里王严　车一两　九月戊辰载就人同里时襃巳到未言卿（267.16）

方子真一两就人周谭侯君实为取（502.11）

出钱千三百卌七　赋就人会水宜禄里蔺子房一两（506.27）

出钱四千七百一十四　赋就人表是万岁里吴成三两半 已入八十五石 少二石八斗三升（505.15）

●元延四年八月以来将转守尉黄良所赋就人钱名（506.26）

☐置佐博受就人井客☐（586.5）

居延平明里王放就人昌里漕阳车一两　粟大石廿五石居延平明里王放就人昌（E.P.T49：53A）

☐□平明里□襃就人赵永（E.P.T65：376）

敦煌汉简中也可见有关"僦人"的简文：

出糜二斛　元和四年八月五日僦人张季元付平望西部候长宪（425）

"就人"又作"就家"，如简562.3A及肩水金关简73EJT3：113，73EJT7：39，73EJT7：40，应是对应"訾家"（或"茈家""赀家"）的称谓。所谓"僦载"，往往也取有组织的结队运输的形式，如：

出粟大石廿五石　车一两　始建国二年正月壬辰訾家昌里齐熹就人同里陈丰付吞远置令史长（E.P.T59：175）

■右壬辰车五两粟百廿五石徘　与此千三百□□□（E.P.T59：176）

前者"车一两"显然包括在后者"车五两"中。又如：

●凡五十八两　用钱七万九千七百七十四　钱不僦就☐（505.20）

"僦载"车队的规模至于58辆。

"就人"（僦人）所得运费即所谓"就钱"（僦钱）或"就直"（僦值），在简文中也可以看到有关记录，如：

☑就钱☑百卌出（116.46）

就钱三百（254.5）

☑☑☑就钱君强取幸☑☑（乙附 9B）

☑☑月积一月廿七日运荥就直（350.12）

　　其四两自行

☑

　一两取就直（214.83）

出钱☑☑二☑月丁☑☑☑长忠取二月食就直（155.16）

☑就直☑（300.50）

《建武三年候粟君所责寇恩事》简册中也说到"就直"的计算（E.P.F22：6，8，23，30）。敦煌酒泉汉简中也有关于"就钱"（90）、"就直"（890）的内容。"就钱""就直"即"僦钱""僦直"。

《九章算术·均输》中关于"均赋粟"的算题，说到汉时运车载重规格和僦费常值即一般运价标准："一车载二十五斛，与僦一里一钱。"这种规范之形成，体现出"僦载"之普及，而政府倚重这一运输形式，并往往主持对"僦载"的组织管理。① 居延出土《甘露二年御史书》简册中可以看到"以牛车就载籍田仓为事"简文（E.J.T1：1）。②《潜夫论·实边》说，"募运民耕边入谷"，乃"充边境，安中国之要术"。"就人"（僦人）应当也在"运民"之列。

"车父"与"就人"（僦人）的重要区别之一，是前者以服役者的身份不能通过运输活动获取"就钱"或"就直"等经济收入。"车父"与

---

① 裘锡圭《汉简零拾》有"从汉简反映的关于用车运粮的情况谈《九章算术》的史料价值"一节，说到"居延简里有很多关于用车运粮的资料，每车所载粮食一般为二十五石"，"雇佣的僦人和服役的将车者输送粮食的时候，大概比较严格地遵守二十五石一车的常规"。《文史》第 12 辑，第 8—9 页。他在《读汉简札记》中又讨论了"关于每车载粮的新资料"。其中写道："总之，从汉简所记的以车运粮的情况来看，当时确以一车载大石二十五石为常规，但有时也有一车载到大石三十石的；而在运麦时，可能由于麦的体积较粟为大，一车往往只载小石三十五石五斗，即大石二十二石五斗。此外，当然还会有一些我们所不知道的不合常规的情况。各种不合常规的情况，主要当是由各种实际的需要造成的，跟运粮者是哪一种人并无多大关系。"《简帛研究》第 2 辑，法律出版社 1996 年 9 月版，第 217 页。

② 初师宾：《居延简册〈甘露二年丞相御史律令〉考述》，《考古》1980 年第 2 期。

"就人"（僦人）的另一重要区别，是"就人"（僦人）可能有相对较多的人身自由。

"车父名籍"和"车父"所携兵器、车具的严格登记以及"到""在官已见""不在"的记录，都可以说明这一事实。

从居延汉简提供的资料看，居延地区"车父"与"就人"（僦人）还有一个重要区别，这就是"就人"（僦人）大多为河西当地人，而"车父"乡籍则多远在山东诸郡国。

二 "将车"人身份

除"车父"与"就人"外，居延汉简中又可见另一以车辆从事转运者的称谓"将车"人。例如：

> 将车觻得万岁里☐（77.7）
> 将车觻得新都里郝毋伤年卅六岁长长七尺二寸黑色☐（334.36）
> ☐将车觻得安世里公乘工未央年卅长七尺二寸黑色（334.13）
> 将车河南郡荥阳（346.39）
> ☐里上造史赐年廿五长七尺二寸黑色　为兰少卿将车（14.12）
> 十一月十五日为记邑中夏君壮多问
> 少平湌食如常人马起居得毋有它今自买鱼得二千二百枲十头
> 付子阳与子阳将车人粟十三石牛食豆四石栓西垣乘轴一付
> （E. P. T. 44：5）

《候粟君所责寇恩事》简册也可见有关寇恩"将车"的文字："恩从觻得自食为业将车到居延"（E. P. F22：18），"恩又从觻得自食为业将车莖斩来到居延"（E. P. F22：27）。

《史记》卷一〇四《田叔列传》褚少孙补述：任安"少孤贫困，为人将车之长安"。翦伯赞在《两汉时期的雇佣劳动》一文中指出："这里所谓'为人将车'就是受人之雇为人赶车。"① "将车"一般亦泛指驾车，如前引朱买臣"为卒将重车至长安"例。然而居延简"将车觻得新都里郝毋伤"等，这里所谓"将车"不仅仅指一种劳作形式，已经是表示特定身份的称谓，与

---

①　翦伯赞：《两汉时期的雇佣劳动》，《北京大学学报》（人文科学版）1959 年第 1 期。

"将者人"同。甘肃武威雷台汉墓出土铜车马有隶书铭刻,其御者身份,"小车马"称"御奴",而"輂车马"即货运车马则称作"将车奴"①。

由《候粟君所责寇恩事》简册的内容,可知"将车"人与"就人"(僦人)不同。寇恩以私车为粟君载鱼至觻得卖,当得"就直",是为"就人"(僦人)。而"到觻得卖鱼尽钱少",因卖牛相抵,以卖牛钱付粟君妻业,以车具"置业车上",又"从觻得自食为业将车到居延"。是往觻得时为"就人"(僦人),自觻得返时已称"将车"人。身份之变化很可能在于已不再拥有所驾驭车辆的所有权。

"将车"人可以为私人"将车",也可以"将"公车为政府服务,前引"将车觻得新都里郝毋伤"等简可能即体现为公家营运的劳务关系。然而无论为公家"将车"还是为私人"将车","将车"人与车主间皆存在雇佣关系,因而其身份与"车父"显然体现出鲜明的差异。

三　车人·车子·车士

"就人"(僦人)、"将车者""车父"大致都可以称为所谓"车人"②"转者"③ "转车人徒"④,然而具体身份及其所体现的生产关系则不同。"车父"虽服务于军运,但是在倾国力以强武备的时代,他们的劳作对于社会经济的意义,显然不可轻视。

简(32)"一人高同车子未到"、简(33)"□人黄小子车子刻(?)到",如果其中"子"并不指示"子刻",与同类简文(30)、(31)比较,也许可以将"车子"理解为与"车父"相近的身份。⑤沈刚解释简

---

① 甘博文:《甘肃武威擂台汉墓清理简报》,《文物》1972年第2期;甘肃省博物馆:《武威雷台汉墓》,《考古学报》1974年第2期。
② 《淮南子·说林》。
③ 《史记》卷一一一《卫将军骠骑列传》。
④ 《史记》卷一二三《大宛列传》。
⑤ 船夫也有称作"舟子"者。《诗·邶风·匏有苦叶》:"招招舟子,人涉卬否。"毛亨传:"招招,号召之貌。舟子,舟人,主济渡者。"郑玄笺:"舟人之子。"《诗·大雅·大东》有"舟人之子"句,毛亨传:"舟人,舟楫之人。"而《匏有苦叶》"舟子"则不是"舟人之子"。汉时仍通行"舟子"称谓。如《焦氏易林》卷一《坤·萃》:"褰衣涉河,涧流浚多。赖遇舟子,济脱无它。"《讼·萃》:"褰衣涉河,水深渍衣。赖幸舟子,济脱无他。"卷二《观·涣》:"褰衣涉河,水深渍衣。幸赖舟子,济脱无他。"《贲·大过》:"褰衣涉河,水深渍衣。幸赖舟子,济脱无他。"《剥·贲》:"褰裳涉河,水流渍衣。幸赖舟子,济脱无他。"卷三《蹇·师》:"褰衣涉河,涧流波多。赖遇舟子,济脱无他。"《巽·解》:"褰衣涉河,涧流浚多。幸赖舟子,济脱无他。"

（32）所见"车子"，即据《中国简牍集成》的意见①，以为就是"车夫"②。《文选》卷四〇繁钦《与魏文帝笺》："时都尉薛访车子，年始十四，能喉啭引声，与箫同音。"是汉时确实曾经通行"车子"称谓的例证。

"车子"更早又见于《左传·哀公十四年》："叔孙氏之车子鉏商获麟。"杜预注："车子，微者。"孔颖达疏："杜以车子连文，为将车之子，故为微者。《家语》说此事云'叔孙氏之车士曰子鉏商'。王肃云：'车士，将车者也。子姓，鉏商名。'今传无'士'字。服虔云：'车，车士，微者也。'""车士"之称，又见于《战国策·燕策二》："又譬如车士之引车也，三人不能行，索二人，五人而车因行矣。""车士"称谓秦汉社会仍然通行。《史记》卷一〇二《张释之冯唐列传》："拜唐为车骑都尉，主中尉及郡国车士。"裴骃《集解》引服虔曰："车战之士。"《史记》卷一〇三《万石张叔列传》："臣从车士幸得以功次迁为中郎将。"《汉书》卷四六《卫绾传》则作"臣代戏车士，幸得功次迁，待罪中郎将""车士"似仍指御车之士。《文选》卷三张衡《东京赋》："马足未极，舆徒不劳。"李善注："韦昭《汉书注》曰：'舆，车士也。'"《汉书》卷六四上《严助传》："厮舆之卒有一不备而归者，虽得越王之首，臣犹窃为大汉羞之。"颜师古注："张晏曰：'厮，微；舆，众也。'师古曰：'厮，析薪者。舆，主驾车者。此皆言贱役之人。"

"车子""车士"都属于"微者""贱役之人"。居延汉简所见"车父"身份也是同样。

---

① 初师宾主编：《中国简牍集成》，敦煌文艺出版社2001年6月版，第6卷，第236页。
② 沈刚：《居延汉简语词汇释》，科学出版社2008年12月版，第28页。

汉代西北边境关于"亡人"的行政文书

汉代执政者对于"亡人"的活动予以特别关注。"亡人"的活跃,确实曾经对于社会文化面貌形成过突出的影响。① 汉代西北边境地区出土的简牍资料所见有关"亡人"的行政文书,对于认识当时相关社会现象及行政对策有重要意义。讨论汉王朝西北方向的边疆与民族问题,也可以通过这些数据发现有益的线索。这些资料的内容和形式,就说明官文书制度若干特征的价值而言,也是值得珍视的。

一 汉代西北边境简牍资料中有关"亡人"的信息

居延汉简所见体现社会身份和社会职任的诸多称谓,有助于深化对于汉代边境社会以及地方行政体制的认识。例如简文所见"亡人"称谓即值得我们注意:

(1) ☑ 亡人☑（EPT59：869）
(2) ☑亡人命者缓☑（EPT59：613）

"亡人越塞"是常见的情形。例如:

(3) 日迹行廿三里久视天田中目玄有亡人越塞出入☑
它部界中候长候史直日迹卒坐匿不言迹☑（EPT51：411）

---

① 王子今:《汉代"亡人""流民"动向与江南地区的经济文化进步》,《湖南大学学报》2007 年第 5 期;《略论秦汉时期朝鲜"亡人"问题》,《社会科学战线》2008 年第 1 期;《汉代北边"亡人":民族立场与文化表现》,《南都学坛》2008 年第 3 期。

边塞军人有严密警戒的责任。又如：

（4）☑亡人迹人止塞长北部候长孙☑（104.43）

对于"亡人"的"逐捕搜索"，似乎也是北边边塞日常重要防务内容之一：

（5）匿界中书到遣都吏与县令以下逐捕搜索部界中听亡人所隐匿处以必得为故诏所名捕
重事事当奏闻毋留如诏书律令（179.9）

这种搜捕，看来是地方政府和边防部队的联合行动。执行情形"当奏闻"，要求及时向最高执政当局报告。"如诏书律令"字样，表明这种行动的正义性有皇权和国法以为保障。类似的简例还有：

（6）□窠捕验亡人所依倚匿处必得得诣如书毋有令吏民相牵证任发书以书言谨杂与候
史廉骓北亭长欧等八人戍卒孟阳等十人搜索部界中□亡人所依匿处爰书相牵（255.27）

如果管辖区界中有"亡人"，必须搜查"亡人"藏身地点，"捕验亡人所依倚匿处"，要求"必得"，即完全捕获。"得"，则"诣如书"，捕获应及时上报。如果辖区内"毋有"，则"令吏民相牵证任发书"，即官员民人联名证实，同时承担责任。

通告敌情的烽火制度，也要求对于"亡人越塞"事件发布信号。如居延汉简可见这样的内容：

（7）出亡人赤表火一函（212.9）
（8）出亡人赤表函一北
元康三年□临渠隧长□
昏时四分时乘胡隧长□付□山隧长普函行三时中程（502.3）

其中（8）除了"出亡人赤表"外，甚至还看到三名"隧长"就"亡人"的行为相继传递信息。有一例简文可见"罚金"事，或许是与责任追究有关：

(9) ☑□□□□当罚金二千五
☑起居得毋有它数辱赐起（231.115A）
☑□□□亡人罚金五千（231.115B）

从该简 B 面文字内容看，事情显然涉及"亡人"。
又如：

(10) 六月己巳府告□□居延有亡人广地第八隧举赤表□留迟□举表□（EJT22：11C）
(11) 入亡人赤表一桓通
　　　正月癸巳日下餔八分时万福隧卒同受平乐隧卒同
　　南即日入一分半时东望隧卒☑
　　　定军隧长音界中卅五里表行三分半分中程（EJT24：46）

除了（2）出现"亡人命者"字样外，甘肃敦煌悬泉置出土汉简也可见"亡人命者"称谓。甘肃省文物考古研究所《敦煌悬泉汉简释文选》所录释文如下：

(12) 五月壬辰敦煌太守强长史章丞敞下使都护西域骑都尉将田车师戊己校尉部都尉小府官县承书从事下

　　当用者书到白大扁书乡亭市里高显处令亡人命者尽知之上赦者人数太守府别之如诏书（90DXT0115②：16）①

胡平生、张德芳《敦煌悬泉汉简释粹》中的释文是这样的：

　　五月壬辰，敦煌太守强、长史章、丞敞下使都护西域骑都尉、将田车师戊己校尉、部都尉、小府官县，承书从事下当用者。书到白大扁书乡亭市里高显处，令亡人命者尽知之，上赦者人数太守府别之，如诏书。（Ⅱ0115（2）：16）②

---

① 甘肃省文物考古研究所：《敦煌悬泉汉简释文选》，《文物》2000年第5期。
② 胡平生、张德芳：《敦煌悬泉汉简释粹》，上海古籍出版社2001年8月版，第115—116页。

又如：

元始五年五月乙酉日＝中五分□☒
（13）亡人表三桓通南半分当道隧卒廉付安乐隧卒□☒
程（EJT23.991）

据甘肃省文物考古研究所张俊民教授惠示，悬泉置简还有若干涉及"亡人"的简例。如：

（14）史安世丞博德下郡县官伊循城承书从事下当用者□□
令亡人命者尽知之期尽上赦者数大守府罪别之□□□（Ⅰ90DXT0110④：4）

（15）☒亡人吏以文除勿令自出发前有罪令未到而□☒（ⅡT0114③：426）

（16）□□□命者亡人吏以文徐勿令自出赦前有罪令未到（☒Ⅱ90DXT0115 ②：160）

（17）四月丙寅丞相玄成下小府车骑将＝军＝中二＝千＝石＝部刺史郡大守诸侯相承书从事下当用者书到
明白布告令亡人命者尽知之上赦者人数丞相御史罪别之以符各一致合置署第数入署所符（Ⅱ90DXT0115③：207）

（18）戍卒颍川郡父城□土☒（Ⅱ90DXT0115 ③：435）
□□□□言吏＝捕得购钱人十万□☒
□□□□□□□常山林溪谷亡人□☒（Ⅱ90DXT0115 ③：436）

从内容看，这些可见"亡人"字样的文字遗存当时属于不同的文书。

二 有关"亡人"的行政文书

上引直接出现"亡人"称谓的简例，大致可以划分为如下几种：
1. 查禁"亡人越塞"行为勤务记录文书
如（3）（4）。
其中（3）"久视天田中目玄"，体现长久监视边境以致目眩的情形。

(4)"亡人迹",即"亡人越塞"时在天田留下的足迹。有学者说,"天田是在烽燧周围一定区域内专门铺设的沙地。平整的天田上,若有人马经过,就会留下清晰的足迹,迹卒可据其判断有无敌人或偷渡者出入"。其实,论者所据《汉书》卷四九《晁错传》颜师古注引苏林对于"天田"的解说所谓"以沙布其表,旦视其迹",又理解为"专门铺设",应是内地人的想象。依当地环境,不必"专门铺设",只需要经常修整而已。论者如下解释是合理的:"烽燧戍卒平时的一项工作就是'画天田',即耙理天田,使之平整。"关于"画天田"的简例有203.29A,EPT5:59,EPT51:64。此类文书往往题"迹簿"或"日迹簿",程序化文字为"从某界至某界毋兰越塞天田出入迹",或"毋越塞渡天田出入迹"。研究者列入"日常工作"一类,是合理的。① 这种"迹簿"或"日迹簿",有学者称之为"例行巡逻的统计簿"。②

2. "出亡人"表火信号考课文书

如(7)(8)(10)(13)。

李均明、刘军总结简牍文书形式有"表火课"一类,以为此类简"皆为有关烽火信号的传递及考核记录,属'表火课'之类,《释粹》74EJT10.127:'右后部初元四年四月己卯尽戊申坞上表出入界课',又《合校》269.8:'表火课'当为此类文书标题"。所举简例又有"入亡表一桓通南"(《释粹》74EJT24.46)。③ 居延汉简"出亡赤三桓通南·左☐"(EJT23:27),也可以引为同例。有学者指出,这种信号是"用途明确而性质特殊的表",即"亡人赤表""为红色,是紧急信号""又称赤表、亡赤。""此为告示各塞警戒逐索逃亡者的红色表号,亡人多指在逃罪犯与亡越塞徼的吏卒百姓。"例如(10),"言居延有人南逃,其前方较远的广地塞需举亡赤表,这等于实行全线戒严"④。

3. 追究"亡人越塞"事故责任认定文书

如(9)。

又如:☐☐☐☐ ☐部卒亡不得罚金四两(27.24),"部卒亡不得"不过"罚金四两",与(9)罚金数额相差悬殊。而(9)简文缺失严重,限制了我们对其中信息的完整理解。

---

① 李天虹:《居延汉简簿籍分类研究》,科学出版社2003年9月版,第122—130页。
② 李均明、刘军:《简牍文书学》,广西教育出版社1999年6月版,第328—330页。
③ 同上书,第414页。
④ 初师宾:《居延烽火考述——兼论古代烽号的演变》,《汉简研究文集》,甘肃人民出版社1984年9月版,第340、368—369页。

4. "逐捕搜索" "亡人" 指令文书

如 (5) (6) (18)。

(18) "捕得购钱人十万",应当不是一般的"亡人",而下文言及"山林溪谷亡人",应当与本文讨论的主题有关。(5) "逐捕搜索部界中听亡人所隐匿处以必得为故",(6) "捕验亡人所依倚匿处必得" "搜索部界中囗亡人所依匿处",其行动显然郑重严厉。(6) 又说到"毋有令吏民相牵证" "爰书相牵",似乎逮捕和审讯一体进行。

5. "赦" "亡人命者" 诏令传达文书

如 (12) (14) (15) (16) (17)。

其中 (15) 称 "☑亡人",(16) 称 "囗命者亡人",(12) (14) (17) 均作 "亡人命者"。(12) "书到白大扁书乡亭市里高显处令亡人命者尽知之",(17) "书到明白布告令亡人命者尽知之",都指示赦令必须传达至每个相关人员。(12) "上赦者人数太守府别之",(13) "上赦者数大守府罪别之",(17) "上赦者人数丞相御史罪别之",都体现高层执政者对相关政策执行落实程度的关切。(15) "☑亡人吏以文除勿令自出发前有罪令未到"与 (16) "囗命者亡人吏以文徐勿令自出赦前有罪令未到"对照读,推想 (16) "吏以文徐"应同 (15) 作 "吏以文除";(15) "发前有罪令未到",应同 (16) 作 "赦前有罪令未到"。

张俊民提示的悬泉置遗址出土涉及"亡人"行为的简例,还有:

(19) 元康四年五月丁亥朔丁未长安令安国守狱丞左属禹敢言之谨移铸钱亡者田敖等三人年长物色去时所衣服谒移

左冯翊右扶风大常弘农河南河内河东颍川南阳天水陇西安定北地金城西河张掖酒泉敦煌武都汉中广汉蜀郡 (Ⅱ90DXT0111④:3)

(20) 初元年闰月癸巳朔辛酉张掖显美护田校尉安竟谓过所遣守卒史董贤索捕亡囗张掖酒泉敦煌

郡中当舍传舍从者如律令正月辛巳东 (Ⅱ90DXT0213③:113)

(21) 当徙边未行=未到若亡勿徙赦前有罪后发觉勿治奏当=上勿上其当出入关

囗囗囗在所县为传疑者谳廷尉它如律令丞相御史分行诏书为驾各 (ⅡT0214②:565)

(19) 所谓 "铸钱亡者",与一般 "亡人" 不同,是通缉的罪犯。相关文书 "年长物色去时所衣服" 备具,值得注意。(20) 所谓 "索捕亡

□"者，或许与前述"逐捕搜索""亡人"的文书（5）（6）（18）相类。"索捕亡□"，"逐捕搜索""亡人"，也曾经称作"追亡人""捕亡"。

三　官文书资料反映的汉帝国的"亡人"政策

"亡人"称谓见于《礼记·大学》《史记》卷三七《卫康叔世家》《楚世家》《仲尼弟子列传》《孟尝君列传》《吴王濞列传》《匈奴列传》《朝鲜列传》。又《史记》卷六《秦始皇本纪》："三十三年，发诸尝逋亡人、赘婿、贾人略取陆梁地，为桂林、象郡、南海，以适遣戍。"《史记》卷一二八《龟策列传》褚少孙补述："卜追亡人当得不得。得，首仰足肣，内外相应；不得，首仰足开，若横吉安。"又有"追亡人，得""追亡人，不得"句。睡虎地秦墓竹简《法律答问》："'捕亡，亡人操钱，捕得取钱。'所捕耐罪以上得取。"（130）① 周家台30号秦墓竹简多见"逐盗、追亡人"并说之例。②

张家山汉简数见"亡人"称谓。据整理小组释文，《捕律》："☑亡人、略妻、略卖人、强奸、伪写印者弃市罪一人，购金十两。刑城旦舂罪，购金四两。完城（137）☑二两。（138）"又如："数人共捕罪人而独自书者，勿购赏。吏主若备盗贼、亡人而捕罪人，及索捕罪人，若有告劾非亡也，或捕之而（154）非群盗也，皆勿购赏。捕罪人弗当，以得购赏而移予他人及诈伪，皆以取购赏者坐赃（赃）为盗。（155）"此外，又专有《亡律》：

> 吏民亡，盈卒岁，耐；不盈卒岁，繫（系）城旦舂；公士、公士妻以上作官府，皆偿亡日。其自出殹（也），笞五十。给逋事，皆籍亡日，軵数盈卒岁而得，亦耐之。（157）
> 女子已坐亡赎耐，后复亡当赎耐者，耐以为隶妾。司寇、隐官坐亡罪隶臣以上，输作所官。（158）
> ☑□颇界主。其自出殹（也），若自归主，主亲所智（知），皆笞百。（159）

---

① 睡虎地秦墓竹简整理小组：《睡虎地秦墓竹简》，文物出版社1990年9月版，第124页。
② 湖北省荆州市周梁玉桥遗址博物馆：《关沮秦汉墓简牍》，中华书局2001年8月版，第110—117页。

奴婢亡，自归主，主亲所智（知），及主、主父母、子若同居求自得之，其当论畀主，或欲勿诣吏论者，皆许之。（160）

☐主入购县官，其主不欲取者，入奴婢，县官购之。（161）

奴婢为善而主欲免者，许之，奴命曰私属，婢为庶人，皆复使及筭（算），事之如奴婢。主死若有罪，（162）以私属为庶人，刑者以为隐官。所免不善，身免者得复入奴婢之。其亡，有它罪，以奴婢律论之。（163）

城旦舂亡，黥。复城旦舂。鬼薪白粲也，皆笞百。（164）

隶臣妾、收人亡，盈卒岁，毄（系）城旦舂六岁；不盈卒岁，毄（系）三岁。自出殹，☐☐。其去毄（系）三岁亡，毄（系）六岁；去毄（系）六岁亡，完为城旦舂。（165）

诸亡自出，减之；毋名者，皆减其罪一等。（166）

匿罪人，死罪，黥为城旦舂，它各与同罪。其所匿未去而告之，除。诸舍匿罪人，罪人自出，若先自告，罪减，亦减舍匿者罪。所舍（167）

取（娶）人妻及亡人以为妻，及为亡人妻，取（娶）及所取（娶），为谋（媒）者，智（知）其请（情），皆黥以为城旦舂。其真罪重，以匿罪人律论。弗智（知）（168）者不☐（169）

诸舍亡人及罪人亡者，不智（知）其亡，盈五日以上，所舍罪当黥☐赎耐；完城旦舂以下到耐罪，及亡收、隶臣妾、奴婢及亡盈十二月以上☐（170）赎耐。（171）

取亡罪人为庸，不智（知）其亡，以舍亡人律论之。所舍取未去，若已去后，智（知）其请（情）而捕告，及詷〈诇〉告吏捕得之，皆除其罪，勿购。（172）

■亡律（173）

《奏谳书》中也有涉及"亡人"的内容："■胡丞憙敢讞（谳）之，十二月壬申大夫𧗿诣女子符，告亡。■符曰：诚亡，诈（诈）自以为未有名数，以令自占（28）书名数，为大夫明隶，明嫁符隐官解妻，弗告亡，它如𧗿。解曰：符有名数明所，解以为毋恢（29）人也，取（娶）以为妻，不智（知）前亡，乃疑为明隶，它如符。诘解：符虽有名数明所，而实亡人也。■律：（30）取（娶）亡人为妻，黥为城旦，弗智（知），非有减也。解虽弗智（知），当以取（娶）亡人为妻论。何解？解曰：罪，毋解。■明言（31）如符、解。问解故黥劓，它如辞（辞）。■鞫

（鞫）：符亡，詐（诈）自占书名数，解取（娶）为妻，不智（知）其亡，审。疑解（32）罪，毄（系），它县论，敢瀫（谳）之。■吏议：符有【名】数明所，明嫁为解妻，解不智（知）其亡，不当论。■或曰：符虽已（33）詐（诈）书名数，实亡人也。解虽不智（知）其请（情），当以取（娶）亡人为妻论，斩左止（趾）为城旦。廷报曰：取（娶）亡人（34）为妻论之，律白，不当瀫（谳）。(35)"①

汉代法律对于"亡人"是严厉的。《史记》卷一一〇《匈奴列传》记载："单于既约和亲，于是制诏御史曰：'匈奴大单于遗朕书，言和亲已定，亡人不足以益众广地，匈奴无入塞，汉无出塞，犯约者杀之，可以久亲，后无咎，俱便。朕已许之。其布告天下，使明知之。'"可知，北边的"亡人"问题关系到与匈奴的力量对比，尤其为最高执政者关注。

《汉书》卷九四下《匈奴传下》记载："元帝以后宫良家子王墙字昭君赐单于。单于欢喜，上书愿保塞上谷以西至敦煌，传之无穷，请罢边备塞吏卒，以休天子人民。天子令下有司议，议者皆以为便。郎中侯应习边事，以为不可许。"他明确指出，当时长城防卫系统的作用"非独为匈奴而已"。论者分析"亡出""亡出塞""亡走北出"者主要有三种情形：

1. "往者从军多没不还者，子孙贫困，一旦亡出，从其亲戚。"

2. "又边人奴婢愁苦，欲亡者多，曰'闻匈奴中乐，无奈候望急何！'然时有亡出塞者。"

3. "盗贼桀黠，群辈犯法，如其窘急，亡走北出。"

居延汉简所见"神爵四年八月壬辰朔丁酉甲渠临☑□□大男张未央五月旦苦作俱亡☑"（EPT52：452），应当属于第 2 种"边人""愁苦""亡出塞"情形。

战争中的"亡降"者也是特殊的"亡人"。在北边农耕文明与游牧文明交汇地区，由于军事关系、外交关系和民族关系的复杂情势，"亡人"的活动可能还会有其他特殊的因素。

例如，《汉书》卷九六下《西域传下》载汉武帝著名的《轮台诏》中，说到"边塞""阑出"事："今边塞未正，阑出不禁，障候长吏使卒猎兽，以皮肉为利，卒苦而烽火乏，失亦上集不得，后降者来，若捕生口虏，乃知之。"颜师古注："言边塞有阑出逃亡之人，而主者不禁。又长吏利于皮肉，多使障候之卒猎兽，故令烽火有乏。又其人劳苦，因致奔

---

① 张家山二四七号汉墓竹简整理小组：《张家山汉墓竹简（二四七号墓）》，文物出版社2001 年 11 月版，第 152、154—156、215 页。

亡，凡有此失。皆不集于所上文书。"所谓"卒苦""阑出"，即"其人劳苦，因致奔亡"情形，已经为帝王所关注。

对于"越塞"的"亡人"予以"逐捕搜索"或曰"索捕"，曾经是汉代长城体系戍守部队的防务内容之一。

居延汉简又可见：

（22）部界中毋诏所名捕不道亡者☐（116.23）

（23）马长吏即有吏卒民屯士亡者具署郡县里名姓年长物色所衣服赍操初亡年月日人数白

报与病已·谨案居延始元二年戍田卒千五百人为驿马田官穿泾渠乃正月己酉淮阳郡（303.15，513.17）

（24）●范君上月廿一日過当曲言實昭公到高平還道不通●天子将兵在天水聞羌胡欲擊河以西

今張掖発兵屯諸山谷麦熟石千二百帛万二千牛有賈馬如故七月中恐急忽忽吏民未安（EPF22：325A）

史将军发羌骑百人司马新君将度后三日到居延居延流民亡者皆已得度今发遣之居延

它未有所聞●何尉在酒泉但须召耳●聞赦诏书未下部●月廿一日守

尉刺白掾 ●甲渠君有恙

未来趨之莫府（EPF22：325B）

（22）与（5）有相近文式。(23)"具署郡县里名姓年长物色所衣服赍操初亡年月日人数"的要求，类同于（19）详记"年长物色去时所衣服"①。（24）说到关于"流民亡者"的"赦诏书"，则与（12）（14）（15）（16）（17）等"赦""亡人命者"诏令的传达有某种关系。

四 "客民赵闳范翕"出亡案例

居延汉简中有记录"客民赵闳范翕"案例的简文。看来，这是有可

---

① 汉简资料"☐☐一☐亡时衣☐㡒"（176.2），"初亡时驾骓牡马阑举车黄车茵"（183.13），"初亡时衣白布单衣组布步行"（ESC9A），或许与此有关。

能复原的简册。其中与"客民赵闳范翕"等"俱亡"行为相关的内容，可以看到：

  （25）建武六年三月庚子朔甲辰不侵守候长业敢（EPT68：54）
  言之谨移劾状一编敢言之（EPT68：55）
  三月已酉甲渠守候　移移居延写移如律令/掾谭令史嘉（EPT68：56）
  建武六年三月庚子朔甲辰不侵守候长业劾移（EPT68：57）
  居延狱以律令从事（EPT68：58）
  乃今月三日壬寅居延常安亭长王闳子男同攻房亭长赵（EPT68：59）
  常及客民赵闳范翕一等五人俱亡皆共盗官兵（EPT68：60）
  臧千钱以上带（EPT68：61）
  刀剑及铍各一又各持小尺白刀筴各一兰越甲渠当（EPT68：62）
  曲燧塞从河水中天田出○案常等持禁物（EPT68：63）
  兰越塞于边关徼逐捕未得它案验未竟（EPT68：64）
  兰越塞天田出入　☐（EPT68：65）
  ☐典主不发觉●案☐　　（简上遗红色编绳迹）（EPT68：66）
  ●状辞曰公乘居延中宿里年五十一岁陈氏（EPT68：68）
  今年正月中府补业守候长暑不侵部主领史（EPT68：69）
  迹候备寇虏盗贼为职乃今月三日壬寅居延常安亭长（EPT68：70）
  王闳闳子男同攻房亭长赵常及客民赵闳范翕等（EPT68：71）
  五人俱亡皆共盗官兵臧千钱以上带大刀剑及铍各一（EPT68：72）
  又各持锥小尺白刀筴各一兰越甲渠当曲燧塞从河（EPT68：73）
  水中天田出案常等持禁物兰越塞（EPT68：74）
  于边关徼逐捕未得它案验未竟以此（EPT68：75）
  知而劾无长吏使劾者状具此（EPT68：76）

  这是一件典型的涉及"亡人"的文书。当事人盗钱带兵器逃亡，即所谓"持禁物兰越塞"的五人中，有常安亭长王闳父子、攻房亭长赵常以及"客民赵闳范翕"。他们"兰越甲渠当曲燧塞，从河水中天田出"，"于边关徼逐捕未得"，可以说是叛逃成功。很有可能，"客民赵闳范翕"

利用其平民身份，起到了在"常安亭"和"攻房亭"之间串联的作用，也不能排除这两位"客民"是整个事件的主谋的可能。①

所谓"常及客民赵闳范翁一等五人俱亡皆共盗官兵""五人俱亡皆共盗官兵臧千钱以上带大刀剑及铍各一"这一特殊案例，有的学者认为体现了"'客民'反抗精神""体现了封建社会中'载舟'与'覆舟'的辩证关系"②。其实，所谓"五人俱亡"，指明了这是一起严重的"亡人越塞"案。其特殊，不仅在于有现役军官出逃，还在于"亡人"们有盗窃行为，并且带走了严禁出境的兵器。

这一文书中出现的"越塞""逐捕"字样与前引文书所见相同，内容也涉及"亡人"。作为法律文书，也可以与行政文书对照理解。

胡平生、张德芳对于（12）中所见"亡人命者"称谓，有这样的解释："亡人命者：指有命案而逃亡者。"③ 也有学者认为，所谓"亡人命者"，即逃亡者以及逃亡中的犯罪者。④ 对于所谓"亡人命者"的确切身份，似乎还有讨论的必要。张家山汉简《二年律令·捕律》可见"杀伤群盗、命者及有罪当命未命，能捕群盗命者若斩之一人，免以为庶人"（153）⑤，其中"亡命"称谓值得研究者重视。

此外，与一般"亡人"有所区别然而行为又有某些共同点的"亡卒"即逃兵，在汉代西北边境地区出土简牍中多有记录。对于其民族立场与文化表现，以及在当时边疆战争形势中的作用，也有必要认真考察。

---

① 王子今：《居延简及敦煌简所见"客"——汉代西北边地流动人口考察札记》，《秦汉社会史论考》，商务印书馆2006年12月版。
② 薛英群：《居延汉简通论》，甘肃教育出版社1991年5月版，第356页。
③ 胡平生、张德芳：《敦煌悬泉汉简释粹》，上海古籍出版社2001年8月版，第115—116页。
④ ［日］保科季子：《亡命小考——秦漢における罪名確定手続き》，冨谷至编：《江陵张家山二四七号漢墓出土漢律令の研究》論考篇，朋友書店2006年10月版。
⑤ 张家山二四七号汉墓竹简整理小组：《张家山汉墓竹简（二四七号墓）》，文物出版社2001年11月版，第19、154页。

居延简文"临淮海贼"考

居延汉简33.8中出现"海贼"称谓，又有"临淮""乐浪""辽东"郡名。以东方沿海地区军事行政事务为主题的公文在西北边塞发现，值得研究者关注。简文涉及"诏书"内容，其中"得渠率一人购钱卅万"，悬赏额度之高是十分惊人的。自西汉时期起，已经有海上反政府武装活动。而就"海贼"称谓出现的记录而言，居延汉简的这则资料可能早于文献记录。其年代，至迟应在汉明帝永平十三年（70）之前。应当说，简33.8提供了有关"海贼"活动之年代最早的明确的历史文化信息。这一资料对于我们研究汉代社会史、行政史、治安史、军事史、航海史，都有非常重要的价值。

一 居延汉简所见"临淮海贼"

居延汉简中可以看到出现"海贼"字样的简文：

☑书七月己酉下∨一事丞相所奏临淮海贼∨乐浪辽东
☑得渠率一人购钱卅万诏书八月己亥下∨一事大（33.8）①

对于简33.8所见"海贼"称谓的意义，研究者以往似重视不够。陈直相关论述未就"海贼"身份进行讨论。大庭脩主持编定的《居延汉简索引》不列"海贼"条。②

在已经发表的居延汉简中，简33.8中出现的"临淮""乐浪""辽

---

① 谢桂华、李均明、朱国炤：《居延汉简释文合校》，文物出版社1987年1月版，上册第51页。
② 関西大学東西学術研究所：《居延漢簡索引》，関西大学出版部1995年3月版。

东"郡名，都是仅见的一例。① 以东方沿海地区军事行政事务为主题的公文在西北边塞发现，值得我们关注。

简文涉及"诏书"内容，其中"得渠率一人购钱卅万"，悬赏额度之高是十分惊人的。查河西汉简可能属于"购科赏"②"购赏科条"③ 的简文，"购钱"通常为"十万""五万"：

  购钱十万 居延简 EPT22：224，EPT22：225，敦煌简 792
  购钱五万 居延简 EPT22：226，EPT22：233，EPT22：234

居延汉简可以看到同时出现两种赏格的简文，例如：

  群辈贼发吏卒毋大爽宜以时行诛愿设购赏有能捕斩严欬君阑等渠率一人购钱十万党与五万吏捕斩强力者比三辅
  ☑司劾臣谨☑如☑言可许臣请☑☑严欬等渠率一人☑党与五万☑（503.17，503.8）

"渠率"和"党与"的"购钱"，分别是"十万"和"五万"。这里"渠率一人购钱十万"，而简 33.8"渠率一人购钱卅万"。数额相差之悬殊，体现出"海贼"活动对当时行政秩序危害之严重。

二　"海贼"活动与治安史、军事史、交通史

记录东汉历史的文献中可以看到"海贼"称谓。如《后汉书》卷五《安帝纪》："（永初三年）秋七月，海贼张伯路等寇略缘海九郡。遣侍御史庞雄督州郡兵讨破之。"四年（110）春正月，"海贼张伯路复与勃海、平原剧贼刘文河、周文光等攻厌次，杀县令。遣御史中丞王宗督青州刺史

---

① 可见"乐浪"郡名者，又有敦煌汉简一例，即"戍卒乐浪王谭"（826），吴礽骧、李永良、马建华释校：《敦煌汉简释文》，甘肃人民出版社1991年1月版，第84—85页。
② 居延汉简 EPF22：231，甘肃省文物考古研究所、甘肃省博物馆、中国文物研究所、中国社会科学院历史研究所：《居延新简：甲渠候官》，中华书局1994年12月版，上册第217页，下册第511页。
③ 额济纳汉简 2000ES9SF4：6，魏坚主编：《额济纳汉简》，广西师范大学出版社2005年3月版，第232页。

法雄讨破之"。又《后汉书》卷六《顺帝纪》：阳嘉元年（132）春正月，"海贼曾旌等寇会稽，杀句章、鄞、鄮三县长，攻会稽东部都尉。诏缘海县各屯兵戍。"

"海贼"称谓频繁出现于东汉时期，反映当时已经形成了具有较大影响的反政府的海上武装集团。"海贼"遭遇朝廷军队"讨破"，体现出这样的武装力量对抗汉王朝的性质。西汉海军建制"楼船军"在东汉已经不见诸史籍，或许体现执政集团海洋控制能力的衰落。① "海贼"势力的兴起，也许与此有关。

简 33.8 所见"临淮海贼∨乐浪辽东"字样，反映"临淮海贼"的活动区域幅面之广阔，竟然可以至于"乐浪辽东"，冲击辽东半岛和朝鲜半岛的社会生活。以现今航海里程计，连云港至大连 339 海里（628 千米），大连至朝鲜平壤地区的出海口南浦 180 海里（330 千米）。②

"海贼张伯路等寇略缘海九郡"等记载③，表明这些海上反政府武装的机动性是非常强的。《后汉书》卷三八《法雄传》关于法雄镇压"海贼"的内容，

  永初三年，海贼张伯路等三千余人，冠赤帻，服绛衣，自称"将军"，寇滨海九郡，杀二千石令长。初，遣侍御史庞雄督州郡兵击之，伯路等乞降，寻复屯聚。明年，伯路复与平原刘文河等三百余人称"使者"，攻厌次城，杀长吏，转入高唐，烧官寺，出系囚，渠帅皆称"将军"，共朝谒伯路。伯路冠五梁冠，佩印绶，党众浸盛。乃遣御史中丞王宗持节发幽、冀诸郡兵，合数万人，乃征雄为青州刺史，与王宗并力讨之。连战破贼，斩首溺死者数百人，余皆奔走，收器械财物甚众。会赦诏到，贼犹以军甲未解，不敢归降。于是王宗召刺史太守共议，皆以为当遂击之。雄曰："不然。兵，凶器；战，危事。勇不可恃，胜不可必。贼若乘船浮海，深入远岛，攻之未易也。及有赦令，可且罢兵，以慰诱其心，势必解散，然后图之，可不战而定也。"宗善其言，即罢兵。贼闻大喜，乃还所略人。而东莱郡兵独

---

  ① 王子今：《秦汉帝国执政集团的海洋意识与沿海区域控制》，《白沙历史地理学报》第 3 期（2007 年 4 月版）。
  ② 《中华人民共和国分省地图集》，中国地图出版社 1999 年 1 月版，第 65—66、25—26 页。
  ③ 《后汉书》卷三八《法雄传》写作"寇滨海九郡"。《太平御览》卷八七六引《后汉书》曰："安帝时，京师大风，拔南郊梓树九十六。后海贼张伯路略九郡。"

未解甲,贼复惊恐,遁走辽东,止海岛上。五年春,乏食,复抄东莱间,雄率郡兵击破之,贼逃还辽东,辽东人李久等共斩平之,于是州界清静。

"海贼张伯路等""寇滨海九郡","党众浸盛",又与陆上武装"平原刘文河等"联合作战,曾经深入至高唐(今山东高唐)。① 法雄最为注意的,是"海贼"在海滨作战的机动能力,又担心"贼若乘船浮海,深入远岛,攻之未易也"。而事实上,"海贼张伯路"的部队果然"遁走辽东,止海岛上"。随后竟然"复抄东莱间",在战败后又"逃还辽东",也体现出其海上航行能力之强。而政府军不得不"发幽、冀诸郡兵"围攻,镇压的主力军的首领法雄是"青州刺史",最终战胜张伯路"海贼"的是"东莱郡兵"和"辽东人李久等"的部队,也说明"海贼"在山东半岛和辽东半岛间往复转战,频繁地"遁走""逃还",是擅长使用海上运动战策略的。

这一情形,体现出当时海上交通能力的提高。

三 西汉与新莽时期的海上反政府武装

其实,较历史文献出现"海贼"字样更早的西汉和新莽时期,已经出现依恃航运能力的优势与执政集团对抗的海上武装集团。

《史记》卷九四《田儋列传》记载田横事:"汉灭项籍,汉王立为皇帝,以彭越为梁王。田横惧诛,而与其徒属五百余人入海,居岛中。"刘邦遣使招田横。"高帝闻之,以为田横兄弟本定齐,齐人贤者多附焉,今在海中不收,后恐为乱,乃使使赦田横罪而召之。田横因谢曰:'臣亨陛下之使郦生,今闻其弟郦商为汉将而贤,臣恐惧,不敢奉诏,请为庶人,守海岛中。'"刘邦因田横在齐地的威望,担心"今在海中不收,后恐为乱"。田横表示对汉政治体制的顺从,"请为庶人,守海岛中"。然而即使如此,依然不能减除刘邦的忧虑。"使还报,高皇帝乃诏卫尉郦商曰:'齐王田横即至,人马从者敢动摇者致族夷!'乃复使使持节具告以诏商状,曰:'田横来,大者王,小者乃侯耳;不来,且举兵加诛焉。'"随即

---

① 谭其骧主编:《中国历史地图集》,中国地图出版社1982年10月版,第44—45页。

发生了著名的"田横感义士"①的故事:"田横乃与其客二人乘传诣雒阳。"未至三十里,至尸乡厩置,遂自刭,令客奉其头,从使者驰奏之高帝。高帝为之流涕,"而拜其二客为都尉,发卒二千人,以王者礼葬田横。既葬,二客穿其冢旁孔,皆自刭,下从之。高帝闻之,乃大惊,大田横之客皆贤。吾闻其余尚五百人在海中,使使召之。至则闻田横死,亦皆自杀"。

田横"与其徒属五百余人入海,居岛中",割据海岛的情形,使得刘邦有"今在海中不收,后恐为乱"的担忧。《汉书》卷一下《高帝纪下》作"(田横)与宾客亡入海,上恐其久为乱"。刘邦就此有专门的军事部署。据《史记》卷九八《傅靳蒯成列传》,"(傅宽)为齐右丞相,备齐"。裴骃《集解》:"张晏曰:'时田横未降,故设屯备。'"

《史记》卷一一四《东越列传》记载,闽粤王弟余善面对汉王朝军事压力,与宗族相谋:"今杀王以谢天子。天子听,罢兵,固一国完;不听,乃力战;不胜,即亡入海。"据《史记》卷一〇六《吴王濞列传》,吴楚七国之乱发起时,刘濞集团中也有骨干分子在谋划时说:"击之不胜,乃逃入海,未晚也。"《汉书》卷三五《荆燕吴传·吴王刘濞》:"不胜而逃入海,未晚也。"所谓"亡入海""逃入海",其实是另一种武装抗争的形式。

王莽专政时期出现的武装反抗势力"盗贼"中,有以"海上"为根据地或者主要活动区域的。《汉书》卷九九下《王莽传下》记述吕母起义情节:"临淮瓜田仪等为盗贼,依阻会稽长州,琅邪女子吕母亦起。初,吕母子为县吏,为宰所冤杀。母散家财,以酤酒买兵弩,阴厚贫穷少年,得百余人,遂攻海曲县,杀其宰以祭子墓。引兵入海,其众浸多,后皆万数。"《后汉书》卷一一《刘盆子传》也有相关记载:"天凤元年,琅邪海曲有吕母者,子为县吏,犯小罪,宰论杀之。吕母怨宰,密聚客,规以报仇。母家素丰,赀产数百万,乃益酿醇酒,买刀剑衣服。少年来酤者,皆赊与之,视其乏者,辄假衣裳,不问多少。数年,财用稍尽,少年欲相与偿之。吕母垂泣曰:'所以厚诸君者,非欲求利,徒以县宰不道,枉杀吾子,欲为报怨耳。诸君宁肯哀之乎!'少年壮其意,又素受恩,皆许诺。其中勇士自号'猛虎',遂相聚得数十百人,因与吕母入海中,招合亡命,众至数千。吕母自称'将军',引兵还攻破海曲,执县宰。诸吏叩头为宰请。母曰:'吾子犯小罪,不当死,而为宰所杀。杀人当死,又何

---

① 《南史》卷六四《张彪传》。

请乎?'遂斩之,以其首祭子冢,复还海中。"吕母作为"盗贼","入海中,招合亡命,众至数千","引兵入海,其众浸多,后皆万数",成事后"复还海中"的活动特征是值得注意的。吕母因此被后世称为"东海吕母"①。

也就是说,这种东汉史籍通常称为"海贼"的主要活动于"海上""海中"的反政府武装,西汉至新莽时期其实已经出现。只是我们在记录当时历史的正史中尚未看到"海贼"称谓。

四 居延"海贼"简文的年代分析

居延汉简 33.8 所见"海贼"字样,为我们从词汇史的角度理解"海贼"称谓提供了新的资料。

分析简 33.8 的年代,不宜忽略简文中"七月己酉"和"八月己亥"两个日期所提供的信息。从简文内容看,"七月己酉"和"八月己亥"应在同一年。据徐锡祺《西周(共和)至西汉历谱》,自汉武帝太始时期至新莽时期,有 15 个年份有"七月己酉"日和"八月己亥"日:汉武帝太始元年(前 96)、汉昭帝始元六年(前 81)、汉宣帝本始三年(前 71)、汉宣帝本始四年(前 70)、汉宣帝神爵二年(前 60)、汉宣帝甘露四年(前 50)、汉宣帝黄龙元年(前 49)、汉元帝永光五年(前 39)、汉成帝阳朔元年(前 24)、汉成帝永始三年(前 14)、汉成帝永始四年(前 13)、汉哀帝建平四年(前 3)、汉孺子婴居摄三年(8)、王莽天凤元年(14)、王莽天凤五年(18)。② 其中汉宣帝神爵二年(前 60)与汉成帝永始四年(前 13),得到居延汉简简文的印证。据任步云对居延汉简简文的研究,又有两个年份汉成帝阳朔元年(前 24)和永始四年(前 13)有"七月己酉"日和"八月己亥"日。③ 据陈垣《二十史朔闰表》,东汉初年的汉光武帝、汉明帝时代,又有 7 个年份有"七月己酉"日和"八月

---

① 《晋书》卷九六《列女传·何无忌母刘氏》:"何无忌母刘氏,征虏将军建之女也。少有志节。弟牢之为桓玄所害,刘氏每痛之,常思报复。及无忌与刘裕定谋,而刘氏察其举厝有异,喜而不言。会无忌夜于屏风里制檄文,刘氏潜以器覆烛,徐登橙于屏风上窥之,既知,泣而抚之曰:'我不如东海吕母明矣!既孤其诚,常恐寿促,汝能如此,吾仇耻雪矣。'因问其同谋,知事在裕,弥喜,乃说桓玄必败、义师必成之理以劝勉之。后果如其言。"

② 徐锡祺:《西周(共和)至西汉历谱》,北京科学技术出版社 1997 年 12 月版。

③ 任步云:《甲渠候官汉简年号朔闰表》,《汉简研究文集》,甘肃人民出版社 1984 年 9 月版,第 425、443、438、441 页。

己亥"日。即汉光武帝建武十年（34）、建武二十年（44）、建武二十一年（45）、建武三十年（54）、建武三十一年（55）、汉明帝永平八年（65）、永平十三年（70）。①

《汉书》卷二八上《地理志上》记载："临淮郡，武帝元狩六年置莽曰淮平。"谭其骧指出："《后书·侯霸传》：王莽时为淮平大尹。"②《汉书》卷九九中《王莽传中》说王莽肆意更改地名，事在"莽即真"当年即天凤元年（14）③。有地名学者指出，"新朝"建立不久，王莽下令任意更改各级地名④。依照这样的说法，似可排除简33.8年代为王莽天凤元年（14）、王莽天凤五年（18）的可能。陈直《居延汉简综论》讨论这枚简时指出："木简应为王莽天凤六年诏书残文，《汉书》卷九九下《王莽传下》云：'临淮瓜田仪等为盗贼，依阻会稽长州，琅邪吕母亦起兵'，此天凤四年事。据《二十史朔闰表》，天凤四年八月为癸丑朔，十月为壬子朔。天凤五年八月为丁未朔，十月为丁未朔。皆八月中不得有己亥，十月中不得有乙酉。惟天凤六年八月为辛未朔，廿九日为己亥，十月为庚午朔，十六日为乙酉，皆与本简符合。《后汉书·刘盆子传》，记吕母起义，事在天凤元年，至本简诏书缉捕，已经过六年之久，与《汉书》亦可互相参证。"他的《居延汉简解要》称之为"王莽时名捕临淮海贼诏书"。讨论时引"《汉书·王莽传》卷下"，又举吕母起义故事详细情节："初吕母子为县吏，为宰所冤杀，母散家财以酤酒，买兵弩，阴厚贫穷少年，得百余人，遂攻海曲县，杀其宰以祭子墓。引兵入海，其众浸多，后皆万数。"陈直以为："此天凤四年事，与本简所记丞相所奏临淮海贼，完全符合。又《王莽传》，'地皇二年瓜田仪文降未出而死，莽求其尸，谥曰瓜宁殇男。'瓜田仪自起义至投降，前后达五年之久。又按：《太平御览》卷四百八十一，引《东观汉记》叙述吕母起义事，与《王莽传》略同。《后汉书·刘盆子传》，叙吕母起义事，在天凤元年，数岁吕母病死，其众分入赤眉青犊铜马中。惟李贤注，记吕母子名吕育，为游徼犯罪，则较《汉书·王莽传》为详。"⑤陈直认为瓜田仪、吕母就是"临淮

---

① 陈垣：《二十史朔闰表》，中华书局1962年7月版。
② 谭其骧：《新莽职方考》，《二十五史补编》，中华书局1955年2月版，第2册第1741页。
③ 《汉书》卷九九中《王莽传中》："其后，岁复变更，一郡至五易名，而还复其故。吏民不能纪，每下诏书，辄系其故名。"
④ 华林甫：《中国地名学源流》，湖南人民出版社1999年8月版，第34页。
⑤ 陈直：《居延汉简综论》《居延汉简解要》，收入《居延汉简研究》，天津古籍出版社1986年5月版，第104、200、274页。

海贼",还需要更深入的论证。而居延汉简33.8即"王莽天凤六年诏书残文"的判断,则与王莽天凤元年(14)即改"临淮"郡为"淮平"郡的事实不符合。《汉书》卷九九下《王莽传下》说"临淮瓜田仪等为盗贼,依阻会稽长州,琅邪女子吕母亦起"之所谓"临淮",是班固的记述,使用的是《汉书》卷九九中《王莽传中》所谓"吏民不能纪,每下诏书,辄系其故名"的"故名"。

"临淮"郡名的又一次变化,是汉明帝将临淮郡"更为下邳国",一说将临淮郡地"益下邳国"。《后汉书》卷二《明帝纪》:"(永平)十五年春二月……癸亥,帝耕于下邳。""夏四月庚子,车驾还宫。改……临淮为下邳国。"封皇子刘衍"为下邳王"。《续汉书·郡国志三》"下邳国"条:"武帝置为临淮郡,永平十五年更为下邳国。"而《后汉书》卷五〇《孝明八王列传·下邳惠王刘衍》则记载:"下邳惠王衍,永平十五年封。衍有容貌,肃宗即位,常在左右。建初初冠,诏赐衍师傅已下官属金帛各有差。四年,以临淮郡及九江之钟离、当涂、东城、历阳、全椒合十七县益下邳国。"关于"临淮郡"与"下邳国"关系的年代记录略有差异。然而汉明帝以后即不存在"临淮郡",是可以明确的。

这样说来,简33.8的年代,至迟应在汉明帝永平十三年(70)之前。也就是说,简33.8简文所见"海贼"称谓,至迟也比正史中最早的"海贼"记录汉安帝永初三年(109)早39年。简33.8提供了有关"海贼"活动之年代最早的历史文化信息,这一资料对于我们研究汉代社会史、行政史、治安史、军事史、航海史,都有非常重要的价值。

五 "海贼"与"江贼"

《隶释》卷六《国三老袁良碑》说到"讨江贼张路等,威震徐方"事。有学者认为此"张路"就是被《后汉书》卷三八《法雄传》称为"海贼"的"张伯路"[①]。

方诗铭认为,"张伯路的根据地是在辽东海岛,军事行动所及也只在幽、冀、青三州,未曾到达过徐州。看来,张路不可能是张伯路,而是另一次起义的首领"[②]。其实,讨论"海贼张伯路""军事行动所及"是否

---

① 曾庸:《汉碑中有关农民起义的一些材料》,《文物》1960年第8、9期。
② 方诗铭:《曹操·袁绍·黄巾》,上海社会科学院出版社1996年版,第235—236页。

"曾到达过徐州",对于《后汉书》卷五《安帝纪》"寇略缘海九郡"以及《法雄传》"寇滨海九郡"其"九郡"所指,都还可以做进一步的分析。

一般幽、冀、青三州地方的河流,不大称"江"。汉代言"江",通常专指今人所谓长江。① 后来有南方诸水多称"江"的情形。② 既然得"江贼"称号,也许这一武装集团形成于长江流域,其活动波及区域之广,确曾"到达过徐州"即至于"徐方"。从居延汉简 33.8 所见"临淮海贼"的活跃竟然影响到"乐浪辽东"的事实,也不妨拓展分析"江贼张路"事迹的思路。

---

① 《释名·释水》:"江,公也。小水流入其中,公共也。"《说文·水部》:"江,江水。出蜀湔氐徼外崏山。入海。从水,工声。"段玉裁注:"'崏山',即《禹贡》'岷山'。"
② 《尚书·禹贡》孔颖达疏:"江以南,水无大小,俗人皆呼为'江'。或从江分出,或从外合来。"

长沙东牌楼汉简所见"津史""津卒"

长沙东牌楼东汉简可见"津史"称谓，整理者以为"'津史'，史籍未见"，应为"专掌修治津梁道路"的"郡、县列曹属吏"。其说不确。《通典》卷四〇说到"诸仓关津史"，我们还应注意到东汉史籍有"津吏"，而"史""吏"二字往往通假。"津史""津吏"之职能似与关吏同，主要是检查，控制出入经过，并非交通建设，至少不是"专掌修治津梁道路"。

长沙东牌楼简又可见"津卒"称谓。"津卒"应与"津史"存在某种关联。这种以"卒"标示的身份特征值得研究者注意。与"津卒"类同的"车卒""漕卒""棹卒""邮卒""驿卒"等交通实践者的人身自由和行为方式，都会因"卒"的军人身份受到限定。秦汉时期交通建设首先服务于政治和军事，一般平民只能在有限的条件下利用交通设施。社会一般成员对交通事业的参与，往往只能以"卒"的角色，通过"役"这种完全被动的形式实现。

一 津史·津吏

长沙东牌楼东汉简可见体现"津史"身份的简文。简78，整理者定名为"某日判案事目"者释文如下：

（正面）
1 津史唐存、捕盗史黄敷、牛者赵周索取钱 粮 □。
2 □□人男子邓还、邓甫对斗，皆□从。
3 □□□□男子胡杲杀李□妻妾□。(78A)
（背面）
欲见金曹米史，勅令来。(78B)

关于"津史",整理者注释:"'津史',史籍未见,应为郡、县列曹属吏之一,专掌修治津梁道路。"①

今按:"津史"并非不见于史籍。《通典》卷四〇《职官二十二·秩品五·大唐官品》写道:

> 七品:太子亲勋翊卫府史;门下省主节;诸掌固;太史监历生;天文观生;诸仓关津史;亲王府典军下史;诸仓计史。

题注:"大唐开元二十五年制定。"其中"诸仓关津史",自然是包括"津史"的。《通典》该卷又写道:

> 右内外文武官员凡万八千八百五。文官万四千七百七十四,武官四千三十一;内官二千六百二十,外官州、县、折冲府、镇、戍、关、庙、岳、渎等万六千一百八十五。
>
> 内职掌斋郎、府史、亭长、掌固、主膳、幕士、习驭驾士、门仆、陵户、乐工、供膳、兽医、学生、执御、门事、学生、后士、鱼师、监门校尉、直屯、备身、主仗、典食、监门直长、亲事帐内等,外职掌州县仓督、录事佐史、府史、典狱、门事、执刀、白直、市令、市丞、助教、津史、里正及岳庙斋郎、并折冲府旅师队正、队副等总三十四万九千八百六十三。内三万五千一百七十七,外三十一万四千六百八十六。
>
> 都计文武官及诸色胥史等总三十六万八千六百六十八人。制为九品,各有从。自四品以下,亦分上下阶。大抵多因隋制。

其中也说到"津史"。可见"'津史',史籍未见"之说不确。从唐代制度看,所谓"应为郡、县列曹属吏之一"的意见也存在疑问。从《通典》有关"大唐官品"的内容看,事实似乎并非如此。

如果说"'津史',史籍未见",是指东汉"史籍未见",则应注意到东汉史籍有"津吏"。《后汉书》卷八二上《方术列传上·段翳》:

---

① 长沙市文物考古研究所、中国文物研究所:《长沙东牌楼东汉简牍》,文物出版社2006年4月版,第106—107页。

段翳字元章，广汉新都人也。习《易经》，明风角。时有就其学者，虽未至，必豫知其姓名。尝告守津吏曰："某日当有诸生二人，荷担问翳舍处者，幸为告之。"后竟如其言。又有一生来学，积年，自谓略究要术，辞归乡里。翳为合膏药，并以简书封于筒中，告生曰："有急发视之。"生到葭萌，与吏争度，津吏桂破从者头。生开筒得书，言到葭萌，与吏斗头破者，以此膏裹之。生用其言，创者即愈。生叹服，乃还卒业。

《列女传·赵津女娟》："赵津女娟者，赵河津吏之女，赵简子之夫人也。初简子南击楚，与津吏期。简子至，津吏醉卧不能渡，简子欲杀之。"娟进言救父，又为简子渡，"简子归乃纳币于父母而立以为夫人"。似乎"津吏"官职先秦时期就已出现。而《列女传》成书于西汉晚期的事实值得注意。东汉人的著作《吴越春秋》说伍子胥事迹时，也出现"津吏"。《华阳国志》卷一〇中《广汉士女》"仲鱼谦冲"条写道：

羊蕃，字仲鱼，郪人也。父甚为交州刺史，卒官。蕃迎丧，不敢取官舍一物。郡三察孝廉，公府辟，州别驾，皆不应。太守尹奉，弃刑名，行礼乐，请为功曹。刺史必欲借蕃自佐，不得已，为别驾，后为太守孙宝、蔡茂、役讽功曹。当欲渡津，津吏滞，停车待之三日。将宿中亭，中有县吏，引车避之。为野王令。

据任乃强考定，"蕃盖两汉间人。"① 东汉以后，"津吏"又见于《晋书》卷六《元帝纪》、《梁书》卷五五《豫章王综传》、《魏书》卷三六《李式传》等。

讨论汉代官职称谓时应当注意一个重要的事实，就是"史""吏"二字往往通假。朱起凤《辞通》举"吏书"通"史书"诸例，指出："'史'即'吏'字。《汉书·贾谊传》：'不习为吏，而视已事。'贾谊《新书·保傅》篇：'不习为史，视已成事。''为史'即'为吏'也。又《游侠·陈遵传》：'为京兆史'，即京兆吏。《后汉书·崔骃传》：'掾吏叩头谏。'注：'刘攽曰：案文吏当作史。'盖两字形近义通，故古多互

---

① 任乃强：《华阳国志校补图注》，上海古籍出版社 1987 年 10 月版，第 575 页。

用。"① 高亨《古字通假会典》也有"史与吏"条:"《礼记·王制》:'史以狱成告于正。'《孔子家语·刑政》史作吏。《大戴礼·保傅》:'不习为吏。'《贾子新书·保傅》吏作史。《史记·张丞相列传》:'吏令行斩之。'《汉书·申屠嘉传》吏作史。《吕氏春秋·去宥》:'史搏而束缚之。'《列子·说符》史作吏。《吕氏春秋·具备》:'请近吏二人于鲁君。'《孔子家语·屈节》吏作史。"② 从这一认识出发,可知"津史"就是"津吏"。长沙东牌楼简所见"津史",可以联系史籍中涉及"津吏"的内容帮助理解。

《通典》有"津史"而未见"津吏"。而《旧唐书》卷四四《职官志三·州县官员》"关令"条说到"津吏":

> 上关:令一人,从八品下。丞二人。正九品下。录事一人,有府、史、典事。津吏八人。
>
> 中关:令一人,正九品下。丞一人。从九品下。录事一人,津吏六人。
>
> 下关:令一人,从九品下。津吏四人。关令各有府、史。

《通典》无"津吏"而《旧唐书》无"津史",可知《通典》"津史"与《旧唐书》"津吏"很可能是同一官职。如此,则"'史'即'吏'字",而"两字形近义通,故古多互用"的情形,到唐代依然存在。

从上述资料看,东牌楼东汉简整理者关于"津史""专掌修治津梁道路"的意见,可能也是未必成立的。整理者提出"'津史'应为郡、县列曹属吏之一"的看法,或许与简文中和"津史"同时出现"捕盗史"以及"金曹米史"身份的情形有关。

"津史"即"津吏",应是管理津渡的官员,或者说是管理关津的官员。从出土汉简资料看,"津关"往往连称。③ 史籍亦多见有关

---

① 朱起凤:《辞通》,上海古籍出版社 1982 年 5 月版,上册第 241 页。
② 高亨:《古字通假会典》,齐鲁书社 1989 年 7 月版,第 417 页。
③ 如居延汉简:"县河津门亭"(7.33),"门亭鄣河津金关毋苛止录复传敢言之"(36.3),"自致张掖逢过河津关如律令"(37.2),"一编县道河津金关毋苛留止如律令敢言"(43.12A),"河津金关毋苛留"(97.9),"移过所县道河津关……"(170.3A),"所县河津关遣"(192.29),"移过所河津金关毋苛留止如律令"(218.2),"乘□□过所县河津"(218.78),"过所县河津请遣……"(303.12A),"谒移过所县邑门亭河津关毋苛留敢言之"(495.12,506.20A),敦煌汉简:"龙勒写大鸿胪挈令津关"(2027)。

"津关"①"关津"②的记录。"津吏""津史"之职能似与"关吏"同③，主要是检查，控制出入经过津渡的人员，维护津渡通行秩序，而并非负责"津"的交通建设，至少不是"专掌修治津梁道路"。

二 "津卒"及"雇""直"关系

2004年4月至6月出土于长沙东牌楼7号古井的东汉末期简，其中可见"津卒"字样：

出钱·雇东津卒五人四月直　⊘（130）

简文内容体现了某种以"钱"支付"雇""直"的经济关系。因为文字残缺，我们不能确切解说完整的文意。但是"津卒"称谓以"卒"标示的身份特征，却透露出比较重要的历史文化信息。

简文所见"津卒"应与"津史"存在某种关联。

---

① 《史记》卷六《秦始皇本纪》引贾谊《过秦论》："秦并兼诸侯山东三十余郡，缮津关，据险塞，修甲兵而守之。"《史记》卷一一《孝景本纪》：四年后九月，"复置津关，用传出入"。《淮南子·兵略》："硗路津关，大山名塞，龙蛇蟠，却笠居，羊肠道，发笱门，一人守隘，而千人弗敢过也，此谓地势。"
② 《汉书》卷九九中《王莽传中》："吏民出入，持布钱以副符传，不持者，厨传勿舍，关津苛留。"《三国志》卷三《魏书·文帝纪》裴松之注引《魏书》载《庚戌令》："关津所以通商旅……设禁重税，非所以便民。"《三国志》卷二八《魏书·毌丘俭传》裴松之注引俭、钦等表："远迎乘舆，有宿关津，使驿书不通，擅复征调。"
③ 《汉书》卷三〇《艺文志》："《关尹子》九篇。名喜，为关吏，老子过关，喜去吏而从之。"是先秦时期就有"关吏"。汉代"关吏"职务的存在，见《汉书》卷六《武帝纪》："徙弘农都尉治武关，税出入者以给关吏卒食。"《汉书》卷六四下《终军传》："初，军从济南当诣博士，步入关，关吏予军繻。军问：'以此何为？'吏曰：'为复传，还当以合符。'军曰：'大丈夫西游，终不复传还。'弃繻而去。军为谒者，使行郡国，建节东出关，关吏识之，曰：'此使者乃前弃繻生也。'"《汉书》卷七四《魏相传》："河南老弱万余人守关欲入上书，关吏以闻。"《汉书》卷九〇《酷吏传·义纵》："上乃拜成为关都尉。岁余，关吏税肆郡国出入关者，号曰：'宁见乳虎，无直宁成之怒。'其暴如此。"《三国志》卷一九《魏书·陈思王植传》裴松之注引《魏略》："初植未到关，自念有过，宜当谢帝。乃留其从官着关东，单将两三人微行，入见清河长公主，欲因主谢。而关吏以闻，帝使人逆之，不得见。"

三　车卒·漕卒·棹卒·邮卒·驿卒

"卒"的身份与交通实践相关的史例颇多。居延汉简可见"戍卒""驇卒"，以及"卒"兼任"车父"的情形：如"戍卒梁国睢阳第四车父宫南里马广"（303.6，303.1），"木中驇卒陈章车父"（E.P.T50：30），"第卅二卒王弘车父"（E.P.T57：60）等。简文又直接可见"车父卒"（484.67，E.P.T52：167）与"车父车卒"（83.5A）称谓。"车父"同时又身为"卒"，当大致与主要以转输为职任的《汉书》卷二四上《食货志上》所谓"漕卒"、《后汉书》卷一七《岑彭传》所谓"委输棹卒"身份相近。①

据《史记》卷二九《河渠书》，漕渠的开通，可以"损漕省卒"。也说明漕运的主体力量是士兵。

又如"邮卒"，这一称谓在正史中出现相当晚，大约宋代以后才频繁见诸文献。②《新唐书》卷一七四《元稹传》："徙浙东观察使。明州岁贡蚶，役邮子万人，不胜其疲。稹奏罢之。"宋人施宿等撰《会稽志》卷二则书"邮子"为"邮卒"："元稹长庆三年八月自同州防御使授，大和三年九月拜尚书左丞。按唐本传：自同州刺史徙观察使，明州岁贡蚶，役邮卒万人，不胜其疲。稹奏罢之。"③《会稽志》"邮卒"，使用的是宋时说法。然而居延汉简已经可以看到"邮卒"称谓，如：

正月辛巳鸡后鸣九分不侵邮卒建受吞远邮

---

① 王子今：《居延汉简所见〈车父名籍〉》，《中国历史博物馆馆刊》1992年总第18、19期；《关于居延"车父"简》，《简帛研究》第2辑，法律出版社1996年9月版。

② 如《宋史》卷三五三《张叔夜传》："加直学士，徙济南府。山东群盗猝至，叔夜度力不敌，谓僚吏曰：'若束手以俟援兵，民无噍类，当以计縻之。使延三日，吾事济矣。'乃取旧赦贼文，俾邮卒传至郡，盗闻，果小懈。叔夜会饮谯门，示以闲暇，遣吏谕以恩旨。盗狐疑相持，至暮未决。叔夜发卒五千人，乘其惰击之。盗奔溃，追斩数千级。以功迁龙图阁直学士、知青州。""邮卒"称谓又见于彭乘《墨客挥犀》卷五，洪迈《夷坚志》甲卷三"刘承节马"，余靖《武溪集》卷二〇《墓志下·太常少卿李君墓志铭》，苏颂《苏魏公文集》卷六〇《墓志·太常少卿李君墓志铭》，彭龟年《止堂集》卷九《策问·策问十道》等。

③ 《资治通鉴》卷二四〇则记述："初国子祭酒孔戣为华州刺史，明州岁贡蚶蛤淡菜，水陆递夫劳费。戣奏疏罢之。"清人姜宸英《湛园札记》卷二："华州刺史孔戣奏罢明州贡海味淡菜蚶蛎，而《元稹传》复云：明州岁贡蚶，役邮子万人，稹奏罢之。岂戣奏后已停而复贡耶？抑独贡蚶之例未停耶？元事本白乐天《元志铭》。"

……
卒福壬午禺中当曲卒光付受降卒马印（E. P. T51：6）

居延汉简文字遗存中又有"驿卒"：

☑年隧长育受武强驿卒☐☑（E. P. T49：11B）
入北第一橐书一封　（以上为第一栏）
居延丞印十二月廿六日日食一分受武强驿卒冯斗即
弛刑张东行（E. P. T49：28）
☑☐分万年驿卒徐讼行封橐一封诣大将军合檄一封付武强驿卒无印（E. P. T49：29）
正月廿五日参餔时受万年驿卒徐讼合二封武强驿佐枔愔（E. P. T49：45A）①

走马楼三国吴简中，已整理出版的竹简〔壹〕、竹简〔贰〕和竹简〔叁〕中出现"邮卒"身份的简例超过八十例，又可见所谓"给驿兵"情形。②简牍资料中所见"驿卒""驿兵"称谓，也体现出交通通信体系的管理是军事化的。张家山汉简《二年律令》中的《行书律》规定，"十里置一邮"，特殊地方"廿里一邮"或"卅里一邮""令邮人行制书、急书、复，勿令为它事。"然而由所谓"畏害及近边不可置邮者，令门亭卒、捕盗行之"③，则可知西汉早期"邮人"和"卒"身份的交错，也是常见的情形。以"邮卒""驿卒"传递军事情报和军事命令，应是国家邮驿体系生成的最初背景。

---

① 中国社会科学院考古研究所：《居延汉简甲乙编》，中华书局 1980 年 7 月版；谢桂华、李均明、朱国炤：《居延汉简释文合校》，文物出版社 1987 年 1 月版；甘肃省文物考古研究所、甘肃省博物馆、中国文物研究所、中国社会科学院历史研究所：《居延新简：甲渠候官》，中华书局 1994 年 12 月版。

② 长沙市文物考古研究所、中国文物研究所、北京大学历史学系走马楼简牍整理组：《长沙走马楼三国吴简·竹简〔壹〕》，文物出版社 2003 年 10 月版；长沙简牍博物馆、中国文物研究所、北京大学历史学系走马楼简牍整理组：《长沙走马楼三国吴简·竹简〔贰〕》，文物出版社 2007 年 1 月版；长沙简牍博物馆、中国文物研究所、北京大学历史学系走马楼简牍整理组：《长沙走马楼三国吴简·竹简〔叁〕》，文物出版社 2008 年 1 月版。参看王子今《走马楼简所见"邮卒"与"驿兵"》，《吴简研究》第 1 辑（崇文书局 2004 年 7 月版）；赵宠亮《吴简邮驿人员称谓补议》，《吴简研究》第 2 辑（崇文书局 2006 年 9 月版）。

③ 张家山二四七号汉墓竹简整理小组：《张家山汉墓竹简〔二四七号汉墓〕》，文物出版社 2001 年 11 月版，释文注释第 169 页。

而"津卒"身份,也说明了"津"日常管理的军事化形式。

四 "卒"的交通生活

交通运输管理军事化的情形,有利于保证交通效率。但是"车卒""漕卒""棹卒""邮卒""驿卒"等交通实践者的人身自由和行为方式,都会因"卒"的军人身份受到限定。

秦汉时期交通建设首先服务于政治和军事,一般平民只能在有限的条件下利用交通设施。社会一般成员对交通事业的参与,往往只能以"卒"的身份,通过"役"这种完全被动的形式实现。《后汉书》卷四《和帝纪》记载:"旧南海献龙眼、荔支,十里一置,五里一候,奔腾阻险,死者继路。时临武长汝南唐羌,县接南海,乃上书陈状。帝下诏曰:'远国珍羞,本以荐奉宗庙。苟有伤害,岂爱民之本。其敕太官勿复受献。'由是遂省焉。"李贤注引《谢承书》写道:"唐羌字伯游,辟公府,补临武长。县接交州,旧献龙眼、荔支及生鲜,献之,驿马昼夜传送之,至有遭虎狼毒害,顿仆死亡不绝。道经临武,羌乃上书谏曰:'臣闻上不以滋味为德,下不以贡膳为功,故天子食太牢为尊,不以果实为珍。伏见交阯七郡献生龙眼等,鸟惊风发。南州土地,恶虫猛兽不绝于路,至于触犯死亡之害。死者不可复生,来者犹可救也。此二物升殿,未必延年益寿。'帝从之。"对于汉代远路岁贡荔枝,《三辅黄图》卷三《扶荔宫》也有"邮传者疲毙于道,极为生民之患"的记述。汉"樱桃转舍"瓦当,或许也与此类运输活动有关。① 为了完成服务于皇家消费生活需要的这种特殊的运输任务,许多身份为"卒"的"邮传者"甚至"顿仆死亡不绝"。

五 "朝鲜津卒霍子高"故事

《艺文类聚》卷四四引《琴操》说到一个情节特别的故事。故事的主人公是"津卒":

---

① 陈直《秦汉瓦当概述》:"樱桃转舍,淳化甘泉宫遗址,石索六,七十页,孙星衍旧藏,一见。按:此为西汉传舍之瓦,樱桃为传舍之名。"《摹庐丛著七种》,齐鲁书社1981年1月版,第352页。

《箜篌引》者,朝鲜津卒霍子高所作也。子高晨刺舡而濯。有一狂夫,被发提壶而渡,其妻追止之,不及,堕河而死。乃号天嘘唏,鼓箜篌而歌,曲终投河而死。子高援琴,作其歌声,故曰《箜篌引》。

"朝鲜津卒霍子高"故事所谓"子高晨刺舡而濯",《太平御览》卷三九六引《乐府解》说"子高晨起刺船""乱流而渡"。似反映"津卒"致力于摆渡劳作的事实,则与"车父卒""车父车卒"情形相同。

《文献通考》卷一三七《乐考十·丝之属·雅部》说:"竖箜篌,胡乐也。……高丽等国有竖箜篌、卧箜篌之乐。其《引》则朝鲜津卒樗里子高所作也。汉灵帝好此乐,后世教坊亦用焉。"①"朝鲜津卒霍子高"或"朝鲜津卒樗里子高"故事的发生,应当在"汉灵帝"时代之前。

六 "关津之税"与"关卒""津卒"

以"卒"的身份参与交通管理,而与"津卒"相近者,又有史籍所见"关卒"。中国古代民间商业活动发展的交通条件,因交通管理体制的特征受到一定程度的限制。"关"的设置,是交通管理军事化的典型例证。"卒"在社会交通行为中,又成为限制交通的社会角色。史籍所见汉代征收关税的最早的明确记载,是《汉书》卷六《武帝纪》所谓太初四年(前101)冬"徙弘农都尉治武关,税出入者以给关吏卒食"。以军事长官治关以及"关卒"身份,都说明了"关"的管理的特征。《史记》卷一二一《酷吏列传》说,汉武帝时,酷吏宁成任为关都尉,一时出入关者号曰:"宁见乳虎,无值宁成之怒!"可见关吏稽查之谨严及税收之苛重。司马迁记述,"宁成家居,上欲以为郡守。御史大夫弘曰:'臣居山东为小吏时,宁成为济南都尉,其治如狼牧羊。成不可使治民。'上乃拜成为关都尉"。《汉书》卷九〇《酷吏传·义纵》:"岁余,关吏税肆郡国出入关者,号曰:'宁见乳虎,无直宁成之怒。'其暴如此。"据《汉书》卷一九下《百官公卿表下》,公孙弘任御史大夫为元朔三年至五年,

---

① 原注:"樗里子高晨刺船,有一白首狂夫,披髮提壶,乱流而渡。其妻止之不能,及竟溺死。于是凄伤,援琴作歌而哀之,以象其声,故曰《箜篌引》。"中华书局1986年9月版,上册第1215页。

即公元前 126 年至前 124 年。如"税肆"之说成立,则非正式的关税征收,其初始又早于太初四年"税出入者"。政府通过关税制度强行分享商运与私营运输业经济收益的具体情形,可由税率得到反映。从成书于西汉晚期至东汉初期的数学名著《九章算术》中提供的史料看,当时关税税率大约较高,有时或可至于"二而税一",在一条运输线上往往关梁重设,税率因关梁所在和货物性质有所不同。①

关税税率不一,可能与中央政府对于各个地区实际控制程度不同,因而经济政策也有所区别有关。② 关的意义首先在于军事政治方面的隔闭,"闭关绝约"③ 以及"开关通币"④,往往首先出于军事政治需要。在秦汉大一统政体下,关仍有防制地方割据势力的作用,如《汉书》卷九四下《匈奴传下》所谓"自中国尚建关梁以制诸侯,所以绝臣下之觊欲也"。然而关税征收至于"二而税一",似毕竟过高,估计是特定时期、特定地区的特定制度。战国时期虽然有所谓"苛关市之征"⑤ "重关市之赋"⑥ 的政策,然而我们对于当时的关税征收率尚缺乏具体、确切的认识。《三国志》卷二《魏书·文帝纪》载《庚戌令》:"轻关津之税,皆复什一。"大约东汉晚期"关津之税"的税率是远远超过"什一"的。汉代对某些物资曾实行关禁或特殊关税政策。⑦《列女传》引《汉法》曰:"内珠入

---

① 《九章算术·衰分》中有算题:"今有甲持钱五百六十,乙持钱三百五十,丙持钱一百八十,凡三人俱出关,关税百钱。欲以钱数多少衰出之,问各几何。"答案为甲 51 钱,乙 32 钱,丙 16 钱,关税为出关"持钱"的 9.17%。又如《九章算术·均输》中算题:"今有人持金十二金出关。关税之,十分而取一。今关取金二斤,偿税五千。问金一斤值钱几何。"关税率"十分而取一",与前题相近。然而有些算题所反映的关税率之高则达到惊人的程度。如:"今有人持米出三关,外关三而取一,中关五而取一,内关七而取一,余米五斗。问本持米几何。答曰:十斗九升八分升之三。"持米近 11 斗,出三关后仅"余米五斗"。又如:"今有人持金出五关,前关二而税一,次关三而税一,次关四而税一,次关五而税一,次关六而税一。并五关所税,适重一斤。问本持金几何。答曰:一斤三两四铢五分铢之四。"出五关后,所缴纳税金竟然超过"本持金"的 83.3%。

② 李剑农曾论述两汉"特殊地区之特殊赋税",举引《汉书》卷二四下《食货志下》:"汉连出兵三岁,诛羌,灭两粤,番禺以西至蜀南者置初郡十七,且以其故俗治,无赋税。"又指出:"其他有自秦以来征服之蛮族在今川、鄂、湘、黔边隅者,至后汉时期,犹未能与中原各郡输同等之租赋者。"见《先秦两汉经济史稿》,生活·读书·新知三联书店 1957 年 12 月版。

③ 《史记》卷七〇《张仪列传》。

④ 《史记》卷七六《平原君虞卿列传》。

⑤ 《荀子·富国》。

⑥ 《商君书·垦令》。

⑦ 如《史记》卷一一三《南越列传》:"高后时,有司请禁南越关市铁器。佗曰:'高帝立我,通使物,今高后听谗臣,别异蛮夷,隔绝器物。'"

关者死。"①《战国策·秦策五》记载,吕不韦决计进行政治投资,助异人归秦时,与其父曾有"珠玉之赢几倍?曰:'百倍'"的讨论。设想关禁若开,必当征收高额关税。②

史籍既然有"关津之税"的说法,则"津卒"与"关卒"相类同,很可能也有承担税费征收的职能。

---

① 《太平御览》卷八〇三引《列女传》:"珠崖令卒官,妻息送丧归。汉法:内珠入关者死。妻弃其系臂珠。男年九岁,好而取之,置其母镜奁中。母不知也。至关,吏搜索得珠,问谁当坐者。前妻子初曰:初当坐之。继母请吏曰:幸无劾儿,诚不知也,妾当坐。初又曰:夫人哀初之孤,欲以活初耳。因号泣,傍人莫不酸鼻陨涕。关吏执笔不能就一字,乃曰:母子有义如此,吾宁坐之?不忍加文,又且相让,安知孰是。乃弃珠而遣之。"

② 实际上,珠长期是边关贸易主要转运物资之一。《汉书》卷二八下《地理志下》说,粤地"处近海,多犀、象、毒冒、珠玑、银、铜、果、布之凑,中国往商贾者多取富焉"。南洋航路开通,也与"应募者俱入海市明珠"有关。

居延"马禖祝"简文与"马下卒"劳作

《肩水金关汉简（贰）》中，可见"乳黍饭清酒至主君所主君"简文，疑是以祝祀为主题的文书遗存。对照睡虎地秦简《日书》甲种"马禖祝"或"马禖祝辞"的内容，亦有"肥豚清酒美白粱到主君所主君"语，推想性质类同。而编号同为"73EJT11"的简例，有可见"毋予皮毛疾""毋予胷（胁）疾"文句者，应属于一件文书。了解河西边防系统军人祈祝马免除病疫的礼祀形式，可以充实我们有关汉代边塞基层结构的防务体制、交通功能以及士卒劳务的知识。对于中国古代兽医学理解，也增益了新的条件。此外，将燧卒"马下"劳作内容与《论衡·吉验》所见"马下卒"身份联系，还可以帮助我们认识和理解相关历史文化现象。

一 "清酒"祀"主君"

"清酒"作为上古礼制常规祠祀敬献饮品，多见于文献记载。然而出现于简牍资料上，首见于《肩水金关汉简（贰）》发表的简文：

（1）不蚤不莫得主君闻微肥□□□乳黍饭清酒至主君所主君□方□□□☑ （73EJT11：5）①

《诗·小雅·信南山》："祭以清酒，从以骍牡，享于祖考。"另外，《大雅·旱麓》："清酒既载，骍牡既备。以享以祀，以介景福。"《大

---

① 甘肃省简牍保护研究中心、甘肃省文物考古研究所、甘肃省博物馆、中国文化遗产研究院古文献研究室、中国社会科学院简帛研究中心编：《肩水金关汉简（贰）》，中西书局2012年12月版，中册第2页，下册第1页。

雅·韩奕》："韩侯出祖，出宿于屠。显父饯之，清酒百壶。"朱熹《诗集传》卷一三释《信南山》里的"清酒"："清酒，清洁之酒，郁鬯之属也。"《周礼·天官·酒正》："辨三酒之物，一曰事酒，二曰昔酒，三曰清酒。"郑玄注："郑司农曰：'清酒，祭祀之酒。'……今中山冬酿，接夏而成。"《春秋繁露·求雨》："春旱求雨。令县邑以水日祷社稷山川，……于邑东门之外为四通之坛，方八尺，植苍缯八。其神共工，祭之以生鱼八，玄酒，具清酒、脯脯……""凿社通之于间外之沟，取五虾蟆，错置社之中。池方八尺，深一尺，置水虾蟆焉。具清酒、脯脯。""为四通之坛于邑南门之外，方七尺，植赤缯七。其神蚩尤，祭之以赤雄鸡七，玄酒，具清酒、脯脯。""季夏祷山陵以助之。……为四通之坛于中央，植黄缯五。其神后稷，祭之以母豚五，玄酒，具清酒、脯脯。""秋……为四通之坛于邑西门之外，方九尺，植白缯九，其神少昊，祭之以桐木鱼九，玄酒，具清酒、脯脯。""冬……为四通之坛于邑北门之外，方六尺，植黑缯六，其神玄冥，祭之以黑狗子六、玄酒，具清酒、脯脯。"① 《春秋繁露·止雨》又说到"雨太多"时的"止雨"仪式，祝辞说："今淫雨太多，五谷不和，敬进肥牲清酒，以请社灵，幸为止雨，除民所苦。"可知先秦至秦汉时期，"清酒"通常是重要仪礼程序中进献给神灵的饮品。②

---

① 《艺文类聚》卷一〇〇引董仲舒曰："进清酒甘羞，再拜请雨。""其神蚩尤，祭之以赤雄鸡七、玄酒、清酒，祝斋三日，服赤衣，跪陈祝如春辞。"

② 东汉晚期已经可以看到除了礼祀仪式之外，平时自饮"清酒"的史例。如《三国志》卷二九《魏书·方技传·管辂》裴松之注引《辂别传》："父为琅邪即丘长，时年十五，来至官舍读书。始读《诗》《论语》及《易》本，便开渊布笔，辞义斐然。于时黉上有远方及国内诸生四百余人，皆服其才也。琅邪太守单子春雅有材度，闻辂一黉之俊，欲得见，辂父即遣辂造之。大会宾客百余人，坐上有能言之士，辂问子春：'府君名士，加有雄贵之姿，辂既年少，胆未坚刚，若欲相观，惧失精神，请先饮三升清酒，然后言之。'子春大喜，便酌三升清酒，独使饮之。""酒尽之后"，单子春与管辂"为对"，"于是唱大论之端，遂经于阴阳，文采葩流，枝叶横生，少引圣籍，多发天然。"随后，"子春及众士互共攻劫，论难锋起，而辂人人答对，言皆有余。""子春语众人曰：'此年少盛有才器，听其言论，正似司马犬子游猎之赋，何其磊落雄壮，英神以茂，必能明天文地理变化之数，不徒有言也。'于是发声徐州，号之'神童'。"管辂自以"年少"，请求"先饮三升清酒"壮胆提神，得到满足，说明"清酒"在管辂生活的时代，已经是民间习饮之酒，可能也是富足人家常备之酒。《太平御览》卷三七六引《管辂别传》曰："辂年十五，琅耶太守单子春雅有才度，欲见辂。辂造之，客百余人，有能言之士。辂谓子春曰：'府君名士，加有雄贵之姿。辂既少年，胆未坚刚，惧失精神。若欲相观，先饮三升清酒，然后敢言。'子春大喜，酌三升，独使饮之。于是辂与人人对答，言比有余。"《太平御览》卷三八五及卷六一七引文略同。"三升清酒"，《艺文类聚》卷一七引作"酒三斗"。

肩水金关发现"乳黍饭清酒至主君所主君"简文，应亦以祭祀请求"主君"为主题，是珍贵的礼俗史和信仰史资料。

不过，简文对于礼祀对象"主君"的身份，并没有明确的表现。

二 "马禖祝"礼俗

睡虎地秦简《日书》甲种所见内容相近的记录，可以与肩水金关简对照。如"马■"题下记述的礼祀形式，也出现"清酒"字样：

> 马■：（一五六背——一五七背）
>
> 禖祝曰："先牧日丙，马禖合神。"■东乡（向）南（向）各一马□□□□□中土，以为马禖，穿壁直中，中三腏，（一五六背）
>
> 四厩行："大夫先牧兕席，今日良日，肥豚清酒美白粱，到主君所。主君笱屏调马，驱（驱）其央（殃），去（一五七背）
>
> 其不羊（祥），令其□耆（嗜）□，□耆（嗜）饮，律律弗御自行，弗驱（驱）自出，令其鼻能糗（嗅）乡（香），令耳恖（聪）目明，令（一五八背）
>
> 头为身衡，勒（脊）为身刚，脚为身□，尾善驱（驱）□，腹为百草囊，四足善行。主君勉饮勉食，吾（一五九背）
>
> 岁不敢忘。"（一六〇背）①

整理小组释文"马禖"另行书写，做标题处理。整理小组注释："'马禖'系标题。《礼记·月令》：'仲春之月，玄鸟至。至之日，以大牢祠于高禖。'《续汉书·礼仪志》注引蔡邕《月令章句》云：'高，尊也。禖，媒也。吉事先见之象也。盖为人所以祈子孙之祀。② 玄鸟感阳而

---

① 睡虎地秦墓竹简整理小组：《睡虎地秦墓竹简》，文物出版社 1990 年 9 月版，图版第 115—116 页。

② 《汉书》卷五一《枚皋传》："武帝春秋二十九乃得皇子，群臣喜，故皋与东方朔作皇太子生赋及立皇子禖祝，受诏所为，皆不从故事，重皇子也。"颜师古注："《礼·月令》：'祀于高禖。'高禖，求子之神也。武帝晚得太子，喜而立此禖祠，而令皋作祭祀之文也。"《汉书》卷六三《武五子传·戾太子刘据》："戾太子据，元狩元年立为皇太子，年七岁矣。初，上年二十九乃得太子，甚喜，为立禖，使东方朔、枚皋作禖祝。"颜师古注："禖，求子之神也，解在《枚皋传》。""祝，禖之祝辞。"明王世贞《弇州四部稿》卷一六九《说部·宛委余编十四》说："禖祝，禖求子之神也。"由睡虎地《日书》相关内容看，这种判断是不对的。

至，其来主为字乳蕃滋，故重其至日，因以用事。'据此高禖为祈子孙之祀，则马禖为祈祷马匹繁殖的祭祀。《周礼·校人》：'春祭马祖，执驹。'疏：'春时通淫，求马蕃息，故祭马祖。'马禖或即祭祀马祖。"① 其中有的意见可以商榷。②

也有学者定名此篇为《马》篇。③ 饶宗颐称此篇为"马禖祝辞"。认为"日简所记祝辞为有韵之文，为出土古代祝辞极重要之数据"。然而其释文作："马：禖祝曰：……"，其中"马"与"禖祝"分断。④ 刘乐贤指出，"本篇的标题其实应当是'马禖祝'"。并有充分的论证。⑤

今按：指出这篇文字的内容是"马禖祝辞"或称"马禖祝"，都是正确的。但是我们首先应当注意并尊重《日书》书写者的原意。从书写形式看，简一五六背简端为"马"字，简一五七背简端为符号"■"。此篇标题应为"马■"。"■"可能有某种特殊含义。⑥

肩水金关相关简文的发现，可以帮助我们增益对于汉代民间有关"马"的神秘意识的认识，并理解其思想史的渊源。有学者注意到汉代画像所见"多数在西王母座前出现"的"马首人身神怪"，以为与"马神崇拜"有关。⑦ 肩水金关简的研究，应当有助于这一学术主题考察的深入。肩水金关简文所见"主君"，不排除与汉代画像资料中看到的所谓"马首人身神怪"存在某种内在联系的可能。

---

① 《睡虎地秦墓竹简》，释文第227—228页。
② 今按，从睡虎地《日书》相关内容和肩水金关发现简文看，"马禖为祈祷马匹繁殖的祭祀"之说不确。
③ 贺润坤《从云梦秦简〈日书〉看秦国的六畜饲养业》一文中，有《〈马〉篇——中国最早的相马经》一节，《文博》1989年第6期。又刘信芳：《云梦秦简〈日书·马〉篇试释》，《文博》1991年第4期。
④ 饶宗颐：《云梦秦简日书研究·马禖祝辞》，饶宗颐、曾宪通：《云梦秦简日书研究》，香港中文大学中国文化研究所中国考古艺术中心专刊（三），1982年，第42页。
⑤ 刘乐贤：《睡虎地秦简日书研究》，文津出版社1994年7月版，第312—313页。
⑥ 睡虎地秦简《日书》两字标题有两种书写形式。一种形式，是二字写于篇首同一支简的简端，如"秦除"（一四正）、"稷辰"（二六正）、"玄戈"（四七正）、"室忌"（一〇二正）、"土忌"（一〇四正）、"作事"（一一〇正）、"毁弃"（一一一正）、"直室"（一一四正）、"归行"（一三一正）、"到室"（一三四正）、"生子"（一四〇正）、"取妻"（一五五正）、"反枳"（一五三背）。另一种形式，则是二字分写于前两支简的简端，如"盗者"（六九背、七〇背）、"土忌"（一二九背、一三〇背）。"直室门"（一一四正壹、一一五正壹）则第一支简简端写"直室"，第二支简简端写"门"。"马■"，似应看作第二种形式。王子今：《睡虎地秦简日书甲种疏证》，湖北教育出版社2003年2月，第515—517页。
⑦ 李姗姗：《论汉画像马首人身神怪的祭祀与升仙意义》，《河南教育学院学报》（哲学社会科学版）2011年第2期。

三　农牧文化交流史中的"乳"

肩水金关"乳黍饭清酒至主君所主君"简文提示我们,当时西北边塞的祭祀活动,已经有以"乳"作为祭品的情形。

"乳"是西北游牧民族习用饮品。《北堂书钞》卷一六引《穆天子传》曰:"天子乃遂东南翔行,驰驱千里,至于巨搜,〔巨搜〕之人□奴乃献白鹄之血以饮天子,因其牛羊之湩,以洗天子之足。注曰:'所以饮血,益人气力。湩,乳也,令肌肤滑补。'"《太平御览》卷三七二引《穆天子传》曰:"至于巨搜氏,巨搜之人乃献白鹤之血以饮天子,且具牛马之湩,以洗天子之足。"①《列子·周穆王》:"驰驱千里,至于巨搜氏之国。巨搜氏乃献白鹄之血以饮王,具牛马之湩,以洗王之足。"晋人张湛注:"搜,西戎国名。""湩,乳也。以已所珍贵,献之至尊。""西戎"之人"已所珍贵",是作为饮品,献以"洗天子之足",有崇敬"至尊"的意义,或许也有中原人不习惯饮用"乳"的因素。

《史记》卷一一〇《匈奴列传》:"初,匈奴好汉缯絮食物,中行说曰:'匈奴人众不能当汉之一郡,然所以强者,以衣食异,无仰于汉也。今单于变俗好汉物,汉物不过什二,则匈奴尽归于汉矣。其得汉缯絮,以驰草棘中,衣袴皆裂敝,以示不如旃裘之完善也。得汉食物皆去之,以示不如湩酪之便美也。'"裴骃《集解》:"湩,乳汁也。"司马贞《索隐》:"按:《三苍》云'湩,乳汁也'。""《穆天子传》云'牛马之湩,臣菟人所具'。"

"湩"就是"乳"。《说文·水部》:"湩,乳汁也。"段玉裁注:"见《列子》《穆天子传》。《汉书·匈奴传》'重酪之便美'是也。"中行说以"湩酪"与"汉食物"对比,说"汉"与"匈奴"其"俗"之"异"。正如罗丰所说,"在饮食方面,华夏与诸戎最大的不同在于后者对牲畜乳汁的利用"。论者引《穆天子传》"具牛马之湩"语,指出:"《穆天子传》据认为是成书于战国时期的一部史书。动物乳汁的利用,

---

① 《太平御览》卷八九六引《穆天子传》曰:"天子乃遂东南翔行,驰驱千里,至于巨搜。巨搜之人用其牛马之湩,以洗天子之足。"

此时在华夏之西北应已流行，所以有戎人首领说诸戎与华夏的饮食不同。"①

"华夏"人饮用"动物乳汁"，其实也可以看到零星史例。彭卫在总结秦汉饮食史时写道："在秦汉时期的人们看来，奶是富有营养的滋补饮品。《释名·释饮食》：'酪，泽也，乳汁所作使人肥泽也。'马王堆医书《十问》：'饮走兽泉英，可以却老复壮。'这里所说的'走兽泉英'是指牛羊乳（从帛书整理小组注）。西汉人杨恽曾'养羊酤酪，以供伏腊之费'②。说明当时羊乳已成为日常的商品。"③《释名》言"酪"，作为乳制品可以引进转运，与直接饮用乳汁不同。马王堆汉墓出土帛书所谓"饮走兽泉英，可以却老复壮"，体现特定阶层长生延年追求，未可看作社会普遍日常生活情景的反映。"养羊酤酪，以供伏腊之费"语，彭卫言"《太平御览》卷三一引"。宋本《太平御览》卷三一《时序部十六》"伏日"条："《汉官仪》曰：伏日万鬼所行，故谨。汉魏日有食之会。故《汉书》杨辉《闲居》曰：养羊沽酪，供伏腊之费。"④ 与彭卫引文略有不同。文渊阁四库全书本《太平御览》则作："《汉官仪》曰：伏日厉鬼所行，故伏。汉魏有饮食之会。故潘岳《闲居赋》有曰'养羊治酪，供伏腊之费。'"《山堂肆考》卷七一亦据"潘安仁《闲居赋》"引，时代存在疑点。且即使确是杨恽文字，亦祇说"酪"，未必可以"说明当时羊乳已成为日常的商品"。《齐民要术》卷六有"作酪法"，言"牛羊乳皆得别作和作随人意""三月末四月初牛羊饱草便可作酪，以收其利"。又有"作干酪法""作漉酪法""作马酪酵法""抨酥法"，都是乳制品加工，未言直接饮用"牛羊乳"。彭卫在有关秦汉社会饮食风俗的如下论述是真确无疑的，即"北方地区少数民族""饮料有牛、羊乳和酒，所谓'膻肉酪浆，以充饥渴'"⑤。"西域地区""即使是在以谷食为主的部族中，肉类和奶酪产品似仍有重要

---

① 罗丰：《中国古代乳制品制作与消费之历史——一个考古学与民族学的考察》，《中国饮食文化》第4卷第2期（2008），第128—129页。今按：汉代中原人成人食乳的记载，仅见《史记》卷九六《张丞相列传》言张苍食人乳事："苍之免相后，老，口中无齿，食乳，女子为乳母。妻妾以百数，尝孕者不复幸。苍年百有余岁而卒。"似未有饮用牛马之乳的记录。
② 原注："《太平御览》卷三一引。"
③ 徐海荣主编：《中国饮食史》卷二，华夏出版社1999年10月版，第470页。
④ 中华书局用上海涵芬楼影印宋本复制重引《太平御览》，1960年2月版，第1册第148页。
⑤ 原注："《文选》卷四一《李陵答苏武书》。"

地位。这应是西域农业部族与内地在饮食生活上的一个区别。"①

肩水金关可能属于"马禖祝辞"或称"马禖祝"的简文中出现以"乳"进献"主君"的迹象，不仅应看作饮食史和民俗史的重要信息，亦值得民族关系史研究者重视。这一数据或许可以作为"诸戎""饮食"习惯对于"华夏"人已经形成影响的例证。

"乳"在畜牧文化与农耕文化交流的历史中，具有重要的意义。相关文化信息，值得文化史学者特别关注。

四 祷：为马祷无疾

《说文·示部》有"禡"："禡，师行所止，恐有慢其神，下而祀之曰禡。"此后即"祷"字："祷，祷牲马祭也。"段玉裁注："《甸祝》：'祷牲祷马。'杜子春曰：祷，祷也，为马祷无疾，为田祷多获禽牲。《诗》云：'既伯既祷。'《尔雅》曰：'既伯既祷。'伯，马祭也。玉裁按：此许说所本。杜引《诗》者，以'伯'证祷马。毛《传》云：'伯，马祖也。重物慎微，将用马力，必先为之祷其祖。'此《周礼》之'祷马'也。"

肩水金关与简（1）同出的简例，又有很可能即体现所谓"为马祷无疾"的内容：

(2) ☒肖强毋予皮毛疾以币☐刚毋予胁疾以成☒（73EJT11：23）②

"毋予"是战国秦汉时期的习惯用语。《史记》卷七六《平原君虞卿列传》："赵王与楼缓计之，曰：'予秦地毋予？孰吉？'"《汉书》卷九五《南粤传》："别异蛮夷，出令曰：'毋予蛮夷外粤金铁田器；马牛羊即予，予牡，毋与牝。'"可知"毋予"又写作"毋与"。

简（1）与简（2）很可能属于一件文书。推想所谓"乳黍饭清酒至主君所主君"简文所反映的，应是河西边防部队祈祝所畜养和使用的马

---

① 彭卫、杨振红：《中国风俗通史·秦汉卷》，上海文艺出版社 2002 年 3 月版，第 45、49 页。

② 《肩水金关汉简（贰）》，中册第 4 页，下册第 2 页。

匹免除病疫的礼祀形式。"毋予""疾",应是祈求"主君"不要使马染患"皮毛疾""胁疾"等病痛。对照睡虎地《日书》相关文字,推想简文内容或应为"毋予□疾,以□脊强;毋予皮毛疾,以□身刚;毋予胁疾,以成□□"。"脊强""身刚"语义相近。刘信芳考论睡虎地《日书》"勒(脊)为身刚"句即指出:"《国语·周语》:'旅力方刚',韦昭注:'刚,强也。'《诗·北山》:'旅力方刚',《一切经音义》引作'旅力方强'。《初学记》二十九引《相马经》:'脊为将军欲得强',是'脊为身刚'即'脊为身强'。"①

河西汉简确实有记录"马病"的简文。例如甲渠候官出土简:

(3) 马病至戊辰旦遣卒之廿三仓取廪彭诚闭亭户持马□陷陈辟左子务舍治马其日日中(E. P. T43:2)

(4) ☑并马病治马□☑ (E. P. T50:67)

又有专门记录"马病"致死情形的文书:

(5) ●始建国四年正月驿马病死爰书 (96.1)

悬泉置汉简可见有关"传马病死爰书"的简文:

(6) 五凤四年九月己巳朔己卯,县(悬)泉置丞可置敢言之:廷移府书曰,效谷移传马病死爰书:县(悬)泉传马一匹,骊,乘,齿十八岁,高五尺九寸,送渠犁军司〔马〕令史……(Ⅱ 0115(3) 98:)

"传马病死"的记录是十分详尽的。

敦煌汉简可见关于"马病"症状的具体描述,如:

(7) 将军令召当应时驰诣莫府获马病伤水不饮食借尹史侯昌马杨鸿装未辨惶恐(177)

"马病"的具体症状是"伤水不饮食",以致骑乘者未能在"将军令召"时"应时驰诣莫府"。

悬泉置遗址出土汉简中,又有研究者以为"报告病马死亡验证结果

---

① 刘信芳:《云梦秦简〈日书·马〉篇试释》,《文博》1991年第4期。

的文书":

> （8）建昭元年八月丙寅朔戊辰，县（悬）泉厩佐欣敢言之：爰书：传马一匹騩駮（駁），牡，左剽，齿九岁，高五尺九寸，名曰騩鸿。病中肺，欬涕出睾，饮食不尽度。即与啬夫遂成、建杂诊：马病中肺，欬涕出睾，审证之。它如爰书。敢言之。（Ⅱ 0314（2）：301）

据研究者分析，文书"内容包括传马的毛色、牝牡、徽记、年齿、身高、名字、病情、病状等，然后报告了参加验诊者的职务、名字以及结论"。所谓"病情、病状"是"马病中肺，欬涕出睾"。

关于"马病中肺，欬涕出睾"，研究者有这样的解说："中，音zhòng，当。出，发，生长。睾，疑指囊肿、肿块。明喻元本、喻元亨《元亨疗马牛驼经全集·马病列图分载病原治疗篇·肺经部》记马患喉骨胀经曰：'草饱乘骑走急，膘肥谷料喂多，以致气血太盛，热积心胸，传之于咽喉，致成其患也。令兽食槽肿胀，硬核填喉，伸头直项，鼻孔流脓，水草难咽，空嗽连声。'① 以为"似与简文所述症状相合"。② 不过，从简文直接文意看，其实只说"传马""病"，似未可断定为"报告病马死亡验证结果"。

五　河西的"马医"

简（7）言"县（悬）泉厩佐欣……与啬夫遂成、建杂诊"，而同样出土于悬泉置遗址的一则简例则说到专门的"马医"：

> （9）出绿纬书一封，西域都护上，诣行在所公交车司马以闻，绿纬孤与缊检皆完，纬长丈一尺。元始五年三月丁卯日入时，遮要马医王竟、奴铁柱付县（悬）泉佐马赏。（Ⅱ 0114（2）：206）

所谓"遮要马医王竟"，"马医"可能是职名。

---

① 原注：中国农业出版社1963年版，第40页。
② 胡平生、张德芳：《敦煌悬泉汉简释粹》，上海古籍出版社2001年8月版，第24—26页。

"马医"称谓，见于《史记》卷一二九《货殖列传》所言致富例证："马医浅方，张里击钟。此皆诚壹之所致。"《汉书》卷九一《货殖传》："张里以马医而击钟。"

《列子·黄帝》说晋国事："自此之后，范氏门徒路遇乞儿马医，弗敢辱也，必下车而揖之。"唐人卢重玄《解》："乞儿马医皆下人也，遇之不敢轻。"又《列子·说符》："齐有贫者，常乞于城市。城市患其亟也，众莫之与。遂适田氏之厩，从马医作役而假食。① 郭中人戏之曰：'从马医而食，不以辱乎？'乞儿曰：'天下之辱莫过于乞。乞犹不辱，岂辱马医哉？'"由此可知，"马医"是相当低贱的职业。唐人卢重玄《解》称之为"贱医"。

不过，在马匹比较集中的地方，有"马医"服务，是理所当然的事。《列子》所谓"田氏之厩"，就是这样的场合。

悬泉置简文所见"遮要马医王竟"的服务单位在"遮要"，据简牍数据可知有"遮要隧"②"遮要置"③"遮要厩"④。"遮要置"和"遮要厩"都是马匹集中的地方，后者正可对应"田氏之厩"。

讨论《肩水金关汉简（贰）》前引简（1）（2）所见"乳秦饭清酒至主君所主君"以及"毋予皮毛疾""毋予脅（胁）疾"简文的含义，如倾向于"马禖祝辞"的理解，自然应当首先关注驿马、传马集中所在的防疫工作。

六 戍卒"马下"劳作

河西地方马匹的使用，其实并不仅限于驿传系统。前引简（3）（4）（7）（9）看来都是非驿传机构出土文物。

肩水金关出土简（1）（2）的 T11，未见体现典型驿传机构的迹象，

---

① 杨伯峻案："《御览》四八五引'马医'作'马竖'，下同。"
② 如悬泉置简："斥胡隧、广新隧、遮要隧。（Ⅱ0114（3）：65）"
③ 如悬泉置简："九月甲戌，效谷守长光、丞立，谓遮要、县（悬）泉置，写移书到，趣移车师戊己校尉以下乘传，传到会月三日，如丞相史府书律令。/掾昌、啬夫辅。"（Ⅴ1812（2）：120）"效谷长禹、丞寿告遮要、县（悬）泉置，破羌将军将骑万人从东方来，会正月七日，今调米、肉、厨、乘假自致受作，毋令客到不办与，毋忽，如律令。（A）"（Ⅱ0114（4）：340）
④ 如悬泉置简："出粟三石，马十匹，送大昆弥使者，都吏张掾。阳朔四年二月戊申，县（悬）泉啬夫定付遮要厩佐常。"（Ⅴ1812（2）：58）

但是发现"关仓出秋廪"（72JT11：18）、"仓啬夫"（72JT11：31A）、"出盐……廪……食"（72JT11：16）等内容，而"牛车一两"（72JT11：22）也可以反映仓运经营情形。

简（3）言"马病"，又明确说到"遣卒之廿三仓取廪"事，应是烽燧守备兵士领取廪给的记录。通过简文内容可知，这种河西边防地区最基本的运输活动有时是使用马匹作为交通动力的。

烽燧军事生活"用马力"的情形，可以由燧卒劳作内容"马下"有所说明。例如：

（10）☐☐人　　　　　　　其一人守邸
☐吏卒养　☐省卒三人　一人守阁　　☐　　　＝
☐载糜　　　　　　　　一人马下
☐归车　　　　　　　　一人门　　　（139.4A）

（11）　　　　　　　其一人守阁　二人马下　一人吏养
八月丁丑鄣卒十人　一人守邸　　　　　　一人使
一人取狗湛　　　一人守园
一人治计　　　　一人助　（267.17）

（12）　　　　　　一人守园　　一人吏养
☐☐☐鄣卒十人　一人助园　　二人马下
一人治计　一人削工
一人取狗湛　　　（267.22）

（13）　　　　　　……　一人门
……一人木工
☐卒十二人　七月
一人守园　一人从　令史谭
一人马下　一人使　　（E.P.T48：12B）①

（14）第三队官＼　＼
（以上为第一栏）
其一人守阁　长翊　三人作园温申胡地余黄山　忠子
一人马下　　　　一人山门材胡超

---

① 释文夹注："此简曾两次书写，其余字迹不录。"甘肃省文物考古研究所、甘肃省博物馆、文化部古文献研究室、中国社会科学院历史研究所编《居延新简：甲渠候官与第四燧》，文物出版社1990年7月版，第130—131页。

禹二人门　　候长范昌字子恩第十九队
　　二人……
　　（以上为第二栏）　　　　　　　　　（E. P. T50：7B）
（15）　　　□□□□　四人作周□□□□□□
　　☑　一人马下
　　二人门
　　二人养　　　　　　　　　　　　　　（E. P. T59：187A）
（16）　　　　　　　　　　其一人守鄣　一人门
　　十月戊午鄣卒十人省卒六人　一人守阁　　二人木工
　　一人马下　　二人作席
　　二人吏卒养
　　一人舂
　　五人受钱　　（E. P. T65：422）

　　所见"一人马下""二人马下"的记录，说明有以"马下"为形式的劳作分工。沈刚分析简（10）（11）（12），列举了对于"马下"的6种解释：1. 应系指饲养马的工作（于豪亮：1985A）。2. 充任马前走卒，见《论衡·吉验篇》（陈直：1986B，P79）。3. 牵马（永田英正，1987A）。4. 为养马工作（黄今言：1993，P311）。5. 似为养马之人（《集成》六，P85）。6. 养马和负责马厩的打扫、清理（《集成》七，P152）。沈刚又写道："按：马下是作簿中记录的工作之一，此外，还有守阁、助园、削工、养等工作。若解成马前走卒则指人的身份而言，颇不类，陈说恐误。"① 各种解释集中于"养马"。陈说"充任马前走卒"，并非"指人的身份而言"，而是说充任某种身份，其说有《论衡》侧证，与永田英正"牵马"说亦意近，不误。在生产或生活中"用马力"者，往往同时要承担"养马"工作。

　　"马病"如前引简（7）的情形，使得"用马力"的愿望落空，也无疑会导致承担"马下"劳作的燧卒的"惶恐"。他们对于"为马祷无疾"的"马禖祝"仪式，一定是真诚而热心的。

---

① 沈刚：《居延汉简语词汇释》，科学出版社2008年12月版，第16—17页。

中国古代交通系统的特征

——以秦汉文物资料为中心

秦汉交通体系的形式，为中国古代帝制时代的交通发展，确定了基本的格局。秦汉出土资料为认识当时交通体系的构成规模、建设程序和管理机构的运行方式，提供了新的可能。通过相关研究，可以了解中国古代交通系统的基本特征。而我们对中国古代社会文化的认识和理解，也可以因此得以深化。

一 交通条件的皇帝专有和皇权优先制度

《史记》卷六《秦始皇本纪》记载：秦始皇二十七年（前220），"治驰道"。驰道的修筑，是秦汉交通建设事业中最具时代特色的成就。通过秦始皇和秦二世出巡的路线可以知道，驰道当时已经结成全国陆路交通网的基本要络。

关于驰道的形制，西汉人贾山说："道广五十步，三丈而树，厚筑其外，隐以金椎，树以青松。为驰道之丽至于此，使后世曾不得邪径而讬足焉。"① 贾山关于"驰道之丽"的描述，有的学者曾以为真实性可疑，"或有辩士夸饰之言"②。"道广五十步"，相当于现今尺度69米左右。考古工作者曾在陕西咸阳窑店镇南的东龙村以东150米处，发现一条南北向古道路遗迹，路宽50米，筑于生土之上，两侧为汉代文化层。③ 这条道路，北为秦都咸阳的宫殿区，向南正与汉长安城的横门相对。以秦宫布局

---

① 《汉书》卷五一《贾山传》。
② 劳榦：《论汉代之陆运与水运》，《"中央研究院"历史语言研究所集刊》第16本。
③ 孙德润、李绥成、马建熙：《渭河三桥初探》，《考古与文物》丛刊第3号《陕西省考古学会第一届年会论文集》（1983年11月版）。

"象天极"的规划意图分析①,这条道路应当是南北沟通咸阳宫与阿房宫的交通干道,当时自然当归入驰道交通系统之中。在秦咸阳北墙以北发现西南—东北走向的交通干道,被考古工作者命名为"1号大道",已探出长度960米,"现存最宽处54.4米,一般在40—50米之间,路面中间高于两侧10—15厘米,呈鱼脊状,路土层厚5—15厘米,大道南北两旁均为淤泥,似为路面泄水之阳沟"②。从这条道路的规格和走向看,也可能属于驰道。据调查,陕西潼关以东的秦汉驰道遗迹,路面宽达45米以上。③ 秦始皇时代所修筑的直道,其遗迹在陕西淳化、旬邑、黄陵、富县、甘泉等地发现多处,路面宽度往往也达50—60米。④ 看来,贾山关于驰道规模的记述,并非虚言。所谓"三丈而树",杨树达《汉书窥管》卷六以为,"三丈而树,谓道之两旁每三丈植一树"。王先谦《汉书补注》:"王先慎曰:三丈,中央之地,惟皇帝得行,树之以为界也。《三辅黄图》云:'汉令:诸侯有制得行驰道中者,行旁道,无得行中央三丈也。不如令,没入其车马。'盖沿秦制。"⑤

驰道,原本在一定意义上是君王专有道路。《礼记·曲礼上》:"岁凶,年谷不登……驰道不除。"孔颖达疏:"驰道,如今御路。君驰走车马之处。不除,谓不治其草莱也。"关于驰道"中央三丈"禁止一般人通行的制度,频繁见于汉代史籍。汉武帝尊奉其乳母,"乳母所言,未尝不听",于是"有诏得令乳母乘车行驰道中"。⑥ 未有诏令而行驰道中,当受严厉处罚。翟方进为丞相司直,曾因行驰道中受到劾奏,"没入车马"。⑦ 汉哀帝时,丞相掾史行驰道中,也曾被司隶鲍宣拘止,没入其车马。⑧ 汉武帝时禁令最为严格,《汉书》卷四五《江充传》记载,馆陶长公主行驰道中,"直指绣衣使者"江充拦截斥问,公主说:"有太后诏。"江充则

---

① 《史记》卷六《秦始皇本纪》:"焉作信宫渭南,已更命信宫为极庙,象天极。"《三辅黄图》卷一"阿房宫":"周驰为复道,度渭属之咸阳,以象天极阁道抵营室也。"
② 陕西省考古研究所:《秦都咸阳考古报告》,科学出版社2004年3月版,第212页。
③ 胡德经:《洛阳—长安两京古道考察》,《中州今古》1986年第1期。
④ 陕西省交通史志编辑部古代组:《陕西古代交通史(部分章节讨论稿)》,1983年1月。
⑤ "厚筑其外",指路基构筑务求坚实,两侧形成宽缓的路坡。所谓"隐以金椎",王先谦《汉书补注》:"周寿昌曰:'隐'即'稳'字,以金椎筑之使坚稳也。"陈直《汉书新证》又举《全后汉文》卷九八《开通褒斜道石刻》中"益州东至京师,去就安隐"句借稳为隐,证实周说不误。敦煌汉简可见"诸子途中皆安隐"简文(161),亦可以为补证。
⑥ 《史记》卷一二六《滑稽列传》褚先生补述。
⑦ 《汉书》卷八四《翟方进传》。
⑧ 《汉书》卷七二《鲍宣传》。

说："独公主得行，车骑皆不得。"于是"尽劾没入官"①。江充又曾"逢太子家使乘车马行驰道中"，也加以扣押。太子请求从宽处理，江充严词拒绝，一时"大见信用，威震京师"。

《汉书》卷四五《江充传》颜师古注引如淳曰："《令乙》：骑乘车马行驰道中，已论者没入车马被具。"《汉书》卷七二《鲍宣传》颜师古注引如淳曰："《令》：诸使有制得行驰道中者，行旁道，无得行中央三丈也。"甘肃武威两次出土体现汉代尊老养老制度的汉简王杖诏令册。1981年发现的本始二年诏令简中，有王杖主"得出入官府节第，行驰道中"的内容。1959年出土的"王杖十简"中，则作"得出入官府即（节）第，行驰道旁道"②。其内容或有可能互相转抄，而文字出现更动，原义当不矛盾③，证实了如淳"得行驰道中者，行旁道"之说。

以为西汉驰道制度"盖沿秦制"的说法，可能是符合史实的。反映秦代驰道制度的资料，有云梦龙岗秦简：

敢行驰道中者皆罨之其骑及以乘车轺车☐（54）☐牛牛☐（55）☐车☐☐（56）☐鞔车（57）行之有（又）没入其车马牛县道【官】县道【官】县道☐（58）

骑作乘舆御骑马于它驰道若吏【徒】☐（59）

中及弩道绝驰道驰道弩道同门桥及限（？）☐（60）

☐有行驰☐☐（63）④

关于"弩道绝驰道"的具体形制还可以讨论。而"敢行驰道中者，皆罨之"简文，体现出驰道制度的严厉。简文"没入其车马"，与西汉相关制度也是一致的。

许多学者认为，秦汉驰道是路面分划为三的具有分隔带的多车道道路。有三条分行线以区分等级，汉长安城宣平门发掘资料⑤以及直城门遗

---

① 王先谦《汉书补注》：陈景云曰：据《功臣表》知馆陶公主卒于元狩之末，"及江充贵幸，主末已十余年。'馆陶'字误无疑。"然而虽"字误"，似未可疑驰道拦车事为乌有。

② 考古研究所编辑室：《武威磨咀子汉墓出土王杖十简释文》，《考古》1960年第9期。武威县博物馆：《武威新出王杖诏令册》，《汉简研究文集》，甘肃人民出版社1984年9月版。

③ 武威县博物馆的研究者认为"王杖十简"中"本二年"，应依新简更正为"本始二年"。

④ 中国文物研究所、湖北省文物考古研究所编：《龙岗秦简》，2001年8月版，第95—98页。

⑤ 王仲殊：《汉长安城考古工作收获续记——宣平城门的发掘》，《考古通讯》1958年第4期。

址新近发掘的收获,也证实了班固《西都赋》"披三条之广路,立十二之通门",张衡《西京赋》"旁开三门,参涂夷庭;方轨十二,街衢相经"体现的制度。作为最早的具有分隔带的道路,驰道在交通道路史上也具有值得重视的地位。这种设置,实际上也适应了行车速度不同的事实。"中央三丈"是所谓"天子道"①。经过特许的贵族官僚可行旁道。这种交通道路规则固然充满浓重的专制色彩,体现出等级尊卑关系,然而在当时针对社会各阶层交通方式差别很大的现实,其存在,又具有一定的合理性。

驰道严禁穿越。《汉书》卷一○《成帝纪》:"初居桂宫,上尝急召,太子出龙楼门,不敢绝驰道,西至直城门,得绝乃度,还入作室门。上迟之,问其故,以状对。上大说,乃著令,令太子得绝驰道云。"贵为太子,仍"不敢绝驰道",不得不西行,最终"得绝乃度",可见关于"绝驰道"禁令的严峻。

驰道虽有严格禁行的制度,如《盐铁论·刑德》所谓"今驰道经营陵陆,纡周天下,是以万里为民阱也",然而事实上,这种禁令的实际执行程度仍是有限的。史念海曾指出:"畿辅之地,殆因车驾频出,故禁止吏人穿行。若其他各地则不闻有此,是吏民亦可行其上矣。"② 即使在畿辅之地,驰道禁行史例也仅见于汉武帝执政后,高帝、文帝都有出行途中遭遇平民的故事。到汉宣帝时,当时人已经注意到"今驰道不小也,而民公犯之,以其罚罪之轻也"③。驰道制度实际上已受到严重破坏,当权者已无法对违禁者进行严厉处罚。到了汉平帝元始元年(1)六月,终于"罢明光宫及三辅驰道"④。罢三辅驰道不可能是毁断已有道路,应理解为禁行"驰道中"的制度终于废止。

驰道制度的这一变化,不仅仅是皇权衰落的标志,应当说也是顺应了交通事业进一步发展的要求,是以乘马和高速车辆的空前普及为背景的。

《史记》卷六《秦始皇本纪》"治驰道"句下,裴骃《集解》引应劭曰:"道若今之中道然。"可见东汉时仍有近似于驰道的皇家专用道路。《太平御览》卷一九五引陆机《洛阳记》:"宫门及城中大道皆分作三,中央御道,两边筑土墙,高四尺余,外分之,唯公卿、尚书,章服,从中道,凡人皆行左右。"曹植"尝乘车行驰道中,开司马门出",竟导致

---

① 《史记》卷六《秦始皇本纪》:二十七年,"治驰道"。裴骃《集解》:"应劭曰:'驰道,天子道也,道若今之中道然。'"
② 史念海:《秦汉时代国内之交通路线》,《文史杂志》第3卷第1、2期。
③ 《盐铁论·刑德》。
④ 《汉书》卷一二《平帝纪》。

"太祖大怒,公车令坐死"。据说"由是重诸侯科禁,而植宠日衰"①。汉魏之际都城中大约又有驰道制度,但可能只局限于宫城及附近大道的部分区段,不像西汉中晚期那样全线都禁止通行了。

二 交通秩序维护的"贱避贵"原则

《史记》卷八一《廉颇蔺相如列传》有这样的故事:"(赵王)以相如功大,拜为上卿,位在廉颇之右。廉颇曰:'我为赵将,有攻城野战之大功,而蔺相如徒以口舌为劳,而位居我上,且相如素贱人,吾羞,不忍为之下。'宣言曰:'我见相如,必辱之。'相如闻,不肯与会。相如每朝时,常称病,不欲与廉颇争列。已而相如出,望见廉颇,相如引车避匿。于是舍人相与谏曰:'臣所以去亲戚而事君者,徒慕君之高义也。今君与廉颇同列,廉君宣恶言而君畏匿之,恐惧殊甚,且庸人尚羞之,况于将相乎!臣等不肖,请辞去。'蔺相如固止之,曰:'公之视廉将军孰与秦王?'曰:'不若也。'相如曰:'夫以秦王之威,而相如廷叱之,辱其群臣,相如虽驽,独畏廉将军哉?顾吾念之,强秦之所以不敢加兵于赵者,徒以吾两人在也。今两虎共斗,其势不俱生。吾所以为此者,以先国家之急而后私仇也。'廉颇闻之,肉袒负荆,因宾客至蔺相如门谢罪。"所谓"相如出,望见廉颇,相如引车避匿",表现"恐惧殊甚",其"畏匿"致使舍人亦"羞之",是违反常规的情形。通常的情况下,以其"位在廉颇之右"的地位,行途中相遇,应当廉颇"避"。

《三国志》卷五七《吴书·虞翻传》记载:"翻尝乘船行,与麋芳相逢,芳船上人多欲令翻自避,先驱曰:'避将军船!'翻厉声曰:'失忠与信,何以事君?倾人二城,而称将军,可乎?'芳阖户不应而遽避之。"也可知在交通行程中遭遇,有权势者可令对方"自避"。陆路如此,水路亦然。

陕西略阳灵岩寺有宋代石刻《仪制令》,被认为是最早的记录交通法规的文物遗存。石刻内容为:"贱避贵,少避长,轻避重,去避来。"其中所谓"贱避贵",强调卑贱者应当避让尊贵者,通过公共交通条件的使用权利的差别,鲜明地体现了古代交通管理的等级制度。

宋代曾经规定将"贱避贵,少避长,轻避重,去避来"的交通法规

---

① 《三国志》卷一九《魏书·陈思王植传》。

条文公布于交通要害之处，以便全面推行。《宋史》卷二七六《孔承恭传》记载："承恭少疎纵，及长能折节自励。尝上疏请令州县长吏询访耆老，求知民间疾苦，吏治得失。及举令文：'贱避贵，少避长，轻避重，去避来。'请诏京兆并诸州于要害处设木牌刻其字，违者论如律。上皆为行之。"据《续资治通鉴长编》卷二四的记录，孔承恭建议公布的"令文"，正是《仪制令》："承恭又言：《仪制令》有云'贱避贵，少避长，轻避重，去避来'，望令两京诸道各于要害处设木刻其字，违者论如律，庶可兴礼让而厚风俗。甲申诏行其言。"看来，《宋史》所谓"举令文"，未可理解为孔承恭始制《仪制令》。他建议的，只是在交通要害地方公布这一法令。

也有以为《仪制令》是孔承恭建议制定的说法。宋人江少虞撰《事实类苑》卷二一"牓刻仪制令四条"，其一据《杨文公谈苑》说："孔承恭为大理正。太平兴国中，上言《仪制令》云：'贱避贵，少避长，轻避重，去避来。'望令两京诸州于要害处刻牓以揭之，所以兴礼让而厚风俗。诏从之，令于通衢四刻牓记，今多有焉。"其二又据《玉壶清话》："孔承恭上言《仪制令》四条件，乞置木牌，立于邮堠。"又记录了宋太宗与孔承恭就《仪制令》内容的讨论："一日，太宗问承恭曰：'《令》文中贵贱、少长、轻重，各自相避并记，何必又云去避来？此义安在？'承恭曰：'此必恭戒于去来者，至相回避耳。'上曰：'不然。借使去来相避，止是憧憧，于通衢之人密如交蚁，焉能一一必相避哉？但恐设律者别有他意。'其精悉若是。"看来，事实当如《玉壶清话》所说，孔承恭并非"设律者"。

其实，唐代已经有明确的相关制度。《大唐开元礼》卷三《杂制》："凡行路巷街，贱避贵，少避老，轻避重，去避来。"《唐律疏议》卷二七《违令》："诸违令者笞五十。"原注："谓令有禁制而律无罪名者。"《疏》议曰："'令有禁制'，谓《仪制令》'行路，贱避贵，来避去'之类。此是'令有禁制，律无罪名'，违者，得笞五十。"刘俊文《唐律疏议笺解》写道："按此令已佚，《大唐开元礼》卷三《序例·杂制》载有类似之内容，疑即令文。文云：'凡行路巷街，贱避贵，少避老，轻避重，去避来。'"[①]《旧唐书》卷一六九《温造传》有唐文宗时任御史中丞的温造的相关实例：

---

① 刘俊文：《唐律疏议笺解》，中华书局1996年6月版，下册第1943—1944页。

（温）造性刚褊，人或激触，不顾贵势，以气凌藉。尝遇左补阙李虞于街，怒其不避，捕祗承人决脊十下，左拾遗舒元褒等上疏论之曰："国朝故事，供奉官街中，除宰相外，无所回避。温造蔑朝廷典礼，凌陛下侍臣，恣行胸臆，曾无畏忌。凡事有小而关分理者，不可失也。分理一失，乱由之生。遗、补官秩虽卑，陛下侍臣也。中丞虽高，法吏也。侍臣见凌，是不广敬；法吏坏法，何以持绳？前时中书舍人李虞仲与造相逢，造乃曳去引马。知制诰崔咸与造相逢，造又捉其从人。当时缘不上闻，所以暴犯益甚。臣闻元和、长庆中，中丞行李不过半坊，今乃远至两坊，谓之'笼街喝道'。但以崇高自大，不思僭拟之嫌。若不纠绳，实亏彝典。"勅曰："宪官之职，在指佞触邪，不在行李自大；侍臣之职，在献可替否，不在道路相高。并列通班，合知名分，如闻喧竞，亦已再三，既招人言，甚损朝体。其台官与供奉官同道，听先后而行，道途即祗揖而过，其参从人则各随本官之后，少相辟避，勿言冲突。又闻近日已来，应合导从官，事力多者，街衢之中，行李太过。自今后，传呼前后，不得过三百步。"

"街衢之中"官员"相逢""避"与"不避"导致的纠纷，竟然要皇帝出面亲自裁决。御史中丞温造是因与对方相遇于街"怒其不避"导致"暴犯"，虽然有维护交通秩序的名义，却被指责"法吏坏法"，又受到"行李自大"的非议。

在古代帝国的交通生活中，因为"道路相高"往往导致"喧竞""冲突"。秩序的维护，以"贱避贵"为原则。甘谷汉简所见"守街治滞"（10背面）字样①，或许与这种交通疏导形式有关。

以"贱避贵"的原则管理交通，最极端的情形，是最高权力者对交通道路在一定时间内有绝对的空间占有权。即卑贱者的"避"，是绝对的。最典型的是汉文帝出行有人犯跸案例。《史记》卷一〇二《张释之冯唐列传》："上行出中渭桥，有一人从桥下走出，乘舆马惊。于是使骑捕，属之廷尉。释之治问。曰：'县人来，闻跸，匿桥下。久之，以为行已过，即出，见乘舆车骑，即走耳。'廷尉奏当，一人犯跸，当罚

---

① 简文为："广陵令解登钜鹿歆守长张建广宗长□□福登令丞曹掾许敦门下吏肜石游徵龙进侯马徐沙福亭长樊涉等令宗室刘江刘瑜刘树刘举等著赤帻为伍长守街治滞谥〔弟十〕。"张学正：《甘谷汉简考释》，《汉简研究文集》，甘肃人民出版社1984年9月版，第90页。

金。文帝怒曰：'此人亲惊吾马，吾马赖柔和，令他马，固不败伤我乎？而廷尉乃当之罚金！'释之曰：'法者天子所与天下公共也。今法如此而更重之，是法不信于民也。且方其时，上使立诛之则已。今既下廷尉，廷尉，天下之平也，一倾而天下用法皆为轻重，民安所措其手足？唯陛下察之。'良久，上曰：'廷尉当是也。'"这是著名的司法追求"天下之平"的故事，而当时"跸"的制度的形式，后来有久远的历史影响。

三　交通建设的国家控制方式

曾经作为秦中央政权主要决策者之一的左丞相李斯被赵高拘执，在狱中上书自陈，历数功绩有七项，其中包括"治驰道，兴游观，以见主之得意"。① 可见当时全国交通网的规划和建设，是由丞相亲自主持的。

汉代帝王也同样将交通建设看作治国的重要条件，表现出最高执政集团对交通建设的特殊重视。主要交通干线的规划、施工和管理，往往由朝廷决策。汉武帝元光五年（前130）"发巴蜀治南夷道，又发卒万人治雁门阻险"，元封四年（前107）"通回中道"等事，都录入《汉书》帝纪。据《史记》卷二九《河渠书》，作褒斜道，通漕渠，也由汉武帝亲自决策动工。汉平帝元始五年（5），王莽"以皇后有子孙瑞，通子午道"②。《金石萃编》卷五《开通褒斜道石刻》记载："永平六年，汉中郡以诏书受广汉、蜀郡、巴郡徒二千六百九十人，开通褒余道。"汉顺帝于延光四年（125）"诏益州刺史罢子午道，通褒斜路"③。都说明重要道路的修筑工程往往由最高统治集团规划组织。汉宣帝时，黄霸任京兆尹，就曾经因为"发民治驰道不先以闻"被劾责，受到贬秩的处分。④

地方交通建设，如交通道路的修筑、管理和养护，则由地方行政长官负责。汉代石刻文字遗存中多有交通建设纪事的内容。如《隶释》和《隶续》所收录，即有：

---

① 《史记》卷八七《李斯列传》。
② 《汉书》卷九九上《王莽传上》。
③ 《后汉书》卷六《顺帝纪》。
④ 《汉书》卷八九《循吏传·黄霸》。

《隶释》卷四:《蜀郡太守何君阁道碑》《青衣尉赵君羊窦道碑》《嘉州夹江磨崖》①《司隶校尉杨君石门颂》《广汉长王君石路碑》《武都太守李翕西狭颂》《李翕黾池五瑞碑》《李翕析里桥郙阁颂》《桂阳太守周憬功勋铭》。

《隶释》卷一五:《广汉属国辛通达李仲曾造桥碑》。

《隶释》卷一六:《刘让阁道题字》。

《隶释》卷二〇:《洛阳桥右柱铭》。

《隶续》卷三:《建平郫县碑》。

《隶续》卷一一:《南安长王君平乡道碑》《武都太守李翕天井道碑》。

《隶续》卷一五:《成皋令任伯嗣碑》《汉安长陈君阁道碑》。

《隶续》卷一九:《张休崖涘铭》。

列于《隶释》第一篇的《蜀郡太守何君阁道碑》,附题"光武中元二年"。所录文字云:

蜀郡太守平陵何君遣掾临邛舒鲔将徒治道造尊楗阁袤五十五丈用功千一百九十八日建武中元二年六月就道史任云陈春主②

可知地方行政长官发起和组织道路修造,"遣掾""将徒治道"的通常形式。以上18例汉代石刻交通史料中,除《刘让阁道题字》与《张休崖涘铭》2例没有明确文字颂扬地方官员交通建设职务行为外,都显示工程的组织者是行政长官。

从青川木牍的内容看,交通道路建设设置田间道路的规划,竟然列入法律条文。睡虎地秦墓竹简《为吏之道》有"除陛甬道""千(阡)佰(陌)津桥""道傷(易)车利,精而勿(忽)致",显示秦已经推行行政官员以完善交通条件为职任的原则。

---

① 《隶释》卷四《青衣尉赵君羊窦道碑》注文写道:"嘉州夹江县又有磨崖四百余字,云:'平乡明亭大道,北与茂阳,西与青衣、越嶲通界,回曲危险。扶风王君为民兴利除害,遣掾何章修治,故书崖以颂之。'盖和帝八年也。"

② 王子今:《荥经何君阁道石刻再发现的意义》,《四川省における南方シルクロード(南伝仏教の道)の研究》(シルクロード学研究24)(シルクロード学研究センター—2005年3月版),收入《中国古代文明研究与学术史:李学勤教授伉俪七十寿庆纪念文集》,河北大学出版社2006年11月版。

四 交通管理的军事化特征

交通建设施工的管理，往往取军事化的形式。如《史记》卷一一七《司马相如列传》："唐蒙已略通夜郎，因通西南夷道，发巴、蜀、广汉卒，作者数万人。"汉武帝时，还曾经"发卒数万人穿漕渠，三岁而通"。① 则是调动军队从事运渠开凿的史例。

居延汉简可见"戍卒"兼任"车父"的情形：如"戍卒梁国睢阳第四车父宫南里马广"（303.6，303.1），"木中隧卒陈章车父"（E.P.T50：30），"第卅二卒王弘车父"（E.P.T57：60）等。简文又直接可见"车父卒"（484.67，E.P.T52：167）与"车父车卒"（83.5A）称谓。"车父"同时又身为"卒"，当大致与主要以转输为职任的《汉书》卷二四上《食货志上》所谓"漕卒"、《后汉书》卷一七《岑彭传》所谓"委输棹卒"身份相近。②

据《史记》卷二九《河渠书》，漕渠的开通，可以"损漕省卒"。也说明漕运的主体力量是士兵。

"邮卒"称谓，在史籍中出现相当晚，大约宋代以后才频繁见诸文献。③《新唐书》卷一七四《元稹传》："徙浙东观察使。明州岁贡蚶，役邮子万人，不胜其疲。稹奏罢之。"宋施宿等撰《会稽志》卷二则书"邮子"为"邮卒"："元稹长庆三年八月自同州防御使授，大和三年九月拜尚书左丞。按唐本传：自同州刺史徙观察使，明州岁贡蚶，役邮卒万人，不胜其疲。稹奏罢之。"④《会稽志》"邮卒"，使用的是宋时说法。然而

---

① 《史记》卷二九《河渠书》。
② 王子今：《居延汉简所见〈车父名籍〉》，《中国历史博物馆馆刊》1992 年总第 18、19 期；《关于居延"车父"简》，《简帛研究》第 2 辑（法律出版社 1996 年 9 月版）。
③ 如《宋史》卷三五三《张叔夜传》："加直学士，徙济南府。山东群盗猝至，叔夜力不敌，谓僚吏曰：'若束手以俟援兵，民无噍类，当以计缓之。使延三日，吾事济矣。'乃取旧赦贼文，俾邮卒传至郡，盗闻，果小懈。叔夜会饮谯门，示以闲暇，遣吏谕以恩旨。盗狐疑相持，至暮未决。叔夜发卒五千人，乘其惰去之。盗奔溃，追斩数千级。以功进龙图阁直学士、知青州。"另外，彭乘《墨客挥犀》卷五，洪迈《夷坚志》甲集三"刘承节马"，余靖《武溪集》卷二〇《墓志下·太常少卿李君墓志铭》，苏颂《苏魏公文集》卷六〇《墓志·太常少卿李君墓志铭》，彭龟年《止堂集》卷九《策问·策问十道》等。
④ 《资治通鉴》卷二四〇则记述："初国子祭酒孔戣为华州刺史，明州岁贡蚶蛤淡菜，水陆递夫劳费。戣奏疏罢之。"清人姜宸英《湛园札记》卷二："华州刺史孔戣奏罢明州贡海味淡菜蚶蛎，而《元稹传》复云：明州岁贡蚶，役邮子万人，稹奏罢之。岂戣奏后已停而复贡耶？抑独贡蚶之例未停耶？元事本白乐天《元志铭》。"

居延汉简可见"邮卒",如:

> 正月辛巳鸡后鸣九分不侵邮卒建受吞远邮
> ……
> 卒福壬午禺中当曲卒光付受降卒马印 (E. P. T51:6)

走马楼竹简出现"邮卒"身份的简例多至数十例。① 简牍资料中所见"驿卒""驿兵"称谓,也体现出交通通信体系的管理是军事化的。

长沙东牌楼东汉简又见所谓"津卒":

> 出钱·雇东津卒五人四月直 ☑ (130)

同一批简中有"津史"(78A)称谓与"捕盗史"(78A)、"金曹米史"(78B)并列,整理者注释:"'津史',史籍未见,应为郡、县列曹属吏之一,专掌修治津梁道路。"② "'津史',史籍未见"之说不确。《通典》卷四〇《职官二十二·秩品五·大唐官品》说到"诸仓关津史"。如果说"'津史',史籍未见",是指东汉"史籍未见",则应注意到东汉史籍出现过"津吏"。③ 东牌楼东汉简整理者关于"津史""专掌修治津梁道路"的意见,可能也是未必成立的。"津史"即"津吏",应是管理津渡的官员,或者说是管理关津的官员。从出土汉简资料看,津关往往连称。④ "津吏""津史"之职能似与关吏同,主要是检查,控制出入经过,

---

① 王子今:《走马楼简所见"邮卒"与"驿兵"》,《吴简研究》第1辑(崇文书局2004年7月版);赵宠亮:《吴简邮驿人员称谓补议》,《吴简研究》第2辑(崇文书局2006年9月版)。

② 长沙市文物考古研究所、中国文物研究所:《长沙东牌楼东汉简牍》,文物出版社2006年4月版,第106—107页。

③ 《后汉书》卷八二上《方术列传上·段翳》:"段翳字元章,广汉新都人也。习《易经》,明风角。时有就其学者,虽未至,必豫知其姓名。尝告守津吏曰:'某日当有诸生二人,荷担问翳舍处者,幸为告之。'后竟如其言。又有一生来学,积年,自谓略究要术,辞归乡里。翳为合膏药,并以简书封于筒中,告生曰:'有急发视之。'生到葭萌,与吏争度,津吏挝破从者头。生开筒得书,言到葭萌,与吏斗头破,以此膏裹之。生用其言,创者即愈。生叹服,乃还卒业。"

④ 如居延汉简:"县河津门亭"(7.33),"门亭鄣部河津金关毋苛止录复传敢言之"(36.3),"自致张掖逢过河津关如律令"(37.2),"一编县道河津金关毋苛止如律令敢言"(43.12A),"河津金关毋苛留"(97.9),"移过所县道河津关……"(170.3A),"所县河津关遣"(192.29),"移过所河津金关毋苛留止如律令"(218.2),"乘□□过所县河津"(218.78),"过所县河津请遣……"(303.12A),"谒移过所县邑门亭河津关毋苛留敢言之"(495.12,506.20A),敦煌汉简:"龙勒写大鸿胪挈令津关"(2027)。

而并非交通建设,至少不是"专掌修治津梁道路"。而"津卒"身份,也说明了"津"日常管理的军事化形式。《艺文类聚》卷四四引《琴操》说"朝鲜津卒霍子高"故事,说"子高晨刺船而濯",《太平御览》卷三九六引《乐府解》说"子高晨起刺船""乱流而渡"。似反映"津卒"致力于摆渡劳作的事实,则与"车父卒""车父车卒"情形相同。《文献通考》卷一三七《乐考十·丝之属·雅部》说:"竖箜篌,胡乐也。……高丽等国有竖箜篌、卧箜篌之乐。其《引》则朝鲜津卒樗里子高所作也。汉灵帝好此乐,后世教坊亦用焉。"①"朝鲜津卒霍子高"故事的发生,应当在"汉灵帝"时代之前。

交通运输管理军事化的情形,有利于保证交通效率和交通安全。但是交通实践者的人身自由和交通活动的内容,都会受到限定。

秦汉时期交通条件首先服务于政治和军事,一般平民只能在有限的条件下利用交通设施,他们对交通事业的参与,往往只能以"卒"的身份实现。《后汉书》卷四《和帝纪》:"旧南海献龙眼、荔支,十里一置,五里一候,奔腾阻险,死者继路。时临武长汝南唐羌,县接南海,乃上书陈状。帝下诏曰:'远国珍羞,本以荐奉宗庙。苟有伤害,岂爱民之本。其勑太官勿复受献。'由是遂省焉。"李贤注引《谢承书》:"唐羌字伯游,辟公府,补临武长。县接交州,旧献龙眼、荔支及生鲜,献之,驿马昼夜传送之,至有遭虎狼毒害,顿仆死亡不绝。道经临武,羌乃上书谏曰:'臣闻上不以滋味为德,下不以贡膳为功,故天子食太牢为尊,不以果实为珍。伏见交阯七郡献生龙眼等,鸟惊风发。南州土地,恶虫猛兽不绝于路,至于触犯死亡之害。死者不可复生,来者犹可救也。此二物升殿,未必延年益寿。'帝从之。"对于汉代远路岁贡荔枝,《三辅黄图》卷三《扶荔宫》也有"邮传者疲毙于道,极为生民之患"的记述。传世汉"婴(樱)桃转舍"瓦当,也应当与此类运输活动有关。为了完成服务于皇家消费生活需要的这种特殊的运输任务,许多身份为"卒"的"邮传者"甚至"顿仆死亡不绝"。

民间商业活动发展的交通条件,因交通管理体制的特征受到一定程度的限制。"关"的设置,是交通管理军事化的典型例证。史籍所见汉代征收关税的最早的明确记载,是《汉书》卷六《武帝纪》所谓太初四年(前101)冬"徙弘农都尉治武关,税出入者以给关吏卒食"。以军事长

---

① 原注:"樗里子高晨刺船,有一白首狂夫,披髪提壶,乱流而渡。其妻止之不能,及竟溺死。于是凄伤,援琴作歌而哀之,以象其声,故曰《箜篌引》。"

官治关以及"关卒"身份,都说明了"关"的管理的特征。《史记》卷一二一《酷吏列传》说,汉武帝时,酷吏宁成任为关都尉,一时出入关者号曰:"宁见乳虎,无值宁成之怒!"可见关吏稽查之谨严及税收之苛重。司马迁记述,"宁成家居,上欲以为郡守。御史大夫弘曰:'臣居山东为小吏时,宁成为济南都尉,其治如狼牧羊。成不可使治民。'上乃拜成为关都尉"。《汉书》卷九〇《酷吏传·义纵》:"岁余,关吏税肆郡国出入关者,号曰:'宁见乳虎,无直宁成之怒。'其暴如此。"据《汉书》卷一九下《百官公卿表下》,公孙弘任御史大夫为元朔三年至五年(前126至前124),如果"税肆"之说成立,则非正式的关税征收,其初始又早于太初四年"税出入者"。政府通过关税制度强行分享商运与私营运输业经济收益的具体情形,可由税率得到反映。从成书于西汉晚期至东汉初期的数学名著《九章算术》中提供的史料看,当时关税税率大约较高,有时或可至于"二而税一",在一条运输线上往往关梁重设,税率因关梁所在和货物性质有所不同。①

关税税率不一,可能与中央政府对于各个地区实际控制程度不同,因而经济政策也有所区别有关②。关的意义首先在于军事政治方面的隔闭,"闭关绝约"③以及"开关通币"④,往往首先出于军事政治需要。在秦汉大一统政体下,关仍有防制地方割据势力的作用,如《汉书》卷九四下《匈奴传下》所谓"自中国尚建关梁以制诸侯,所以绝臣下之觊欲也"。然而关税征收至于"二而税一",似毕竟过高,估计是特定时期特定地区

---

① 《九章算术·衰分》中有算题:"今有甲持钱五百六十,乙持钱三百五十,丙持钱一百八十,凡三人俱出关,关税百钱。欲以钱数多少衰出之,问各几何。"答案为甲51钱,乙32钱,丙16钱,关税为出关"持钱"的9.17%。又如《九章算术·均输》中算题:"今有人持金十二斤出关。关税之,十分而取一。今关取金二斤,偿钱五千。问金一斤值钱几何。"关税率"十分而取一",与前题相近。然而有些算题所反映的关税率之高则达到惊人的程度。如:"今有人持米出三关,外关三而取一,中关五而取一,内关七而取一,余米五斗。问本持米几何。答曰:十斗九升八分升之三。"持米近11斗,出三关后仅"余米五斗"。又如:"今有人持金出五关,前关二而税一,次关三而税一,次关四而税一,次关五而税一,次关六而税一。并五关所税,适重一斤。问本持金几何。答曰:一斤三两四铢五分铢之四。"出五关后,所缴纳税金竟然超过"本持金"的83.3%。

② 李剑农曾论述两汉"特殊地区之特殊赋税",举引《汉书》卷二四下《食货志下》:"汉连出兵三岁,诛羌,灭两粤,番禺以西至蜀南者置初郡十七,且以其故俗治,无赋税。"又指出,"其他有自秦以来征服之蛮族在今川、鄂、湘、黔边隅者,至后汉时期,犹未能与中原各郡输同等之租赋者。"见《先秦两汉经济史稿》,中华书局1962年8月版,第257页。

③ 《史记》卷七〇《张仪列传》。

④ 《史记》卷七六《平原君虞卿列传》。

的特定制度。战国时期虽然有所谓"苛关市之征"①"重关市之赋"② 的政策，然而我们对于当时的关税征收率尚缺乏具体、确切的认识。《三国志》卷二《魏书·文帝纪》载《庚戌令》："轻关津之税，皆复什一。"大约东汉晚期"关津之税"的税率是远远超过"什一"的。汉代对某些物资曾实行关禁或特殊关税政策。③《列女传》引《汉法》曰："内珠入关者死。"《战国策·秦策五》记载，吕不韦决计进行政治投资，助异人归秦时，与其父曾有"珠玉之赢几倍？曰：'百倍'"的讨论。设想关禁若开，必当征收高额关税。④

《吕氏春秋·仲夏纪》和《淮南子·时则》都有"关市无索"的话。高诱注都分别写道："关，要塞也。""关"首先是抵抗外敌的"界上之门"⑤，是"察出御入"⑥的防备设施。《管子·问》："关者，诸侯之陬隧也。而外财之门户也。万人之道行也。"其首要作用，是所谓"诸侯之陬隧"，而"外财之门户""万人之道行"的经济意义和社会意义，则似乎次要一些。

总体看来，在中国帝制时代，交通规划、交通建设和交通管理都体现出比较成熟的水准，然而经济民生能够予以利用的可能性是相对有限的。

---

① 《荀子·富国》。
② 《商君书·垦令》。
③ 如《史记》卷卷一一三《南越列传》，"高后时，有司请禁南越关市铁器。(尉) 佗曰：'高帝立我，通使物，今高后听谗臣，别异蛮夷，隔绝器物'"。
④ 实际上珠长期是边关贸易主要转运物资之一。《汉书》卷二八下《地理志下》说，粤地"处近海，多犀、象、毒冒、珠玑、银、铜、果、布之凑，中国往商贾者多取富焉"，南洋航路开通，也与"应募者俱入海市明珠"有关。
⑤ 《左传·襄公十四年》"从近关出"，孔颖达疏。《大戴礼记·主言》"昔者明主关讥而不征"，王聘珍解诂。
⑥ 《春秋繁露·五行顺逆》"饬关梁"凌曙注引《月令章句》："关，在境，所以察出御入也。"

古武关道栈道遗迹调查[*]

古武关道即由关中中部出武关东南向，经南阳至于南郡，使关中平原与江汉平原得以沟通，又通过水陆交错的形式"南极吴、楚"[①]，与长江中下游衡山、会稽地区相联系的交通干线。商鞅封地在这条古道上。[②] 史念海说，此即"秦始皇二十八年北归及三十七年南游之途也"[③]。秦始皇二十八年（前219）之行，得到睡虎地秦简《编年记》"【廿八年】，今过安陆"（三五贰）的证实。[④] 其实，在实现统一之前，秦王政二十三年（前224），"秦王游至郢陈"[⑤]，很可能也经由此道。也就是说，这条道路秦始皇或许曾三次经行。秦末，刘邦由这条道路先项羽入关。周亚夫平定吴楚七国之乱，即由此道行洛阳。这条大道汉时又曾经称为"武关道"。[⑥]由《史记》卷一二九《货殖列传》"南阳西通武关"可知，因南阳地方"成为当时联络南北地区的最大商业城市和经济重心"，这条道路"交通盛况"空前。[⑦]

1984年4月和10月，我们在对战国秦汉时代关中通向东南方向的武关道进行实地调查时，在蓝田县和商县境内秦岭山地发现栈道遗迹。

---

[*] 调查收获发表形式：西北大学历史系王子今、陕西省考古研究所焦南峰：《古武关道栈道遗迹调查简报》，《考古与文物》1986年第2期。刘林绘图。

① 《汉书》卷五一《贾山传》。

② 王子今、焦南峰、周苏平：《陕西丹凤商邑遗址》，《考古》1989年第7期。

③ 史念海：《秦汉时代国内之交通路线》，《文史杂志》第3卷第1、2期，收入《河山集》四集，陕西师范大学出版社1991年12月版。

④ 睡虎地秦墓竹简整理小组：《睡虎地秦墓竹简》，文物出版社1990年9月版，释文第7页。

⑤ 《史记》卷六《秦始皇本纪》。

⑥ 《后汉书》卷六六《王允传》：“将兵出武关道，以讨袁术为名，实欲分路征卓。”武关道先秦时期就是秦楚交往的主要通道。王开主编《陕西古代道路交通史》中，也有关于武关道的考论，人民交通出版社1989年8月版。

⑦ 王文楚：《历史时期南阳盆地与中原地区间的交通发展》，《古代交通地理丛考》，中华书局1996年7月版，第4—5页。

一　蓝桥河栈道遗迹

由蓝田水陆庵向蓝桥方向，经曲折深峻的峡谷，在清水河口至甘塘一带蓝桥河西岸南北3500米长的崖壁上，发现古代栈道遗迹10处。

Ⅰ段　发现底孔2个，距1984年10月1日水面1.13米。一为圆形，直径30.2厘米；一为箕形，口宽26、底宽20、深18厘米。底孔上方岩石上还发现一处人工凿成的槽痕，似为安置横梁处。

Ⅱ段　发现底孔2个，高度不一，底孔上方可见道路遗迹，修凿底孔的目的大约在于拓宽路面。

Ⅲ段　蓝桥河北向而流，在此向东北偏折。遗迹分布地段长达81米。两端之间，河水落差3.5米，在叠峙的巨石间穿过，冲积成面积约为200平方米的深潭（图八三）。

图八三　武关道蓝桥河段栈道遗存之一

栈道遗迹并不随水势急落呈陡下，推想路面坡度得到有意识的控制。在遗迹分布地段的南端，栈道底孔有一部分没入水中。北端的栈道壁孔连线竟在积潭1984年4月水面7米以上。整个地段分布底孔113个。壁孔往往在高峻的石崖上，不能一一准确察勘，已发现的有29个。

这处栈道遗迹的突出特点是底孔高度密集，与一个壁孔相对，或可凿有十数个底孔。底孔多为圆孔，直径不一，多为15—30厘米，应体现所插立木柱的材料规格不同。个别的底孔也有方形的。壁孔多为长方形。亦有少量圆形壁孔（图八四）。

图八四　武关道蓝桥河段栈道遗存之二

石孔的形制并不一致，似可说明栈道开通之后，曾历经多次维修。

值得注意的现象之一，是底孔并不绝对作直线排列。从壁孔到最下层的底孔，有的地方纵列7个底孔，并依山势由上而下从一排而增加到两排。这是与栈道远山一侧更需加强支持力度的要求相适应的。最下层的底孔有一种特殊的排列形式，即两两并列，应该是为了使这最长而又承重最大的立柱直立不偏，在路面交行重车时亦不致折毁。

从遗迹分布的形式分析，当时栈道的宽度，可达5米左右。

Ⅳ段　在Ⅲ段南侧，又有一处栈道遗迹。共有壁孔4个，底孔6个。从地形分析，底孔当大多淹埋在河床淤积的砂石之下。

这一处栈道遗迹的特点是在壁孔上方，即当时路面之上约3米处凿有12道纵向的石槽。南边7道纵向石槽下又有两道利用天然石缝加工而成的横向石槽。这些遗迹推想并非当时石工随意之作，很可能是为了避免栈道侧面突出的石壁上流下的雨水和泉水直接滴注、冲刷路面，以致栈道朽坏。

这些石槽虽凿工粗劣，并无一定规格，但由此仍能体会到当时工匠为保证自己用血汗开创的交通道路长期畅通，千方百计防止自然损害的良苦用心。

Ⅴ段　发现壁孔7个，底孔33个，形似Ⅲ段。由于石壁坡面基本一致，因而石孔分布比较整齐。由上而下，第5层底孔多在水下。

Ⅵ段　有壁孔3个，底孔27个，形式亦与Ⅲ段相类。

Ⅶ段　发现壁孔5个，底孔20个，分布比较整齐。

Ⅷ段　在河边凸起的巨石上，发现底孔3个。

Ⅸ段　石岸上可见底孔5个，壁孔1个。

Ⅹ段　蓝桥河西岸有小回湾，栈道在此亦形成折角，下有深潭。山石苔色斑驳。比较清楚晰的栈道石孔发现14个，多为方孔。其中壁孔6个。

溯蓝桥河而上，发现的这10处栈道遗迹，计有壁孔55个，底孔226个。

二　流峪河栈道遗迹

沿黑龙口—张家坪—马楼—蓝田公路翻越秦岭，从张家坪以东的魏家沟口起，就断续可见流峪河岸与公路隔河相对的明显的栈道遗迹。在李家槽口经上石家、大岔口、栗树坪至柿园子之间8.5公里的区段内，栈道遗迹尤为密集。有的地段还可看到残留的嵌入壁孔的石梁。

Ⅰ段　在魏家沟口北侧约20米处的流峪河西岸，发现栈道底孔1个。孔为不规则四边形，各边长分别为14、15、16、17.3厘米。近河一侧深4.5厘米，另一侧深8厘米。

Ⅱ段　公路过桥转行流峪河西岸后，栈道与公路隔河相对，遗迹分明。因此可推断在公路桥以南河东岸的栈道遗迹由于公路修筑工程已全然无存。距桥35米处发现方形壁孔1个。

Ⅲ段　距Ⅱ段14米处又发现栈道遗迹。遗迹分布地段长17米。可见石上凿出长5.6、宽0.4米路面。又有底孔17个。

Ⅳ段　距Ⅲ段北端13米处，发现栈道底孔11个。

Ⅴ段　在大岔沟口发现石壁上有凿平宽度为0.3—0.5米的道路遗迹，当为栈道近山一侧。其近河一侧下部石壁发现双层壁孔。上层为长方形，长约20、宽约10厘米，内中嵌入的石梁已齐崖壁折断。下层壁孔为约10×10厘米的正方形。由于崖壁高峭，难以攀登，未能测度确切数字。

Ⅵ段 距Ⅴ段北端约 8 米处；流峪河曲折迥流。在河东岸石壁上发现壁孔 19 个，底孔 33 个。南端壁孔作双层，又有圆形、方形交错，推想可能非一时凿成。在遗迹凑端，亦可见宽为 0.4—0.5 米的石道。

Ⅶ段 发现壁孔 14 个。虽河水急剧跌落，栈道路面似仍比较平缓的坡度。

流峪河栈道遗迹在此向北的地段不再出现同时凿有壁孔、底孔的形式，多在山崖上开凿宽度不大的路面，在险要处又凿有壁孔，嵌入斜向撑起的石梁，上面再加垒石条石块以加宽路面。栗树坪一带，多见栈道路面下方残留的石梁。在柿园子地段，还将突出的山石由外侧向内切凿，在凹入处通过道路。

在Ⅰ段和Ⅱ段之间，现代修建跨越流峪河的新旧两座公路桥北侧，在河中巨石上有椭圆形石穴，长半轴 45、短半轴 30 厘米，最深处 18 厘米，可能是与古桥梁有关的遗迹。在岸边石板坡道上还发现石工刻凿的线槽，4 米长的距离内并列 43 道，长度均在 68 厘米左右，间距 4—12 厘米不等，用意显然是在路面湿滑的情况下为行路者创造安全条件。

这段路面上接 4 级石阶，第一级宽 135、高 12 厘米；第二级宽 105、高 7 厘米；第三级宽 105、高 6 厘米；第四级宽 102、高 12 厘米。

三　黑龙口栈道遗迹

在由黑龙口向秦岭方向公路的左侧，发现栈道壁孔 8 个，距 1984 年 4 月水面 1.3—1.6 米。分两段。

Ⅰ段 4 个。长方形，长约 30、宽约 20 厘米，间距约 150 厘米。在壁孔上方 30—40 厘米处有凿刻的横槽，可能用以装置木质或石质栈板。

Ⅱ段 4 个。在Ⅰ段的南侧，近正方形，边长 21—35 厘米，间距约 150 厘米。

由以上两段相毗接的栈道壁孔形制不同，可以推想当时由各位工匠划分区段分别修筑的情形。

四　武关道栈道遗迹的特点

冯汉镛《栈道考》一文在总述各地栈道后说道："又闻商雒附近，也有栈道遗迹，但未经目睹，且不见于记载，是否真为栈道遗迹，不敢断言。特记录于此，以备他日的考察。"① 现在武关道秦岭地段栈道遗迹的发现，可以补充我们对各地不同类型古代栈道的认识。

武关道栈道确实"不见于记载"，除了未在秦汉时代进行大规模施工而外，又有道路条件方向的原因。在翻越秦岭的诸条古道路中，武关道的形势比较缓易，栈道路段不如川陕各条道路连续集中，工程量也比较小。然而，这正表现出古武关道的开拓者在勘测选线方面表现出的优异能力。蓝桥河栈道坡度尤为平缓，路面可宽达5米，在车辆尚不具备制动装置的战国秦汉时代，帝王乘舆和大型运输车队可以顺利通过。

蓝桥河栈道年代应较早，其形制与褒斜道石门附近的栈道遗迹相近。② 如《水经注·沔水》所谓"其阁梁一头入山腹，其一头立柱于水中"。

流峪河与黑龙口栈道遗迹建造和使用年代未能确定，有的地段仅置横梁，并无立柱，如《水经往·沔水》所谓"千梁无柱"。有的地段与褒斜道太白县红岩里和留坝县磨乔湾栈道遗迹的特点相近，在崖壁上立斜柱以支撑横梁。③ 从现存遗迹看，虽已使用石材，但道路宽度有限，一般为2—3米，似是主要供以牲畜驮负的运输队通行的路线。

三门峡人门古栈道Ⅵ段发现东汉和平元年（150）题刻，是为有明确纪年的汉代栈道遗迹。但该处栈道的开凿目的主要为了纤夫行走，以人力牵挽船只逆水通过，因而栈道形式与完全用于陆运者有所不同。通过现在可以进行的对比，由于古武关道栈道遗迹的形制与褒斜道栈道类同，因而讨论其开凿和通行的年代，很可能可以参考有关褒斜道栈道的认识。

---

① 冯汉镛：《栈道考》，《人文杂志》1957年第3期。
② 韩伟、王世和：《褒斜道石门附近栈道遗迹及题刻的调查》，《文物》1964年第11期。
③ 秦中行、李自智、赵化成：《褒斜栈道调查记》，《考古与文物》1980年第4期。

陕西丹凤商邑遗址调查[*]

商邑遗址位于陕西丹凤县城以西约 3 公里的古城村。遗址西临老君河，南濒丹江，遗址为丹江川道东西交通要冲。商洛地区以及丹凤县的文物工作者曾对这一遗址进行过调查[①]，丹凤县文化馆收藏有遗址历年发现的文物。1984 年 4 月和 12 月，西北大学历史系和陕西省考古研究所两次赴商邑遗址进行调查，取得若干收获。

一　商邑遗址交通形势

遗址南北长约 1500 米，东西宽约 1100 米。西安至南阳公路东西穿越遗址，将遗址划分为南北两部分。据当地村民见告，过去地面上尚有古城城墙残存，后因农田基建破坏。遗址西南部可见夯土遗迹，应是城墙墙基的遗存（图八五）。

遗址南部现在大部被古城村民居所覆盖。民家墙边屋后多堆积古瓦和陶器残片，曾出土完整的朱雀图案空心砖。遗址北部曾多次出土青铜兵器。田头渠畔及路边崖上，存留残砖、碎瓦、夯土、墓穴等遗址现象。

以调查资料分析，遗址部偏北的建筑区，可能为官署所在，南部为一般民居，北部曾分布带有军事意义的建筑，此外还有一些墓葬。

遗址位于丹江川道重要地段。这里曾经是楚文化早期发育的地方。丹江又成就了由秦岭南下通往南阳地方的交通走廊。春秋战国时期，秦楚之间的外交往来和军事竞争，多通过这一通道进行。丹江由西而东流向于此。在遗址西侧，老君河从北向南汇入。东面即丹凤县城，也就是旧称

---

[*] 调查收获发表形式：王子今、周苏平、焦南峰：《陕西丹凤商邑遗址》，《考古》1989 年第 7 期。刘林绘图，焦南峰摄影。

[①] 商洛地区考古调查组：《丹江上游考古调查简报》，《考古与文物》1981 年第 3 期。

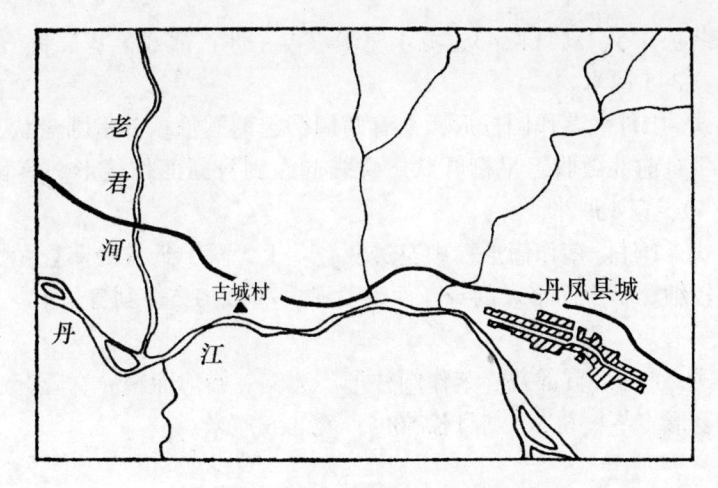

图八五　商邑遗址位置示意图

"龙驹寨"的丹江水运码头。①

二　商邑遗址出土文物

出土遗物主要有铜器、陶器、陶质建筑材料等。

1. 铜器

剑　6件。为丹凤县文化馆历年所征集。分为4式（图八六）。

Ⅰ式　3件。茎作圆柱形，上有两周凸起的圆箍。首呈圆盘状，腊宽而厚。剑身隆起，断面呈菱形。一件茎长10.5、剑身长48、宽4厘米。

---

① 《徐霞客游记》卷一下《游太华山日记》记述自老君谷入丹江川道，自水路南下入汉江的情形："初六日……投宿于峪口。初七日，行五里，出峪。大溪自西注于东，循之行十里，龙驹寨。寨东去武关九十里。西向商州，即陕省间道，马骡商货，不让潼关道中。溪下板船，可胜五石舟。水自商州西至此，经武关之南，历胡村，至小江口入汉者也。遂趋觅舟。甫定，雨大注，终日不止，舟不行。初八日，舟子以贩盐故，久乃行。雨后，怒溪如奔马，两山夹之，曲折漰洞，轰雷入地之险，与建溪无异。已而雨复至。午抵影石滩，雨大作。遂泊于小影石滩。初九日，行四十里，过龙关。五十里，北一溪来注，则武关之流也。其地北去武关四十里。盖商州南境矣。时浮云已尽，丽日乘空，山岚重叠竞秀，怒流送舟。两岸浓桃艳李，泛光欲舞。出坐船头，不觉欲仙也。又八十里，日才下午，榜人以所带盐化迁柴竹，屡止不进。夜宿于山涯之下。初十日，五十里，下莲滩，大浪扑入舟中，倾囊倒箧，无不沾濡。二十里，过百姓滩。有峰突立溪右，崖为水所摧，岌岌欲堕。出蜀西楼，山峡少开，已入南阳淅川境，为秦、豫界。三十里，过胡村，四十里，抵石庙湾。登涯投店。东南去均州，上太和，盖一百三十里云。"朱惠荣校注：《徐霞客游记校注》，云南人民出版社1985年6月版，第63—64页。

另一件茎长9.5、剑身长43、宽4厘米。再一件首部残，茎长9、剑身长35.5、宽3.5厘米。

Ⅱ式　1件。茎作圆柱形，上有两周凸起的圆箍。首呈圆盘状，腊薄而窄，剑身前部微收，呈柳叶状。脊隆起，剑身断面作菱形。茎长9.5、剑身长40、宽4厘米。

Ⅲ式　1件。茎作筒形，中空透底，茎上无箍，近首处茎径稍大，近腊处茎较细。腊薄而窄。剑身断面呈菱形。茎长10.5、剑身长43、宽4.2厘米。

Ⅳ式　1件。首部残。茎作圆柱形，无箍。腊薄而窄。脊隆起，剑身断面呈菱形。茎长6.5、剑身长50.5、宽4.5厘米。

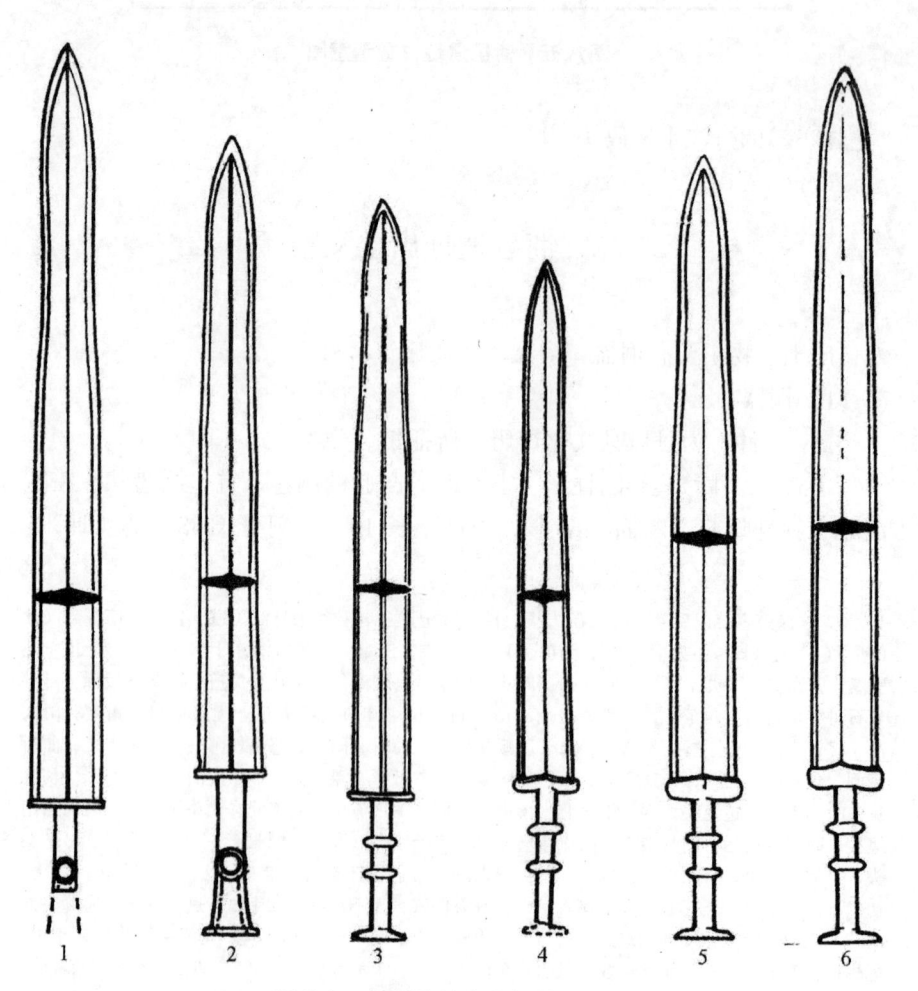

图八六　商邑遗址出土铜剑（1/5）

镞 12件。形制相近，镞首呈三棱锥形，长3.7—3.9厘米。铤有的残缺，长4.2—14.1厘米。

带钩 1件。钩首部分断缺。长4.1厘米（图八七）。

2. 陶器

陶器均为地面采集的残件。除陶鬲为夹砂灰褐陶外，余均为泥质灰陶。原器形主要有豆（图八八：1—3、5—8）、罐（图八八：4、12、14—16）、鬲（图八八：9、10）、盘（图八八：11、13）。在一陶豆底有"王"字戳印陶文（图八八：8）。

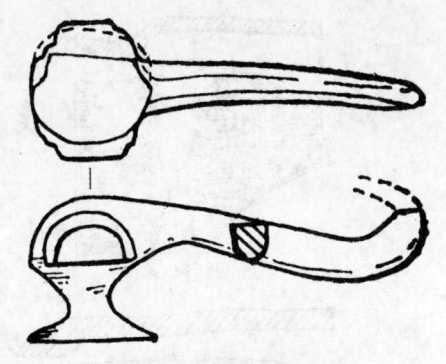

图八七 商邑遗址出土铜带钩（原大）

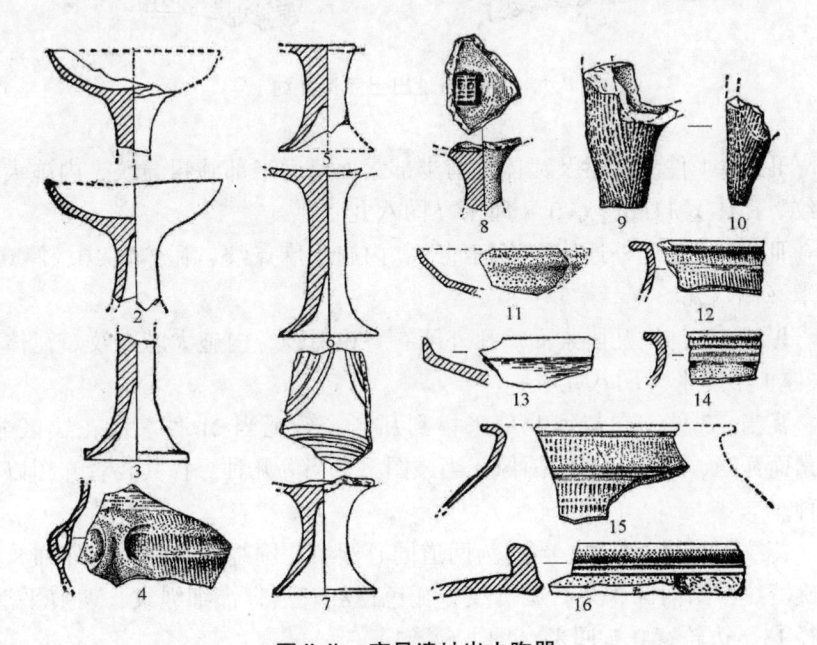

图八八 商邑遗址出土陶器

3. 陶质建筑材料

筒瓦 11件。多为泥质夹砂灰陶，根据瓦纹及形制分为4式。

Ⅰ式 5件。外表素面，内壁施小麻点纹。瓦体宽12、厚1厘米（图八九：1）。

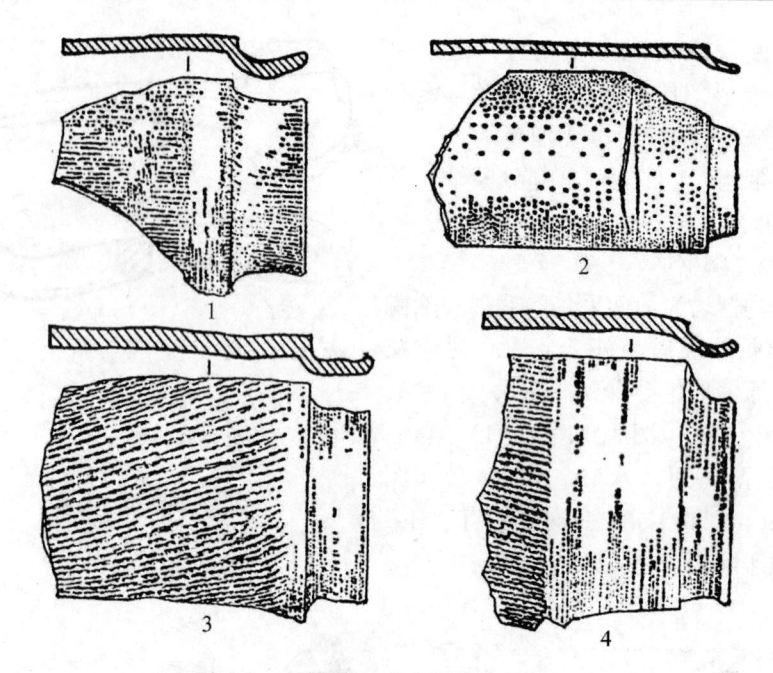

图八九　商邑遗址出土筒瓦（约1/4）

Ⅱ式　1件。瓦唇及瓦体外前半部素面，后半部施粗绳纹。内施大麻点纹。瓦体宽11.6、厚0.8厘米（图八九:2）。

Ⅲ式　1件。外通体施直细绳纹，内施小麻点纹。瓦体宽10、厚0.7厘米（图八九:3）。

Ⅳ式　4件。瓦唇素面。瓦外施右斜粗绳纹，内施大麻点纹。瓦体宽9、厚1.1厘米（图八九:4）。

瓦当　7件。在遗址北部采集到瓦当及残瓦当21件。依花纹区分，有素面瓦当、文字瓦当、图像瓦当、图案瓦当等几种。择其要者介绍以下五种。

葵纹圆瓦当　1件。当心为两道同心圆纹，围绕同心圆，圈外饰8朵左旋葵纹，圈内饰3朵右旋葵纹，瓦色橙红。当脊饰细绳纹，切痕平滑。面径13、边轮宽0.7厘米（图九〇:1）。

变形云纹圆瓦当　1件。当心为一乳丁，外有两道同心圆纹，7朵双线右旋卷云纹，瓦色青灰，切痕平滑。面径13、边轮宽1厘米。

云纹圆瓦当　1件。当心为十字形花蕊纹。双线界格将当面分划为4个扇形，每一扇形内分饰一对单线卷云纹。瓦色青灰。当脊饰细绳纹。面径13.8、边轮宽1厘米（图九〇:2）。

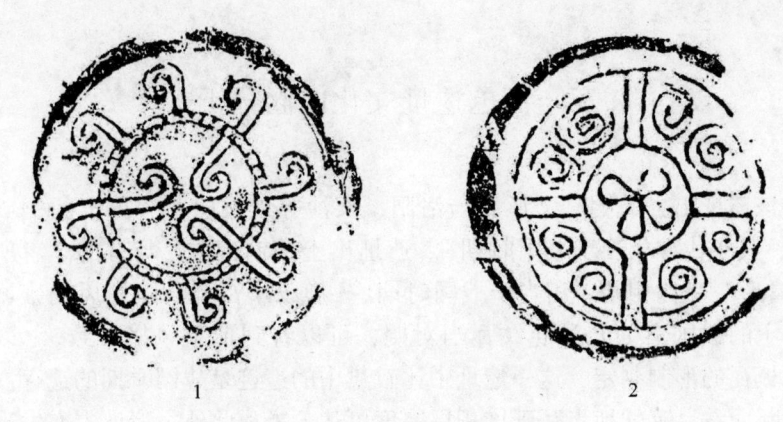

图九〇　商邑遗址出土瓦当（1/3）

鹿纹半瓦当　1件。当面为奔鹿画像，形态生动，右上角饰云纹一朵。瓦色青中泛橙，半瓦切痕平滑。面径13、边轮宽0.7厘米（图九一）。

"商"字瓦当　1件。已残（图九二）。

此外，尚有各式残瓦当。

花纹铺地砖　1件。已残。泥质陶，背面光滑，正面有"回"字形花纹。厚4厘米。

花纹空心砖　1件。已残。泥质灰陶，正面有几何形花纹。厚3.2厘米。

板瓦　8件。夹砂灰陶，厚约1.1厘米。外面多施绳纹，内面饰方格纹、菱形方格纹或大麻点纹。

图九一　商邑遗址出土鹿纹半瓦当（1/2）　　图九二　商邑遗址出土"商"字瓦当

三　商邑遗址文化内涵分析

　　该遗址出土的铜剑，形制与洛阳、长沙等地战国墓葬出土的铜剑相近[①]，其年代亦相当于战国时期[②]。遗址出土的铜带钩，与有的学者所称"水禽形"带钩相同，相当于战国时期。[③] 鹿纹半瓦当与陕西凤翔雍城遗址出土的战国秦的几种鹿纹瓦当对照，可以看到造型风格一致。[④] 以筒瓦、板瓦的形制判定，这一遗址中比较集中的遗迹是战国时期的遗存。从地层断面看，有的地点瓦砾堆积层厚度可达1米。此外，遗址内亦发现汉代建筑和墓葬的遗存。

　　丹凤古城岭遗址发现之后，有的学者曾推测，此即商鞅封地商邑。[⑤] 经过1984年的调查，大量遗迹遗物特别是"商"字瓦文的发现，可以判定，这里确实是战国时期的名城商邑的遗址。[⑥] 相信通过今后进一步的调查和发掘，一定可以获得更丰富的资料，从而增进对这一地区古代文化面貌的认识，对推进战国史以至秦汉史的研究，也会有积极的意义。

　　[①] 中国科学院考古研究所：《洛阳中州路（西工段）》，科学出版社1959年1月版；中国科学院考古研究所：《长沙发掘报告》，科学出版社1957年1月版。
　　[②] 林寿晋：《东周式铜剑初论》，《考古学报》1962年第2期。
　　[③] 王仁湘：《带钩概论》，《考古学报》1985年第3期。
　　[④] 焦南峰、马振智、刘莉：《1982年凤翔雍城秦汉遗址调查简报》，《考古与文物》1984年第2期；陕西省考古研究所秦汉研究室：《新编秦汉瓦当图录》，三秦出版社1986年12月版。
　　[⑤] 吴镇烽编著：《陕西地理沿革》，陕西人民出版社1981年11月版。
　　[⑥] 李学勤：《东周与秦代文明》认为，此次调查可以"说明当地就是商鞅所封商邑"，并指出"这是一个有历史价值的发现"。上海人民出版社2007年11月版，第308页。

子午道秦岭北段栈道遗迹调查*

子午道是古代长安地区穿越秦岭、交通陕南的重要通道。1985年2月,我们对这条古道路秦岭北段栈道遗迹进行了初步调查。调查收获在一定意义上丰富了对战国秦汉交通史的认识。

一 子午道的历史作用

《史记》卷八《高祖本纪》记载,刘项灭秦后,项羽控制关中,以军事强势分封十八诸侯,确定了新的政治格局。刘邦被封为汉王。"汉王之国,项王使卒三万人从,楚与诸侯之慕从者数万人,从杜南入蚀中。"程大昌《雍录》:"此之蚀中,若非骆谷,即是子午谷。"东汉《杨君孟文石门颂》:"高祖受命,兴于汉中,道由子午,出散入秦,建定帝位,以汉诋焉。后以子午,途路涩难,更随围谷,复通堂光。"② 许多著作,包括胡三省《〈资治通鉴〉注》、顾祖禹《读史方舆纪要》、泷川资言《史记会注考证》等多据此以为"蚀中"或即子午谷。此后又多有学者辩驳,然而尚难得出确切的定论。《三国志》卷四〇《蜀书·魏延传》记述魏延向诸葛亮建议"欲请兵万人,与亮异道会于潼关,如韩信故事"。裴松之注引《魏略》说,其具体路线是"直从褒中出,循秦岭而东,当子午而北",直抵长安。③ 由所谓"韩信故事"可知,"道由子午,出散入秦"

---

* 调查收获发表形式:王子今、周苏平:《子午道秦岭北段栈道遗迹调查简报》,《文博》1987年第4期。刘林绘图。

② 《隶释》卷二二。

③ 《三国志》卷四〇《蜀书·魏延传》裴松之注引《魏略》曰:"夏侯楙为安西将军,镇长安,亮于南郑与群下计议,延曰:'闻夏侯楙少,主婿也,怯而无谋。今假延精兵五千,负粮五千,直从褒中出,循秦岭而东,当子午而北,不过十日可到长安。楙闻延奄至,必乘船逃走。长安中惟有御史、京兆太守耳,横门邸阁与散民之谷足周食也。比东方相合聚,尚二十许日,而公从斜谷来,必足以达。如此,则一举而咸阳以西可定矣。'亮以为此县危,不如安从坦道,可以平取陇右,十全必克而无虞,故不用延计。"

或许是刘邦分军而出，北定三秦的路线。

看来，子午道在秦汉之际已经通行大致是没有疑义的。《汉书》卷九九上《王莽传上》记载元始五年（5）事：

> 其秋，莽以皇后有子孙瑞，通子午道。子午道从杜陵直绝南山，径汉中。

这应该是关于子午道最早的明确的文字记载。东汉末年，关中流民多由子午道南下汉中。[1] 蜀魏战争也往往取子午道为行军路线。[2] 此后东晋南北朝时期与南宋和金对峙时期，子午道都是兵家争夺的主要对象。直到近代，这条大道仍是联系川陕的重要通路。

黄盛璋和李之勤都曾论述子午道的开通和作用，李之勤对子午道尤其是这条道路秦岭南段的走向及沿革变迁，考证备详。[3] 对子午道秦岭北段的进一步考察，应当可以增进对这条古代道路的认识。

二　子午峪古道路遗迹

子午峪口在长安县子午镇西南。调查时循山峪行至西衙门口，共发现三处古道路遗迹。

第一地点：

在拐儿崖北50米处，石壁上可见台阶三级，侧面有明显的刻痕一道。

第二地点：

拐儿崖有栈道遗迹跨越山溪。河南岸崖上凿出五级台阶，台阶长62—74、宽20厘米。又有方形底孔2个，长宽各20、19厘米；圆孔1个，直径23厘米。其中一方孔中有残留石桩。河北岸崖上有二级台阶，

---

[1]　《三国志》卷八《魏书·张鲁传》："韩遂、马超之乱，关西民从子午谷奔之者数万家。"

[2]　《三国志》卷九《魏书·曹真传》："真以八月发长安，从子午道南入。"《三国志》卷一三《魏书·华歆传》："太和中，遣曹真从子午道伐蜀。"《三国志》卷二七《魏书·王昶传》："昔子午之役，兵行数百里而值霖雨，桥阁破坏，后粮腐败，前军县乏。"《三国志》卷二八《魏书·钟会传》："魏兴太守刘钦趣子午谷，诸军数道平行，至汉中。"《三国志》卷三三《蜀书·后主传》："（建兴）八年秋，魏使司马懿由西城，张合由子午，曹真由斜谷，欲攻汉中。丞相亮待之于城固、赤阪，大雨道绝，真等皆还。"

[3]　黄盛璋：《川陕交通的历史发展》，《历史地理论集》，人民出版社1982年6月版；李之勤：《历史上的子午道》，《西北大学学报》1981年第2期。

最下级台阶一侧有方孔1个。

第三地点：

距第二地点75米处，可见圆形底孔5个，直径12—18.5、深13厘米。有石阶三级，阶长约82厘米，加上与两侧柱洞之间的距离，可知路面原宽度应在1.4米以上。

三　石砭峪古道路遗迹

石砭峪在子午峪东，调查时行至下韦子，以南则为石砭峪水库库区。峪中现有简易公路，南北通行。

第一地点：

石砭峪口桥下发现栈道底孔。桥东侧圆孔6个，直径24—28厘米，方孔1个，边长31厘米。桥西侧圆孔9个，直径24—28厘米；方孔1个，边长32厘米。

河西石崖上发现双层栈道壁孔，上层距水面约13米，南北距离20米。上层方孔31个，下层方孔32个。

河东石崖上有圆形壁孔24个，直径18、深16厘米，南北距离20米。

距河两岸遗迹南端13米处，河心石上可见圆形底孔4个，当是古桥遗迹。

第二地点：

距第一地点约250米，河北岸石崖有方形壁孔29个，原路面部分为现代水渠利用。此处河水东西折流，遗迹东西两端相距35米。

第三地点：

距离二地点300米处有方形壁孔13个，古路遗迹仍被现代道路利用，现路宽2—3米，原路面宽度应与此相当。

第四地点：

水流西南—东北向，路在河西东折，可见并列的5处桥梁遗迹，相距各20—30米。以下自东北向西南记述。

第一桥　河西有在巨石上垒砌的桥墩，年代似稍晚，共发现圆形底孔7个。

第二桥　河西石上有圆形壁孔共3排21个，方形壁孔1个，有插立右孔中、至今尚完好的石桩2个。利用河中巨石以为桥墩，有圆孔4个，方孔2个，亦残留石桩。河东有系索石2块，其一厚22厘米，中有孔，直径 13 厘米。另一块系索石仆倒河中，厚 29、圆孔直径 29 厘米。桥下又有圆形底孔 1 个，直径 29、深 33 厘米。

第三桥　以河中巨石为墩，上可见圆形底孔 3 个，圆形壁孔 3 个，两岸桥头已不存遗迹。

第四桥　距第三桥 18 米，河中石上有圆形底孔 2 个。

第五桥　河西石上可见圆孔 3 个，河东石上有圆孔 2 个，方孔 2 个。

并列的桥梁遗迹，说明这条道路通行年代相当长，经山水毁断后多次重修，桥址因而更迁。

四　沣峪古道路遗迹

沣峪在子午峪，西万公路沿此峪循沣水上秦岭。调查北至千佛崖。可以喂子坪为界，将遗迹现象划为北段和南段分述。

1. 北段

第一地点：

初入沣峪，在西万公路 32 公里处，河中石上发现圆形底孔 2 个，直径 25、深 16、相距 101 厘米。

第二地点：

Ⅰ段　在二道桥附近临河石崖发现壁孔，其中方孔 5 个，圆孔 14 个。方孔边长 22 厘米，圆孔直径 20—21、深 18—22 厘米。西端距 1985 年 2 月水面 1 米，东端 2.95 米，东西两端相距 17.6 米。东端上方 8 米左右，又有栈道遗迹，可见壁孔 3 个，有残留石桩。

Ⅱ段　亦为上下二重栈道，东西方向，西端距Ⅰ段东端 19 米。上层壁孔 8 个，圆形，直径 20 厘米左右，上有凿出的窄棱台。下层圆形壁孔 9 个，直径 21—24 厘米。二层壁孔间距 8.5—8.7 米。

Ⅲ段　距Ⅱ段 27 米，与Ⅱ段上层栈道遗迹遥相呼应，又有壁孔 21 个，形制与Ⅱ段相近。

第三地点：

河中石上有直径 25、深 26、相距 125 厘米的圆孔底孔 2 个。

第四地点：

在西万公路 42—43 公里，与公路隔河相对，发现底孔 3 个，其中一孔未凿成。直径 28 厘米。

第五地点：

在接近西万公路43公里处，公路路基下侧发现圆形壁孔9个，深13、直径17—19、间距104厘米。

2. 南段

第六地点：

在喂子坪南阴砭子河崖壁，有壁孔17个，遗迹延续长达69米。其中圆孔6个，直径12、深13厘米；方孔11个，边长11厘米。

第七地点：

发现底孔4个，分布沣水两岸，似为桥柱底孔。

第八地点：

在黑沟口桥北，发现底孔19个，壁孔6个。

黑沟口桥桥南，河西有底孔11个，可分三组：

1组，圆孔3个，直径28、深28厘米；

2组，圆孔5个，直径32、深21厘米；

3组，底孔5个，其中方孔1个，圆孔4个。

河西侧所见底孔与河东栈道遗迹北端集中的底孔正对，当为架设桥梁的遗迹。值得注意的是，有3个底孔下部向一侧凿穿，成为直径为1—2厘米的小排水孔。可知古桥梁为木质立柱，排水孔用以防止木柱朽坏。

桥南河东，当地称"韩家崖"处，发现整齐而密集的栈道石孔，其中底孔8个（方孔1，圆孔7），壁孔99个（方孔9，圆孔90）（图九三）。可测得底孔间距90厘米，直径30、深23厘米。有壁孔10个，可见残留石梁，长可至80—90厘米（图九四）。又可见石质栈板担放于石梁上。有底孔1个，可见残留石柱，残高约25厘米。

图九三　子午道栈道遗迹之一

图九四 子午道栈道遗迹之二

第九地点：

在红崖子以北、西万公路48—49公里处，尚遗存较完好的栈道路面，宽80—110厘米。南端东折过河，桥头石孔与石桩同石砭峪栈道遗迹第四地点第三桥的形式相似。河东亦可见石桩，并有未完全朽坏的木桩，可知这一段栈道沿用至近代。

第十地点：

在西万公路51公里稍南，河中石有圆形底孔2个。

第十一地点：

在北石槽南2公里处，发现底孔5个。河流南北向，遗迹分布于河东。最南端至最北端35米。

第十二地点：

在接近西万公路石羊关桥处，发现壁孔16个，其中圆孔7个，方孔9个。

第十三地点：

石羊关桥下有栈道遗迹，桥北侧发现底孔12个，桥南侧底孔1个，壁孔21个。

第十四地点：

在千佛崖，西万公路56.5公里处，发现壁孔33个。这是子午道秦岭北段栈道遗迹最密集的路段。残存栈道尚可行人，长7.5米。

五 关于子午道秦岭北段栈道遗迹的几点认识

以往有子午谷横穿秦岭六百余里,直达宁陕、洋县,子午道始终沿子午谷南行的说法。李之勤指出,子午谷不过只是一条长仅数十里的小河谷,而子午道也并不是全部端南端北的。它从今西安市开始向正南,沿子午谷入山后不久,即转入沣水河谷,溯谷而上,翻越秦岭,稍折西南,经洵河上游,南过腰竹岭,顺着池河到达汉江北岸的池河镇附近,又陡转西北,大致沿汉江北岸,经石泉县,绕黄金峡西到洋县,再西到汉中。[①] 第一次明确指出了子午道的走向和具体的经由地点,特别是对子午道秦岭北段走向的结论,更是经过对沣峪栈道遗迹的实地踏勘而做出的。这比以往对子午道的认识,无疑具有发蒙廓清的意义。

然而,经过我们的实地考察,在沣峪喂子坪以北亦发现多处栈道遗迹,石砭峪中栈道和桥梁遗迹尤为密集丰富,这一现象值得深思。综合以上调查资料,可以初步判断,子午峪、石砭峪、沣峪的栈道遗迹,都可能先后与古子午道有某种关系。或许子午道秦岭北段在历史上曾发生改道的情形,子午道"沿子午谷入山"的认识可以得到补充。

子午峪除拐儿崖一带狭仄难行外,沿途坡度较为平缓,川道较为开阔。根据"七里坪""十里桥""西衙门口"等地名,也可以知道有古道经过。此外,据宋敏求《长安志》,子午谷又曾称"直谷",而汉魏时期,子午道秦岭南段亦曾沿池河南下汉江川道,"池"或为"直"之音转,联系秦始皇直道亦沿子午谷岭北上的事实[②],可以推知,子午道确曾沿子午谷入山。

考察栈道遗迹的规模和形制,可知石砭峪栈道年代较早,通行时代亦较长。石砭峪口有三段栈道遗迹并行。东侧圆形壁孔应是早期栈道遗迹。西侧双层壁孔上下相距5—6米,也明显为不同时代所开凿。第四地点并列的五处桥址,更说明道路使用年代长久。石砭峪栈道当时路面较宽,坡度亦适于行车。毛凤枝《陕西南山谷口考》写道:

---

① 李之勤:《历史上的子午道》,《西北大学学报》(哲学社会科学版)1981年第2期。
② 史念海:《秦始皇直道遗迹的探索》,《文物》1975年第10期;张在明:《秦长城与直道的构建》,《一统天下:秦始皇帝的永恒国度国际学术研讨会论文集》,香港历史博物馆2012年10月版。

> 石鳖谷，一名石壁谷①，入谷东南行七十里至岳坪岭，为达孝义厅路。入谷西南行至苇子坪②，为达宁陕厅路。③

可见，清代以至更晚，经石砭峪仍有两条大道可南越秦岭。"入谷西南行至苇子坪"，当由青岔经后沟、佘家湾沿红草河至沙坪，转入沣峪，然后循沣河上岭，与李之勤考述的子午道路线，亦与上文记述沣峪南段栈道相衔接。在后沟至红草河之间须翻越山梁，但路程不长，坡度为 20 度左右。应该说从道路选线的设计要求出发，并不违背平易可行的原则。

西汉末年，王莽开通子午道，"由杜陵直绝南山"。杜陵时在汉长安城东南。石砭峪在三条谷道中位次最东，子午道曾行经石砭峪的推测，正与此记载相合。《汉书》卷九九上《王莽传上》颜师古注：

> 子，北方也，午，南方也。言通南北道相当，故谓之子午耳。今京城直南山有谷通梁、汉道者，名"子午谷"。

宋欧阳忞《舆地广记》也写道：

> 隋开皇三年，自汉长安故城东南移二十里，置新都。前直子午谷，后枕龙首山。

隋唐京城"直"对南山的谷道，严格说应是石砭峪。

嘉庆《长安县志》也引述《玉海》引吕大防《城图》云：

> 唐城南直石鳖谷。

《咸宁县志》卷一《南山诸谷图》中，"石鳖峪"旁侧标注"竹"。"竹"，正是"子午"快读合音。宋敏求《长安志》卷一一《县一·万年》曰：

> 福水即交水也。《水经注》曰："上承樊川，御宿诸水，出县南

---

① 今石砭峪。
② 今喂子坪。
③ 民国《咸宁长安两县续志》文句与此相同。

山石壁谷南三十里，与直谷①水合，亦名'子午谷水'。"

《长安志》卷一二《县二·长安》：

> 豹林谷水出南山，北流三里，有竹谷水自南来会。又北流二里有子午谷水自东来会。自北以下，亦谓之子午谷水。

原注："《图经》：'豹林谷水、子午谷水，今并入郊河。'"

几条谷道的山水汇合后，仍称作"子午谷水"，而现今子午峪中水量最小、水量最大或为"子午谷水"主流的所谓"福水""交水"，恰恰正出自石砭峪。看来，石砭峪确有可能曾称作子午峪，并作为子午道的主要通道。石砭峪一带施工艰巨，易受水害威胁，可能是迫使道路改线的主要原因。

喂子坪乡一带，有关于古代某皇后被逐出后宫，被迫与亲子分离的传说。皇后离京南行，沿途遗留有关地名，如由石砭峪西向折入沣峪途中的"打子沟"，子午峪上行所经"拐儿崖""找儿岭"，沣峪中的"喂子坪"等。而沣峪沙坪以北有地名"哭子沟""离娘坪"，也在这一传说体系之中。这也可以作为子午峪、石砭峪、沣峪都曾作为子午道入山通道的侧面佐证。

调查时承当地老农见告，知西万公路通车前沣峪、子午峪都是大路。然而考察时所见沣峪北段栈道遗迹断续零落，可能多因修建公路施工破坏。这一区段内，沣河回流急促曲折，山势亦紧迫相逼，栈道施工难度甚大，易受破坏而难予修复。二道桥一带高差 8—9 米的双层壁孔，应是由于不同时代河床高度发生变化而不得不重建栈道的遗迹。

《元和郡县图志·关内道一》："子午关，在县南百里。王莽通子午道，因置此关。"参考史籍记载，考察沿途形势，可知子午关遗址当在今地称石羊关处附近。由于条件所限，未及进行深入调查。

此外，由石砭峪栈道向正南过秦岭当时是否有大道相通，也有必要进一步考察。

本次调查前后，得到西北大学李之勤、李健超两位教授的指教和陕西省考古研究所焦南峰、张在明、张燕研究员的帮助，谨此致谢。

---

① 今子午峪。

"武候"瓦当与战国秦汉武关道交通

有迹象表明，清华简《楚居》记录楚人先祖早期活动的区域包括丹江川道。① 丹江通道长期联系秦楚，由此实现了西北和东南两大强势政治实体相互之间的婚姻礼聘、外交往来和军事争夺。这条道路史称"武关道"②。秦人对这条道路早有经营。③ 商鞅封地在商④，未必与控制这条道路的战略意图没有关系。秦汉直至中古时期，"武关道"都表现出重要的历史作用。特别是在关中作为行政和经济、文化重心的时代，面向东南通往江淮流域的这条交通干线的地位尤为突出。

考察武关的位置和武关道的走向，是秦汉交通史和秦汉交通考古研究的重要课题。

一 武关与武关道

"武关道"因"武关"得名。"武关"旧称"少习"。《左传·哀公

---

① 王子今：《丹江通道与早期楚文化——清华简〈楚居〉札记》，《简帛·经典·古史》，上海古籍出版社2013年8月版。

② 《后汉书》卷六六《王允传》："（王）允见卓祸毒方深，篡逆已兆，密与司隶校尉黄琬、尚书郑公业等谋共诛之。乃上护羌校尉杨瓒行左将军事，执金吾士孙瑞为南阳太守，并将兵出武关道，以讨袁术为名，实欲分路征卓。"《三国志》卷八《魏书·张鲁传》裴松之注引《魏略》曰："刘雄鸣者，蓝田人也。少以采药射猎为事，常居覆车山下，每晨夜，出行云雾中，以识道不迷，而时人因谓之能为云雾。郭、李之乱，人多就之。建安中，附属州郡，州郡表荐为小将。马超等反，不肯从，超破之。后诣太祖，太祖执其手谓之曰：'孤方入关，梦得一神人，即卿邪！'乃厚礼之，表拜为将军，遣令迎其部党。部党不欲降，遂劫以反，诸亡命皆往依之，有众数千人，据武关道口。"

③ 王子今、焦南峰：《古武关道栈道遗迹调查简报》，《考古与文物》1986年第2期；王子今：《武关道蓝桥河栈道形制及设计通行能力的推想》，《栈道历史研究与3S技术应用国际学术研讨会论文集》，陕西人民教育出版社2008年8月版。

④ 王子今、焦南峰、周苏平：《陕西丹凤商邑遗址》，《考古》1989年第7期。

四年》:"将通于少习以听命。"晋人杜预注:"少习,商县武关也。将大开武关道以伐晋。"《史记》已多见涉及"武关"的交通史记录。《史记》卷四〇《楚世家》:齐湣王遗楚怀王书:"王率诸侯并伐,破秦必矣。王取武关、蜀、汉之地,私吴、越之富而擅江海之利,韩、魏割上党,西薄函谷,则楚之强百万也。"又,"秦昭王遗楚王书曰:'始寡人与王约为弟兄,盟于黄棘,太子为质,至欢也。太子陵杀寡人之重臣,不谢而亡去,寡人诚不胜怒,使兵侵君王之边。今闻君王乃令太子质于齐以求平。寡人与楚接境壤界,故为婚姻,所从相亲久矣。而今秦楚不欢,则无以令诸侯。寡人愿与君王会武关,面相约,结盟而去,寡人之愿也。敢以闻下执事。'楚怀王见秦王书……于是往会秦昭王。昭王诈令一将军伏兵武关,号为秦王。楚王至,则闭武关,遂与西至咸阳,朝章台,如蕃臣,不与亢礼"。"秦要怀王不可得地,楚立王以应秦,秦昭王怒,发兵出武关攻楚,大败楚军,斩首五万,取析十五城而去。"

《史记》卷六《秦始皇本纪》关于秦始皇出巡路线,有这样的记述:"(二十八年)上自南郡由武关归。""三十七年十月癸丑,始皇出游。……十一月,行至云梦,望祀虞舜于九疑山。"很可能也经行武关道。史念海言武关道路时说,此即"秦始皇二十八年北归及三十七年南游之途也"。① 秦始皇二十八年(前219)之行,得到睡虎地秦简《编年记》"【廿八年】,今过安陆"(三五贰)的证实。② 其实,在实现统一之前,秦王政二十三年(前224),"秦王游至郢陈"③,很可能也经由此道。也就是说,这条道路秦始皇或许曾三次经行。秦末,刘邦由这条道路先项羽入关。周亚夫平定吴楚七国之乱,即由此道行洛阳。由《史记》卷一二九《货殖列传》"南阳西通武关"可知,因南阳地方"成为当时联络南北地区的最大商业城市和经济重心",这条道路"交通盛况"空前④。

---

① 史念海:《秦汉时代国内之交通路线》,《文史杂志》第3卷第1、2期,收入《河山集》四集,陕西师范大学出版社1991年12月版,第547—548页。
② 睡虎地秦墓竹简整理小组:《睡虎地秦墓竹简》,文物出版社1990年9月版,释文第7页。
③ 《史记》卷六《秦始皇本纪》。
④ 王文楚:《历史时期南阳盆地与中原地区间的交通发展》,《古代交通地理丛考》,中华书局1996年7月版,第5页。王开主编《陕西古代道路交通史》中,也有关于武关道的考论。人民交通出版社1989年8月版。

二　武关位置异议

关于武关的位置，以往有不同的意见。

即以《史记》注家所引用的说法而言，我们看到，《史记》卷六《秦始皇本纪》裴骃《集解》："应劭曰：'武关，秦南关，通南阳。'文颖曰：'武关在析西百七十里弘农界。'"张守节《正义》："《括地志》云：'故武关在商州商洛县东九十里，春秋时少习也。杜预云少习，商县武关也。'"①《史记》卷八《高祖本纪》司马贞《索隐》："《太康地理志》：武关当冠军县西，嶢关在武关西也。"《史记》卷四〇《楚世家》张守节《正义》："武关在商州东一百八十里商洛县界。"《史记》卷六九《苏秦列传》："（韩）西有宜阳、商阪之塞。"司马贞《索隐》："刘氏云'盖在商洛之间，适秦楚之险塞'是也。"张守节《正义》："商阪即商山也，在商洛县南一里，亦曰楚山，武关在焉。"《史记》卷一一八《淮南衡山列传》张守节《正义》："故武关在商州商洛县东九十里。春秋时。阙文。"文渊阁《四库全书》本《史记》卷一一八张照考证："'阙文'，疑'秦地'二字之误。"

史念海说，武关道"为当时之通衢，必由之道路也""秦汉时武关在今陕西和河南两省交界处丹江之北"②。所说不很明确。以陕西商南和河南淅川、西峡之"交界处"，由丹江向北，可能有梳洗楼、新庙、富水几种可能性。梳洗楼在丹江北岸，可以控制丹江水运。新庙以东即河南西峡之木家垭，然而两地间没有好的道路条件。富水在今通往河南西峡的公路干线上。

谭其骧主编《中国历史地图集》在战国时期地图中，标志"武关"位置即"在今陕西和河南两省交界处丹江之北"，在今陕西商南东南。③秦代地图则标示，在商南正南丹江北岸，较战国时期位置西移。④西汉地图中，向西略微偏移。⑤东汉时期则更向西移动，然而仍在丹江北岸。⑥

---

① 《史记》卷五四《曹相国世家》张守节《正义》："《括地志》云：'故武关在商州商洛县东九十里。蓝田关在雍州蓝田县东南九十里，即秦嶢关也。'"有关武关位置的内容相同。
② 史念海：《秦汉时代国内之交通路线》，收入《河山集》四集，第543页。
③ 谭其骧主编：《中国历史地图集》，中国地图出版社1982年10月版，第1册第43—44页。
④ 谭其骧主编：《中国历史地图集》，第2册第5—6、7—8页。
⑤ 同上书，第15—16、22—23页。
⑥ 同上书，第42—43、49—50页。

三国、西晋至东晋、南北朝及隋代都没有大的变化。然而到了唐代，武关的位置被标记在今丹凤与商南之间的武关河上。① 也就是今丹凤武关镇，亦曾称武关街、武关村所在。

严耕望《唐代交通图考》篇十六《蓝田武关驿道》考论"武关"位置："由商洛又东南经桃花驿，层峰驿，亦九十里至武关（今关），有武关驿。此关'北接高山，南临绝涧'，为春秋以来秦楚交通主道上之著名关隘，西去商州一百八九十里，去长安约近五百里。或置武关防御使，以商州刺史兼充。"② 谭其骧主编《中国历史地图集》中，唐代武关标示的位置，就大致在这里。然而谭其骧主编《中国历史地图集》以为，战国至秦汉的武关始终在丹江北岸，并不偏离丹江水道。严耕望则以为，唐代武关"为春秋以来"历代承继，位置应无变化。

那么，哪一种意见更接近历史真实呢？

三 武关镇的秦汉遗存

在丹凤武关镇曾经发现重要的秦汉遗存。据张在明主编《中国文物地图集·陕西分册》记载，可以看到：

> 16—A₁₆ 武关城遗址 〔武关乡武关村内外·战国—清·省文物保护单位〕 位于长坪公路之南，东、南、西三面临武关河。关城平面呈长方形，面积约 4 万平方米。墙体夯筑，尚存部分东、西墙，残高 6.5 米，宽 2.5 米，夯层 10 厘米（图九五）。……城内发现汉代云纹瓦当、文字瓦当、五角形陶水管道、绳纹瓦等。关城内外还多次暴露汉代墓葬、窑址。

有关后世关城的记录，当然与战国秦汉时期的武关没有直接的关系："两墙各辟一砖石砌券门。东门外额题'武关'，门内额题'古少习关'；西门额题'三秦要塞'。"不过，《中国文物地图集·陕西分册》的执笔者已经认定，战国以来的"武关"遗址就在这里："据史载，战国时秦国于

---

① 谭其骧主编：《中国历史地图集》，第 5 册第 52—53 页。
② 严耕望：《唐代交通图考》第三卷《秦岭仇池区》，"中央研究院"历史语言研究所专刊之八十三，1985 年 5 月版，第 651 页。

图九五　武关东门城墙遗存

秦楚界地置武关。公元前299年秦昭襄王诱楚怀王会于此，执以入秦。公元前209年刘邦入秦，唐末黄巢军自长安撤往河南，均经此地。"

"武关城遗址"还有其他的发现：

$A_{16—1}$ 西河塬墓群〔武关乡武关村·汉代〕位于武关河北岸台地上，南临长坪公路，面积约7000平方米。历代多次暴露墓葬，出土铜鼎、铜盆、灰陶弦纹罐等。

$A_{16—2}$ 武关墓群〔武关乡武关村·西汉〕面积不详。1977年前后多次暴露土坑墓及砖室墓，出土铜钫等6件〔青铜器〕，同出有陶器等。

$A_{16—3}$ 武关窑址〔武关乡武关村南300米·汉代〕位于武关河南岸二级台地上。在东西400米内发现窑址3座。东窑已坍塌，四周分布有红烧土。暴露烟道3处，烟道长3米，间距0.5米，其内壁呈青灰色。中窑及西窑均已破坏，仅存残迹。西窑周围散布粗绳纹板瓦、筒瓦残片。①

这些遗存可以反映自"战国时"到"汉代"的历史文化信息，但是怎样证明这里就是战国秦汉的"武关"遗址呢？显然，后世所谓"三秦

---

① 张在明主编：《中国文物地图集·陕西分册》，西安地图出版社1998年12月版，下册第1187—1188页。

要塞""古少习关""武关"等"额题"文字,是不可以作为可靠的证据的。

四 "武候"瓦当发现的意义

1984年,笔者在西北大学历史系攻读硕士学位期间,曾经进行过战国秦汉武关道遗址的考察。当时由丹凤沿丹江东南行,经竹林关、梳洗楼,进入河南淅川、西峡,实地考察谭其骧主编《中国历史地图集》标示"武关"位置的地点。然而没有获得有意义的发现。调查收获与张在明主编《中国文物地图集·陕西分册》的记录略同。但是在由商南东行,探查谭其骧说唐代"武关"遗址时,看到出土有"武"字戳印的板瓦,调查了发现汉代窑址的地点,也听到有关"武候"瓦当的信息。当时介绍者称,瓦当文字是"武侯"。承李学勤先生教示,"武侯"应即"武候",是"关候"所在的标志。如果确实,可以证明这里就是汉代武关遗址。

可是这件"武候"瓦当,丹凤县博物馆和商洛博物馆均未陈列,两个博物馆的文物工作者甚至都说,库房中也没有这件文物。笔者探寻多年,始终未能看到实物或拓片。这也可能就是《中国文物地图集·陕西分册》只说"武关城遗址""城内发现汉代……文字瓦当"却没有指出是什么文字的原因。

2013年7月31日,借在商洛出席"商山四皓"文化学术研讨会的机会,笔者参加武关城址现场考察,承田爵勋先生惠送,得到他的大著《守望武关》。其中写道:"1956年在武关小学西墙取土,发现五角形汉代陶质下水管道。历年多次出土铜鼎、铜钫、铜剑、铜矢及大量陶器及碎片。""1980年商洛文物普查,武关城址发现篆刻'武候''千秋万岁'瓦当及篆书'武'字瓦当。"① 并有"武关出土的千秋万岁瓦当、武候瓦当"图版(图九六)。②

我们看到,瓦当文字所谓"武侯"者,应是误读。其实正是"武候"。其字作"候"。《说文·人部》"候"正写作"矦":"矦,司望也。"段玉裁注:"'司'各本作'伺',非。今正。'司'者今之'伺'字也。

---

① 田爵勋:《守望武关》,中国文联出版社2011年11月版,第15页。
② 同上书,图版第6页。

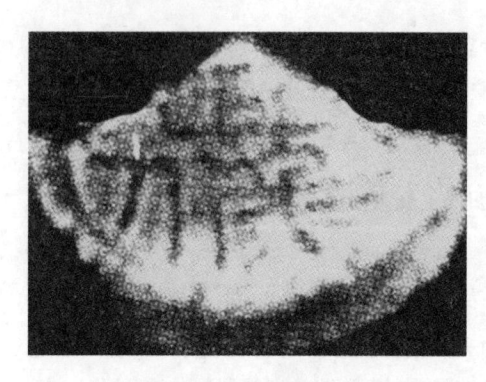

图九六　"武候"瓦当

《曹风·候人》传云：'候人，道路送宾客者。'《周礼·候人》注云：'候，候迎宾客人来者。'按凡觇伺皆曰'候'。因之谓时为'候'。"《汉书》卷八七下《扬雄传下》："西北一候。"颜师古注："孟康曰：'敦煌玉门关候也。'"又见《后汉书》卷八〇上《文苑列传上·杜笃》："立候隅北，建护西羌。"对于"立候隅北"的解释，李贤注："杨雄《解嘲》曰：'西北一候。'孟康注云：'敦煌玉门关候也。'"《后汉书》卷八八《西域传》明确可见"玉门关候"："（永建）四年春，北匈奴呼衍王率兵侵后部，帝以车师六国接近北虏，为西域蔽扞，乃令敦煌太守发诸国兵，及玉门关候、伊吾司马，合六千三百骑救之，掩击北虏于勒山。"《隶续》卷一二《刘宽碑阴门生名》可见："玉门关候□□□段琰元经。"对照汉印文字和简帛文字，也可以确认，这件瓦当文字应当读作"武候"①。

瓦当文字"武候"，就是"武关候"。"武候"瓦当的发现，可以证实丹凤武关镇被看作武关城的遗址，就是汉代武关的确定位置。这里也很可能是战国设置武关以来长期沿用的伺望守备的地点。

---

① 罗福颐编：《汉印文字征》，文物出版社 1978 年 9 月版，八·五；陈建贡、徐敏编：《简牍帛书字典》，上海书画出版社 1991 年 12 月版，第 58—61 页。

交通考古学的成功实践

——评《黄河漕运遗迹(山西段)》

交通考古的任务，包括古代车、船等交通工具，以及诸多交通动力形式的发现和研究，更应当首先重视古代道路、运河、津渡、桥梁、港口、仓库及交通管理机构等交通遗迹的考察。中国交通考古具有经典意义的收获，应当首推俞伟超参与主要工作的考古报告《三门峡漕运遗迹》。①

俞伟超有这样的回忆："1955年底，我到洛阳跟夏先生搞黄河水库调查，那次经历令我终生难忘。那是1956年初，我到三门峡搞栈道调查，坐羊皮筏子过了黄河，找到了很多唐代、北魏甚至汉代的题刻。那天共发现了一百多处。当天晚上到洛阳，第二天我就给夏先生写信，写了十六页纸。夏先生立即决定正式勘察，调了五六个人，干了一个多月。"俞伟超说："就在这时，我的道路有了一个转折，北大给我来了一封信，同意我免试读他们的研究生。"据俞伟超回忆，他在北大完成的主要工作和最初的研究实践，首先是"撰写三门峡调查报告""完成了邺城调查记（1961年发表），弄清了邺城的三台名称"。② 俞伟超人生道路的"一个转折"，就是三门峡的栈道调查。俞伟超考古实践的最初成就，就是那部"三门峡调查报告"，即《三门峡漕运遗迹》。

41年之后，山西省的考古学者为配合黄河小浪底水库工程建设，对三门峡以东的黄河北岸进行了详细的考古勘察，在山西平陆、夏县、垣曲沿河98公里区段内，发现古代黄河栈道遗迹45处。他们的工作总结，展示于《黄河漕运遗迹（山西段）》一书中。这部考古报告，可以看作《三门峡漕运遗迹》问世45年之后又一部交通考古的成功论著。③

---

① 中国科学院考古研究所：《三门峡漕运遗迹》，科学出版社1959年9月版。
② 张爱冰：《考古学是什么——俞伟超先生访谈录》，《东南文化》1990年第3期。
③ 山西省考古研究所、山西大学考古专业、运城市文物工作站：《黄河漕运遗迹（山西段）》，科学技术文献出版社2004年12月版。

张庆捷、赵瑞民、郎宝利等考古学者进行的这项工作，自 1997 年春季至 2004 年夏季，历时数年，发现的栈道遗迹累计长 4517 米。栈道沿线的壁孔、底孔、桥槽、转筒以及历代题记等遗存形式繁多，数量丰富。这些实物资料大大充实了我们对于古代黄河漕运史以至中国古代交通史和中国古代工程技术史的认识。

垣曲五福涧村栈道岩壁上发现的"建武十一年□月□日官造□/遣匠师专治□□积临水水口"题记，考察者经认真研究，判断为汉光武帝建武十一年（35）的遗存。这一考订，为栈道修建年代的推定提供了比较可靠的时间坐标。而秦汉交通史研究，也获得了新的第一手资料。

与其他地方的古代栈道遗存不同，黄河古栈道大多数地段采用了先在岩壁上向内开凿出通道，然后再凿壁孔、插木梁、铺木板的开通方式。牛鼻形壁孔以及栈道转弯处均有发现的立式转筒遗迹，也是黄河古栈道独有的。据考察者分析，立式转筒的发明和推广，应在唐代漕运兴盛时期。"立式转筒的发明推广对漕运有如下积极作用：一是使纤绳避免与岩壁摩擦，降低了纤绳的磨损程度；二是减轻了纤夫挽船的劳动强度，提高了挽船和漕运效率；三是减少了纤夫因'绳多绝，挽夫辄坠死'（《新唐书·食货志》）的危险，增大了纤夫挽船时的安全系数。"（第 7 页）这样的分析是准确的。我们对于中国古代在交通建设方面的发明，又因此获得了新的信息。

黄河漕运遗迹山西段考察与河南新安汉代漕运仓储遗址一起，被评选为"1998 年全国十大重要考古新发现"，体现出学界对交通考古所取得的进步的肯定。

对于俞伟超所说"1955 年底，我到洛阳跟夏先生搞黄河水库调查，那次经历令我终生难忘"，如果进行学术史的追溯，应当注意夏鼐发表于《考古通讯》1956 年第 1 期的《考古调查的目标和方法》一文。夏鼐在文章中说，考古调查的"目标""是搜集资料来解决问题"。他指出："详细地说起来，它的目标，除了……旨在训练学员之外，主要的有下列二者：一，了解遗址的分布情况。考古调查纵使不进一步做发掘工作，仍可以解决像某一种文化的分布范围、某一时代的文化和它的地理环境的关系等问题。二，为发掘工作做准备。考古发掘工作的目标，是为解决历史科学上或考古学上的某一问题；在现今的情况下，常为配合基本建设同时保护文物。在未发掘以前，一定要先做好考古调查工作。"夏鼐还写道："这一次黄河水库考古工作队的调查工作，把上面所说的三个目标都包括进去了……（这次调查）要求全面的普查，要不分轻重，都加以记录。

这些记录如果做得完善，纵使没有发掘也可以提供对于某一区域古代文化发展和分布情况的研究以头等的资料。"① 张庆捷、赵瑞民、郎宝利等学者进行的黄河漕运遗迹的调查，就为我们提供了全面而完善的宝贵资料。酷暑烈日，悬崖峭壁，湍流漩涡，都使得考察工作增加了许多困难。张庆捷等渡河拍照时陷入淤沙，陈春荣等打印题刻拓片时坠落激流，都是意想不到的险情。我们手捧这部厚重的堪称"头等的资料"的《黄河漕运遗迹（山西段）》，自然深心感谢著作者们艰辛的劳动。

交通考古对于古代文明的全面认识有重要的意义。马克思和恩格斯曾经指出："一个民族本身的整个内部结构都取决于它的生产以及内部和外部的交往的发展程度。"② 交通系统的完备程度决定古代国家的领土规模、防御能力和行政效能。交通系统是统一国家维持生存的首要条件。社会生产的发展也以交通发达程度为必要条件。生产技术的革新、生产工具的发明以及生产组织管理方式的进步，通过交通条件可以成千成万倍地扩大影响，发挥效益。从社会史、文化史的角度来看，交通网的布局、密度及其通行效率，决定了文化圈的范围和规模，甚至交通的速度也对社会生产和生活的节奏有重要的影响。交通史研究和交通考古工作有广阔的学术空间，也有乐观的学术前景。《黄河漕运遗迹（山西段）》可以说为这一学术领域的进步提供了新的推动力。

《黄河漕运遗迹（山西段）》"后记"中写道："在艰苦和危险中做古人留给我们的考卷，全靠有一位老师经常在身边指点，即中国科学院考古研究所编著的《三门峡漕运遗迹》一书。""有了俞先生他们在上个世纪50年代的卓越工作给我们引路，我们少走了很多弯路，在调查、勘测和后期研究中似有老师耳提面命，能有这样的幸运实属不易。"（第211页）学术史的进步就是这样。前人引导着后人，后浪推逐着前浪。我们希望能有比张庆捷教授、赵瑞民教授、郎宝利教授等中年学者更年轻的朋友投入到交通考古工作中，促使这一事业取得更大的成就。

---

① 王子今：《考古调查工作的科学意义和文化意义》，《文博》2003年第6期。
② 《德意志意识形态》，《马克思恩格斯全集》第3卷，人民出版社1956年12月版，第24页。

后　　记

　　1977年参加高考，有幸进入西北大学考古专业学习。1982年初毕业，考取秦汉史专业硕士研究生。攻读硕士学位期间，为完成学位论文《论秦汉陆路运输》，1984年春，在当时陕西省考古研究所雍城考古队马振智的帮助下，骑自行车进行过古武关道的考古调查。对于所发现的蓝桥河栈道遗迹，1984年10月1日又与陕西省考古研究所焦南峰一同赴现场绘图照相，进行撰写调查简报的资料准备。记得当时我们冒雨驱车，蓝田某厂高音喇叭正在播放邓小平天安门阅兵的实况。此后，我与陕西省考古研究所张在明、焦南峰再次考察蓝桥河栈道，那次则是乘车前往了。不过，我们考察颜师古所谓"七盘十二绕"，《通典》所谓"七盘十二縳"时，则是步行。对于子午道秦岭北段的考察，我是与西北大学历史系周苏平一起骑自行车进行的。灙骆道考察同行四人，时在陕西省文物局工作的张在明从咸阳市文管会借了两辆摩托车。除张在明有驾驶经验，秦建明曾经短暂接触过摩托车外，我和周苏平完全没有体验过这种车型。我们在咸阳市体育场的田径跑道上试骑几圈，就匆忙上路了。在只能步行调查的路段，则两人步行，另外两人骑摩托车到前面接应。沿途多有惊险，也多有喜悦。1990年夏天，张在明、周苏平、焦南峰和我四人同行，又进行过秦直道南段淳化、旬邑路段的步行考察。除了有意义的发现外，烈日和虻虫给我留下了极深刻的印象。后来，张在明主持国家文物局"秦直道研究"课题，进行了全面细致的工作，得到"十大考古发现"的荣誉，则是考古学界的朋友都知道的了。

　　秦汉交通史研究，应当说是我连续多年进行的工作。除了前面说到的考古调查工作被看作研究基础之外，对于文献资料亦重视考古文物信息的对证，我以为也应当重视。

　　收入本书的研究心得，都是沿着这一思路进行考察的收获。感谢张在明、焦南峰、周苏平、秦建明、张廷皓、白建钢、申秦雁、张燕、田旭东等学友对于相关工作的热诚帮助，感谢史念海老师、李之勤老师、李学勤老师和李健超老师的指导。大致 30 年前，我选定这一借助考古方法考察秦汉交通的研究主题，得到林剑鸣老师的支持和鼓励。他是在陈直教授引导下，比较早地重视考古资料的秦汉史学者。林剑鸣老师在 62 岁时离开了我们，迄今已 15 年。想到这里，不禁感念咨嗟。

本书出版，承中国人民大学科学研究基金（中央高校基本科研业务费专项资金资助）项目"中国古代交通史研究"（10XNL001）的支持。先后有不少朋友予以鼓励和指教，赵瑞民教授拨冗赐序，均深心感铭，不敢慢忘。北京大学历史学系董涛帮助校正文稿，严谨认真，纠正了许多错误，中国社会科学出版社郭沂纹编审亦为本书推出付出很多心血，谨此一并深致谢意。

王子今
2012 年 12 月 12 日
于北京大有北里

本书内容初刊信息

《武关道蓝桥河栈道形制及设计通行能力的推想》,《栈道历史研究与3S技术应用国际学术研讨会论文集》,陕西人民教育出版社2008年8月。

《"汉三颂"交通工程技术史料丛说》,《南都学坛》2011年第1期,收入《石门——汉中文化遗产研究》,三秦出版社2011年6月。

《秦汉"复道"考》(与马振智合署),《文博》1984年第3期。

《秦汉"甬道"考》,《文博》1993年第2期。

《秦直道石门琐议》(与焦南峰合署),《秦俑秦文化研究——秦俑学第五届学术讨论会论文集》,陕西人民出版社2000年8月。

《试说秦烽燧——以直道军事通信系统为中心》,《文博》2004年第2期。

《秦直道九原"度河"方式探讨》,《2012·中国"秦汉时期的九原"学术论坛专家论文集》,内蒙古人民出版社2012年6月。

《汉代拱桥考述》,《远望集:陕西省考古研究所华诞40周年纪念文集》,陕西人民美术出版社1998年12月。

《阴山岩画古车图像与早期草原交通》,《文博》2008年第6期。

《四川汉代画像中的"担负"画面》,《四川文物》2002年第1期。

《汉代驿道虎灾——兼质疑几种旧题"田猎"图像的命名》,《中国历史文物》2004年第6期,收入《崤函古道研究》,三秦出版社2009年8月。

《汉代神车画像》,《陕西历史博物馆刊》第3辑,西北大学出版社1996年6月。

《放马滩秦地图林业交通史料研究》(与李斯合署),《中国历史地理论丛》2013年第2期。

《马王堆汉墓古地图交通史料研究》,《江汉考古》1992年第4期。

《荥经何君阁道石刻再发现的意义》,《四川省における南方シルクロード(南伝仏教の道)の研究》(シルクロード学研究24),シルクロード学研究センター—2005 年 3 月。

《秦"封"试探》，《秦陵秦俑研究动态》1997 年第 2 期。

《秦陵步兵俑的行縢》，《秦汉文化比较研究：秦汉兵马俑比较暨两汉文化研究论文集》，三秦出版社 2002 年 4 月。

《汉代民间的玩具车》，《文物天地》1992 年第 2 期。

《释里耶秦简"端行"》，《中国文物报》2010 年 3 月 5 日。

《秦法"刑弃灰于道者"试解——兼说睡虎地秦简〈日书〉"鬼来阳（扬）灰"之术》，《陕西历史博物馆馆刊》第 8 辑，三秦出版社 2001 年 6 月。

《秦汉时期湘江洞庭水路邮驿的初步考察——以里耶秦简和张家山汉简为视窗》，《湖南社会科学》2004 年第 5 期。

《说张家山汉简〈二年律令·津关令〉所见五关》（与刘华祝合署），《中国历史文物》2003 年第 1 期，收入《张家山汉简〈二年律令〉研究文集》，广西师范大学出版社 2007 年 6 月。

《张家山汉简〈二年律令·秩律〉所见巴蜀县道设置》（与马振智合署），《四川文物》2003 年第 2 期。

《居延汉简所见〈车父名籍〉》，《中国历史博物馆馆刊》1992 年总第 18、19 期。

《关于居延"车父"简》，《简帛研究》第 2 辑，法律出版社 1996 年 9 月。

《汉代西北边境关于"亡人"的行政文书》，《中国古中世史研究》第 20 辑（2008 年 8 月）。

《居延简文"临淮海贼"考》，《考古》2011 年第 1 期。

《说长沙东牌楼简所见"津吏"》，《湖南省博物馆馆刊》第 6 辑，岳麓书社 2010 年 3 月。

《长沙东牌楼汉简"津卒"称谓及相关问题》，《中华文史论丛》2010 年第 1 期。

《居延"马禖祝"简文与"马下卒"劳作》，"先秦两汉出土文献与学术新视野国际研讨会"论文，台北，2013 年 6 月。

《中国古代交通システムの特徵——秦漢出土資料を中心として》，《資料学の方法を探る——情報発信と受容の視点から》（愛媛大学「資料学」研究会，2009 年 3 月），《東アジアの出土資料と情報傳達の研究》，愛媛大学法文学部，2009 年 3 月。

《古武关道栈道遗迹调查简报》（与焦南峰合署），《考古与文物》

1986 年第 2 期。

《陕西丹凤商邑遗址》（与周苏平、焦南峰合署），《考古》1989 年第 7 期。

《子午道秦岭北段栈道遗迹调查简报》（与周苏平合署），《文博》1987 年第 4 期。

《"武候"瓦当与战国秦汉武关道交通》，《文博》2013 年第 5 期。

《交通考古学的成功实践——评〈黄河漕运遗迹（山西段）〉》，《中国文物报》2008 年 8 月 13 日。